Les quatre dividendes généraux pour sortir l'Afrique du sous-développement

Collection « Études africaines »

dirigée par Denis Pryen et son équipe

Forte de plus de mille titres publiés à ce jour, la collection « Études africaines » fait peau neuve. Elle présentera toujours les essais généraux qui ont fait son succès, mais se déclinera désormais également par séries thématiques : droit, économie, politique, sociologie, etc.

Dernières parutions

Marie Rose BANGOURA, *Gestion des déchets solides ménagers et ségrégation socio-spatiale dans la ville de Conakry,* 2018.

Jean-Pierre NZEZA KABU ZEX-KONGO, *Congo. Comment le reconstruire, y ramener la paix et le développer ? Vade-mecum pour les dirigeants*, 2018.

Charles LASSERRE YAKITE, *La nationalité et l'apatridie en Afrique,* 2018.

Jean-Pierre NZEZA KABU ZEX-KONGO, *Léopold II. Le plus grand chef d'État de l'histoire du Congo, 2018.*

Bernard TONDÉ, *Le veuvage en Afrique. Dimensions socioculturelles, mystiques, morales et juridiques*, 2018.

Mohamed Salem OULD MAOULOUD, *L'éducation non formelle islamique mahadra de Mauritanie*, 2018.

Dr Claude KOMBOU, *Système fiscal et performance financière des Établissements de microfinance (EMF) au Cameroun*, 2018.

Jean-Marc SEGOUN, *Reconstruire après la guerre au Libéria*, 2018.

Hines MABIKA (dir.), *Principes éthiques d'Albert Schweitzer en Afrique. Le respect de la vie,* 2018.

Mamadou Diarafa DIALLO, *Le Mali contemporain. Fragilités et possibilités,* 2018.

Blaise SARY NGOY, *La dépréciation du franc congolais (2001-2018), Effet d'hystérèse, 2018.*

Noël SOFACK, *L'Eglise catholique et le processus électoral au Cameroun, Un engagement pour des elections justes et transparentes,* 2018.

Noël SOFACK, *Nouvelle géopolitique de l'agriculture et de l'alimentation, Quelles politiques publiques de sécurité alimentaire au Cameroun ?*, 2018.

Fayol Meny INKOU INGOULANGOU, *Problèmes langagiers et apprentissage du philosopher, Cas de l'apprenant en République du Congo,* 2018.

Kakou Marcel VAHOU, *L'insécurité linguistique chez des élèves en Côte d'Ivoire,* 2018.

Jean-Pierre Barthélemy MPOUANDO, *Les limites de l'Union africaine dans la résolution des conflits*, 2018.

Arona MOREAU

Les quatre dividendes généraux pour sortir l'Afrique du sous-développement

L'Harmattan

Du même auteur

Pour refaire l'Afrique... par où commencer ? Paris, L'Harmattan, coll. « Pensée africaine », 2008

LE BIOSIÈCLE. Bioéconomie, biopolitique, biocentrisme, Paris, L'Harmattan, coll. « Ouverture philosophique », 2009

5-7, rue de l'École-Polytechnique, 75005 Paris
http://www.editions-harmattan.fr
ISBN : 978-2-343-15985-0
EAN : 9782343159850

A ma chère Afrique ...
Au monde entier ...

Avant-propos

Je n'ai pas jugé nécessaire d'insérer une bibliographie dans cet ouvrage car il n'y a ni citation mentionnée, ni publication discutée, ni auteur convoqué, ni note de bas ou de fin de page indiquée. Cette absence de référence bibliographique s'explique par le fait qu'il n'est nullement question d'analyse historique, théorique ou conceptuelle dans ce livre. L'exercice intellectuel auquel je me suis adonné dans l'espace du présent ouvrage prend exclusivement pour objet de réflexion et d'analyse la réalité vivante et évolutive du continent africain, entre son sous-développement et l'aspiration de ses peuples au développement. « *Nul n'est forcé d'écrire des livres, ni de passer des années à les élaborer, ni de se réclamer de ce genre de travail. Il n'y a aucune raison d'obliger à mettre des notes, à faire des bibliographies, à poser des références. Aucune raison de ne pas choisir la libre réflexion sur le travail des autres. Il suffit de bien marquer, et clairement, quel rapport on établit entre son travail et le travail des autres* ».
Michel Foucault, « A propos des faiseurs d'histoire », *Dits et écrits II*, Paris, Gallimard, coll. « Quarto », 2001, p. 1232.

Les quatre parties de cet ouvrage peuvent être lues séparément, mais les quatre dividendes généraux qui y sont respectivement en question, comme les défis globaux qui leur sont associés, bien que distincts les uns des autres, sont analytiquement comme politiquement indissociables. Au-delà de ces parties, dividendes et défis, c'est le raisonnement de fond mené tout au long de l'ouvrage qu'il faudrait suivre pour bien comprendre l'orientation de la réflexion et la manière dont s'est construit l'argumentaire.

La table des matières donne, certes, une idée précise des quatre grands domaines dans lesquels il faudrait, selon moi, agir pour sortir de manière effective et définitive l'Afrique du sous-développement, mais pour savoir avec précision par où commencer, de quelle manière procéder et quels sont les défis spécifiques que cachent les défis globaux rattachés aux quatre dividendes généraux en question, le lecteur gagnerait non seulement à lire l'intégralité de l'ouvrage, mais surtout à respecter l'ordre d'agencement des différents passages qui le composent. Tout l'intérêt de lire cet ouvrage du début à la fin réside dans le fait que pour relever de manière simultanée ou successive les défis dont traite cet ouvrage, il demeure un défi de taille et qui n'a rien à voir avec ceux-ci, il s'agit d'un défi d'ordre méthodique car renvoyant à l'exigence de cohérence dans les interventions à mener. Pour savoir avec quel dividende ou défi commencer ou comment enchaîner entre les dividendes ou entre les défis, je conseille au lecteur de prendre le temps et le soin de lire l'ensemble du livre et de suivre l'ordre d'agencement des parties et chapitres qui y est établi.

Présentation

Du développement. Encore et toujours. Le développement de l'Afrique, il faut en parler car cette dernière reste le seul continent du monde à encore être structurellement et généralement à la traîne dans son processus de développement. En effet, dans toutes les autres régions du monde, traditionnellement intégrées dans le lot du Tiers-monde ou du Sud, on retrouve aujourd'hui des pays soit devenus développés soit en voie d'accomplir de manière définitive leur développement. Seule l'Afrique subsaharienne est restée encore enfermée dans une sorte de cercle vicieux qui l'empêche de faire un pas globalement massif et historiquement décisif en direction du développement.

Le retard que traîne l'Afrique vis-à-vis du reste du monde est tellement grand qu'on a du mal à croire que pendant toutes ces dernières décennies, on ne faisait que mentir à la conscience populaire et universelle du monde en faisant croire que l'Afrique, à l'instar d'une bonne partie de l'Asie, de l'Amérique latine ou de l'Europe de l'est, était « en voie de développement » plutôt que « sous-développée », que ce n'était qu'une affaire de temps, juste quelques petites décennies ou années pour en finir définitivement avec ce diable du sous-développement. Espérance ! Pourquoi pas. Ce n'est pas interdit ; cela peut même être vertueux du point de vue mental ou de la conscience collective en vue du développement. Mais le développement n'est pas un jeu de hasard. Il n'y a pas, d'un côté, des pays chanceux et, de l'autre, des pays malchanceux. Il n'y a point de voie royale ou magique en matière de progrès humain, tout est disposition propre à progresser et travail conséquent et persévérant à pouvoir y arriver. Et l'histoire de nos jours nous prouve clairement que l'historicisme, celui classique de Hegel comme celui contemporain de Fukuyama ou plus largement de la doctrine ultralibérale anglo-saxonne, bien que fondé sur un raisonnement logique du point de vue de l'analyse historique, ne pouvait point faire figure d'autre chose que d'une simple pensée ou philosophie critique de l'histoire vivante et évolutive des sociétés humaines. Ni plus ni moins. L'historicisme n'a jamais été autre chose qu'un exercice intellectuel destiné à préciser la voie évolutive de l'histoire pour une époque ou pour une ère donnée dans le temps. Si la philosophie de l'histoire ou l'historicisme était capable de produire ou de formuler avec certitude ou avec assurance des lois historiques universelles, certainement qu'on n'aurait pas attendu le XXᵉ siècle pour parler du développement, car le monde entier, suivant la pensée de Hegel, serait passé à la modernité depuis bien longtemps, et sans avoir à s'attarder sur la question du développement. Précisons au passage que la question du développement n'est pas à confondre avec celle plus vaste et plus profonde de la modernité. C'est juste que l'humanité ne sait pas faire la part des choses en ce qui concerne sa propre histoire. Elle a du mal à faire l'histoire de son présent, à saisir son *plus actuel passé*, très jolie formule de l'historien, médecin et philosophe français des sciences Georges Canguilhem, pour se convaincre du sens de son évolution en temps réel. Raison pour laquelle, l'humanité confond, comme dans une sorte de seconde nature ou par habitude, ce qui est de l'ordre de l'hypothèse et ce qui reste une évidence. Le schéma de toute philosophie de l'histoire, quelle que soit la pertinence de ses arguments et de son raisonnement critique, ne peut produire que des hypothèses. Ni plus ni moins. Et une hypothèse, rappelons-le, ce n'est rien d'autre qu'une probabilité explicative. Elle se vérifie à la lumière de la réalité vivante ou de la « vérité authentique » de la chose en question ou à l'étude. Considérer avec la pensée historiciste que le destin universel de l'humanité est dans l'ordre évolutif de l'Occident depuis la Renaissance, c'est-à-dire depuis le début du XVIᵉ siècle, et qu'en conséquence ou comme par évidence, tous les pays du monde devraient en toute logique et de manière cohérente inscrire leur parcours historique dans ce sens, dans la perspective de leur développement, cela n'a rien de bien aberrant ou d'anachronique ; au contraire, je considère même cette hypothèse comme étant la plus forte de tous les temps dans toute l'histoire vivante de l'humanité. La preuve en est que, d'une part, l'évolution récente ou courante de plusieurs pays du monde a fini de la confirmer et que, d'autre part et en même temps, celle vivante de beaucoup d'autres pays de la planète, plutôt que de l'infirmer, rouvre ou relance encore la discussion autour de la question de l'universalisation de la modernité et du développement.

Ce qui est scandaleux par-dessus tout, c'est la légèreté avec laquelle l'analyse, c'est-à-dire la pensée analytique ou critique de l'histoire, a confondu hypothèse historiciste et évidence historique dans le cas de l'Afrique contemporaine. Curieusement, pendant vingt bonnes et longues années, entre les années 1990 et celles 2000, on n'a pas cessé de nous bourdonner les oreilles, partout dans les grandes rencontres internationales, avec l'idée selon laquelle le XXIe siècle allait être, comme suivant un déterminisme catégoriquement absolu, une sorte de fatalité plutôt qu'une simple évidence, le siècle de l'Afrique. Enfin ! Avant même de s'en convaincre, il fallait y croire. Un grandiose fantasme ! On dirait un exercice de développement personnel. Une sorte de ces leçons de psychologisme et de spiritualisme dont raffole un certain public de plus en plus grand et populaire aux États-Unis. S'il ne suffisait que de cela pour y arriver, nul doute que la vie de tout le monde finirait par se transformer en un long fleuve tranquille. Tellement tranquille que le bon Dieu, lui-même, serait amené à revoir ses plans, entre le monde ici-bas et l'au-delà et entre le paradis et l'enfer. S'il suffisait d'une simple croyance en un XXIe siècle historiquement africain pour y arriver, le présent livre ne serait ni écrit ni même pensé. C'est dire qu'on n'a pas fait la part des choses entre ce qui est et ce qui devrait être, entre ce qui est de l'ordre de la hantise et ce qui relève des faits.

La direction de l'histoire est une chose, le mouvement de l'histoire en est une autre. Le sens de l'histoire est une toute autre question. La direction, on n'a pas besoin d'y réfléchir mille fois, elle est universelle, celle d'une voie systémique menant à un ordre social global formellement et foncièrement bâti sur le progrès humain, entendu, à tout point de vue, comme l'idéal de liberté, de bien-être et d'épanouissement de chacun et de tous. On ne peut pas trouver mieux comme idéal pour l'humanité. C'est pourquoi le développement et la modernité demeurent des universalités, n'en déplaisent à ceux qui considèrent que ce sont des « inventions » de l'Occident pour rajouter une couche à son hégémonie légendaire et à sa colonisation généralisée du reste du monde. Là aussi, il serait, plus que nécessaire, indispensable de faire la part des choses. L'aspiration des peuples humains au développement ou au progrès humain est naturelle et universelle, cela ne se discute pas. Le sens de ce progrès ou de ce développement, pour qui croit en la liberté comme déterminant majeur de l'épanouissement individuel et collectif, non plus, cela ne se discute pas. Les peuples humains n'ont pas attendu l'Occident et l'ère moderne pour aspirer au bien-être et à l'épanouissement individuel et collectif. Dès lors que ces deux postulats sont établis, tout ce qu'il reste à étudier ou à observer, c'est le processus d'universalisation de la chose universelle considérée.

Et on peut mettre ce que l'on veut dans le projet moderne ou dans l'idée de développement, on ne saurait aller plus loin que l'Occident et la manière dont il a porté l'idée comme le projet pour en faire ce qui, par-dessus toute considération générale, a fini de le distinguer du reste du monde.

Refuser le développement, cela n'existe pas, tout simplement parce que c'est encore et pour toujours l'aspiration collective la plus forte, la plus fraîche et la plus logique des peuples humains d'hier, d'aujourd'hui et certainement de demain. Et, on peut croire ce que l'on veut, laissez-moi simplement vous dire, avec Hans Blumemberg, que *les temps modernes sont légitimes*. On peut bien critiquer la modernité ou le développement, comme on peut bien vouloir accuser l'Occident de tous les maux du reste du monde, mais reconnaissons quand même, entre l'État de droit et ce que j'appelle l'*équipement matériel du monde*, rendu possible par l'essor de la science et son déploiement explosif et spectaculaire dans les différents et divers domaines de la vie active et sociale, que l'Occident a servi, sert et servira encore et toujours à quelque chose de structurellement déterminant pour l'humanité et pour l'histoire des société humaines. Et, service rendu pour service rendu à l'humanité, l'Occident, et c'est là tout son paradoxe, c'est d'ailleurs le paradoxe de toute superpuissance hégémonique, reste jusqu'ici la seule civilisation a avoir appris au monde à être libre et à travailler pour le bien-être et pour l'épanouissement de ses peuples. Au-delà de tous les préjudices et injustices dont il est directement ou indirectement rendu ou considéré comme étant responsable, l'Occident a au moins apporté au monde un modèle général et global de développement ayant une portée historique et universelle. Je ne connais pas une autre civilisation ayant produit une chose d'une telle ampleur et d'une telle importance, comme je ne connais pas deux modèles de développement ou deux manières de concevoir la modernité.

Pour une même humanité, il ne peut point y avoir deux « projets modernes » ou deux modèles globaux de développement des pays. D'ailleurs, comme elle n'a point de précédent dans l'histoire lointaine de l'humanité, la modernité restera unique pour l'éternité. Elle n'est comparable à rien, rien du tout. Elle ne peut pas avoir de semblable. Elle est venue d'Occident, s'est formée entre la Renaissance et la fin du XVIIIe siècle ou le début du XIXe siècle. Elle n'a pas besoin d'être refondée car le projet qu'elle porte, que les théoriciens de la *théorie critique* de l'École de Francfort ont appelé « le projet moderne », est fondamentalement libérateur et émancipateur. Par conséquent, toute critique de la modernité devrait porter sur ce que notre époque, notamment le XIXe et le XXe siècle, a fait du projet moderne plutôt que sur le sens et la pertinence historique de celui-ci. Encore une fois, *les temps modernes sont légitimes*. Même chose pour le développement. Jusqu'ici, on n'en connaît qu'un et un seul modèle. Tout au long du dernier quart du XXe siècle, les analystes, pour la plupart, n'ont eu de cesse de parler de modèle de développement au pluriel. On entendait par-ci par-là parler d'un modèle japonais, chinois, russe et on s'attendait même à voir prendre forme et s'affirmer un jour un modèle africain de développement. Aujourd'hui, cette histoire de modèles est finie, on n'en parle plus. C'est dire à quel point elle avait du sens. Le développement, comme la modernité, c'est une affaire authentiquement occidentale. Faut-il réveiller *la grande tour philosophique de Berlin*, en l'occurrence Hegel, pour s'en convaincre ? A mon avis, c'est une perte de temps, tout ce temps passé à débattre du concept et du phénomène du développement pour aboutir à la conclusion qu'il ne saurait y avoir qu'un et un seul modèle de développement pour toute l'humanité. Et pourquoi pas plusieurs ou même une multitude. Mais alors où sont les autres ? D'où pourraient-ils venir ? On attend toujours. Depuis la fin de la deuxième guerre mondiale, on patiente. On retient notre souffle. On a vu la Chine adopter l'économie de marché vers la fin des années 1970, puis il y a eu la chute du mur de Berlin en 1989, puis le Consensus de Washington est venu parachever au milieu des années 1990 le travail entamé depuis 1945 par les institutions économiques et financières internationales de Bretton Woods créées par les États-Unis et mises exclusivement au service du capitalisme politique, en l'occurrence le FMI et la Banque mondiale. Puis, des pays asiatiques ont pris leur envol économique en un laps de temps et ont très rapidement ajusté leur situation sociale et politique pour facilement se retrouver dans le top 20 ou 30 des pays les plus à la fois développés et modernes du monde. A côté de ceux-ci, d'autres pays asiatiques enregistrent des performances économiques spectaculaires du fait de la rente pétrolière dont ils bénéficient et de l'explosion de la finance mondiale qui leur permet d'acquérir toutes sortes de biens et d'actifs partout dans ce contexte pleinement historique et planétaire de mondialisation capitaliste de l'économie. Je parle bien évidemment des monarchies arabes. Elles sont développées économiquement ou en plein essor économique, mais elles sont à mille ères de la modernité, entre le manque de démocratie, les inégalités et les injustices de toutes sortes. En Amérique latine, la plupart des pays sont relative-ment sortis du sous-développement. Ils ne sont ni bien développés ni très sous-développés, ce sont des pays appelés pour la plupart en développement ou, pour suivre la mode, en émergence. Et on présente l'« émergence » comme étant la voie nouvelle qui mène au développement. Et le chemin indiqué pour arriver à cette fameuse et farfelue émergence va du Brésil à l'Afrique du Sud, en passant par la Russie, l'Inde et la Chine. Et on se plaît à les appeler tout coquettement les BRICS. Seigneur ! Ces pays, qui sont devenus le modèle indiqué pour bien se mener vers le développement, font tous partie du top 10 des pays les plus socialement inégalitaires du monde. Et c'est cela la voie nouvelle qui mènerait au développement ? Comment peut-on construire le développement humain à partir de modèles économiques et sociaux structurellement inégalitaires et entretenant systématiquement et systémiquement toutes sortes d'injustices. De quel développement parle-t-on véritablement ? De celui d'une performance économique construite ou réalisée dans un contexte global de « désordre » à la fois politique, social et culturel ? Il s'agit du développement sans la modernité. Ce genre de développement, je n'en veux pas. Je n'en veux point ni pour le monde ni pour l'Afrique, mon cher continent. L'Afrique de mon cœur et de mes rêves. Je n'en veux point parce qu'il n'intègre nullement la dignité humaine dans ses préoccupations. On ne va tout de même pas me dire que ce sont ces pays à la fois socialement très inégalitaires et très « violents » qui sont les exemples à suivre en matière de respect de la dignité humaine pour tout les pays du monde encore en état de sous-développement. Et là où il n'y pas de respect ou de souci de protection et de promotion de la dignité humaine, je me demande bien comment on peut bien y concevoir et même y, ne serait-ce que, imaginer un développement politique, social et humain de qualité. Si seules les simples performances économiques cumulées sur plusieurs années voire sur des décennies suffisent pour faire de ces pays, qui guère ne m'emballent, des exemples pour les pays d'Afrique subsaharienne, alors là, on peut être sûr que ce n'est pas demain la veille de la sortie de l'Afrique de l'ornière.

Pour le cas de l'Afrique subsaharienne, l'analyse gagnerait à faire deux choses précises en guise de précautions.

La première devrait consister à faire la part des choses. C'est ce que j'ai tenté de faire brièvement sur la question de l'universalité du modèle occidental de développement mais également sur cette croyance purement gratuite selon laquelle le siècle courant devrait historiquement consacrer l'émergence, entendue comme le développement, de l'Afrique. D'une manière générale, dans les deux grandes thématiques globales et générales que sont le développement et la modernité, il y a encore beaucoup d'autres sujets sur lesquels l'analyse gagnerait à faire la part des choses. D'ailleurs, je pense qu'au-delà du travail intellectuel, chacun gagnerait dans la vie courante à faire la part des choses en toute chose. C'est une précaution méthodologique, une sorte de rupture avec les *idolas*, comme le prône le positivisme dans les sciences sociales, c'est-à-dire les croyances générales, populaires et établies sans aucune preuve ou forme de vérification scientifique.

La deuxième chose à faire par l'analyse dans le cas précis de l'Afrique, c'est de travailler à pouvoir bien situer les priorités ou les domaines précis dans lesquels il faudrait agir. Et à ce niveau précis, l'analyse gagnerait bien à éviter de tomber dans la facilité consistant à considérer tout benoîtement que d'une manière générale « les choses s'améliorent pour l'Afrique ou en Afrique ». A mon avis, erreur ne peut être plus grande que celle-là. Soit c'est de l'ignorance, soit c'est de la malhonnêteté intellectuelle, soit c'est du cynisme ; ou alors, c'est la réunion de ces trois attitudes. Je pense que les choses, plutôt que de s'améliorer, ne cessent de jour en jour de s'empirer. Suivez bien mon raisonnement dans le paragraphe qui suit, et vous comprendrez mon opinion générale sur l'évolution de l'Afrique.

Je pars toujours d'une période précise lorsqu'il s'agit de penser l'évolution du continent africain. Il s'agit des années 1960, la décennie où la plupart des pays africains ont accédé à leur souveraineté nationale à la suite d'une très longue période de colonisation occidentale. Puis, je compare la situation générale de chaque pays à cette époque précise à celle de nos jours, soit aujourd'hui un demi-siècle ou un peu plus d'évolution. Et c'est au bout d'une analyse générale de ce qui s'est passé pendant ce demi-siècle que j'en arrive à la conclusion personnelle selon laquelle, d'une manière générale, plutôt que de s'améliorer, les choses n'ont fait et ne font de jour en jour que s'empirer en Afrique subsaharienne. Bien évidemment que chaque pays et même chaque région d'Afrique reste un cas particulier et que par-ci par-là on peut repérer de très petites et légères transformations, mais d'une manière générale le constat qui se dégage d'une observation critique de l'évolution de l'Afrique noire ou subsaharienne des années 1960 à nos jours, c'est qu'à mon avis, ente autres remarques :

- on est bien loin du compte, au regard de l'espoir du lendemain des indépendances et des attentes populaires d'alors ;
- les problèmes structurels d'hier se sont amplifiés et complexifiés dans la plupart des pays, rendant ainsi l'exercice de leur résolution de nos jours de plus en plus délicat ;
- l'Afrique ne profite pas suffisamment de la dynamique internationale de la mondialisation libérale, qui, à certains égards, favorise voire facilite considérablement son développement économique et social ;
- cinquante ans n'ont pas suffi pour relever les grands défis politiques, économiques et sociaux dans des pays, pour la plupart, naturellement très riches, démographiquement très peu peuplés et dont les peuples n'attendaient et n'attendent encore que des ruptures de fond menant à une dynamique d'ensemble en faveur d'un développement global, humain et de qualité.

En cinquante ans, les pays africains, avec tout le potentiel qu'ils ont, avaient tout le temps de se préparer, de s'organiser et de travailler à pouvoir en quelques petites années sortir du sous-développement dans lequel ils sont confortablement installés comme s'ils avaient fatalement pour vocation naturelle et pour destin historique de servir de souffre-douleur au reste du monde. A vrai dire, je ne comprends pas comment des pays aussi naturellement riches et démographiquement peu peuplés, par exemple, que le Gabon, la Guinée Bissau, la Guinée Équatoriale, la Gambie, la Mauritanie ou le Congo ont-ils pu réussir l'immense exploit de demeurer structurellement pendant tout ce temps dans le sous-développement. Bravo ! Du jamais vu ! Des pays engorgés de ressources naturelles et n'étant peuplés que de deux ou trois millions d'habitants et qui n'arrivent pas en l'espace de cinquante ans à sortir du sous-développement ! Seigneur ! Comment expliquer cela ? Je n'en reviens tout simplement pas. S'il y avait une palme de la médiocrité à décerner, la mise reviendrait à coup sûr à l'Afrique et plus particulièrement à un certain nombre de pays précis du continent.

Dans le présent ouvrage, je ne cherche pas à expliquer le mal de l'Afrique. Ce que j'ai déjà fait il y a de cela dix ans dans un livre intitulé « *Pour refaire l'Afrique... par où commencer ?* » (2008). Dans ce dernier ouvrage, je considérais que le mal dont souffre le plus le continent africain se résume au déficit de démocratie et de bonne gouvernance politique qui, de manière générale et ambiante, y prévaut. Dix ans après cette dernière remarque, j'approfondis la réflexion en identifiant les quatre grands axes ou domaines dans lesquels il faudrait, à mon avis, nécessairement agir dans la perspective d'une sortie effective, définitive et rapide (moins de dix ans) des pays africains du sous-développement. Le présent ouvrage ne consacre pas une suite à *Pour refaire l'Afrique ... par où commencer ?*, il l'approfondit. A l'instar de ce dernier ouvrage, le présent livre s'inscrit dans un projet intellectuel qui m'est personnel : celui de publier tous les dix ans un livre sur la situation générale de l'Afrique, en situant clairement les enjeux globaux mais également réels et ponctuels du moment ou de la décennie à venir et en proposant des pistes de solutions pour en finir avec le sous-développement. A la huitième année de chaque décennie, je compte ainsi publier un ouvrage en guise de contribution à la pensée sur l'Afrique. Ainsi, après *Pour refaire l'Afrique...* en 2008, *Les quatre dividendes...* en 2018, devrait suivre un autre ouvrage en 2028, puis un autre en 2038, et ainsi de suite. Penser et repenser en permanence l'Afrique, partager nos réflexions et opinions pour ouvrir des discussions constructives sur les enjeux, les défis et les perspectives d'avenir de celle-ci, voilà la moindre des choses à faire pour qui, encore, comme moi, se fait du souci pour ce continent, ses pays et ses peuples.

Quatre dividendes généraux

La question du développement de l'Afrique, bien qu'étant vieille de plus d'un demi-siècle, demeure encore bien fraîche dans la mesure où le continent africain, principalement ou substantiellement l'Afrique subsaharienne, est encore et toujours désespérément à la poursuite de son développement. Pas besoin pour autant de discuter du développement, de l'origine du concept ainsi que des innombrables théories qui lui ont été consacrées tout au long de la deuxième moitié du XXe siècle. Ce que je crois avoir déjà fait tant bien que mal dans l'ouvrage *Pour refaire l'Afrique...* que ce présent livre tente quelque part d'approfondir. Le développement a suscité une fausse et inutile polémique qu'à mon avis rien ne justifie, si ce n'est de la mauvaise foi ou une tentative malhonnête de fuite en avant d'un certain nombre d'intellectuels africanistes ou tiers-mondistes. Oui, bien sûr que le développement est une « construction occidentale », mais c'est surtout et par-dessus tout une réalité. Une réalité vivante et incontestablement forte et bien visible ou perceptible. Il n'y a qu'à passer d'un pays développé à un pays sous-développé, ou à faire le chemin inverse, pour s'en rendre compte. On dirait deux mondes que tout sépare. En vérité, c'est cela : tout les sépare. Très peu de similitudes, pour ne pas dire aucune ressemblance ni même aucun point de rapprochement. Un autre exemple pour se persuader de la réalité du développement, ou du ridicule de ceux qui, du fait qu'il vient d'Occident, refusent catégoriquement de le voir comme un universalisme, reste la folle ruée, à coup de vagues massives d'immigrants, vers les pays développés. Là aussi, ils nous expliqueront que ce n'est rien d'autre qu'une fausse croyance qui conduit ces candidats à l'immigration à se ruer vers ces derniers pays. Au passage, il faut signaler que le développement n'est plus une exclusivité occidentale. La preuve en est que la ruée des migrants ne se fait plus systématiquement vers les pays occidentaux. Elle se fait, comme naturellement, d'un pays sous-développé au pays développé le plus proche. Et pas besoin de se demander pourquoi tous ces gens veulent coûte que coûte passer d'un pays à un autre, d'une région à une autre, d'un continent à un autre de la planète, laissant tout derrière eux et quitte à braver les océans et donc à risquer effroyablement leur vie déjà bien pénible. Ils recherchent désespérément un mieux-être ou ils fuient terriblement le mal-être. Pas besoin alors de s'étendre sur les raisons qui poussent les Africains, notamment la population jeune, à déserter ou à vouloir résolument et par tous les moyens fuir le continent. Qu'ils soient diplômés, qualifiés ou au contraire sans diplôme ou sans qualification, leur rêve est ailleurs car l'Afrique ne leur offre que très peu voire point d'opportunités pour se réaliser. Si le spectacle épouvantable de toutes ces pirogues funèbres de l'Atlantique et de la Méditerranée ne sautent pas aux yeux de ceux qui intellectuellement pratiquent le refus systématique du développement, alors il ne sert à rien de vouloir donner une leçon de lucidité à un idiot qui veut faire l'imbécile. On peut bien évidemment croire ce que l'on veut, mais une chose est sûre, incontestable et même indiscutable : si l'Afrique n'était pas à ce point sous-développé et en retard sur tout le reste du monde, nul doute qu'on n'aurait jamais eu à voir ces images horribles qui au quotidien heurtent notre conscience, blessent notre cœur et nous conduisent à nous interroger froidement sur l'Afrique et sur les difficultés qu'elle a à sortir définitivement du sous-développement.

L'Afrique doit sortir du sous-développement. Rien que sortir du sous-développement. Juste sortir du sous-développement. Ce n'est tout de même pas la mer à boire ni la lune à décrocher. Avant de parler de développement ou d'émergence, il faut naturellement ou logiquement penser la sortie du sous-développement, car le développement ne va pas avec un certain nombre de choses qui sont caractérielles du sous-développement. Autrement, ce serait mettre la charrue avant les bœufs. On ne peut pas vouloir une chose et entretenir tout ce qui fait son contraire. On ne peut pas vouloir se développer ou même, ne serait-ce que, simplement « émerger » sans auparavant penser avec froideur et lucidité la sortie du sous-développement. Il est bien sûr évident qu'entre le sous-développement et le développement, on a affaire à deux extrémités ayant un rapport pleinement antagonique. Se développer, c'est, naturellement, en même temps sortir progressivement du sous-développement. Inversement, la récession dans le processus de développement fait progressivement remonter à la surface certains éléments ou faits et phénomènes courants et structurels caractériels du sous-développement. Bref, plus de développement, c'est moins de sous-développement et moins de sous-développement, c'est plus de développement. A ce niveau précis de la réflexion, tout peut paraître général, mais ce qu'il faut retenir avant toute chose, c'est l'ordre du raisonnement, c'est-à-dire la logique de fond qui conduit la pensée sur le développement de l'Afrique ou sur la sortie de l'Afrique du sous-développement.

A mon avis, l'Afrique gagnerait bien à mettre en avant une nouvelle approche du développement. Je dis bien approche. Je ne parle pas de modèle de développement. Une nouvelle approche du développement, cela veut dire une nouvelle manière de penser son développement ou sa sortie du sous-développement. Le rapport de l'Afrique au développement est très particulier. C'est le continent où l'on parle le plus du développement, c'est aussi celui qui en a le plus besoin parce qu'étant celui qui en manque le plus et qui donc concentre en lui le plus de sous-développement. L'Afrique est très singulièrement identifiée comme étant le continent et même le monde par excellence du sous-développement. Dans la conscience populaire du monde, je suis sûr que le Népal ou le Bangladesh, qui sont parmi les pays les plus pauvres du monde, sont considérés, à tort, comme étant plus développés ou moins sous-développés que tous les pays d'Afrique noire, à l'exception, bien sûr, de l'Afrique du Sud. C'est dire à quel point l'Afrique est associée au sous-développement. Ce qui, quelque part, est tout justifié car le cas de l'Afrique noire est à tout point de vue hautement énigmatique. C'est un casse-tête sans commune mesure avec rien. Je ne comprends vraiment pas comment quarante-neuf (49) pays peuvent se retrouver tous ensemble, à quelques légères nuances ou différences près, dans le même club du monde sous-développé, et cela pendant plus de cinquante ans sans qu'un seul parmi ceux-ci n'en sorte de manière effective et définitive. On dirait que l'Afrique noire fait exprès. En tout cas, il y a bien de quoi se le dire ou alors s'interroger, car il n'y a vraiment rien qui puisse expliquer que des pays avec seule-ment deux ou trois millions de personnes ou avec moins de cinq millions de personnes mais possédant beaucoup de ressources naturelles s'enlisent indéfiniment dans le sous-développement. Pas besoin de trop se poser des questions à ce niveau. Il y a, d'une part, un déficit de volonté de la part des acteurs, principalement des gouvernements et gouvernants, mais, d'autre part, il y a également un problème avec la méthode pour s'y prendre. A mon avis, un pays de moins de cinq millions d'habitants, cela devrait prendre moins d'une demie décennie pour le voir sortir du sous-développement s'il n'est pas confronté à une guerre ou à une instabilité politique ou civile d'envergure et durable dans le temps. A partir de cet ordre de raisonnement, on peut déjà clairement entrevoir comment penser la sortie définitive du sous-développement pour l'Afrique noire. Mais avant d'en arriver à cet ordre de raisonnement qui fait ressortir les quatre dividendes dont traite cet ouvrage dans la perspective d'une sortie de l'Afrique subsaharienne du sous-développement, il faudrait faire deux remarques, à mon avis, d'une très grande importance parce que faisant figure de précautions devant permettre à l'analyse d'éviter deux erreurs couramment faites dans la plupart des travaux consacrés au développement de l'Afrique ou à sa sortie du sous-développement.

La première erreur analytique courante est d'ordre anachronique. C'est celle qui consiste à analyser la situation actuelle ou présente de l'Afrique à partir d'un paradigme tout vieillot et démodé, celui fraîche-ment post-indépendance de la libération. Ce paradigme de la libération date des années 1960. C'est le paradigme de la décolonisation ou de la critique de la colonisation et du néocolonialisme. Il est aussi vieux que la période qui constitue le point de départ de nos réflexions sur l'évolution de l'Afrique. C'est dire à quel point ceux qui encore font de Frantz Fanon ou d'Aimé Césaire leurs principales références pour analyser la situation actuelle de l'Afrique sont intellectuellement démodés. Ils regardent le présent avec les yeux d'hier, sans doute parce qu'ils oublient que la colonisation comme le néocolonialisme, c'est bel et bien fini. Certes, l'Afrique est toujours la proie de toutes sortes de prédateurs de ressources naturelles renouvelables ou non, mais elle n'est pas la seule région du monde à être ainsi l'objet de prédation dans cette époque portant hautement l'empreinte du capitalisme politique, c'est-à-dire marquée par l'expansion fulgurante, infinie et irrésistible du grand capital. Que les Africains se renseignent un peu sur le reste des pays du Sud dans le monde, notamment sur le cas précis de l'Amérique latine, entre la pression insoutenable des États-Unis pour obliger tous les pays du continent américain à se plier bon gré mal gré aux principes ou directives dudit Consensus de Washington, qui font par ailleurs figure de règles incontournables établies par la Banque Mondiale (BM), le Fonds Monétaire International (FMI) et portées par l'Organisation Mondiale du Commerce (OMC). L'Amérique latine leur apprendra certainement à faire la part des choses en ce qui concerne la colonisation et le néocolonialisme. N'oublions pas que non seulement les Anglais, les Français, les Espagnols et les Portugais ont colonisé pratiquement le monde entier, mais qu'en plus de cela, l'Amérique latine, après la colonisation espagnole et portugaise, s'est tapée et se tape encore la pression des États-Unis, qui, toujours fidèles à leur folie hégémonique impérialiste, se croient encore maîtres du monde et surtout et avant tout de toute l'Amérique. Les États-Unis n'ont pas colonisé le reste de l'Amérique, mais ils ont été bien plus néo-colonisateurs que les Espagnols et les Portugais réunis à l'égard de l'Amérique latine. Le fait que certains analystes de l'évolution générale de l'Afrique s'accrochent encore au vieux paradigme de la libération témoigne quelque part de la manière dont les Africains, pour la plupart ou populairement, voient, eux-mêmes, la situation du continent. Ils croient à un complot perpétuel qui a fini de sceller tout fatalement le destin éternel du continent. Ils oublient que la Conférence de Berlin de 1884-1885 n'a pas été la seule rencontre organisée par les puissances occidentales pour se partager le monde. Raison pour laquelle, plus d'un demi-siècle après la vague des décolonisations ayant conduit leurs différents pays à l'accès à la souveraineté nationale, ils continuent encore de croire *mordicus* que le combat actuel est encore celui pour la libération de l'Afrique. Ils se trompent royalement de combat car l'heure est à un combat tout autre, un défi à relever, avant tout vis-à-vis d'eux-mêmes. Le combat actuel de l'Afrique n'est pas le combat pour la libération du continent, c'est plutôt le combat pour la liberté des peuples africains, celui pour l'émergence d'un véritable État de droit et pour la mise en œuvre partout à travers le continent de politiques de développement à la hauteur des défis globaux et structurels à relever. Il faut ainsi en finir avec le paradigme de la libération et axer l'analyse de l'évolution de l'Afrique sur le paradigme de la liberté, qui est le paradigme du développement et de la modernisation du continent africain. Et même libération pour libération, s'il faut libérer l'Afrique de quelqu'un ou de quelque chose, c'est bien d'elle-même qu'il faudrait la libérer. Ce renversement de perspective est la seule manière de penser l'évolution du continent à la lumière de son présent. Il permet, par ailleurs, de dépasser le vieux débat, au parfum anthropologique très embaumant, entre le Blanc et le Noir, le Nord et le Sud, le colon et le colonisé, etc., et de mettre le curseur sur des points précis correspondant aux grands enjeux actuels et futurs.

La deuxième grande erreur de l'analyse est une erreur de pondération des facteurs, on peut la voir comme une erreur liée au fait que la plupart des analyses ne prennent pas le soin de bien situer l'essentiel autant du point de vue de l'explication que du point de vue de la construction ou de la proposition de pistes de solutions aux problèmes structurels auxquels est confronté le continent africain. Cette erreur est une erreur de méthode, mais elle découle, quelque part, de la première, celle du paradigme. Pondérer les facteurs, c'est savoir situer les priorités et préoccupations. La question à se poser avant toute chose est celle de savoir comment fondamentalement penser le développement pour un pays sous-développé. Cette question est incontournable car elle permet de définir l'ordre du raisonnement. A mon avis, la manière la plus cohérente et pertinente de penser le développement d'un pays sous-développé reste celle de savoir comment procéder pour sortir celui-ci du sous-développement. Cette manière de poser la question, en partant du sous-développement, permet d'éviter de se retrouver au beau milieu du processus de développement face à des rigidités structurelles qui risquent de mettre en péril toutes les actions jusqu'alors menées en faveur du développement. C'est exactement ce problème auquel sont confrontés la plupart des programmes de développement soutenus par les grands bailleurs de fonds internationaux. En effet, après plusieurs décennies d'interventions de toutes sortes et dans tous les domaines, ceux-ci ont l'impression d'avoir affaire à un gouffre, une sorte de maladie incurable. Les mêmes problèmes reviennent en s'amplifiant et en se complexifiant. C'est par exemple le cas de la lutte contre la pauvreté. Pendant très longtemps, l'action pour le développement a tourné autour de cette grande thématique ; aujourd'hui, celle-ci est tout bonnement rangée aux oubliettes, et on veut nous faire croire qu'une simple croissance économique soutenue dans le temps, au moment où l'explosion démographique atteint des proportions inouïes, suffirait à absorber toute la misère du monde sous-développé. Même remarque pour la question du « changement social », que beaucoup de programmes de développement tentent de contourner, faisant semblant d'oublier que les réalités sociales sont toujours foncièrement ancrées dans un contexte non pas seulement sociologique mais anthropologique bien spécifique. Et, souvent, c'est à l'heure des comptes ou bilans que l'on se rend compte qu'on est passé à côté de l'essentiel. Et à ce niveau précis, analystes, gouvernements et bailleurs de fonds internationaux sont à mettre dans le même sac. Il y a et il y a toujours eu un problème de méthode dû au fait soit d'avoir voulu penser le développement avant le sous-développement ou d'avoir très mal et très insuffisamment pensé le sous-développement ; ce qui en conséquence a conduit à la conception et à la mise en œuvre de politiques et de programmes de développement passant très souvent à côté de l'essentiel. Et il n'y a qu'à voir les résultats depuis les premiers Programmes d'ajustement structurel de la fin des années 1970 à nos jours. On me dira que ces derniers programmes n'avaient pas pour objectif prioritaire de développer l'Afrique ; certes, mais ces vieilles recettes politiques ultralibérales tant dénoncées sont aujourd'hui devenues monnaie courante partout dans le monde, au Nord comme au Sud, dans les pays développés comme dans les pays sous-développés. Si alors depuis les années 1970, au moment où l'on n'avait affaire qu'à un libéralisme plus ou moins *soft*, on s'y était bien pris, on aurait certainement réalisé d'énormes progrès du point de vue macroéconomique, et on n'aurait pas trop à souffrir aujourd'hui de l'anarcho-capitalisme qui règne en maître dans le monde, qui, tel un rouleau compresseur, ne donne à aucun État la possibilité de corriger les erreurs du passé et qui ainsi oblige tous les gouvernements à se plier à la très célèbre et cynique formule du TINA (*There Is No Alternative*) de Margaret Thatcher. Si on avait pensé et bien pensé la question du sous-développement avant celle du développement, nul doute qu'on n'en serait pas là aujourd'hui, avec tout un continent traînant les mêmes problèmes d'il y a plus de cinquante ans et dont rien que le début du début d'une solution semble de plus en plus lui échapper.

Si le présent ouvrage a quelque chose à apporter pédagogiquement à l'analyse ou à la réflexion sur le développement, c'est qu'il se propose d'effectuer un « déblocage épistémologique », jolie formule empruntée à mon plus grand ami intellectuel dans la manière hautement originale dont il a abordé et analysé la question du pouvoir, en l'occurrence Michel Foucault. Ne serait-ce que pour l'Afrique, je pense qu'il faut repenser le développement à l'heure où le capitalisme politique a fini de s'universaliser. J'entends par capitalisme politique, ce que l'on appelle aujourd'hui, à mon avis avec une maladresse intellectuelle et conceptuelle hallucinante, couramment le néolibéralisme. Le déblocage épistémologique que je cherche à effectuer dans le présent ouvrage, rien que pour le renouveau de l'analyse du développement et surtout du développement de l'Afrique, n'a rien de théorique. C'est bien pourquoi le présent ouvrage n'intègre pas de bibliographie. Le déblocage en question est un exercice qui consiste à penser le développement à partir du sous-développement et surtout en axant l'analyse sur des points précis. Dès lors qu'entre le libéralisme politique et le capitalisme politique, le monde contemporain semble avoir fini de se doter d'un modèle universel d'économie politique, il faudrait très rigoureusement éviter de se laisser emporter par toute cette galaxie de mots, souvent vagues, vides et jetables, qui meublent le lexique général de la thématique du développement, car, confrontés à la réalité vivante des sociétés humaines, ces belles notions perdent toute leur portée critique et analytique. Il faudrait, à mon avis, retourner au contexte spécifique considéré pour voir ce qui directement ou indirectement, structurellement ou fondamentalement constitue une rigidité forte au développement du pays étudié. Raison pour laquelle, il faudrait nécessairement retourner au sous-développement dans le but de pouvoir penser de manière lucide et critique le développement. Mais, quelque part, les analystes comme les gouvernements et même leurs partenaires internationaux au développement semblent avoir maintenant peur du concept du sous-développement. Ils ont fini de ranger depuis belle lurette ce concept à la fois « nerveux », « honteux » et « misérable ». Dès les années 1980, à peine les premiers programmes d'ajustement structurel lancés, il ont commencé à parler de « pays en voie de développement » (PVD), puis de « pays en développement ». Et maintenant, le mot à la mode est celui d'émergence. Apparemment, il n'y a plus de pays ni sous-développé, ni en voie de développement, ni en développement, il semblerait que tous les pays du vieux Tiers-monde sont devenus des pays émergents ou en voie d'émergence. On a passé cinquante ans à nous dire que ces pays étaient en voie de développement, et aujourd'hui on ne trouve rien de mieux à nous raconter pour camoufler l'échec que d'en faire des pays en voie d'émergence. Franchement, c'est de la rigolade. Et on tient des sommets et des sommets, des festivals avec plein de festivités, tapis rouge, la classe, sourires, champagne, machins, la belle compagnie, etc., rien que pour nous parler du Niger qui a emprunté un magot pour dit-il lancer son plan d'émergence. Du Sénégal. Du Tchad. Du Cameroun. Du Bénin en émergence. Seigneur, quand est-ce qu'on va être sérieux avec l'Afrique et les Africains ? Du moins, quand est-ce que les gouvernements africains vont être sérieux avec les Africains et se montrer respectables vis-à-vis du reste du monde. On parle du peloton des vingt ou trente pays les plus pauvres de la planète ; et leurs dirigeants, au lieu de chercher à régler les problèmes structurels de sous-développement qui gangrènent au quotidien leurs pauvres pays et la vie de leurs populations, viennent nous parler tout majestueusement d'émergence. De qui se moque-t-on ? Cinquante ans « en voie de développement », pour un pays de deux ou trois millions d'habitants, par exemple, comme le Gabon, c'est triste. Lamentable! Et, aujourd'hui, en lieu et place du développement tant attendu et espéré, hop, on nous balance tout astucieusement « pays en émergence ». Et la Banque Mondiale applaudit, décaisse et encourage. Le FMI aussi. Les organismes de coopération au développement international de même. Le pays est sur la bonne voie ! Bravo pour les grands et bons efforts ! Pendant ce temps, la démocratie est au point mort, la démographie explose, les mêmes archaïsmes socioculturels d'antan rigides et hostiles au développement sont populairement en vigueur et intégralement entretenus, aucun sens de la modernité, aucun souci pour l'environnement, l'économie est massivement et structurellement informelle, la société vivante, entre le social et le sociétal, est dans un désordre tellement chaotique que l'on se demande sans aucune forme de cynisme si l'on n'a pas affaire à une sorte de jungle humaine ambiante, une sorte d'« état de nature » qui ne dit pas son nom. Et tout cela, c'est l'émergence ! Bravo !

Je répète et je répéterai inlassablement que la meilleure manière de penser le développement de l'Afrique, c'est de s'adonner à l'exercice consistant à penser sa sortie du sous-développement. La meilleure manière de développer l'Afrique c'est de travailler à pouvoir rompre définitivement avec un certain nombre de choses qui la retiennent dans le confort de son légendaire sous-développement. Et ces choses en question lui sont entièrement internes ou spécifiques. Rien de tout cela ne lui vient de l'extérieur. Ni de la colonisation ni de la mondialisation. Toute société instruit à ses membres un ordre de croyances et de pratiques, des manières d'être, de penser et d'agir. Depuis que l'humanité existe, il en est ainsi, et il en sera ainsi pour toujours. Cet ordre des choses sociales et sociétales n'a *a priori* rien de si bon ou de si mauvais au départ. Seulement, quand on pense à l'évolution générale de la société elle-même dans le sens de l'épanouissement des gens, du bien-être individuel et collectif de ses membres et de son progrès global dans toutes les composantes de sa vie réelle et active, on doit à tout point de vue être progressiste plutôt que foncièrement conservateur. Or, il se trouve qu'en Afrique, l'esprit collectif et populaire est fortement conservateur. On dirait une disposition naturelle. On veut être aussi développé que les autres mais sans rien changer de nos vieilles façons qui vont à l'encontre des fondements de leur modèle de développement. Bon sang, on ne vous demande pas d'être comme les autres, on veut juste vous faire comprendre qu'il y a une logique à toute chose. Vouloir une chose et son contraire, c'est ne rien vouloir. C'est refuser la chose et se satisfaire de son contraire tout en faisant croire qu'on vise pourtant la chose elle-même. Et comme le contraire, en toute logique, ne mène ni à la chose voulue ni à ce qui pourrait lui ressembler, alors on se contente de chercher des excuses chez les autres, disant qu'ils nous dominent, qu'ils nous exploitent, que notre développement nuirait au leur. On connaît bien la *théorie de la dépendance* et sa fixation débordante sur l'idée que le Nord (les pays développés d'Occident) exploite et exploitera toujours les pays du Sud (les pays sous-développés d'Afrique, d'Amérique latine et d'Asie). Avouons simplement qu'une telle théorie ne tient plus ni comme thèse ni même comme hypothèse. Elle était pertinente dans les deux ou trois décennies ayant fraîchement suivi les vagues de décolonisation en Afrique, c'est-à-dire toute la période du néocolonialisme, 1960-1990, mais le temps a fini de nous donner la preuve que des pays du Sud pouvaient bel et bien sortir du sous-développement et se développer en toute autonomie et à leur rythme, sans se retourner à chaque pas sur leur passé ni attendre une action ou une intervention salvatrice venant de l'extérieur. Le néocolonialisme a bel et bien existé pour le cas de l'Afrique, et cela jusqu'à la fin du XXe siècle. Personne ne peut le nier. Surtout dans les anciennes colonies françaises. Mais aujourd'hui, tout cela est bel et bien fini. Et le capitalisme politique qui est dans une phase d'expansion spectaculaire et qui règne en maître sur le monde actuel, bien qu'institué par les États-Unis au sortir de la deuxième guerre mondiale, n'a ni pays ni ami. Il ne fonctionne qu'avec l'argent. Et il n'y a simplement qu'à voir l'influence internationale des monarchies du Golfe persique et arabe avec leur redoutable arme du pétrole pour s'en convaincre. « La raison gouverne le monde » disait Hegel. C'est vrai, mais à chaque époque, il faudrait se demander quel est le déterminant le plus puissant ou décisif de cette raison. Pour notre époque, il n'y a pas à chercher indéfiniment, il s'agit de l'argent. Même les États-Unis, le pays du capitalisme et qui sont les initiateurs de cette raison, semblent aujourd'hui être dépassés par ce monstre de l'argent au pouvoir. Alors, cherchons la raison du sous-développement de l'Afrique ailleurs que dans le passé lointain. Je ne sais même pas qu'est-ce qu'un pays de moins de cinq millions d'habitants a à aller fouiller cinquante ans en arrière dans le but de trouver des arguments pour expliquer ou justifier son retard. C'est ce que l'on pourrait appeler de la foutaise intellectuelle. Lorsqu'on est sous-développé, on le reconnaît, on l'assume et on travaille en conséquence à pouvoir le plus rapidement possible sortir de cet état de sous-développement. Je ne connais pas une autre manière de combattre le sous-développement pour un pays donné ou d'œuvrer pour le développement de celui-ci.

Le problème de l'Afrique, c'est qu'elle a fini de s'accommoder du sous-développement. C'est devenu son ADN. Elle s'en est tellement confortablement accommodée qu'elle semble aujourd'hui oublier qu'elle est encore structurellement sous-développée. Quelque part, elle est très confortable dans son statut de « misérable » du monde. Avant, c'était le rejet de la faute sur l'autre, à savoir le colon, le Nord ou le Blanc ; maintenant, c'est comme si c'était devenu une fatalité : c'est comme cela, faisons avec. Je n'exagère pas. Et comme on flatte le continent en nous cassant les oreilles matin, midi et soir qu'il est le continent de l'avenir et que déjà les choses, dit-on, s'améliorent, alors les Africains y vont peinards. Zéro stress. A leur rythme de caméléon. La charrue avant les bœufs. Et dans un désordre total et absolu. Deux bouts de route et quelques ruelles, bivouacs et cabanes, et hop, bonjour développement. C'est dire si l'Afrique, entre ses véreux gouvernants et ses peuples et populations encore populairement peu instruits et mal éduqués, se pense elle-même. Et si elle ne se pense pas, je ne vois pas comment elle pourrait penser son développement. Qui sait ? Peut-être aussi que c'est trop lui demander. Peut-être qu'elle veut juste suivre tout passivement la vague. Elle préfère peut-être le rôle de spectateur à celui d'acteur, de consommateur à celui de producteur. Surtout avec cette mondialisation où tout circule dans tous les sens, elle n'aurait peut-être besoin de rien d'autre que de consommer ce qui déjà est disponible sur le marché. Elle ne veut rien créer, rien inventer. Elle ne veut même pas innover. Elle veut juste être informée des nouveautés, de ce qui est en vogue et à la mode pour se mettre au goût du jour. Elle veut juste participer, pas compétir. Elle préfère le rôle de figurant à celui de héros ou d'acteur au premier plan. Même les seconds rôles, ce n'est pas son truc. Elle est timide. La pauvre ! Mais, pas d'excuse, passif ou actif, spectateur ou acteur, consommateur ou producteur, peu importe, le sous-développement, il faut s'en sortir ! Et vite !

Et vite, très vite, parce que c'est une urgence. Vite, parce que cela a trop longtemps duré, cette forte promesse du développement. Vite, parce que les générations actuelles et celles futures, qui déjà forment une très grande masse de populations, n'en peuvent plus de remettre à demain ce qui réellement peut être mené et réalisé aujourd'hui ou même pouvait être accompli depuis très longtemps. La sortie du sous-développement doit être le credo de cette nouvelle génération d'Africains. Ce « nouveau peuple », dont parlait mon cher ami Alexis de Tocqueville concernant le renouveau démocratique de chaque pays suivant les générations, est, dans ma conception historique de l'Afrique contemporaine, le peuple des gens nés des années 1945-1950 à nos jours. Ce peuple ne peut plus attendre. Il en a assez des fausses promesses, des slogans et autres discours creux qui, au bout du compte, finissent toujours par disparaître dans la nature sans aucune forme concrète de réalisation d'envergure. En Afrique, chaque décennie qui passe emporte avec elle son lot de bonnes et belles promesses non tenues, elle vient se heurter au « mur des lamentations » dont le maître-mot se résume à la seule notion du développement. L'enjeu n'est plus encore d'inscrire de nouveaux mots, encore vaseux et peu signifiants, sur ce mur, il est dans la capacité des pays et peuples d'Afrique à faire tomber ce mur qui bloque le chemin du continent. Il faut vite faire tomber ce mur pour faire entrer ce dernier dans l'histoire contemporaine. On a beau se plaindre et s'indigner face à des déclarations aussi maladroites et cyniques que celles des présidents français, Nicolas Sarkozy, disant en juillet 2007 à Dakar, au Sénégal, que *l'homme noir n'est pas entré dans l'histoire* ou du président américain, Donald Trump, traitant en janvier 2018 Haïti de *pays de merde*, mais derrière ces allusions offensantes, il y a incontestable-ment une part forte de vérité. L'homme noir est bel et bien entré dans l'histoire, comme tous les hommes et peuples d'ailleurs, mais l'Afrique, pas encore. Entrer dans l'histoire, cela ne veut dire rien d'autre qu'aller à la conquête de son destin. Quant au « pays de merde », si les Africains ont énergiquement réagi à cette sale allusion, c'est parce que, quelque part, ils s'y reconnaissent. Mais, au bout du compte, ce ne sont que des mots, qui veulent tout dire, mais qui ne tiennent que le temps d'une petite chronique médiatique pour finir par entrer dans la corbeille des innombrables insultes formulées à l'adresse des Noirs et des Africains. Haïti, ce n'est rien d'autre qu'un cas, certes très singulier, parmi tant d'autres ; mais reconnaissez avec moi que si le continent africain était dans une dynamique forte de sortie du sous-développement, nul doute qu'on n'aurait point insulté aussi ouvertement ni l'homme noir ni l'Afrique. La vérité, chers amis, cela ne peut avoir de langage que véridique, sans quoi elle devient autre chose qu'une vérité. Et si on a peur de l'entendre, alors il faut l'ignorer. Mais il faut être le dernier des écorchés-vifs pour ne pas réagir de manière énergique à des allusions traitant l'homme noir d'historique-ment inexistant ou un pays frère de l'Afrique, pour ne pas dire tout formellement africain, d'être un pays de merde. Si ces déclarations ont suscité dans le continent africain des levées de boucliers, c'est tout simplement parce que les pays d'Afrique noire se sont sentis piqués au vif. Et pourquoi pas ? Cela ne change bien évidemment rien du tout, mais cela a le mérite de créer un contre-discours au discours courant du politiquement correct que porte la diplomatie. Et moi, à vrai dire, je n'en veux point à ces dirigeants occidentaux qui balancent ouvertement des allusions de ce genre à l'Afrique. Si on affichait au grand jour tous les *off* sur l'Afrique de la part de ces derniers, nul doute que cela aurait pu conduire à une crise diplomatique. Le courage de l'Afrique ne se mesure pas à la réaction de ses dirigeants et peuples à ces formules faisant mouche le temps d'une chronique médiatique, il est à peser à l'aune de ce que font les Africains pour sortir le continent de sa misère, de son retard et de sa passivité face à une histoire de plus en plus rapide et intense dans son mouvement.

L'Afrique doit sortir du sous-développement. Elle n'a plus rien à y faire. Après tout, un demi-siècle de sous-développement, sans compter la période antérieure aux années 1960, cela suffit largement. Cette sortie du sous-développement, l'Afrique la doit à elle-même, à ses peuples et populations mais également au reste du monde. Jusqu'à quand va-t-on continuer tous les dix ou quinze ans à définir des soit-disant Objectifs Du Millénaire (ODM), des Objectifs du Développement Durable (ODD) et autres trucs farfelus de ce genre ? A organiser des cérémonies à la fois fastueuses et folkloriques pour la cause ou l'occasion ? A mobiliser encore et encore d'immenses ressources humaines et financières pour toujours finir au bout du compte par reconnaître que malgré tous les efforts alors fournis, les objectifs définis au départ n'ont pas été atteints ? C'est peut-être une manière, *à l'africaine*, d'admettre son échec. A quoi bon retenir le temps pour finir par reconnaître, au bout de l'exercice, que ce ne fut que simple perte de temps. Les Objectifs du millénaire, quand même, plein de pays africains auraient pu les atteindre rien qu'à la moité du parcours. Pour un pays de moins de cinq millions d'habitants, franchement sept ans auraient pu largement suffire pour même aller au-delà de ces objectifs généraux. Mais, même le double n'a pas suffi. Quinze ans après, au lieu de remettre à plat tout ce plan, non, on prolonge l'affaire en l'appelant autrement. Objectifs du développement durable ! Seigneur ! Je ne connais pas de programme de développement international aussi maladroitement et laidement appelé. C'est dire le niveau d'inspiration et même de conviction de ces importants messieurs et de leurs tout aussi importantes institutions qui décident tous les dix ans du chemin que doit prendre l'Afrique dans la perspective de son développement. A vrai dire, pour de la vision forte voire puissante, du point de vue historique, pour des objectifs clairs et réalisables et pour un développement de qualité, je vois bien mieux et bien plus pertinent et intéressant que ces *machins* de slogans et credo, qui, en plus, coûtent trop cher au continent comme au reste du monde, et pour des résultats généralement insignifiants et invisibles. En lieu et place de tous ces programmes, un seul mot d'ordre devait suffire : la sortie définitive de l'Afrique et des autres pays pauvres du monde du sous-développement : EN FINIR AVEC LE SOUS-DÉVELOPPEMENT ! Ce qui aurait permis d'y voir bien plus clair et de pouvoir en temps réel savoir comment les choses évoluent dans chaque pays du monde. C'est tout un changement de perspective qui doit être effectué si encore on tient à parler de développement plutôt que de simple émergence.

Le développement, on peut le critiquer ou le relativiser, mais on ne peut pas le refuser. Le développement a ceci d'intéressant qu'il n'est pas que croissance économique. Il renvoie à cet état global qui allie démocratie politique, prospérité économique et bien-être social ; le tout se résumant au progrès global de la condition humaine. Le mérite de l'analyse est par-dessus tout d'avoir dès les années 1970 pris le soin d'indiquer avec force cette précision de taille au moment où les premières théories libérales du développement produites depuis les années 1940-1950 avaient le vent en poupe notamment aux États-Unis. Au-delà de cette précision, qui faisait ressortir le caractère humain et global du développement, les analystes ont eu la clairvoyance d'introduire dans la thématique un paradigme alors tout nouveau, celui écologique. Au départ, il s'agissait de la question environnementale.

Chemin faisant, l'analyse a très tôt compris que du simple milieu environnemental, il fallait passer à la grande question du vivant. Cette question allait, de fond en comble, remobiliser toute la théorie du développement. A l'économique, au politique et au social, il fallait ajouter l'écologique ; le tout ayant pour pôle de convergence la condition humaine et plus largement celle de l'univers vivant et des êtres vivants qui y résident. Pour la première fois, l'analyse venait de donner avec clarté une dimension globale à cette grande question du développement. Dès lors, le monisme économique devait être confronté à la pluralité des dimensions de la question. A côté du développement économique qui avait pour horizon de réalisation la croissance économique, on retrouvait le développement politique ayant pour repère l'idéal démocratique, le développement social qui se concrétisait avec le bien-être individuel et collectif et le développement dit durable qui renvoyait à l'état écologique général du milieu ou du contexte considéré. En plus de ces différentes dimensions clairement indiquées, l'analyse avait pris le soin de bien souligner que l'économique, le politique, le social et l'écologique était entièrement liés et qu'ils entretenaient une relation dynamique faisant qu'on ne pouvait point évoquer l'un de ces facteurs généraux sans faire allusion aux autres. Seulement, il y a un défaut de taille dans l'analyse du développement, et qui, me semble-t-il, n'est pas prêt à disparaître. Il s'agit encore et encore de ce monisme économique, ce penchant fort à vouloir considérer par-dessus tout que l'économie est le seul et véritable pilier du développement. Quelque part, il y a incontestablement une vérité dans cette considération car le développement politique, le développement social et le développement durable de l'écologie ne peuvent réellement se réaliser sans l'existence d'une économie pouvant générer les ressources nécessaires aux politiques à mettre en œuvre dans ces différents domaines. Mais, même une vérité forte ne dispense pas pour autant l'analyse du principe qui l'appelle à devoir formellement faire la part des choses. Le caractère central et déterminant de l'économie dans le processus de développement ne doit guère faire oublier qu'on a affaire à une dynamique d'ensemble plutôt qu'à un mouvement linéaire allant de l'économie au reste des autres facteurs. C'est à ce niveau précis que la modernité devient hautement nécessaire dans l'analyse du développement, car elle permet d'avoir en permanence en vue le caractère général et global du développement et de l'axer précisément non pas seulement sur le simple critère des performances économiques mais sur l'objet même du développement en tant que forme ou modèle politique : l'épanouissement humain dans toutes ses dimensions. A partir de cette mise au point qui relativise la place déterminante accordée à l'économie, c'est toute la perspective de l'analyse qui change. De la question de savoir comment fonctionne le processus de développement d'un pays, on passe à la question de savoir au service de quoi est mis ce cher développement. On passe du modèle en tant que tel à son utilité. On part ainsi du besoin pour définir le produit voulu et donc le modèle à mettre en place. Mais cette nouvelle approche n'est que conceptuelle car dans la réalité des choses, la pratique du développement est toujours forte-ment marquée par ce tout économique. Et à force de s'enfermer dans l'économie au détriment des autres facteurs et fonctions du développement, on oublie la finalité effective du processus. C'est là tout l'enjeu de la différence entre la croissance économique et le développement. Le grand problème avec tous ces pays dits émergents et toute cette forte troupe de pays qui veulent à leur tour émerger à n'importe quel prix, c'est que ni les uns ni les autres ne voient le caractère global de la chose. Ils croient formellement qu'il suffit de réaliser des performances économiques plus ou moins élevées et durables dans le temps pour que tout change, de la vie des humains à l'état général de l'écologie dans le contexte considéré, de la question des libertés et des droits à celle de la pauvreté, des inégalités sociales et de l'injustice sociale. Or, au-dessus des quatre logiques respectives qui articulent le développement économique, le développement politique, le développement social et le développement écologique, il y a une logique qui, tout en étant transversale à celles-ci, leur est extérieure. C'est cette logique, elle et elle seule, qui constitue la logique d'un développement de qualité, celui répondant à la question de savoir à quoi sert le développement plutôt que simplement à celle de savoir comment y arriver. Cette logique suprême, je l'appelle la logique de modernité. Je lui associe même un principe : *le principe de modernité.*

Pas besoin de passer par une définition de la modernité pour faire comprendre ce que je veux dire par *principe de modernité*. En vérité, ce que l'Occident a et que les autres n'ont pas ou pas encore, malgré leurs performances économiques, c'est l'esprit moderne. Penser le développement à l'heure actuelle en perdant de vue ce principe suprême, c'est à mon avis s'enfermer dans une démarche analytique qui risque de reproduire les mêmes erreurs du passé et en conséquence d'orienter les politiques de développement elles-mêmes vers une voie qui n'aboutirait qu'à un développement très peu qualitatif du point de vue politique, social, humain et écologique. Or, aujourd'hui, plus que jamais par le passé, l'humanité a besoin de faire la part des choses. Elle a besoin de rechercher la qualité en toute action s'inscrivant dans la perspective d'un développement des sociétés humaines. On n'a plus le droit de faire tout et son contraire. Et surtout pas de penser que la simple croissance économique suffirait pour arriver au « grand et bon développement ». J'appelle *grand et bon développement* le développement qui met l'humain et le vivant au cœur des préoccupations et priorités générales et qui ne se contente pas tout benoîtement de la croissance économique comme déterminant décisif du développement. A y regarder de plus près, ce *principe de modernité* devait pouvoir être introduit depuis les années 1970, depuis les premières critiques adressées au monisme économique qui est la marque de fabrique du modèle libéral du développement. En effet, entre les critiques qui ont conduit à la prise en considération de la grande question écologique dans la problématique ou la thématique du développement et les réactions naturelles de l'univers manifestant son incapacité physi-que à accepter les abus écologiques liés au productivisme et au consumérisme de notre époque, le rappel du caractère global du développement ne suffit plus, d'autant plus que depuis plusieurs années voire depuis des décennies, de nombreux scientifiques ne cessent d'attirer notre attention sur les limites objectives de l'univers du vivant et ainsi de nous alerter sur la nécessité de reconsidérer fondamentalement notre rapport à la nature. Mais, jusqu'ici, à part quelques petits et insignifiants ajustements à la marge, rien n'a été fait. Notre époque semble être marquée du sceau de l'insouciance la plus démesurée que l'on puisse imaginer. Ce n'est guère une question d'idéologie ou de doctrine. Il n'y a aucun catastrophisme à alerter les humains sur les risques encourus s'ils continuent de se reproduire encore massivement et si, non contents de ce fait majeur, ils s'en prennent à l'équilibre général du vivant ou des écosystèmes vivants.

Le *principe de modernité* est ce principe qui permet d'aller dans le sens authentique des choses et de faire la part des choses entre ce qui est nécessaire et ce qui ne l'est pas, ce qui est utile et ce qui ne l'est pas, ce qui est admissible ou acceptable et ce qui ne l'est pas. Si l'Occident, avec son *principe de modernité*, était à la place des pays sous-développés, nul doute qu'il ne se serait pas laissé embarquer dans cette folie de l'émergence, qui n'est rien d'autre qu'une photocopie floue et mal ajustée du développement. Aujourd'hui où le modèle occidental de développement a fini de s'affirmer universellement, il revient à chaque pays de savoir sur quelles priorités axer son processus de développement. Suivre aveuglément les pas des grands pays dits émergents, c'est rajouter un grand problème au problème du sous-développement. Bien évidemment que l'Afrique ne peut pas s'en rendre compte maintenant, mais le moment venu où elle prendra conscience qu'elle a encore fait fausse route, comme à son habitude depuis plus de cinquante ans, ce sera bien trop tard. On ne peut pas se développer en brûlant les étapes. Avant d'en arriver au niveau de développement où elles sont aujourd'hui, la Chine, l'Inde et les pays dits émergents se sont réveillés et éveillés, ils ont pris conscience de leur retard et de la nécessité historique d'agir. La Chine n'est pas un exemple à suivre pour moi en matière de développement mais je reconnais qu'elle a eu un courage extraordinaire en adoptant l'économie de marché au moment où le communisme croyait encore détenir en elle son plus grand bastion de militants et en décidant de pratiquer avec une rigueur sans faille la politique de l'enfant unique pour stopper l'explosion démographique vivement encouragée par son *grand timonier* et son grand rêve de superpuissance surpeuplée. C'est cela un choix révolutionnaire. Cette capacité à faire son autocritique et à changer de direction au moment opportun. Elle pourrait inspirer l'Afrique non pas dans la direction qu'elle à prise vers la fin des années 1970, mais dans son courage, celui d'avoir pris la ferme résolution de changer d'itinéraire au moment où tout la poussait à continuer à poursuivre le chemin tracé par Mao Zedong.

L'Afrique, bien que devant passer par une révolution sans précédent dans son histoire, a un chemin différent à prendre. Ce n'est guère comparable. D'un côté, on parle d'un seul pays ; de l'autre, il s'agit d'un continent. La Chine est une mastodonte, l'Inde aussi, ainsi que les autres grands pays émergents, alors que l'Afrique subsaharienne, elle, est d'une très grande hétérogénéité, entre plusieurs pays très faiblement à moyennement peuplés et quelques pays très peuplés, mais pas exactement surpeuplés au regard de leur superficie. En plus de cela, il n'y a rien ni d'historiquement ni de traditionnellement ni de culturellement ni de structurellement semblable entre ces deux mondes. Les mêmes remarques peuvent être faites par rapport à la Russie, à l'Inde, au Brésil et même à l'Afrique du Sud. Pour un développement de qualité, mieux vaut choisir l'original, c'est-à-dire l'Occident. Si c'est juste pour la croissance économique, les choix stratégiques sont multiples autant du point de vue des secteurs d'activités que du point de vue macroéconomique. Pour sortir du sous-développement, l'Afrique subsaharienne gagnerait à y aller avec méthode. Elle doit non seulement reconsidérer ses objectifs immédiats et à moyen terme, mais elle doit également adopter une démarche de rupture.

Reconsidérer ses objectifs immédiats et à moyen terme, c'est, pour l'Afrique, mettre l'accent sur sa sortie du sous-développement plutôt que de brusquement s'autoproclamer en émergence. En effet, c'est en partant de cet objectif de la sortie du sous-développement que l'Afrique peut de manière claire et précise voir sur quelles priorités générales axer son développement. L'émergence ne peut être pour elle qu'une fausse piste car elle va la conduire à tout miser sur la performance économique, oubliant que même un tel objectif ne peut être atteint qu'avec une rupture de fond avec un certain nombre de choses qui constituent des rigidités structurelles à son développement. Cette démarche de rupture est plus que nécessaire car elle et elle seule peut permettre de voir au-delà de la performance économique les enjeux majeurs de l'époque. Et c'est encore à ce niveau précis qu'il faut s'inspirer du *principe de modernité* de l'Occident. Dans le cas de l'Afrique actuelle, ce *principe de modernité* renverrait à cette capacité à faire son autocritique et à avoir un regard global sur sa situation et sur son évolution. A y regarder de plus près, la croissance économique des pays africains n'a rien d'extraordinaire, vu le niveau d'où ils partaient dans les années 1990-2000, période où la mondialisation libérale a commencé à prendre sa vitesse de croisière. Et quelque part, si les pays africains stagnent d'une manière générale à 5 ou 6 % de croissance économique alors qu'ils devaient tous être proches de doubler ces taux, chiffres très discutables d'ailleurs dans leur fiabilité scientifique, c'est parce qu'il demeure encore de très grandes rigidités extra-économiques partout dans le continent. Le *principe de modernité* sert justement à amoindrir l'effet de ces rigidités jusqu'à leur anéantissement total. Un seul exemple pour illustrer ce que je dis, c'est que malgré la croissance économique, malgré un taux de pauvreté tendant à la baisse, le nombre de pauvres ne cesse d'augmenter d'une manière générale en Afrique subsaharienne. Constat affiché unanimement par la Banque Africaine de Développement (BAD), l'Organisation de Coopération et de Développement Économique (OCDE) et le PNUD (Programme des Nations Unies pour le Développement) dans un rapport récent, intitulé « Les perspectives de l'économie en Afrique en 2017 ». Si le nombre de pauvres augmente au moment où baisse le taux de pauvreté, c'est parce qu'il y a un problème démographique structurel. Voilà tout un paradoxe qui déjà nous donne la preuve forte que le choix stratégique de l'émergence n'est pas le bon ou le plus approprié pour l'Afrique. A mon avis, un modèle de développement qui ne permet pas de manière automatique de faire progressivement baisser autant la pauvreté relative que celle absolue n'en est pas un de bien structuré. Même chose pour un modèle de développement qui ne permettrait pas aux pays africains à la fois d'en finir de manière définitive avec la démocratie au rabais ou la démocratie bananière, de renverser fortement la dynamique globalement informelle de son économie et de s'armer de courage pour, enfin, réaliser ce grand bouleversement révolutionnaire du « changement social » qu'il ne veut pour rien au monde accomplir alors qu'il constitue un préalable, plus que nécessaire, indispensable autant à sa sortie effective et définitive du sous-développement qu'à son évolution progressive vers un développement de qualité.

Dans le présent ouvrage, il est question, comme l'indique le titre, de quatre composantes fortes et générales du développement. Dans la perspective d'une sortie définitive du sous-développement et d'une évolution progressive dans un processus de développement de qualité, chacune de ces composantes est abordée non pas comme étant un handicap pour l'Afrique mais comme un secteur dans lequel il faudrait nécessairement et urgemment agir comme s'il s'agissait d'y accomplir une révolution globale, générale et historique, car c'est précisément à chacun de ces différents niveaux ou dans ces différents domaines que se situe ce qui structurellement empêche les pays africains d'en finir pour de bon avec le sous-développement. Ces domaines, bien que distincts et différents de nature, sont tous entièrement liés les uns aux autres. Leur interaction est, naturellement, tellement forte que la plus petite avancée révolutionnaire dans l'un aurait un impact majeur dans tous les trois autres domaines considérés. Et dans chacun de ces domaines en question, il demeure une marge réelle et forte de manœuvre, quel que soit le pays africain considéré, c'est pourquoi j'utilise analytiquement la notion, principalement économique et actuellement très à la mode dans les théories du développement, de « dividende » plutôt que celles d'atout ou de handicap. Le dividende démographique peut être défini comme étant le potentiel de croissance économique résultant d'une transformation en profondeur de la structure par âge de la population due à une augmentation graduelle de la part de la population active (15 à 64 ans). Augmentation de la population qui conduit au bout du processus à un renversement de l'ordre initial du ratio de dépendance, c'est-à-dire de la relation statistique entre la population active et celle non-active ou simplement le reste de la population totale ; ce qui libère un potentiel grand et réel de ressources à destination de l'épargne, du placement ou de l'investissement économique.

Bien évidemment que la situation générale dans chacun des quatre domaines ici considérés constitue plus un handicap ou une faiblesse qu'un atout ou une force pour l'Afrique dans la perspective de sa sortie du sous-développement ; mais c'est justement pour cette raison que l'usage de la notion de dividende, plus que de toute autre, nous est très utile. L'utilité critique, analytique et même stratégique de la notion de dividende réside dans le fait qu'elle permet de concevoir une possibilité d'action révolutionnaire. Je dis bien révolutionnaire, car il s'agit véritablement de transformer la donne générale dans chacun des quatre domaines en question, mais surtout de la transformer à partir d'un potentiel. Le mot dividende renvoie à ce potentiel. Il y a des révolutions sans lendemain parce que se limitant à renverser l'ordre ancien mais ne se préoccupant guère du nouvel ordre à mettre en place. Ces révolutions sont souvent aventureuses et vouées à l'échec. Il y a, à la différence de celles-ci, des révolutions qui partent d'un projet, d'un objectif précis, celui de transformer en profondeur la société en partant d'une marge de manœuvre qui permet d'y arriver plutôt que de simplement renverser le pouvoir en place. Rares sont les révolutions qui annoncent avec précision leur plan d'action une fois l'ordre ancien renversé. Dans chacun des quatre domaines considérés dans le présent ouvrage, il faut, à mon avis accomplir une révolution au sens à la fois critique et constructif du terme, c'est-à-dire avec des ruptures majeures à entreprendre à des niveaux précis et des édifices nouveaux à construire à ces mêmes niveaux. Tout l'objectif du présent ouvrage est de montrer que dans chacun des quatre domaines considérés, il existe un réel potentiel de transformation de la donne en vue du développement global, humain et de qualité de l'Afrique subsaharienne. Ainsi par dividende, je n'entends que potentiel de transformation globale dans chacun des quatre domaines en question, ni plus ni moins.

N'ayons pas peur du mot « révolution ». Il ne renvoie à rien d'autre qu'à la transformation générale et globale ou qu'au changement en profondeur. Pour ne pas donner la trouille au lecteur, disons alors que si l'on veut agir pour sortir l'Afrique du sous-développement et la mettre sur la voie d'un développement de qualité, il faudrait en même temps et urgemment ou immédiatement une transformation générale et globale ou un changement en profondeur dans chacun des quatre domaines en question dans le présent ouvrage. Urgence, cohérence et courage, voilà les maîtres-mots qu'il faut avoir à l'esprit en guise de principes pour bien mener l'action révolutionnaire en vue. Urgence, car le temps est rigoureusement compté pour le continent africain ; en effet, il s'agit au maximum, pour tout ce qu'il y a à faire et pour toute l'Afrique subsaharienne, d'une décennie d'action stratégique et surtout politique car la marge de manœuvre ainsi considérée ou dividende a une durée de validité très limitée dans le temps. En moins de dix ans, j'en suis convaincu, tous les pays africains, ou en tout cas l'écrasante majorité des pays d'Afrique subsaharienne, pourraient définitivement sortir du sous-développement. Les quelques cas qui resteraient devraient être des cas spécifiques, auxquels il faudrait, en conséquence, appliquer des méthodes ou recettes, aussi, spéciales. Cohérence, parce que, d'une part, il faudrait agir en même temps sur les quatre domaines en question et, d'autre part, parce qu'il faudrait bien situer les enjeux, définir les priorités, bien affiner les stratégies d'action et veiller rigoureusement à la réussite de la mise en œuvre du plan d'action conçu pour chacun de ces quatre niveaux d'intervention. Courage, il en faut encore et encore car chacun de ces domaines est, à tout point de vue, hautement sensible du point de vue de l'ordre social global en vigueur dans les pays africains comme pour les consciences et pratiques collectives des sociétés africaines ; d'où la nécessité de faire preuve d'intelligence, pour ne pas dire « d'ingénierie sociale », en plus du courage, plus que nécessaire, indispensable.

Les quatre domaines ou niveaux d'actions ou d'interventions en question sont la démographie, l'économie, la politique et la société. Respectivement, les quatre objets sur lesquels il faudrait agir sont la population, l'économique et le social, le politique, le sociétal ou le socioculturel. A chacun de ces domaines correspond un type particulier de dividende, qui renvoie à une marge de manœuvre dans laquelle il faudrait stratégiquement et spécifiquement agir dans le but de contribuer de manière optimale à la sortie de l'Afrique du sous-développement pour l'orienter vers un processus de développement de qualité.

Ainsi, les quatre dividendes en question sont respectivement le dividende démographique, le dividende socio-économique, le dividende politique et le dividende sociétal. A chacun de ces dividendes peut être associé un défi général mais clairement défini et déterminé.

Le dividende démographique est celui du nombre, il est de plus en plus évoqué dans les programmes de développement soutenus par les grands bailleurs de fonds internationaux. Ce dividende renvoie au défi de la transition démographique que seule une toute petite poignée de pays africains sont à l'heure actuelle en phase de réaliser.

Le dividende socio-économique prolonge et en même temps renforce le travail stratégique effectué en ce qui concerne le dividende démographique, mais il est spécifiquement économique et social. D'une part, il y a le défi de l'investissement dans le capital humain qu'il faut relever ; de l'autre, c'est celui de la modernisation de toute l'architecture de l'économie et le renforcement de tout le tissu économique qui est à réaliser. Ce qu'il ne faudrait pas confondre avec les programmes et projets menés par un certain nombre de pays dans le but, dit-on, de les faire « émerger ». Le défi rattaché à ce dividende, comparativement au défi de la transition démographique ou défi du nombre ou de la quantité, peut être considéré comme étant le défi de la qualité.

Le dividende politique est, comme on peut le deviner tout facilement, celui associé au défi de la démocratie et de la bonne gouvernance. Ce dividende est central dans le dispositif général devant conduire l'Afrique à une sortie rapide mais effective du sous-développement car tous les quatre défis associés aux quatre dividendes définis sont fondamentalement politiques. Du travail effectué dans ce cadre, devrait dépendre une bonne partie de ce qui sera fait dans les trois autres domaines en question. Le dividende sociétal ou socioculturel est un type de dividende que ni l'analyse ni les programmes et autres projets de développement n'ont, me semble-t-il, jamais pris en considération. Pourtant, il est au cœur de toute la problématique du développement. C'est parce qu'il est très difficile à appréhender en termes pratiques qu'il est, à ce point, ignoré ou négligé, mais pour sortir le continent africain du sous-développement, on ne saurait le contourner car le défi auquel il renvoie est, avec celui de la démocratie et de la bonne gouvernance politique, le défi majeur auquel se heurtent presque tous les programmes de développement dans leur mise en œuvre : le défi du changement social.

Transition démographique. Modernisation économique. Démocratie et bonne gouvernance politique. Changement social. Voilà ce dont traite le présent ouvrage. Il s'agit, à mon avis, des quatre grands axes sur lesquels devrait porter toute initiative globale et d'envergure en faveur du développement de l'Afrique subsaharienne. Bien évidemment que chacun de ces axes intègre une multitude de composantes et de sous-composantes, mais au-delà de cette multitude de choses à considérer, une réflexion approfondie sur le développement de l'Afrique pourrait se limiter à situer avec précision les enjeux globaux dans chacun des domaines en question et à présenter en toute clarté les stratégies à mettre en œuvre pour arriver à une sortie rapide et définitive du sous-développement et à l'entrée dans une dynamique nouvelle et globale d'un développement de qualité, un développement qui n'a rien à voir avec l'émergence que tout astucieusement l'on vend actuellement aux populations de plusieurs pays d'Afrique au sud du Sahara. Bien évidemment, aussi, que chaque pays africain reste, à tout point de vue, un cas particulier et qu'il a une relation singulière à chacun des quatre grandes composantes considérées dans le cadre du présent ouvrage, mais au-delà de ces particularités nationales, il demeure de fortes similitudes entre les pays, notamment au regard de leur situation générale dans ces différents domaines ou niveaux d'action et d'analyse.

Je précise au passage qu'il n'est nullement question dans le présent ouvrage de dresser un tableau général de l'Afrique subsaharienne. Ce qui serait trop prétentieux de ma part. Il ne s'agit juste que d'une réflexion générale et globale sur l'évolution actuelle de l'Afrique, axée sur quatre domaines précis, déjà précisés et reprécisés. Au-delà du caractère généraliste de la démarche, le but de cet exercice est de faire comprendre au lecteur du présent ouvrage que c'est encore bel et bien possible de sortir l'Afrique du sous-développement et de la mettre sur la bonne voie, celle d'un développement global, humain et de qualité et non d'un développement au rabais. A vrai dire, après plus d'un demi-siècle d'attente, il y a bien mieux à proposer aux peuples et pays africains que des miettes, de petits projets crève-la-dalle à grignoter et qu'on appelle, par manque de vision, de clairvoyance et d'inspiration, « émergence ». Si après plus de cinquante ans d'aventure, on n'a aucune autre ambition pour l'Afrique que celle de vouloir la faire soi-disant émerger, alors là, je ne vois pas plus grand aveu de manque de vision, de manque de volonté et de manque de conséquence politique de la part des gouvernants des pays du continent africain.

Le choix des quatre dividendes considérés, comme celui de la notion même de « dividende », n'a rien ni de hasardeux, ni d'approximatif, ni de purement théorique. Il est le fruit d'une réflexion approfondie sur la dynamique générale en cours dans le continent africain. D'un côté, au-delà de la grande question écologique, qui interpelle l'ensemble de l'humanité plutôt qu'un seul continent, il me semble qu'en axant avec précision l'analyse ou la réflexion sur la démographie, l'économie, la politique et la société, le tour de la question de la sortie de l'Afrique du sous-développement et de son orientation lucide et ordonnée vers un processus de développement de qualité peut être fait. Ce qui conduirait ainsi à avoir pour objets respectifs de réflexion et d'analyse la population, l'économique et le social, le politique, le sociétal ou le socioculturel et, consécutivement, pour défis respectifs à relever de la part du continent africain la transition démographique, la modernisation économique et sociale, la démocratie et la bonne gouvernance politique, le changement social. Laissez-moi juste rajouter qu'au-delà de l'écologique, je ne vois pas un autre objet plus global que ces quatre identifiés pour rendre compte de l'état de développement d'un pays, comme je ne vois pas pour l'Afrique un autre défi plus urgent et grand à relever à l'heure actuelle que ces quatre considérés. D'un autre côté, le fait que la notion de dividende provienne de l'analyse socio-économique et socio-démographique, précisément de la thématique du dividende démographique, n'enlève rien à la pertinence conceptuelle et analytique des trois autres dividendes considérés dans le présent ouvrage. En effet, de la même manière qu'il y a un réel dividende démographique à la portée des pays africains, il existe bel et bien un dividende socio-économique, un dividende politique ainsi qu'un dividende sociétal qui entretiennent autant de potentialités et dont l'exploitation à bon escient pourrait considérablement contribuer à faire de manière effective et définitive sortir l'Afrique de son état structurel de sous-développement pour, enfin, l'orienter dans la dynamique d'un développement de qualité. Et de la même manière que la transition démographique reste la seule voie qui conduit à l'ouverture de ce que les démographes appellent la « fenêtre d'opportunité » qui permet une exploitation optimale du dividende démographique, les dividendes socio-économique, politique et sociétal en appellent aussi à des défis spécifiques qui, une fois relevés, ouvrent, plus qu'une fenêtre, un horizon grand et radieux en vue d'une sortie effective et définitive du sous-développement et de l'entrée dans la dynamique d'un développement global, humain et de qualité. Et, en suivant jusqu'au bout la réflexion menée dans le présent ouvrage, le lecteur prendra la mesure de la pertinence ainsi que de l'utilité analytique de l'usage de la notion de dividende dans chacun des quatre domaines généraux en question comme respectivement pour chacun des défis globaux à relever par l'Afrique subsaharienne.

Le dividende démographique :

Le défi du nombre ou défi de la quantité

D'une manière générale et presque instinctivement, la question que je me pose avant toute autre lorsqu'on me parle d'un pays que je ne connais pas reste celle de savoir combien de gens y habitent ou à combien de personnes sa population est-elle estimée. C'est sans doute mon réflexe biopolitique. Cette question de la population et du peuplement est, à mon avis, la question première de toute analyse de l'état général et de l'évolution globale d'un pays. Elle peut sembler légère et banale dans la forme, mais elle est, dans le fond, cruciale, déterminante et capitale pour l'analyse. Et ce qui par-dessus tout m'étonne le plus, c'est que, curieusement, ce n'est que maintenant que cette question très forte de la démographie vient d'entrer dans la thématique du développement, du moins pour ce qui concerne l'Afrique. Et même cette entrée toute fraîche ou récente est encore très timide. On dirait une question intruse, une fausse question de développement ou alors une question secondaire ou facultative de développement. Et ce n'est que parce que les prévisions démographiques des grandes institutions ou organisations internationales s'occupant des questions de population indiquent aujourd'hui en toute unanimité qu'au rythme où vont les choses, le continent africain risque fort probablement d'atteindre les deux milliards de personnes en 2050 qu'on s'efforce maintenant d'intégrer de manière plus ou moins formelle le facteur démographique dans l'analyse du développement de l'Afrique. C'est dire à quel point l'analyse peut avoir la mémoire courte et à quel point elle peut être fantaisiste quand elle le veut.

La question démographique, comme question de développement, cela ne date tout de même pas d'aujourd'hui. C'est une très vieille question de développement qui, aujourd'hui, revient à la surface. En effet, depuis Thomas Robert Malthus vers la fin du XVIIIe siècle (*Essai sur le principe de population*, 1798), il n'est plus possible de traiter de l'évolution générale d'un pays sans aborder cette question de la population. Cette question n'est guère facultative, elle n'est même pas secondaire. Elle est centrale, et aujourd'hui plus que jamais par le passé, car les enjeux qui lui sont associés d'un pays à un autre, d'une région à une autre ou d'un continent à un autre sont tout simplement énormes.

Le cas de l'Afrique est à ce niveau fortement énigmatique, dans la mesure où la problématique démographique dans le continent africain n'est comparable à aucune autre. Elle est, à tout point de vue, singulièrement explosive. De Malthus à nos jours, nombreux ont été les réflexions et travaux sur la population en tant que question de développement. En effet, tout au long du XXe siècle, les théories du célèbre pasteur britannique ont fait l'objet d'un nombre inestimable de commentaires visant soit à les approfondir, de la part des néo-malthusiens, soit à les critiquer, du point de vue des adeptes des politiques démographiques natalistes. Entre les réflexions d'Alfred Sauvy (*Théorie générale de la population*, 1956), d'Aldous Huxley (*Retour au meilleur des mondes*, 1958), de Paul R. Ehrlich (*The Population Bomb*, 1968), les séries de publications de Lester Brown et de sa *Worldwatch Institute* ainsi que le nombre incalculable de travaux effectués sur la problématique écologique à notre époque, et qui intègrent des réflexions et études approfondies sur la question de la population, la deuxième moitié du XXe siècle avait fini de faire de la question démographique une question majeure et centrale de la thématique globale du développement. La question démographique ne pouvait ainsi plus être ignorée ou négligée ni dans le cadre des recherches sur le développement ni par les politiques de développement destinées aux pays sous-développés. Entre la politique chinoise de l'enfant unique et les programmes de planification familiale mis en œuvre dans certains pays asiatiques, en Amérique latine et en Afrique subsaharienne, les années 1970-1980 allaient consacrer de manière forte et formelle l'entrée de la question de la population dans la thématique globale du développement. L'échec des programmes de planification familiale en Afrique, au moment où ceux-ci marchaient bien dans la plupart des pays d'Amérique latine, ne faisait que renvoyer le débat sur la question démographique en Afrique à une date ultérieure. Depuis plus ou moins une décennie, ce débat tant redouté autour de la population et surtout autour de la nécessité absolue pour l'Afrique subsaharienne de s'engager avec fermeté et cohérence dans la voie d'une véritable transition démographique est en train de remonter d'une manière spectaculaire à la surface. Il ne s'agit plus simplement de débattre interminablement de l'importance de la démographie dans le processus général de développement d'un pays, il s'agit d'agir. D'agir pour une baisse réelle et durable de la fécondité en vue d'une transition démographique qui ouvrirait aux pays africains la fameuse « fenêtre d'opportunité » devant leur permettre d'exploiter de manière optimale le dividende démographique, à moyen terme, largement à la portée de la plupart d'entre eux.

La transition démographique. Pour un défi, en voilà un de bien entier et urgent à l'adresse du continent africain. Ce défi n'est pas nouveau. En effet, depuis le début du dernier quart du siècle précédent, les démographes ne cessent d'alerter le monde entier sur la nécessité d'agir pour ralentir la croissance démographique mondiale, fortement dopée à l'époque par le rythme spectaculaire d'accroissement démographique de l'Asie et du continent africain. En vérité, cela fait plus de trois décennies que la sonnette d'alarme retentit de manière stridente et continue. On dirait une alarme folle et inarrêtable, pourtant il y a une bonne raison qui justifie cette alerte en mode continu, car après avoir doublé une première fois entre 1950 et 1987, passant de 2,5 milliards à 5 milliards d'habitants, la population mondiale pour-rait, selon les prévisions des Nations Unies, connaître un nouveau doublement en 2050, passant ainsi de 5 à 10 milliards. Déjà qu'entre 1987 et 2011, soit en l'espace de 24 ans, elle est passé de 5 à 7 mil-liards, la probabilité de la voir atteindre voire dépasser nettement et même largement les 10 milliards d'habitants en 2050 est tellement forte qu'on voit mal aujourd'hui ce qui pourrait empêcher le monde d'y arriver. Le premier doublement, celui de la deuxième moitié du XXe siècle, celui de 1950-1987, est un doublement asiatique, alors que le deuxième doublement, celui en cours, est africain. En effet, après le milliard de Chinois, tant évoqué entre le dernier quart du siècle précédent et le début du siècle courant, et qui cachait un autre milliard asiatique, celui de l'Inde, nous voilà à présent avec le milliard africain. Et à peine officialisé en 2009, voilà qu'on nous annonce la très forte probabilité de voir ce milliard doubler avant 2050, et même être multiplié par quatre avant la fin du siècle : un milliard en 2009, deux milliards en 2050, quatre milliards en 2100. A vrai dire, les Africains ne perdent pas leur temps. Le rythme avec lequel ils se reproduisent est tout simplement incroyable, spectaculaire et même extraordinaire. Bravo ! Ils valident de manière absolue la thèse tant contestée de Malthus selon laquelle sans une politique de population, les sociétés humaines auraient tendance à croître démographiquement de manière exponentielle. Il y a bien de quoi se demander *pour qui naissent les Africains*.

Quelle que soit l'hypothèse dans laquelle elles s'inscrivent (haute, moyenne, basse), ces projections nous donnent les tendances générales de l'évolution démographique du monde mais également de l'Afrique. Déjà qu'avec un milliard d'habitants, le continent africain a d'énormes difficultés pour sortir du sous-développement, avec deux milliards de personnes en 2050, il risque de se retrouver face à un véritable casse-tête ; une situation d'une délicatesse telle que rien ne sera plus maîtrisable, où toutes les composantes déterminantes de l'objet démographique deviendront davantage complexes et difficiles à décomposer à travers les indicateurs socio-démographiques couramment en usage dans la recherche en sciences sociales et où le défi à relever de la quantité ou du nombre deviendra pour tous les pays n'ayant pas encore accompli leur transition démographique une très rude tâche. Alors, à 2100, permettez-moi de ne pas y penser. J'espère simplement que l'Afrique relèvera le défi de contredire dans la réalité de son évolution toutes ces folles mais très fiables prévisions de 2030, 2050 ou de 2100. Les prévisions qui reviennent le plus, ou celles aux-quelles se réfère le plus l'analyse de l'évolution démographique du continent africain sont celles de 2050. 2050, c'est loin, mais c'est aussi très proche. L'essentiel n'est pas dans l'année car à la regarder dans sa rondeur, on risque de se dire : *2050, encore plus de trente ans ... Ben, il y a encore du temps !* C'est surtout l'erreur à ne pas commettre. Raison pour laquelle d'ailleurs, dans le présent ouvrage, j'ai choisi comme horizon analytique pour l'évolution démographique de l'Afrique au sud du Sahara dans la perspective d'une sortie effective et définitive de son état général et global de sous-développement l'année 2030 plutôt que celle 2050.

Il y a un et un seul défi démographique du nombre ou de la quantité : il s'agit de la transition démographique. La transition démographique est définie comme étant le passage pour une population donnée d'une situation de forte mortalité et de forte natalité à une situation de faible mortalité et de faible natalité. Le défi de la transition démographique ne date pas d'aujourd'hui, du moins en tant que question de développement, mais nul ne peut ignorer le regain d'intérêt dont il fait l'objet à l'heure actuelle pour l'analyse. Dans premières années ayant suivi la vague des indépendances des années 1960, les démographes étudiant les dynamiques démographiques à l'échelle mondiale ont très vite insisté sur la nécessité d'amener les pays du sud à ralentir durablement leur rythme d'accroissement démographique pour pouvoir être dans les meilleures dispositions pour la mise en œuvre des programmes de développement qui, à l'époque, leur étaient destinés. A côté des Programmes d'ajustement structurel, il y avait les programmes de planification familiale qui visaient le contrôle des naissances, entre leur limitation et leur espacement. Tout cela, par le biais de l'usage des méthodes contraceptives modernes. Ces méthodes ont marché dans tous les pays occidentaux. Elles ont permis aussi aux pays d'Amérique latine, à plusieurs pays d'Asie et même aux pays du Maghreb de faire baisser de manière considérable leur rythme d'accroissement démographique, mais en Afrique subsaharienne, elles se sont heurtées aux pesanteurs socioculturelles ; raison pour laquelle elles n'ont pratique-ment marché nulle part dans le grand sous-continent noir. Si depuis les années 1980-1990, les pays d'Afrique subsaharienne avaient favorablement accueilli le planning familial, s'ils avaient témoigné une volonté ferme de se l'approprier et de le rendre pérenne au moins jusqu'à l'accomplissement de leur transition démographique, nul doute qu'aujourd'hui les questions du développement du continent ne se seraient pas posées dans les mêmes termes. Non seulement la plupart des pays d'Afrique subsaharienne devraient à l'heure actuelle être soit définitivement sortis soit en train de sortir de manière effective et définitive du sous-développement, mais même toutes ces thématiques de dividende démographique ou de transition démographique ne devraient à l'heure actuelle constituer que des questions secondaires de la grande problématique du développement de l'Afrique. Une simple manière de dire que si les pays africains étaient depuis les années 1960 véritablement préoccupés par leur développement, nul doute qu'ils auraient réalisé leur transition démographique avant la fin du siècle précédent et auraient déjà à l'heure actuelle fini de bien profiter des retombées du dividende démographique. C'est dire à quel point les pays d'Afrique subsaharienne sont, à tout point de vue, en retard. Oui, à tout point de vue, car s'il faut attendre un demi-siècle, une fois dos au mur, rien que pour se rendre compte de la nécessité de contrôler les naissances en vue d'éviter une explosion démographique qui tirerait davantage économiquement et socialement le continent vers le bas, alors là, on peut bien encore se convaincre du fait certain que demain ne sera pas la veille d'une sortie définitive de l'Afrique du sous-développement. A force d'avoir toujours préféré mettre la poussière sous le tapis plutôt que de faire le grand ménage dans la pièce, en ayant toujours préféré remettre au lendemain ce qui pourtant n'était point compliqué à réaliser à chaud ou sur le champ, les pays africains ont eux-mêmes choisi de s'enfermer dans un cercle vicieux qui les maintient davantage et indéfiniment dans le sous-développement, et sans même qu'ils ne s'en rendent véritablement compte.

Bien que semblant toute nouvelle dans le lexique analytique du développement, le dividende démographique est une notion plutôt ancienne. Le regain d'intérêt actuel pour ce concept dans l'analyse du développement se justifie par l'unanimité autour de la nécessité absolue pour les pays africains de s'engager dans une dynamique forte devant les mener à moyen terme à une transition démographique. La transition démographique commence à prendre forme lorsque la population à charge a tendance à diminuer et, conséquemment et simultanément, lorsque celle supportant cette dernière tend à augmenter. Lorsque cette population active et productive prend statistiquement le dessus sur celle considérée comme économiquement non active et improductive, il se dégage un potentiel, au moins sous la forme d'une hypothèse forte, favorable à la croissance économique. Hypothèse, le mot est très juste, parce que la baisse de la fécondité est sensée favoriser la libération de ressources que les ménages comme le gouvernement du pays considéré peuvent allouer aux dépenses par habitant en santé et en éducation. Ce qui permet d'investir sur la qualité du capital humain au-delà même de la dynamique démographique en cours et donc de créer un cercle économique vertueux, entre des ressources humaines de qualité et des ressources financières bien disponibles et conséquentes.

Le recours à la notion de dividende démographique est, quelque part, une stratégie intellectuelle qui peut avoir un impact positif du point de vue politique. En passant par le dividende démographique pour faire comprendre aux pays africains la nécessité de travailler fermement à la réalisation de la transition démographique dans la perspective de leur sortie du sous-développement, on contourne l'hostilité presque naturelle, ou de principe, des gouvernements comme des populations à toute initiative allant dans le sens d'une maîtrise du taux de natalité, d'une réduction du taux de fécondité, et donc dans le sens de la promotion de l'usage populaire des méthodes modernes de contraception. Le contexte des années 1980-1990, qui a vu le refus catégorique des programmes de planification familiale dans pratiquement tous les pays africains, n'est pas celui de nos jours, mais les mêmes pesanteurs socioculturelles auxquelles s'était heurtée la transition démographique demeurent encore entières et vivantes dans leur caractère structurel en tant que pôles généraux de production des normes sociaux. La même hostilité au planning familial est encore réellement perceptible partout en Afrique subsaharienne, mais en insistant sur le dividende plutôt que sur les vertus générales d'une maîtrise de la croissance démographique, on renverse la perspective dans laquelle on place l'argumentaire. Il ne sera ainsi plus question d'insister de manière générale sur l'importance du facteur démographique dans le processus de développement d'un pays, mais de démontrer avec des arguments solides que la transition démographique est la voie, la seule, qui pourrait faire sortir l'Afrique du sous-développement, car étant la condition absolue de l'accès à la « fenêtre d'opportunité » qui permet de saisir et de pouvoir exploiter de manière optimale le dividende démographique. On est alors bien loin de la théorie de la population, on est dans la pratique politique du développement dans ce qu'elle a de plus concret, à savoir la gestion du nombre d'individus.

Le dividende démographique est devenu le paradigme le plus actuellement frais des politiques de développement à l'échelle du monde. C'est une notion d'économie politique, mais inspirée de la gestion de population comme thématique centrale transversale à plusieurs disciplines des sciences humaines et sociales, notamment la démographie, la sociologie du développement et l'économie politique elle-même ; sans oublier les sciences de l'éducation ainsi que les différentes disciplines ou sous-disciplines se rattachant à l'administration publique de la santé.

Le dividende démographique a une portée globale en matière de développement humain. A l'échelle d'un pays, cette portée est à comprendre à l'aune de ce que représente les ressources humaines dans la vie active et quotidienne d'une entreprise. Plus précisément, il s'agit de la manière dont on transforme, en termes de productivité, une ressource humaine en une richesse économique et sociale. La question générale et générique à se poser pour bien exploiter le dividende démographique est celle de savoir comment faire de la population un atout plutôt qu'un handicap, une richesse plutôt qu'une charge. Avoir une population majoritairement jeune est une chose, mais profiter de manière optimale de cette ressource humaine potentiellement active demande de la part du pays considéré une capacité à mettre en place tout un ensemble de dispositifs en termes d'éducation, d'administration de la santé ainsi que de création d'opportunités d'emploi.

En faisant du dividende démographique le paradigme central de la conception et de la mise en œuvre du développement de l'Afrique, on peut amener les Africains, les gouvernements comme les populations, à avoir une vision nouvelle de la population ou de la démographie dans le processus de développement du continent. Au lieu de continuer à penser et à croire tout bêtement que la limitation et l'espacement des naissances ainsi que la baisse progressive du taux de fécondité sont et doivent rester des préoccupations purement occidentales, ils considéreront plutôt que, depuis le temps qu'on le dit, le moment est venu, à travers le dividende démographique, de prendre au sérieux cet argument du caractère central et déterminant de la population dans le processus de développement du continent. La planification familiale, qui constitue un passage incontournable de toute politique de population ayant pour but la réalisation de la transition démographique, ne serait ainsi plus mise en exergue, elle n'apparaîtrait désormais plus que comme un simple procédé technique, parmi tant d'autres, du processus de développement. Avant de penser à la planification familiale, les Africains, leurs gouvernements comme les populations, porteront leur attention sur les avantages de la maîtrise démographique dans la perspective d'une sortie du sous-développement et d'une évolution générale dans le sens d'un développement de qualité. Seulement, ce changement d'angle de vue, qui convaincrait les populations africaines de l'idée selon laquelle le dividende démographique est la plus grande opportunité dont dispose actuellement le continent pour, dans un même mouvement, sortir du sous-développement et se mener de manière lucide et cohérente vers un développement de qualité ne se décrète point. Il se construit avant tout pédagogiquement et consciencieusement car, pour que se réalise une transition démographique à la hauteur des défis à relever, il faudrait inévitablement que les populations africaines elles-mêmes soient convaincues de la nécessité d'agir. Il faudrait que cela vienne d'elles car nul ne peut imaginer nulle part en Afrique, encore moins dans la totalité des pays d'Afrique au sud du Sahara, la mise en application d'une politique de l'enfant unique, comme dans le cas de la Chine entre les années 1980 et celles du début de la décennie 2010. Ce n'est ni le même contexte, ni les mêmes sociétés, ni la même manière de procéder politiquement. La Chine, c'est un et un seul pays, alors que l'Afrique noire, c'est quarante-neuf pays. La Chine, c'est un régime de parti unique fonctionnant avec un exercice du pouvoir politique portant le signe de l'autoritarisme absolu. En effet, il n'a suffi que d'un simple décret gouvernemental en 1978 pour rompre catégoriquement et définitivement avec toute une tradition maoïste qui considérait que plus de naissances ou d'enfants par femme ne pouvait que rendre davantage puissant le pays. En choisissant de tourner le dos au communisme pour s'ouvrir à l'économie de marché, la Chine avait bien conscience de l'impact négatif que pouvait avoir un rythme encore et toujours élevé d'accroissement démographique sur les performances économiques en vue. La politique de l'enfant unique était donc un choix froid, lucide, courageux et conséquent, car elle s'inscrivait pleinement dans la perspective d'un développement de la Chine plutôt que dans une simple rupture idéologique avec le passé communiste et ultra conservateur et traditionaliste de l'ère maoïste. La double décision de Deng Xiaoping de 1978, celle d'en finir définitivement avec le communisme d'État et celle de stopper net le boom démographique, alors en mode continu, par l'adoption formelle et l'application stricte de la politique de l'enfant unique, venait consacrer une véritable révolution des valeurs après la « révolution culturelle » ratée et un vrai « grand bond en avant » après celui, aussi, raté sous Mao.

Si l'Afrique veut effectuer en quelques années un grand bond en avant, elle n'a d'autre choix, elle aussi, que de rompre définitivement avec tout ce qui pourrait constituer un obstacle à sa sortie effective du sous-développement. Et obstacle pour obstacle, le manque de maîtrise du rythme d'accroissement démographique constitue un véritable handicap au développement global du continent, car à côté de la croissance économique qui tourne autour de 5 % sur la longue durée, le taux élevé de la natalité et de la fécondité ne fait que rajouter des pauvres à la pauvreté, ce qui consiste à appauvrir davantage les plus pauvres, qui en général sont ceux qui font le plus d'enfants. La belle embellie économique, tout exagérément saluée, ne profite ainsi qu'à une toute petite partie de la population, elle apporte des ressources nouvelles au pays car elle crée davantage de richesses, mais elle ne permet pas de relever tous les défis associés à l'idée d'un développement de qualité. La croissance économique ne résout pas de manière directe et systématique le grand problème du sous-développement car ce dernier fléau n'est pas qu'économique. Il est global, il intègre une multitude de facteurs qui entretiennent une relation très dynamique entre eux et qui, ensemble, font ressortir le caractère global du développement. Pour qu'un pays puisse sortir du sous-développement, il doit être en mesure de faire réellement baisser son taux de pauvreté sur une longue durée jusqu'à l'éradication totale de la pauvreté absolue. Tant qu'il subsiste encore un taux plus que marginal de pauvreté absolue, on ne peut pas dire du pays en question qu'il en a définitivement fini avec le sous-développement. Or, au-delà de la précarité économique et sociale, ce qui, le plus fortement, alimente le sous-développement, donc appauvrit les plus pauvres tout en faisant augmenter leur nombre, c'est le nombre lui-même : la population.

Si l'Afrique pouvait au moins, ne serait-ce que, commencer à penser la population comme objet politique global et de premier plan. Juste commencer. Rien que cela. Ce serait déjà un grand pas entrepris dans le sens d'une prise de conscience des enjeux de l'époque ainsi que des défis à relever dans l'immédiat et dans le moyen terme. Un grand pas parce que ce serait une attitude sans précédent dans toute l'histoire du continent. Et pas juste du point de vue démographique, mais du point de vue général et historique. En effet, l'Afrique n'a jamais effectué de rupture avec quoi que ce soit, elle n'a jamais pris d'initiative pour réellement et fortement agir sur son histoire. Elle a toujours préféré subir l'histoire plutôt que de la provoquer, de l'orienter et de la conduire. Le vieux paradigme post-indépendance l'invitait à se libérer du complexe d'infériorité qui l'animait dans son rapport au reste du monde, notamment à l'Occident, au Nord et au Blanc. Ce paradigme de la libération a fait son temps. L'exercice intellectuel consistant à vouloir le réactiver régulièrement ou à chaque décennie alors que l'histoire qui lui est associée date de plus d'un demi-siècle me paraît, à tout point de vue, anachronique, complètement à côté du temps ou de notre époque et complètement inutile au regard des défis structurels que le continent est appelé à relever. Je le répète encore, ce paradigme de la libération doit aujourd'hui être remplacé par celui de la liberté, c'est-à-dire celui de la construction d'un État de droit capable, entre la démocratie et la bonne gouvernance politique, de relever les défis globaux du développement. Le paradigme de la liberté est celui de l'épanouissement humain et du bien-être individuel et collectif, il est le paradigme du développement dans son caractère global et qualitatif, le paradigme qui donne suite à celui de la libération dont le défi était celui de la souveraineté nationale plutôt que du développement.

Ce ne sont ni les travaux critiques des intellectuels ni le travail des gouvernements ni l'évolution des mentalités collectives des sociétés africaines qui ont permis de dépasser ce vieux paradigme de la libération avec son vieux défi de la souveraineté, ce sont principalement deux choses bien distinctes qui ont permis de tourner cette page. D'une part, depuis la fin officielle de la colonisation, chaque année qui passe ampute à sa pertinence l'argument soutenant l'idée selon laquelle l'Occident domine le monde et le Nord exploite le Sud. De l'autre, la mondialisation a conduit à reconsidérer en théorie comme en pratique le rapport de tout pays, tout peuple, toute communauté ou collectivité au reste du monde. L'histoire des blocs ayant animé une bonne partie de la deuxième moitié du XXe siècle est complètement finie ; désormais, chaque pays, bien que partageant une partie de son histoire avec d'autres, bien qu'appartenant à un continent ou à une région bien identifiée, qui quelque part constitue aussi son milieu géo-historique naturel, est un membre libre et souverain d'un monde lui-même se voulant libre et ouvert. Dès lors, les vieux schémas tout déterministes qui définissent à l'avance l'itinéraire de tout pays dans le temps ne tiennent plus ni en théorie ni en pratique. Chaque pays est devenu, à quelques exceptions près, qui sont d'ailleurs très spéciales comme singulièrement les pays en situation de guerre, maître de son propre destin. Il cherche naturellement à se développer infiniment et à tout point de vue, mais les choix qui sont conséquents à la réalisation d'un tel objectif ne lui sont dictés de nulle part. Maître de son destin, chaque pays choisit d'agir sur son histoire vivante, entre son présent et son futur, entre les enjeux de l'époque et les défis qui l'interpellent dans son évolution. Le monde ne peut ainsi plus être tenu pour responsable de tout ce qui arrive à chacun des pays qui le constituent ou le composent. Il n'est plus qu'un champ dynamique où les relations entre les uns et les autres consacrent des relations stratégiques de pouvoir, c'est-à-dire des relations stratégiques où chacun tente tant bien que mal d'agir sur l'action des autres. Dans un contexte aussi grandement ouvert, c'est à chaque pays considéré de prendre conscience des enjeux en lien avec sa situation propre, d'identifier les défis à relever dans l'immédiat comme dans le moyen terme et, en conséquence, d'agir pour pouvoir y arriver. Ce n'est ainsi pas seulement l'Afrique qui en a fini avec le vieux paradigme de la libération, c'est le monde entier qui rend ce modèle critique complètement caduc ou inopérant. Et à vrai dire, dans chacun des quatre domaines évoqués dans le présent ouvrage, l'Afrique a toutes les cartes en main. A ces quatre niveaux d'action précis, elle est le seul et unique maître du jeu ou précisément chaque pays africain est seul maître du jeu en ce qui concerne son évolution dans ces différents domaines considérés. Et dans le domaine démographique, quelque part, bien plus que dans les trois autres car à ce niveau précis, il s'agit d'un choix catégorique, un choix qui ne donne aucune possibilité de relativiser. Moins de naissances et moins d'enfants par femme, voilà ce à quoi tient la transition démographique. Et la transition démographique, voilà la voie, la seule et unique, qui mène à la « fenêtre d'opportunité » pouvant permettre une exploitation optimale du dividende démographique. Et le dividende démographique, voilà le nouveau paradigme autour duquel est aujourd'hui pensé le développement du continent. Pour se convaincre de l'ampleur du défi que l'Afrique subsaharienne est appelée à relever, il faudrait, au-delà des prévisions statistiques générales, porter un regard critique et analytique sur l'état général des lieux, c'est-à-dire les statistiques socio-démographiques qui, le plus précisément, permettent de voir avec clarté où en est chaque pays africain dans son cheminement vers la transition démographique et donc plus largement dans son processus de développement.

Les pays d'Afrique subsaharienne selon la taille de leur population et suivant leur rythme d'accroissement démographique 2015-2030

Avant d'être un phénomène social global, la population est un objet de la démographie. Elle est même simplement l'objet, le seul, de la démographie. Tout court. C'est-à-dire que son étude part avant tout et en toute logique de la question de savoir à combien de personnes a-t-on affaire ou de combien de personnes parle-t-on. D'où l'intérêt de prendre, dès au départ, en considération la taille démographique totale de chaque pays, sans perdre de vue que celui-ci appartient géographiquement à une région bien déterminée de la sphère continentale. Dans le présent ouvrage, le premier type d'exercice effectué dans le cadre de l'analyse de la question démographique a consisté à mettre en relation trois déterminants critiques ou trois paramètres d'étude de l'évolution démographique du continent : la démographie elle-même (taille de la population), la géographie (région d'Afrique du pays considéré), l'histoire (évolution de la taille de la population du pays en question entre 2015 et 2030).

Au niveau démographique, six catégories ont été définies, à savoir :

- Pays avec moins de 5 millions d'habitants ;
- Pays ayant une population comprise entre 5 et 15 millions d'habitants ;
- Pays ayant une population comprise entre 15 et 25 millions d'habitants ;
- Pays ayant une population comprise entre 25 et 35 millions d'habitants ;
- Pays ayant une population comprise entre 35 et 45 millions d'habitants ;
- Pays ayant une population de 45 millions d'habitants et plus.

Au niveau géographique, il faut rappeler que l'Afrique subsaharienne compte quarante-neuf (49) pays situés dans les quatre grandes régions qui la composent : Afrique de l'Ouest, Afrique équatoriale, Afrique centrale, Afrique australe. Chacune de ces régions intègre en elle des sous-régions qui peuvent être redéfinies ou reconsidérées à partir de critères ou paramètres propres à chaque étude ou recherche, car chaque région est, elle-même, quelque part un sous-continent à la fois grand, complexe et, à tout point de vue, très diversifié, même si elle entretient en son sein de fortes similarités structurelles entre les pays qui la composent.

Dans la perspective du développement économique, social et humain de l'Afrique, toutes les recherches et analyses semblent, du point de vue démographique, unanimement converger vers une et une seule conclusion : pratiquement tous les pays d'Afrique subsaharienne ont un défi majeur et pressant à relever, à savoir celui de la transition démographique. Certes, la tendance générale est à un relatif et léger ralentissement du rythme d'accroissement démographique dans la plupart des pays du continent, mais la transition démographique tant recherchée et souhaitée ne peut être effective qu'avec une forte baisse à la fois de l'ISF (indice synthétique de fécondité) et du TAN (taux d'accroissement naturel). D'où l'intérêt de prendre en considération, au-delà de la taille de la population et de la position géographique du pays, le rythme d'évolution démographique de celui-ci sur une durée relative-ment moyenne : 2015-2030.

Je précise au passage que les tableaux utilisés dans cette partie rapportent les statistiques socio-démographiques de 2015 ou de 2016. Ils ne consacrent certainement pas ce qu'il y a de plus récent en la matière, mais ils ne trahissent en rien la réalité vivante qu'ils sont supposés présenter ou exposer car la tendance reste la même, et pour la plupart des taux ou des pourcentages, les chiffres sont pratiquement identiques à ceux de 2018. Les tendances démographiques s'inscrivent souvent et généralement dans la durée ; raison pour laquelle, deux ou trois ans de décalage du point de vue chronologique ne modifient en rien ni les caractéristiques propres de la population étudiée ni l'orientation générale ou le fond de l'argumentaire analytique qui lui est consacré.

Le tableau 1 présente la situation générale de l'Afrique subsaharienne du point de vue des six catégories démographiques retenues, des quatre régions africaines considérées et des prévisions démographiques pour chaque pays du continent pour la période 2016-2030. Pour bien mettre en exergue ces dernières prévisions et pour faire comprendre l'importance analytique et critique de la prise en compte autant de la situation générale du continent que de celle singulière de chacun des quarante-neuf (49) pays d'Afrique subsaharienne, je l'ai fait immédiatement suivre du tableau présentant les dix plus faibles et les dix plus élevés rythmes de croissance démographique entre 2015 et 2030 dans cette dernière région continentale du continent africain.

Tableau 1 : **Classement groupé des pays des quatre régions d'Afrique subsaharienne selon la taille de leur population (en millions) et établi à partir du tableau « Données et estimations en matière de population, de santé et d'environnement pour les pays et les régions à travers le monde »**
Source : *Fiche de données sur la population mondiale 2016*, **Population Reference Bureau (PRB)**

(faute d'espace suffisant, ce tableau contient plusieurs abréviations)

RÉG. POP.	AFR. DE L'OUEST			AFR. DE L'EST			AFR. CENTRALE			AFR. AUSTRALE		
	Pays	2016	2030	Pays	2016	2030	Pays	2016	2030	Pays	2016	2030
	Cap-Vert	0,5	0,6	Seychelles	0,09	0,1	S-T- Principe	0,2	0,3	Swazil.	1,3	1,5
	G. Bissau	1,9	2,5	Comores	0,8	1,0	G. Équatoriale	0,9	1,3	Lesotho	2,2	2,6
- 5	Gambie	2,1	3,2	Djibouti	0,9	1,1	Gabon	1,8	2,4	Botsw.	2,2	2,7
	Mauritanie	4,2	5,7	Maurice	1,3	1,2	Congo	4,9	6,7	Namib.	2,5	3,3
	Liberia	4,5	6,4									
	S. Leone	6,6	8,9	Érythrée	5,4	7,3	Rép. Centraf.	5	6,7			
	Togo	7,5	10,9	Burundi	11,1	17,2	Tchad	14,5	22,7			
5-15	Bénin	10,8	16,6	Somalie	11,1	16,5						
	Guinée	11,2	18,3	Rwanda	11,9	16,4						
	Sénégal	14,8	21,6	Soudan Sud	12,7	17,8						
	Mali	17,3	26,1	Zambie	15,9	24,1	Cameroun	24,4	34,4			
	B. Faso	19	28,2	Malawi	17,2	23,4						
15-25	Niger	19,7	34,3	Zimbabwe	16	22,2						
	C. d'Ivoire	23,9	33	Madagascar	23,7	32,9						
25-35	Ghana	28,2	37,1	Mozambique	27,2	41,9	Angola	25,8	39,4			
35-45				Ouganda	36,6	58,1						
				Kenya	45,4	63,7						
45	Nigeria	186,5	261,9	Tanzanie	54,2	81,5	Congo RDC	79,8	124,2	Af. Sud	55,7	63,4
				Éthiopie	101,7	132,9						

Tableau 2 : **Augmentation de la population en proportion de sa taille 2015-2030 : les 10 pays ayant le rythme de croissance démographique le plus faible et les 10 pays avec le rythme de croissance démographique le plus élevé**

***Source* :** calcul fait à partir des données du tableau « **Indicateurs clés de la population et de la santé en Afrique** », 2015 World Data Sheet, Washington, DC, Population Reference Bureau

LES 10 PLUS FAIBLES RYTHMES D'ACCROISSEMENT DÉMOGRAPHIQUE 2015-2030 : pourcentage (du – au + élevé)			LES 10 PLUS ÉLEVÉS RYTHMES D'ACCROISSEMENT DÉMOGRAPHIQUE 2015-2030: pourcentage (du + au - élevé)		
Rang	**Pays**	**%**	**Rang**	**Pays**	**%**
1	Maurice	0,0	**1**	Niger	78,8
2	Afrique du sud	8,7	**2**	Mauritanie	66,6
3	Seychelles	10	**3**	Mozambique	59,5
4	Djibouti	10,5	**4**	Tchad	59,1
5	Comores, Cap-Vert	20	**5**	Ouganda	58,1
6	Lesotho	21	**6**	Angola	57,6
7	Swaziland	23	**7**	Mali	56,2
8	Sierra Leone	27,7	**8**	Zambie	56,1
9	Botswana	32	**9**	Gambie	55
10	Namibie	32	**10**	Burkina Faso	53,5

La prise en compte des prévisions de 2030 permettent d'aller au-delà du taux d'accroissement naturel et de la régularité de la tendance du rapport naissances/décès ; elles rendent compte, d'une manière générale, de la dynamique démographique en cours dans chaque pays considéré et dans l'ensemble du continent africain. Le tableau 2 indique avec clarté les dix pays où il est en train de se passer quelque chose allant dans le sens de la réalisation à moyen terme de la transition démographique tant attendue et les dix pays les plus à la traîne à ce niveau précis. Entre les deux catégories de pays, on retrouve une vingtaine d'autres pays aux profils très différents mais qui ont en commun d'en être à la même phase dans leur processus de transition démographique, précisément entre une transition bien avancée et une transition pratiquement pas encore démarrée, une phase intermédiaire entre la fin et le démarrage de la transition démographique. C'est dire à quel point chaque pays constitue lui-même un cas singulièrement particulier du point de vue de son évolution démographique. La première des singularités reste celle du nombre ou de la population totale. C'est ce qui justifie les tranches démographiques établies dans le tableau 1. Le nombre donne une certaine idée de l'ampleur du défi à relever dans chaque pays. En effet, il est bien évident que réaliser la transition démographique dans un pays comme le Nigeria, qui s'approche des 200 millions d'habitants et qui est de loin le pays le plus peuplé du continent, cela n'a rien à voir avec le fait de devoir relever le même défi, par exemple, au Gabon, en Gambie ou en Guinée Bissau, trois pays avec une population tournant autour de 2 millions d'habitants, ou au Sénégal, en Zambie, à Madagascar ou au Cameroun, des pays ni faiblement peuplés ni très fortement peuplés, mais qui sont bien représentatifs de la dynamique démographique en cours dans la plupart des pays d'Afrique subsaharienne.

Cette dynamique en question est celle d'un très léger ralentissement du rythme d'accroissement naturel de la population, mais elle ne donne aucune garantie sur la fermeté de l'engagement de la plupart des pays d'Afrique au sud du Sahara dans un processus menant à leur transition démographique. C'est à ce niveau précis qu'il faudrait aller rechercher un autre facteur pouvant, au-delà de la taille générale de la population, agir sur cette dynamique en question. Dynamique pour dynamique, la dynamique régionale ou sous-régionale peut tirer un pays dans un sens ou dans un autre. C'est ce que l'on peut appeler un « effet boule de neige », une sorte de rouleau compresseur, un vent continental qui balaie en surface et qui, dans ce même mouvement, emporte ou plus exactement embarque les pays de la région ou de la sous-région dans un même processus de transformation. Et s'il s'agit d'une région ou d'une sous-région composée majoritairement de pays ayant approximativement la même taille démographique, le même mode de vie ainsi que les mêmes pratiques socio-culturelles, la dynamique en question ne devrait guère avoir de problème à véritablement se mettre en marche. Le paramètre prévisionnel qui permet aux démographes d'établir des hypothèses et des scenarii donne une certaine idée des dispositions de chaque pays à réaliser sa transition démographique. Il permet aussi de relativiser toute hypothèse fondée sur la taille initiale de la population du pays considéré ou sur la dynamique générale en cours dans la région ou la sous-région à laquelle appartient celui-ci. Il permet de se convaincre de la maxime selon laquelle en matière de politique de population, tout relève d'un choix de la population elle-même en question. Il s'agit bel et bien d'une planification familiale, c'est-à-dire, en termes de responsabilité, qu'il faut avant tout résolument le vouloir ; volonté sans laquelle rien n'est possible car le travail se fait avant tout sur soi-même : c'est à chaque pays de travailler et de faire travailler sa population pour l'amener dans l'« esprit » de la transition démographique. Et de la population totale, cet esprit nouveau ou cette mentalité nouvelle va se répandre jusque dans chaque sphère familiale, chaque ménage, chaque couple ; elle va être portée par chaque individu, pour finir par devenir la norme vivante en matière de rapport social global et collectif à la procréation et au peuplement.

En mettant en relation la taille de la population totale de chaque pays en 2015-2016 avec son appartenance précise à une des quatre régions de l'Afrique au sud du Sahara, tout en gardant en vue l'évolution démographique sur les quinze années à venir, 2015-2030, voici ce que l'on obtient pour chacune des six tranches définies.

Pays avec moins de 5 millions d'habitants

Ils sont à ce jour dix-sept (17) pays équitablement partagés entre les quatre régions de l'Afrique subsaharienne à avoir une population estimée à moins de 5 millions d'habitants. Selon les prévisions du PRB, seuls trois parmi ceux-ci devraient voir leur population dépasser les 5 millions d'habitants en 2030 et même en 2050.

Afrique de l'Ouest : En dehors du Cap-Vert, dont la population ne devrait augmenter que de cent mille habitants entre 2015 et 2030, soit à hauteur de 20% de sa population actuelle, les quatre autres pays d'Afrique de l'Ouest ayant une population en dessous de 5 millions d'habitants présentent chacun une forte problématique en matière de rythme d'accroissement démographique : 28% pour la Guinée Bissau ; 42,2% pour le Liberia ; 55% pour la Gambie ; 66,6% pour la Mauritanie. Le Cap-Vert peut servir de référence pour ce groupe de pays d'Afrique occidentale faiblement peuplés, mais son insularité semble quelque part l'éloigner géographiquement et même du point de vue de l'identité socio-historique de ses voisins continentaux de l'Afrique de l'Ouest.

Afrique équatoriale : Les quatre pays d'Afrique équatoriale ayant une population en-dessous de 5 millions d'habitants ont, tous, un rythme d'accroissement démographique bien maîtrisé. En témoigne le cas de Maurice, qui est le seul pays du continent dont la population totale ne devrait pas évoluer entre 2015 et 2030, selon les prévisions du PRB. Selon ces dernières projections, entre 2015 et 2030, la population des Seychelles devrait augmenter de 10 %, celle de Djibouti de 10,5% et celle des Comores de 20 %. Maurice reste de loin la grande référence de cette région d'Afrique au sud du Sahara. Et pas seulement que démographiquement. On retrouvera ce pays en tête dans presque tous les tableaux présentés dans ce livre, et cela, pour chacun des quatre domaines qui y sont considérés ou pris en compte.

Afrique centrale : Le cas de l'Afrique centrale en ce qui concerne les pays ayant une population en dessous de 5 millions d'habitants est complètement à l'opposé de celui de l'Afrique équatoriale. Il est pratiquement semblable ou alors proche de celui de l'Afrique occidentale. Bien qu'étant petits du point de vue de leur population totale, ces pays ont réellement besoin d'une politique de population plus rigoureuse en matière de baisse de leur fécondité et d'accroissement naturel de leur population. En témoigne le rythme avec lequel devrait augmenter leur population totale entre 2015 et 2030, selon les prévisions du PRB : Sao Tomé-et-Principe 50% ; Guinée Équatoriale 50% ; Congo 39,5% ; Gabon 33,3%. Même le Gabon, qui pourrait faire figure de référence dans ce groupe régional de pays avec moins de 5 mil-lions d'habitants, a un besoin urgent de redoubler d'efforts pour un contrôle plus strict des naissances ainsi qu'une maîtrise rigoureuse du rythme d'accroissement naturel de sa population.

Afrique australe : Les « petits » pays d'Afrique australe ne se portent pas mal du point de vue démographique. Leur situation, en termes de rythme d'accroissement démographique, s'approche relativement de celle des pays d'Afrique équatoriale intégrant ce même groupe des moins 5 millions d'habitants, encore qu'en termes absolus ils sont plus peuplés que les pays de cette dernière sous-région. Entre le Swaziland (23%), le Lesotho (21%) et la Namibie (32%), le Botswana, avec 9% seulement d'augmentation de sa population totale entre 2015 et 2030, devrait pouvoir tout pertinemment servir de référence ou d'exemple à ce groupe de pays.

Pays entre 5 et 15 millions d'habitants

Ce groupe intègre douze (12) pays dont huit (8) devraient voir la taille de leur population totale dépasser les 15 millions d'habitants en 2030, selon les prévisions du PRB : cinq pays d'Afrique de l'Ouest, à savoir la Sierra Leone, le Togo, le Bénin, le Sénégal, la Guinée ; cinq pays d'Afrique équatoriale : l'Érythrée, le Burundi, la Somalie, le Rwanda, le Soudan du Sud ; deux pays d'Afrique centrale : la République centrafricaine, le Tchad. Aucun pays d'Afrique australe n'y est représenté.

Le rythme d'accroissement démographique entre 2015 et 2030 est assez soutenu pour chacun de ces douze pays.

Afrique de l'Ouest : 46,2% pour le Sénégal ; 45,8% pour le Togo ; 45,4% pour la Guinée ; 42,4% pour le Bénin ; 27,7% pour la Sierra Leone.

Afrique équatoriale : 60,7% pour le Burundi ; 52,2 % pour la Somalie ; 41,8% pour le Soudan du Sud ; 40,3% pour l'Érythrée ; 39,8% pour le Rwanda.

Afrique centrale : 59,1% pour le Tchad ; 51,7% pour la République centrafricaine.

Chacun de ces pays a urgemment besoin de ralentir de manière forte et durable le rythme d'accroissement de sa population car tous franchiraient très clairement et largement le cap des 25% et se rapprocheraient voire dépasseraient pour quatre d'entre eux le cap des 50%

d'augmentation de leur population en 2030 par rapport à celle de 2015. Ce qui, déjà, est un avertissement très alertant pour toute politique visant à faire baisser durablement le taux de fécondité en vue d'une décroissance démographique. Dans le cas de ce groupe, il n'y a pas de pays de référence. Le parallélisme sous-régional pourrait ainsi être trouvé dans le groupe des pays avec moins de cinq millions d'habitants, selon le critère de la proximité géographique et socioculturelle.

Pays entre 15 et 25 millions d'habitants

Ce groupe est composé de neuf (9) pays, dont quatre d'Afrique de l'Ouest, quatre autres d'Afrique équatoriale et un pays d'Afrique centrale. L'Afrique australe n'y étant pas représentée. En dehors de la Zambie et du Malawi, tous les autres pays de ce groupe devraient, selon les prévisions du PRB, dépasser les 25 millions d'habitants en 2030.

Le rythme d'accroissement démographique entre 2015 et 2030 des quatre pays d'Afrique de l'Ouest appartenant à ce groupe est spectaculaire : Niger 78,8% ; Mali 56,2% ; Burkina Faso 53,5% ; Côte d'Ivoire 37,3%. Ces prévisions pour 2030 sont, à tout point de vue, inquiétantes. Alors que le Mali et le Burkina Faso devraient clairement franchir le cap des 50% d'augmentation de leur population en quinze ans, le Niger, lui, pour la même durée, frôle les 80%. Du point de vue démographique, si le Mali, le Burkina Faso ainsi que les autres pays d'Afrique de l'Ouest, en dehors du Cap-Vert, constituent des priorités fortes pour le continent, le Niger, lui, demeure une grande urgence non pas seulement pour l'Afrique mais pour le monde entier en matière de politique de population.

Au-delà du Niger, qui fait figure de grande exception à l'échelle mondiale, les quatre pays d'Afrique équatoriale appartenant à ce groupe démographique compris entre 15 et 25 millions d'habitants sont pratiquement dans la même situation que les autres pays d'Afrique de l'Ouest intégrant ce lot. Avec 56,1% pour la Zambie ; 49,1% pour Madagascar ; 44,8% pour le Zimbabwe ; 43,6% pour le Malawi, l'Afrique équatoriale, en dehors de ses quatre « petits » pays, qui, ensemble, n'atteignent même pas 5 millions d'habitants, demeure, autant que l'Afrique de l'Ouest, une très grande priorité, d'autant plus qu'en dehors de ses « lilliputiens » démographiques, aucun pays n'y fait potentiellement figure de référence en matière de politique de population.

Avec une augmentation de 45,1% de sa population entre 2015 et 2030, le Cameroun, qui reste le seul pays d'Afrique centrale intégrant ce groupe des 15-25 millions d'habitants, est dans la même situation que la plupart des pays d'Afrique de l'Ouest et d'Afrique équatoriale du même groupe.

Ces dernières prévisions du groupe des pays peuplés entre quinze et vingt-cinq millions d'habitants montrent, qu'en dehors d'une poignée de pays sur les quarante-neuf (49) que compte l'Afrique subsaharienne, le continent africain, dans son ensemble, demeure une urgence sans commune mesure à l'échelle du monde. Les prévisions pour les trois groupes qui suivent dans cette présentation générale de la situation démographique des pays d'Afrique subsaharienne ne feront que confirmer cette dernière affirmation.

Pays entre 25 et 35 millions d'habitants

Ce groupe démographique est composé de trois (3) pays venant de trois régions distinctes d'Afrique subsaharienne : Ghana (Afrique de l'Ouest), Mozambique (Afrique équatoriale), Angola (Afrique centrale). L'Afrique australe, encore une fois, n'y étant pas représentée. En dehors du Ghana dont les prévisions du PRB indiquent 36,1% d'augmentation de sa population entre 2015 et 2030, les deux autres pays du groupe dépassent nettement le cap des 50% : 59,5% pour le Mozambique et 57,6% pour l'Angola. Au-delà de la taille de leur population totale, ils sont exactement dans la même situation qu'une bonne partie des pays des deux groupes précédents et devraient, tous les trois, voir, selon les prévisions du PRB, leur population dépasser les 35 millions d'habitants.

Pays entre 35 et 45 millions d'habitants

Ce groupe ne compte que deux (2) pays, appartenant tous à une même région géographique d'Afrique subsaharienne, il s'agit de l'Afrique équatoriale : Ouganda, Kenya. Il est prévu que chacun de ces deux pays dépasse largement les 45 millions d'habitants et atteigne voire dépasse le cap des 60 millions d'habitants en 2030. Alors que le Kenya fait de grands efforts pour ralentir son rythme de croissance démographique (augmentation de 35,6% prévue par le PRB entre 2015 et 2030), l'Ouganda, lui, s'approche des 60%, avec une estimation de 58,1% d'augmentation de sa population durant cette même période de quinze ans. Bien qu'il lui reste beaucoup de travail à faire à l'instar de la quasi-totalité des pays du continent, le Kenya pourrait bien servir de référence à certains pays d'Afrique équatoriale en matière de politique de population ou d'efforts en faveur de la transition démographique.

Pays ayant plus de 45 millions d'habitants

Ce groupe est celui des pays les plus peuplés du continent. Chaque région de l'Afrique subsaharienne y est représentée. Le groupe des +45 millions d'habitants intègre cinq (5) pays dont deux d'Afrique équatoriale et un pour chacune des trois autres régions d'Afrique au sud du Sahara.

Le pays représentant l'Afrique de l'Ouest dans ce groupe est celui le plus peuplé du continent. Il s'agit du Nigeria qui, malgré sa population déjà forte de 181,8 millions d'habitants en 2015, continue à entretenir un rythme d'accroissement démographique encore très soutenu. Selon les prévisions du PRB, entre 2015 et 2030, la population de ce dernier pays augmentera de 43,9%. C'est dire toute l'ampleur de la tâche à accomplir pour freiner l'explosion démographique dans ce pays, mais également sur toute l'étendue du continent, exception faite à l'Afrique australe.

Les deux pays d'Afrique équatoriale se situant dans ce groupe des plus peuplés sont dans des situations bien différentes. Alors que l'Éthiopie (33,0%) fait des efforts remarquables pour ralentir son rythme d'accroissement démographique, la Tanzanie, elle, devrait voir sa population augmenter de plus de sa moitié entre 2015 et 2030, selon les prévisions du PRB (51,8%) ; un cas aussi très problématique mais très rarement évoqué.

En Afrique centrale, le Congo RDC, qui, de loin, demeure le pays le plus peuplé, reste également le troisième pays de la région dont la population devrait le plus augmenter entre 2015 et 2030 (56,7%, selon le PRB), derrière le Tchad (59,1%) et l'Angola (57,6%). Rajoutons au passage que ces trois pays sont confortablement installés dans le groupe des dix pays dont le rythme d'accroissement démographique devrait être le plus élevé en Afrique subsaharienne entre 2015 et 2030 (tableau 2). C'est dire que l'Afrique centrale dans son ensemble constitue, elle-même, un cas spécifique du point de vue régional. En effet, elle reste la seule région du continent à la fois sans aucun pays-référence en matière de décroissance démographique et sans aucun pays intégrant le très restreint et sélectif groupe des pays considérés comme étant en phase « avancée » dans leur transition démographique. Sans exception aucune, les petits comme les grands pays d'Afrique centrale continuent encore et encore d'entretenir un TAN et un ISF très élevés, et, en conséquence, un taux de croissance démographique fort et très fortement soutenu.

L'Afrique du Sud reste la seule « bonne » référence dans ce groupe des pays les plus peuplés d'Afrique subsaharienne. En effet, selon les prévisions du PRB, sa population totale ne devrait augmenter que de 8,7% entre 2015 et 2030. Elle est à l'image de l'Afrique australe dans son ensemble. Cette région, qui compte le moins de pays et d'habitants en Afrique subsaharienne, est celle qui devrait servir de source d'inspiration à tout le reste du continent. En effet, tous ses pays, du plus petit au plus grand, font partie à la fois du groupe des dix pays ayant le plus faible rythme d'accroissement démographique entre 2015 et 2030 et du groupe des pays les plus en avance dans leur processus de transition démographique.

La taille de la population du pays, bien que n'étant pas décisive dans l'explication, est loin d'être négligeable pour l'analyse de l'évolution démographique de celui-ci. La proportion quantitative a son pesant dans la gestion d'une population humaine. Même si le faible peuplement de dix parmi les onze pays ayant les plus faibles rythmes d'accroissement démographique en Afrique au sud du Sahara entre 2015 et 2030 n'explique pas tout de la forte avance des « petits » pays d'Afrique australe et d'Afrique équatoriale sur le reste du continent en matière de politique de population, la variable du nombre total et absolu entretient en elle un caractère fortement explicatif. Par ailleurs, si la taille de la population était si déterminante qu'on pourrait le penser, la question se poserait de savoir pourquoi tout le reste des pays intégrant le groupe des moins de 5 millions d'habitants (groupe A) n'est pas dans la même situation que Maurice, Seychelles ou le Cap-Vert. Par ailleurs aussi, la position géographique du pays n'est pas non plus à négliger. En effet, au-delà de leur faible peuplement, une partie des pays les plus avancés dans leur transition démographique reste composée d'îles ou d'archipels comme Maurice, Seychelles, Comores ou le Cap-Vert. Le bémol à ce niveau viendrait du cas de Madagascar, qui est aussi une île. Autant dire que la taille initiale de la population comme le positionnement géographique d'un pays peuvent être dans certains cas un atout ou un handicap respectivement favorable ou défavorable à la réalisation d'une transition démographique, mais ils n'en constituent pas pour autant le facteur le plus décisif ni même le plus déterminant pour une politique de population destinée à faire baisser la fécondité dans l'optique d'une transition démographique forte et pouvant mener à l'ouverture de la fenêtre d'opportunité permettant de pouvoir bien tirer profit du dividende démographique.

Bien évidemment, d'autres facteurs que le volume total de la population et la position géographique du pays entrent en jeu lorsqu'il s'agit d'étudier les dispositions de celui-ci à réaliser sa transition démographique. Les cas de la Mauritanie et de la Gambie nous en apportent la preuve tangible. En effet, bien qu'étant très faiblement peuplés, respectivement 3,6 millions et 2 millions, ces deux pays d'Afrique de l'Ouest demeurent confortablement installés dans le groupe des dix pays dont les prévisions du PRB indiquent que la population devrait, proportionnellement à sa taille de 2015, le plus augmenter en 2030 en Afrique subsaharienne. C'est dire qu'au-delà des conditions géo-historiques favorables ou défavorables, c'est la prise de conscience de la portée du facteur démographique dans le processus de développement d'un pays ainsi que la volonté politique et collective qui, en conséquence, amènent son gouvernement comme sa population à agir dans le sens d'une maîtrise de la croissance démographique et qui, ensemble, constituent le facteur déterminant pour la réalisation de la transition démographique, nécessaire à l'accès à la « fenêtre d'opportunité » permettant une exploitation optimale du dividende démographique, tant évoqué comme étant actuellement la voie principale qui mène au progrès économique, social et humain du continent africain.

L'évolution de la population totale des pays d'Afrique au sud du Sahara entre 2015 et 2030 nous donne une indication claire et précise sur le rythme d'accroissement démographique de chacun des pays qui composent ce continent (l'Afrique noire) dans le continent africain. La référence à la taille initiale comme à la région d'appartenance de chaque pays permet d'avoir un aperçu clair des dispositions réelles, favorables ou défavorables, dans lesquelles se trouve chacun des pays pris en considération. Rien que ces quelques modalités nous donnent une idée assez claire de la situation démographique générale de chaque pays si l'on se renseigne au préalable sur le taux d'accroissement naturel et l'indice synthétique de fécondité de l'Afrique au sud du Sahara. Mais pour aller plus loin dans l'analyse et pour faire avec rigueur la part des choses, tel que nous l'avons recommandé au départ à toute étude sur l'Afrique, d'autres indicateurs pourraient apporter davantage de précision. Le tableau qui suit présente des indicateurs socio-démographiques, provenant de la même source, PRB. De ce tableau général seront extraites des données qui seront utilisées à titre comparatif pour faire ressortir pour chaque indicateur considéré les pays les plus en avance et ceux les plus en retard dans leur cheminement vers la transition démographique nécessaire à tous les pays africains dans la perspective de leur développement.

Tableau 3 : **Données extraites du tableau « Données et estimations en matière de population, de santé et d'environnement pour les pays et les régions à travers le monde ». Source :** *Fiche de données sur la population mondiale 2016*, **PRB**

TAN : Source : Données extraites du tableau « Indicateurs clés de la population et de la santé en Afrique », *2015, World Data Sheet*, **PRB**

(***TAN :*** taux d'accroissement naturel, ***TMI :*** taux de mortalité infantile, ***ISF :*** indice synthétique de fécondité)

Indicateurs / **Régions et Pays**	TAN (%)	TMI	ISF	Pourcentage population < 15 ans	Pourcentage de femmes en couple (15-49 ans) utilisant la contraception	
					Toutes les méthodes	Méthodes modernes
AFRIQUE	**2.6**	**57**	**4.7**	**41**	**35**	**30**
Afrique Subsaharienne	**2.6**	**62**	**5**	**43**	**31**	**26**
Afrique de l'Ouest	**2,7**	**64**	**5,4**	**44**	**18**	**13**
Bénin	2,7	66	4,7	45	18	12
Burkina Faso	3,2	65	5,7	49	21	20
Cap-Vert	1,5	19	2,3	28	61	57
Côte d'Ivoire	2,3	69	4,9	42	18	12
Gambie	3,2	45	5,6	46	9	8
Ghana	2,5	41	4,2	39	35	29
Guinée	2,6	67	5,1	43	6	5

Guinée Bissau	2,5	88	4,9	43	16	14
Liberia	2,7	54	4,7	42	20	19
Mali	3,0	56	6	47	16	15
Mauritanie	2,5	72	4,2	40	11	10
Niger	3,9	56	7,6	50	14	12
Nigeria	2,6	69	5,5	43	15	10
Sénégal	3,0	39	5,0	44	23	21
Sierra Leone	2,3	89	4,9	42	17	16
Togo	2,8	47	4,7	42	20	17
Afrique de l'Est	**2,7**	**51**	**4,8**	**43**	**40**	**37**
Burundi	3,3	63	6,1	46	32	30
Comores	2,5	36	4,3	40	19	14
Djibouti	1,9	53	3,2	33	19	18
Érythrée	3,0	43	4,2	43	8	7
Éthiopie	2,4	47	4,2	41	37	36
Kenya	2,3	39	3,9	42	58	53
Madagascar	2,7	36	4,3	41	40	33
Malawi	2,6	42	4,4	44	59	58
Maurice	0,3	13,6	1,4	20	76	39
Mozambique	3,2	81	5,9	45	12	11
Ouganda	3,1	53	5,8	48	34	30
Rwanda	2,3	32	4,2	41	53	48
Seychelles	0,9	13,4	2,4	22	-	-
Somalie	3,2	76	6,4	47	15	1
Soudan du Sud	2,4	74	6,7	42	4	1
Tanzanie	3,1	43	5,2	45	38	32
Zambie	3,0	52	5,3	46	49	45
Zimbabwe	2,4	50	4	42	66	66
Afrique centrale	**3,0**	**88**	**6**	**45**	**21**	**11**
Angola	3,2	93	6	47	18	12
Cameroun	2,6	55	4,9	43	34	21
Congo	2,7	48	4,7	41	30	18
Congo RDC	3	97	6,5	46	21	8
Gabon	2,3	43	4	37	31	19
Guinée équatoriale	2,4	67	4,1	39	13	10
Rép. Centrafricaine	2,8	90	4,4	39	15	9
Sao Tomé-et-Principe	2,9	38	4,4	42	41	37
Tchad	3,3	87	6,4	48	6	5
Afrique Australe	**1,3**	**36**	**2,5**	**31**	**60**	**59**
Afrique du Sud	1,2	34	2,4	30	60	60
Botswana	1,8	31	2,8	33	53	51
Lesotho	1,1	59	3,3	36	60	60
Namibie	2,1	39	3,6	34	56	55
Swaziland	1,6	50	3,3	37	66	66

Le taux d'accroissement naturel (TAN)

Le taux d'accroissement naturel (TAN) d'une population consacre le rapport brut entre son taux de natalité et son taux de mortalité. C'est le taux annuel de la croissance de la population. La migration n'est pas prise en compte dans ce calcul. Le TAN s'exprime en pourcentage.

Partout dans le monde il est constaté depuis 2012 une baisse réelle du taux d'accroissement naturel de la population humaine. L'Afrique n'est pas en reste, mais en dehors de l'Afrique australe et de quelques « petits » pays d'Afrique équatoriale, auxquels s'ajoute le Cap-Vert, les évolutions notées de part et d'autre en Afrique subsaharienne sont très faibles voire dérisoires ou même insignifiantes. Alors que le taux de croissance démographique mondial est de 1,2%, celui du continent africain dans son ensemble comme celui de l'Afrique subsaharienne, en particulier, s'élève à 2,6%. Précisons au passage que celui de l'Afrique du nord est à 2,3%. L'Afrique centrale détient le TAN le plus élevé du continent et même du monde : 3,0% ; suivent l'Afrique de l'Ouest et l'Afrique équatoriale avec 2,7 % pour pour chacune de ces deux régions, tandis que l'Afrique australe, elle, avec 1,3 %, est pratiquement dans le même rythme d'évolution générale de la population mondiale.

Aucun des dix pays ayant le TAN le plus élevé en Afrique au sud du Sahara n'a un taux en dessous de 3,0%. Le cas du Niger, qui frôle les 4% est celui qui le plus saute à l'œil lorsque l'on se penche sur les chiffres. C'est un cas unique et très singulier. En effet, tous les pays d'Afrique peuvent, d'une manière ou d'une autre, trouver leur semblable à l'échelle du continent du point de vue de leur évolution démographique ; exception faite au Niger qui affiche pour chaque indicateur considéré des statistiques sans commune mesure avec le reste du continent. Les chiffres relatifs au TAN ne contredisent en aucune façon les prévisions de 2030. En effet, il y a une nuance voire une différence réelle entre le chiffre enregistré ou calculé à un temps précis T et une prévision qui prend en compte les tendances évolutives sur une durée bien déterminée. On constatera ainsi que certains pays comme le Gabon, le Kenya ou le Rwanda ont un TAN qui les place parmi les dix les plus faibles d'Afrique subsaharienne, mais que pour autant ils ne figurent pas parmi les dix pays qui verront leur population augmenter le moins entre 2015 et 2030. Ce qui, en termes prévisionnels, s'expliquerait principalement par des fluctuations dans le rythme de leur croissance démographique ; fluctuations qui, à leur tour, peuvent trouver leur explication dans une prise en compte de facteurs extra sociodémographiques, qui analytiquement sont à inclure dans la dynamique démographique générale. Dynamique qui, à son tour, devrait être analytiquement distinguée du processus d'évolution démographique.

Concernant les dix pays ayant le TAN le plus élevé en Afrique subsaharienne, il faut préciser que ceux-ci font pratiquement tous partie du groupe de pays dont la transition démographique est considérée comme étant en « phase initiale ». Ni les chiffres de 2015 ni les prévisions de 2030 ne sont encourageants pour ces pays éparpillés dans les différentes régions de l'Afrique subsaharienne, en dehors de l'Afrique australe. Ces mêmes pays se retrouvent pratiquement tous dans le groupe de pays dont la population pourrait, le plus, augmenter entre 2015 et 2030. C'est dire qu'entre le taux d'accroissement naturel de la population, le rythme d'évolution quantitative de celle-ci sur une durée de quinze ans et le taux de fécondité, il est possible de clairement situer, sans grand risque de se tromper, la phase précise dans laquelle se trouve un pays considéré dans son processus de transition démographique. Si le taux de fécondité confirme les TAN de 2015 ainsi que les prévisions générales à l'horizon 2030, il deviendra évident que tous les pays se retrouvant dans les trois tableaux à la fois devraient en toute logique constituer les cas les plus préoccupants à l'échelle du continent et même, quelque part, à l'échelle du monde.

Entre les dix TAN les plus faibles et les dix TAN les plus élevés, se trouve un ensemble de pays relativement « en cours » de transition démographique, mais dont les efforts demeurent encore très faibles et les résultats très dérisoires, pour ne pas dire insignifiants, si l'on regarde l'ampleur de la tâche à accomplir pour arriver à pouvoir s'ouvrir la fenêtre d'opportunité devant leur permettre d'exploiter le dividende démographique en faveur de leur développement économique, social et humain.

***Tableau 4 :* Les 10 plus faibles et les 10 plus élevés TAN d'Afrique subsaharienne**
***Source* :** extrait du tableau 3

10 PLUS FAIBLES TAN (du – au + élevé)			10 PLUS ÉLEVÉS TAN (du + au – élevé)		
Rang	**Pays**	**TAN**	**Rang**	**Pays**	**TAN**
1	Maurice	0,3	**1**	Niger	3,9
2	Seychelles	0,9	**2**	Tchad	3,3
3	Lesotho	1,1	**3**	Burundi	3,3
4	Afrique du Sud	1,2	**4**	Gambie	3,2
5	Cap-Vert	1,5	**5**	Somalie	3,2
6	Namibie	1,6	**6**	Angola	3,2
7	Botswana	1,8	**7**	Mozambique	3,2
8	Gabon	2,3	**8**	Burkina Faso	3,2
9	Kenya	2,3	**9**	Ouganda	3,1
10	Rwanda	2,3	**10**	Tanzanie	3,1

D'une manière générale, les chiffres de 2015 comme les prévisions de 2030 entretiennent en eux une très forte cohérence du point de vue de leur portée explicative de l'évolution démographique courante de chaque pays du continent. Non seulement les indicateurs sur la population et sur la santé se rejoignent dans l'ensemble, mais également en isolant les pays et en les regardant dans leur singularité globale, il ressort que leur évolution démographique ne se résume pas simplement à la question de la population et à son rythme de croissance dans le temps. La population, bien qu'étant un tout, intègre aussi un tout qui s'appelle la société et qui est gouvernée politiquement et administrativement par l'État et son gouvernement. C'est pourquoi tous ces chiffres relatifs à l'évolution de la population totale ainsi qu'à sa santé sont à rapporter à la dynamique globale de développement du pays considéré. Ce qui va au-delà de la simple question démographique. Le développement tout court se focalise sur la question économique et sociale alors que la question de la population, elle, intégrée dans cette thématique globale du développement, renvoie intégralement au développement humain. Et à ce niveau, justement, un indicateur sociodémographique très important voire central pour rendre compte de la dynamique courante autant en matière de santé reproductive, de rythme d'accroissement de la population que du développement humain dans ce qu'il a de plus fondamentalement sensible dans un pays considéré reste la fécondité.

L'indice synthétique de fécondité (ISF)

L'indice synthétique de fécondité (ISF), appelé aussi somme des naissances ou descendance du moment, représente le nombre moyen d'enfants qu'une femme pourrait avoir en supposant que les taux de natalité actuels par tranche d'âge demeurent constants tout au long de ses années de procréation (15 à 49 ans).

Si la croissance démographique du monde connaît un léger ralentissement ces dernières années c'est parce que le taux de fécondité, lui aussi, est en baisse. En effet, de 5 enfants par femme en 1950, le monde est aujourd'hui à une fécondité de 2,5 enfants par femme. A ce niveau aussi, l'Afrique, avec 4,7 enfants par femme, garde encore l'ISF le plus élevé parmi les cinq continents du monde. Alors que l'Afrique du nord affiche un ISF de 3,4, l'Afrique subsaharienne, elle, en est à 5,0. Dans cette dernière partie du continent, c'est l'Afrique centrale qui, avec 6,1 enfants par femme reste largement devant les trois autres régions. Suivent l'Afrique de l'Ouest avec 5,4 ; l'Afrique équatoriale avec 4,8 et, enfin, l'Afrique australe avec un ISF de 2,7. On soulignera au passage que, comme pour le TAN, l'Afrique australe, à la différence des autres régions d'Afrique subsaharienne, a un ISF tout proche de celui du monde. L'ISF reste l'un des indicateurs les plus intéressants pour mesurer le rythme d'évolution démographique d'un pays, précisément pour savoir jusqu'où les personnes procréatrices sont dans les dispositions réelles à faire des enfants. En cela, il se différencie techniquement du TAN. Quelque part, L'ISF rend compte de la dynamique socio-démographique du pays considéré dans sa profondeur, alors que le TAN peut être vu comme un baromètre conjoncturel qui n'affiche que ce qui, plus ou moins, est perceptible à la surface et à un moment donné.

Les dix pays ayant les ISF les plus faibles d'Afrique au sud du Sahara font aussi pratiquement tous partie du groupe des dix les plus avancés dans leur transition démographique. C'est dire encore le caractère formellement déterminant de l'ISF en tant qu'indicateur pour prendre la mesure des dynamiques démographiques à l'échelle d'une entité considérée de population. Le même constat peut être fait pour les dix pays ayant l'ISF le plus élevé du continent africain. On relèvera au passage qu'en étendant cet indicateur à l'échelle du monde, on se retrouve, à quelques petites nuances près, avec pratiquement le même groupe de pays. Le Timor Oriental, seul pays non-africain qui figurait dans le groupe des dix pays ayant le plus élevé ISF du monde en 2015, semble aujourd'hui (2018) l'avoir quitté pour laisser l'exclusivité absolue de celui-ci à l'Afrique subsaharienne. Les différences entre les données du tableau général consacré au continent africain et celui qui présente les ISF les plus élevés du monde ne modifient en rien la tendance générale des dynamiques socio-démographiques en cours. En effet, au-delà des rangs des uns et des autres, le seul et simple fait de figurer dans l'un ou l'autre des tableaux des ISF les plus élevés (continental ou mondial) fait de chacun de ces pays un cas prioritaire en matière de mise en œuvre d'une politique offensive pour une baisse forte et soutenue de la croissance démographique. Du point de vue démographique, l'Afrique subsaharienne a pris le relais de l'Asie. C'est elle qui dope la croissance démographique mondiale. Elle est à la tête tous les tableaux sur les indicateurs généralement considérés pour mesurer le rythme d'accroissement de la population mondiale. Et dans cette Afrique en plein boom démographique, il y a des pays qui se détachent largement du lot. Ce sont eux qui, comme l'affiche le tableau ci-dessous, entretiennent le taux de fécondité le plus élevé du continent et du monde.

***Tableau 5 :* Les 10 plus faibles et les 10 plus élevés ISF d'Afrique subsaharienne**
PRB : *Fiche de données sur la population mondiale*, 2016

10 PLUS FAIBLES ISF (du – au + élevé)			10 PLUS ÉLEVÉS ISF (du + au – élevé)		
Rang	**Pays**	**ISF**	**Rang**	**Pays**	**ISF**
1	Maurice	1,4	**1**	Niger	7,6
2	Cap-Vert	2,3	**2**	Soudan Du Sud	6,7
3	Seychelles, Afrique du Sud	2,4	**3**	Congo RDC	6,5
4	Botswana	2,8	**4**	Tchad	6,4
5	Djibouti	3,2	**5**	Somalie	6,4
6	Lesotho, Swaziland	3,3	**6**	Burundi	6,1
7	Namibie	3,6	7	Angola	6
8	Kenya	3,9	**8**	Mali	6
9	Zimbabwe	4	**9**	Mozambique	5,9
10	Guinée Équatoriale	4,1	**10**	Ouganda	5,8

Alors que le TAN se mesure annuellement, avec le calcul soustractif entre les naissances et les décès, l'ISF, lui, prend son sens illustratif et sa pertinence analytique sur une durée relativement longue et surtout avec la prise en compte de la variable forte et complexe que constitue la société. C'est pourquoi il est très difficile de faire des prévisions fiables ou solides concernant cet indicateur. Soulignons au passage deux choses : 1. La fécondité actuelle de l'Afrique subsaharienne correspond exactement à celle de l'Amérique latine et de l'Asie dans les années 1970-1980. 2. La portée de la légère baisse de la fécondité que connaît ces dernières années l'Afrique subsaharienne sur son TAN semble être, en termes statistiques, partiellement compensée par la baisse de la mortalité mais également par la hausse continue de l'espérance de vie, qui, entre les années 1950 et nos jours, est passée de 36 à 57 ans sur le continent.

D'une manière générale, les pays avec le plus faible taux de fécondité sont ceux qui le plus ont intégré en eux l'importance de prendre en compte la population, entre sa quantité réelle et sa qualité de vie, comme axe central de toute politique de développement et qui, en conséquence, sont les plus conscients de la nécessité d'avoir une politique de population reposant sur le contrôle rigoureux des naissances et l'amélioration globale des conditions de vie des populations. C'est justement à ce niveau précis que se trouve tout le défi que se doivent de relever sans plus tarder les pays à la traîne dans leur transition démographique : prise de conscience, volonté d'agir, mobilisation des moyens d'action et interventions ciblées et efficaces. Au-delà du TAN et de l'ISF, d'autres indicateurs, se rapportant à la pyramide des âges du pays considéré, peuvent être pris en compte dans l'étude ou l'analyse de l'évolution démographique de celui-ci. Du fait de l'importance du travail ou de l'activité dans la thématique du dividende démographique, le pourcentage de la population ayant moins de 15 ans fait partie des indicateurs les plus utilisés dans l'analyse de l'impact de la démographie sur le développement économique et social d'un pays. D'une manière générale, la structure par âges de la population est un élément d'une très grande importance dans toute étude ou analyse démographique car tous les âges de la pyramide sont liés les uns aux autres et chaque groupe d'âges a un effet direct sur la structure générale du schéma pyramidal.

Le pourcentage de la population ayant moins de 15 ans

Le pourcentage de la population ayant moins de 15 ans est un indicateur fort pour rendre compte de l'étape à laquelle se situe un pays dans son processus de transition démographique. C'est le premier indicateur renvoyant à la pyramide des âges ici pris en compte. Après la taille de la population mise en relation avec le rythme de la croissance démographique dans le temps, sur une étendue chronologique de quinze ans ; après le TAN et l'ISF, considérés à leurs niveaux les plus bas et les plus élevés à l'échelle de l'Afrique au sud du Sahara, l'indicateur qui, parmi ceux que contient le tableau général ayant servi de base à ce travail d'analyse, s'impose le plus directement et en toute cohérence à cette étape de notre exercice analytique reste le pourcentage de la population ayant moins de 15 ans.

De la même manière qu'elle affiche le TAN le plus élevé et l'ISF le plus élevé du monde, l'Afrique, avec 41 %, détient aussi le pourcentage de la population ayant moins de 15 ans le plus élevé à l'échelle planétaire. Alors que le Maghreb affiche un pourcentage de 31 %, l'Afrique subsaharienne, elle, en est à 43%. Comme pour l'ISF, c'est l'Afrique centrale qui, avec 46% d'habitants âgés de moins de 15 ans, arrive encore en tête devant les trois autres régions de cette dernière partie du continent africain. Suivent ensuite l'Afrique de l'Ouest et l'Afrique équatoriale avec, toutes les deux, 43%, et enfin l'Afrique australe, qui, avec 31%, se rapproche là aussi du niveau mondial, estimé à 28%.

Au-delà du TAN et de l'ISF, l'importance qu'il y a à s'intéresser à la proportion des moins de 15 ans réside dans le fait qu'un tel indicateur permet de mesurer le volume de la charge qui le plus nécessite un investissement en matière d'éducation, de formation et de santé. Réduire durablement le taux de fécondité est un grand chantier en matière de politique démographique ; mais faire en sorte que tout individu qui arrive à l'âge de 15 ans soit dans les dispositions optimales pour poursuivre son parcours scolaire ou pour suivre une formation qui le prépare adéquatement à entrer dans les meilleures conditions sur le marché du travail, voilà un défi majeur pour tout État conscient de l'importance capitale d'associer formellement politique de population et politique de développement. La proportion de la population infantile et juvénile dans la population totale est un indicateur démographique tellement déterminant dans l'analyse du processus de transition démographique qu'on peut dire qu'il ne serait pas faux ou inexact ou exagéré de résumer son caractère décisif, de ce point de vue, en ces termes : *dis-moi ce que pèse démographiquement ta population jeune, je te dirai quel est ton niveau de développement.*

***Tableau 6 :* Les dix plus faibles et les dix plus élevés pourcentages de la population ayant moins de 15 ans en Afrique subsaharienne**
***Source* :** extrait tableau 3

10 PLUS FAIBLES POURCENTAGES (du – au + élevé)			10 PLUS ÉLEVÉS POURCENTAGES (du + au – élevé)		
Rang	**Pays**	**< 15 ans**	**Rang**	**Pays**	**< 15 ans**
1	Maurice	20	1	Niger	50
2	Seychelles	22	2	Burkina Faso	49
3	Cap-Vert	28	3	Tchad, Ouganda	48
4	Afrique du Sud	30	4	Somalie, Mali, Angola	47
5	Botswana	31	5	Gambie, Burundi, Zambie, Congo RDC	46
6	Djibouti	33	6	Tanzanie, Bénin, Mozambique	45
7	Namibie	34	7	Sénégal	44
8	Lesotho	36	8	Guinée, Guinée Bissau, Nigeria, Cameroun	43
9	Swaziland, Gabon	37	9	Côte d'Ivoire, Liberia, Togo, Kenya, Soudan du Sud, Zimbabwe, Sao Tomé-et-Principe	42
10	G. Équatoriale, Rép. Centrafricaine	39	10	Éthiopie, Madagascar, Congo, Rwanda	41

Le contrôle du nombre est le premier principe de toute politique de population. La qualité du nombre en est le deuxième. L'indicateur de la structure de la population par âges rend pleinement compte de l'état de tout pays considéré par rapport à ce dernier principe. 41 % de la population ayant moins de 15 ans, c'est déjà beaucoup, si l'on rajoute à cet effectif les 19% que représente la génération des 15-24 ans, on se retrouve avec 60% de la population d'Afrique subsaharienne encore jeune. La population en âge « avancé », 65 ans et plus, est estimée à

5%. Je précise au passage que, comme pour la plupart des indicateurs socio-démographiques, l'Afrique australe, avec 31% de sa population ayant moins de 15 ans, se démarque largement des trois autres régions d'Afrique subsaharienne, qui sont toutes nettement au-dessus de la moyenne de l'ensemble de l'Afrique noire. Entre cette jeunesse forte en nombre et ces « aînés » faibles en nombre, les 24-65 ans ne représentent que 35% de la population totale de l'Afrique au sud du Sahara. C'est dire à quel point l'enjeu autour du ratio de dépendance actifs/inactifs est énorme à l'heure actuelle comme pour les années à venir. En effet, aux trois niveaux de la structure pyramidale de la population, il y a de très lourds défis à relever. Et le travail ne fait que commencer car les prévisions, en termes absolus comme en termes relatifs, quel que soit le scénario de référence, affichent des problématiques à la fois fortes et complexes. A côté de la fécondité toujours élevée, du volume massif de jeunes qui entrent sur le marché du travail, marché au centre duquel se trouve confortablement installé une économie informelle en expansion continue, il y a le problème du vieillissement de la population ou de l'augmentation forte et durable de la catégorie démographique « personnes âgées » qui constituera dans un futur tout immédiat un dossier, à tout point de vue, brûlant. Un seul chiffre pour l'illustrer : selon les prévisions des Nations Unies et de leurs institutions partenaires, la proportion de la population âgée de 65 ans et plus en Afrique subsaharienne, qui est actuellement estimée à 5%, va augmenter de 385% à l'horizon 2050.

L'indicateur du pourcentage de la population ayant moins de 15 ans comme la proportion de la population en âge de travailler ou celle ayant 65 ans et plus montre clairement les enjeux majeurs autour de la grande problématique de la transition démographique. Il s'agit d'une transformation complète de la société dans sa structure vivante et donc d'une reconfiguration sociale globale qui introduit celle-ci dans une phase nouvelle de son histoire ou de son évolution. Ainsi, les pays du groupe des « plus avancés » dans leur transition démographique, en plus de devoir consolider les acquis relatifs à la maîtrise de leur croissance démographique, devront bien veiller sur l'évolution de leur pyramide des âges pour éviter un déséquilibre dans la structure socio-démographique de leur population, mais également commencer à travailler à pouvoir se doter d'un modèle politique de gestion du vieillissement ou de la condition globale des personnes les « plus âgées ».

A ce point de l'analyse, pas besoin de trop s'étendre sur la différence entre le groupe des dix pays ayant le pourcentage de leur population avec moins de 15 ans le plus faible et le plus élevé, car cet indicateur est la résultante directe et immédiate de l'évolution du TAN et de l'ISF au cours des dernières années dans tout pays considéré. Ainsi, il n'y a que de légères différences ou nuances à expliciter entre les tableaux 4, 5, 6 et 7 du point de vue des rangs ou positions des pays. C'est dire à quel point les indicateurs socio-démographiques se tiennent les uns les autres. Même si l'ISF apparaît comme le paramètre principal pour prendre la mesure des dynamiques démographiques en cours dans un pays considéré, il n'est ni le seul ni le plus important indicateur pour y analyser la transition démographique. Il ne sert donc à rien de hiérarchiser les indicateurs, il faudrait plutôt les mettre en relation en tenant compte des spécificités de chaque contexte social en question.

La part de la population en âge de travailler dans la population totale du pays (PPAT)

Le tableau sur le pourcentage de la population ayant moins de 15 ans donne, plus qu'une idée, un aperçu de ce que représente la taille de la population en âge de travailler dans la population totale. D'un côté, on a la taille réelle de la population en situation de dépendance, en dehors des 65 ans et plus ; de l'autre, on a la taille de la population potentiellement en mesure de prendre en charge cette population dépendante. Le ratio de dépendance, bien qu'étant imparfait comme indicateur démographique en usage dans l'analyse socio-économique, peut donner une indication claire et fort intéressante sur la structure socio-démographique globale du pays en question. C'est parce qu'il est incomplet qu'il détermine non pas une réalité absolue mais un potentiel, qui n'est rien d'autre qu'un préalable, une condition *sine qua non* à la mise en place et en œuvre d'une véritable politique en faveur du développement économique, social et humain.

L'existence d'un potentiel d'actifs (population en âge de travailler) ne garantit en rien celle d'un bassin conséquent d'activités (la question des opportunités d'emplois). C'est à ce point précis que se situe le lieu de passage du premier principe (le nombre) au deuxième principe (la qualité active et productive du nombre) de toute politique de population. Selon les Nations Unies, ce n'est qu'une fois en dessous du rapport de dépendance 80/100 que la fenêtre d'opportunité démographique commence à s'ouvrir. Une fois bien ouverte, c'est-à-dire une fois la transition démographique en voie structurelle de réalisation, les défis qui se posent à la société considérée sont bien évidemment ceux relatifs à l'éducation, la formation et l'emploi. Signalons au passage que la question de la santé est transversale à toutes les phases de la vie de la population (enfance, adolescence, adulte ou vieillesse). C'est à ce niveau précis que l'on passe d'une politique de population à une politique de développement humain. Et d'une manière générale, tout ce que montre l'ensemble des tableaux présentés dans ce document renvoie à l'étape précise à laquelle se trouve chaque pays indiqué dans ce processus du développement humain.

Au-delà des indicateurs démographiques et socio-démographiques et de leur portée analytique, la question centrale qui se pose au bout de la réflexion est celle de savoir dans quelle phase précise de sa transition démographique se trouve chaque pays d'Afrique au sud du Sahara. La réponse à cette dernière interrogation peut nous être relativement donnée par l'indicateur de la part de la population en âge de travailler dans la population totale (PPAT), car celle-ci nous permet de déterminer de manière automatique le ratio de dépendance. Les données de cet indicateur ne font que confirmer ou renforcer celles relatives à l'évolution de la population totale de chaque pays entre la situation réelle de 2015 et les prévisions de 2030.

D'une manière générale, il semble y avoir une certaine unanimité autour du fait que le pic d'accroissement démographique a été atteint en 2012 à l'échelle mondiale et qu'en conséquence les taux de fécondité devraient avoir tendance à réellement baisser dans tous les pays sous-développés. Seulement, en Afrique, cette baisse est encore très faible et même insignifiante dans plusieurs pays. En s'intéressant à l'indicateur relatif à la part de la population en âge de travailler dans la population totale, on se rend compte que le même ordre de classement pour le rythme d'accroissement démographique entre 2015 et 2030 revient. En effet, ce sont les pays ayant un rythme d'accroissement de leur population en dessous de 20% d'augmentation entre les statistiques de 2015 et les prévisions de 2030 qui, de loin, sont le plus en avance dans leur transition démographique. Au bout du compte, on se retrouve avec une grille de présentation entrant en parfaite cohérence avec celle de l'indicateur relatif à l'évolution de la population des pays entre 2015 et 2030. En effet, le même constat revient d'un indicateur à un autre. Ce qui permet très facilement de classer un à un les pays dans leur évolution en vue de la réalisation d'une transition démographique. Trois groupes de pays, faisant figure d'autant de phases du processus de transition démographique, peuvent ainsi être distingués les uns par rapport aux autres si l'on s'adonne à l'analyse de la dynamique démographique générale en cours en Afrique subsaharienne en confrontant les données produites par les Nations Unies et le FMI avec celles provenant de la PRB (Position des pays dans les trois phases d'évolution dans la transition démographique, *Sources : Nations Unies, World Population Prospects ; calculs des services du FMI, 2015).*

Tableau 7 : **Position des pays dans les trois phases d'évolution dans la transition démographique en rapport avec leur PPAT.** ***Sources :*** Nations Unies, World Population Prospects ; calculs des services du FMI, 2015 + Extrait de la Fiche de données sur la population mondiale 2016, PRB

PAYS	PPAT
TRANSITION AVANCÉE	
Seychelles	70,00%
Maurice	69,00%
Cap-Vert	66,00%
Afrique du Sud	65,00%
Djibouti, Botswana, Namibie	63,00%
TRANSITION EN COURS	
Lesotho, Swaziland	59,00%
Gabon, Guinée Équatoriale	58,00%
Mauritanie, République centrafricaine	57,00%
Ghana, Éthiopie, Madagascar, Malawi, Rwanda, Congo	56,00%
Côte d'Ivoire, Sierra Leone, Togo, Liberia, Kenya, Soudan du Sud, Zimbabwe	55,00%
Sénégal, Guinée, Guinée Bissau, Nigeria, Érythrée, Cameroun, Sao Tomé-et-Principe	54,00%
Comores	53,00%
TRANSITION EN PHASE INITIALE	
Burundi, Bénin, Gambie, Mozambique, Tanzanie	52,00%
Zambie, Congo RDC	51,00%
Mali, Somalie, Angola, Tchad	50,00%
Ouganda	49,00%
Burkina Faso	48,00%
Niger	47,00%

Les pays en phase « avancée » de transition démographique

La première phase est celle de la « transition avancée ». Elle intègre une poignée de pays ayant tous une population totale quantitativement ou en termes absolus très faible, à l'exception de l'Afrique du Sud. Mais ce qui fait leur singularité au-delà de la faiblesse de l'augmentation de leur population entre 2015 et 2030, comparativement au reste du continent, c'est qu'aussi, au-delà de toute considération extra-démographique, ils semblent avoir définitivement rompu avec les forts taux de fécondité. Il s'agit de Maurice, le seul pays du continent dont la population de 2030 pourrait bien être identique à celle de 2015. Pays que rejoignent dans le même groupe très sélectif des pays en phase de *transition avancée* les Seychelles, le Cap-Vert, le Botswana et l'Afrique du Sud. Leur transition démographique est jugée avancée car la part de la population en âge de travailler dans leur population totale dépasse nettement les 60%. Ce qui est loin d'être le cas pour l'écrasante majorité des autres pays d'Afrique au sud du Sahara.

Il est clair que chacun de ces pays en transition démographique avancée entretient en lui une certaine particularité par rapport au reste du continent. D'une part, en plus d'être de petites îles faiblement peuplées, Maurice, les Seychelles et le Cap-Vert sont, du point de vue socioculturel, très différemment structurés du reste du continent. De l'autre, l'Afrique du Sud, à elle seule, représente quelque part une sous-région du continent, et avec un parcours historique et une structure sociopolitique et socioculturelle qui n'ont pratiquement rien à voir avec l'itinéraire historique et la constitution sociale et culturelle des autres pays et régions du continent. Pour autant, de telles singularités ne pourraient en aucun cas expliquer à elles seules l'avance prise par ces pays en matière de contrôle démographique et de gestion de population sur le reste du continent.

Les pays « en cours » de transition démographique

La deuxième phase, dite de la « transition en cours », est celle qui regroupe le plus de pays à l'échelle du continent. Il s'agit d'une bonne vingtaine de pays répartis dans les quatre régions de l'Afrique subsaharienne. Notons au passage que les trois pays qui se trouvent à la tête de ce groupe, donc pays les plus en avance dans cette phase de transition *en cours*, viennent d'Afrique australe. A un ou deux points près, ceux-ci auraient bien pu intégrer le groupe très restreint des pays en transition avancée ; ce qui signifierait que cette dernière région est elle-même entièrement en phase avancée voire en phase finale de transition démographique. Ces pays en phase avancée de transition ont deux défis généraux à relever : se maintenir dans cette dynamique de con-trôle rigoureux des naissances et de maîtrise de leur rythme d'accroissement démographique (Cap-Vert, Afrique du sud) ; se préparer à définir une politique démographique prenant en compte les difficultés liées au vieillissement de leur population (Maurice, Seychelles, Afrique du sud). Généralement, cette dernière remarque est valable pour tous les pays d'Afrique australe.

Le reste du groupe « en cours de transition » est composé de pays répartis dans les trois autres régions du continent et avec des profils généraux très différents. C'est à ce niveau précis que l'on voit avec précision jusqu'où chaque pays fait des efforts pour rabaisser son taux de fécondité et pour modifier progressivement le *design* démographique de sa pyramide des âges, avec une base tendant fortement à se rétrécir, un milieu en réel grossissement et un sommet de plus en plus volumineux, avec la hausse continue de l'espérance de vie. Entre Maurice, Seychelles, qui sont réellement en transition avancée, Comores, mais, quelque part, aussi le Kenya, qui sont « en cours de transition », l'Afrique équatoriale ne manque pas de référence en matière de politique de population. Pour l'Afrique de l'Ouest, au-delà du Cap-vert, le Ghana apparaît comme la seule référence, alors qu'il a encore lui-même plusieurs défis à relever. Quant à l'Afrique centrale, elle pourrait trouver dans la Guinée équatoriale et dans le Gabon des références plus ou moins intéressantes pour faire davantage progresser ses pays dans leur processus de transition démographique.

Ce groupe des pays en cours de transition démographique est dans une large mesure le groupe le plus représentatif du continent africain si l'on s'en tient au profil démographique des quarante-neuf pays d'Afrique subsaharienne. Il tire sa représentativité, d'une part, du fait qu'il intègre les six catégories de pays définis dans le cadre du présent exercice analytique, ce qui conduit ainsi à relativiser la valeur explicative de la taille de la population du pays considéré. D'autre part, il intègre au moins un pays de chacune des quatre régions de l'Afrique subsaharienne. La position de l'Afrique australe dans ce groupe (Namibie, Swaziland, Lesotho) fait bien ressortir le caractère spécifique ou singulier de cette région, comparée aux trois autres de l'Afrique au sud du Sahara. En effet, avec une PPAT de 64%, ce qui la met dans les eaux de celle du monde qui est de 66%, l'Afrique australe a dix points de plus que toutes les autres régions d'Afrique subsaharienne, qui sont alignées sur la PPAT du continent, 55%. La composition de ce groupe des pays en cours de transition démographique fait clairement comprendre que la taille de la population totale d'un pays comme l'appartenance à un espace régional ou sous-régional peuvent constituer des variables analytiques déterminantes, mais elles ne sont en rien décisives car elles procèdent essentiellement du hasard de l'histoire et de la géographie. La variable explicative la plus décisive de la situation démographique de chacun des quarante-neuf pays d'Afrique noire est donc à rechercher avant tout dans l'importance même de la question démographique dans la préoccupation autant des gouvernements que des populations de chaque pays. C'est à ce niveau précis que le *principe de modernité*, dont j'ai brièvement parlé au début de cette partie, affiche toute sa pertinence du point de vue analytique. Le groupe des pays les plus en retard dans leur transition démographique ne fait ainsi que confirmer tout ce qui jusqu'ici a été dit et redit.

Les pays en « phase initiale » de transition démographique

Dans ce groupe des pays d'Afrique subsaharienne les plus en retard dans leur processus de transition démographique, on retrouve quinze pays, dont six d'Afrique de l'Ouest, six d'Afrique équatoriale et trois d'Afrique centrale. Aucun pays d'Afrique australe n'intègre ce groupe. Prises intégralement, les trois régions concernées par ce groupe sont toutes, plus que de simples priorités, de très fortes urgences pour le continent africain mais également pour le monde entier. C'est véritablement le cas hautement préoccupant voire inquiétant de ces trois régions qui justifie l'alerte lancée depuis plusieurs décennies, et qui, contrairement à ce que veulent faire croire certains analystes ou une certaine doctrine ultraconservatrice, procède fondamentalement du bon sens critique plutôt que du catastrophisme idéologique.

Afrique de l'Ouest : les six pays d'Afrique de l'Ouest en *phase initiale* de transition démographique entretiennent chacun une certaine singularité du point de vue historique, sociopolitique et socioculturel. Cette particularité est à prendre en considération lorsqu'il s'agit d'intervenir pour leur permettre de progresser dans leur processus de transition démographique. Le Liberia et la Guinée sont encore en reconstruction générale après une longue période de grande instabilité civile et sociopolitique. Le Mali, le Niger et la Gambie font partie des pays les plus pauvres au monde. Ils sont structurellement comme globalement confrontés à un grand problème de sous-développement. Ce sont sans doute, avec le Nigeria, les pays dont la situation socio-démographique est la plus préoccupante à l'échelle de cette région d'Afrique subsaharienne.

Afrique équatoriale : Entre le Mozambique, l'Ouganda, le Kenya, la Tanzanie et l'Éthiopie, l'Afrique équatoriale est et restera au moins jusqu'en 2050, selon les prévisions des Nations Unies, la région d'Afrique la plus peuplée. Elle est également celle qui compte le plus de pays à l'échelle du continent. Sur les dix-huit pays qui la peuplent, six sont confortablement logés dans le groupe des pays « en phase initiale » de transition démographique, soit le tiers. Situation très proche ou semblable à celle de l'Afrique de l'Ouest, dont six des quinze pays qui la composent se situent dans ce troisième groupe. D'une manière générale, en dehors des « petits » pays d'Afrique équatoriale situés dans le premier groupe de l'indicateur mesurant, en termes prévisionnels, le rythme de croissance de la population totale des pays, tous les pays de cette région d'Afrique équatoriale, particulièrement ceux situés dans ce groupe de pays « en phase initiale » de transition démographique, ont besoin de se doter d'outils stratégiques, techniques ainsi que de moyens logistiques nécessaires à la définition et à la mise en œuvre d'une véritable politique de population.

Afrique centrale : il faut voir la position du Cameroun dans le groupe des pays « en cours de transition », mais surtout celle du Congo RDC, de l'Angola et du Tchad dans le groupe des pays dont la transition démographique est dans sa « phase initiale » pour se rendre compte de l'urgence d'agir en Afrique centrale. Les « petits » pays d'Afrique centrale (moins de 10 millions d'habitants en 2030) ne sont pas à oublier. Certes, ils sont faiblement peuplés, mais, entre leur rythme de croissance démographique, leur taux de fécondité ainsi que l'état général des pratiques collectives en matière de santé reproductive, ils constituent eux aussi une préoccupation majeure, car dans l'état actuel des choses, la question démographique n'épargne aucune contrée de l'Afrique subsaharienne, exception faite à l'Afrique australe.

A cette étape précise de l'analyse, une conclusion générale peut être tirée, mais elle pourrait nous laisser sur notre faim. Raison pour laquelle j'ai choisi de poursuivre la réflexion et d'approfondir ainsi l'idée de la nécessité pour les pays africains de se doter d'une politique de population en la plaçant dans la perspective d'une transition démographique à réaliser le plus immédiatement possible. C'est ainsi qu'au-delà du TAN et de l'ISF, certains indicateurs relatifs à la santé reproductive ne peuvent sous aucun prétexte être écartés de l'analyse car constituant des paramètres analytiques centrales et incontournables du point de vue du domaine en question (la démographie), de l'objet à l'étude (la population) et de la thématique en discussion (la transition démographique). Or, ce à quoi renvoie le plus directement la santé reproductive dans l'optique d'une transition démographique, c'est la planification familiale ou l'utilisation courante des méthodes modernes de contraception. Cette question est elle-même une grande thématique dans la grande thématique que constitue la transition démographique. Mais avant d'y arriver, il faudrait, au passage, jeter un coup d'œil à l'autre composante générale de la transition démographique, celle très peu abordée de la mortalité, et singulièrement de la mortalité infantile.

Le taux de mortalité infantile (TMI)

Le taux de mortalité infantile (TMI) renvoie au nombre annuel de décès de nourrissons âgés de moins d'1 an pour 1000 naissances viables. En 2015, il était estimé à 59 décès pour 1000 naissances dans le continent africain ; 64 pour 1000 pour l'Afrique subsaharienne ; 96 pour 1000 pour l'Afrique centrale ; 64 pour 1000 aussi pour l'Afrique de l'Ouest ; 52 pour mille pour l'Afrique équatoriale ; 36 pour 1000 pour l'Afrique australe.

Bien qu'étant en baisse continue depuis plusieurs décennies, la mortalité infantile reste encore très élevée en Afrique au sud du Sahara, comparativement au reste du monde. Certes, de 1950 à nos jours la mortalité infantile et juvénile (entre 0 et 5 ans) a été divisée par trois en Afrique subsaharienne, passant de 30% à 10%, mais il reste encore beaucoup à faire à l'échelle du continent même si certains pays sont largement plus en avance que d'autres dans leurs efforts en vue de faire baisser leur TMI. L'intérêt à voir baisser le taux de mortalité infantile est, hypothétiquement, dans le fait que, d'une part, un enfant bien portant dans ses premières années de vie peut amener voire contraindre ses parents à préférer investir sur son éducation et son évolution globale plutôt que de chercher à en faire systématiquement un nouveau. De l'autre, toujours hypothétiquement, les parents ont presque « instinctivement » toujours tendance à vouloir remplacer un enfant décédé par un autre, souvent sans même se préoccuper ni de la « nécessité » d'en faire ou refaire, ni des conditions de naissance, de survie et d'évolution de celui-ci.

Par ailleurs, le lien entre le TMI et l'ISF n'est pas si direct qu'on pourrait être amené à le penser. Il suffit de confronter les tableaux sur les dix plus faibles et les dix plus forts ISF (tableau 5) et sur les dix plus faibles et les dix plus forts TMI (tableau 8) pour s'en convaincre. Dans l'optique d'une transition démographique, la baisse de la mortalité ne débouche pas toujours ou automatiquement sur une baisse de la fécondité. Il arrive même souvent qu'il y ait un décalage réel entre les deux mouvements de baisse. Cette phase consacre une certaine instabilité dans le processus de transition démographique. En principe ou idéalement, elle n'est pas appelée à durer car plus elle dure plus la population augmente entre le nombre de décès tendant à la baisse et le nombre de naissances qui se maintient. Les pays d'Amérique latine et d'Asie ayant réussi leur transition démographique ont, pour la plupart, connu ce passage trouble, à l'image de *la drôle de guerre* dans la deuxième guerre mondiale : une transition à moitié ou une transition qui tarde à prendre forme et à véritablement démarrer. La baisse du TMI peut avoir un effet réel sur l'ISF si au préalable les parents décident, avant ou dès la première naissance, du nombre d'enfants à mettre au monde et du moment de leur arrivée (espacement des naissances). Suivant le contexte, le taux de mortalité infantile pourrait être considéré comme un sous-indicateur du taux de fécondité, en ce sens qu'il peut partiellement éclairer l'analyse sur la question de savoir jusqu'où la procréation procède-t-elle d'un « choix » ou d'un simple fait du « hasard » ou d'un « accident » ou « imprévu ». Cette question du choix d'avoir un enfant ou un enfant de plus ou pas est une question centrale de l'analyse mais également de toute initiative politique et sociale se proposant d'agir sur l'ISF, car lorsqu'il s'agira de relancer à l'échelle d'un pays ou du continent une politique offensive de planification familiale, celle-ci permettra de savoir jusqu'où les parents sont disposés à s'approprier le planning familial, seule condition de réussite d'une telle stratégie de politique de population.

Au-delà du lien entre le TMI et l'ISF, chaque pays d'Afrique au sud du Sahara gagnerait à redoubler d'efforts pour faire davantage et infiniment baisser la mortalité infantile et juvénile sur son territoire car quel que soit le contexte considéré et quel que soit le taux de fécondité qui y est courant, la naissance et la survie de chaque enfant, subséquemment à sa dimension humaine, est une occasion sans égal donnée aux parents pour se planifier familialement et à la société entière pour se projeter démographiquement, entre interventions pour l'évolution du TAN et de l'ISF et investissement dans la santé juvénile, dans l'éducation d'une manière générale, dans la formation et l'insertion professionnelles.

Entre la République centrafricaine, le Congo RDC, le Tchad et l'Angola, l'Afrique centrale est de loin la région d'Afrique subsaharienne la plus touchée par la mortalité infantile. En dehors des Seychelles et de Maurice, qui ont les TMI les plus faibles d'Afrique subsaharienne, l'Afrique équatoriale aussi affiche dans son ensemble des taux très élevés de mortalité infantile : Mozambique, Somalie, Soudan du Sud, Zambie. En Afrique de l'Ouest, on retrouve la Sierra Leone, la Guinée Bissau, la Côte d'Ivoire et la Mauritanie dans le peloton de tête des dix pays ayant le taux le plus élevé de mortalité infantile à l'échelle de l'Afrique subsaharienne.

Tableau 8 **: Les 10 plus faibles et les 10 plus élevés TMI en Afrique subsaharienne**
Source : extrait du tableau 3

10 PLUS FAIBLES TMI (du – au + élevé)			10 PLUS ÉLEVÉS TMI (du + au – élevé)		
Rang	**Pays**	**TMI**	**Rang**	**Pays**	**TMI**
1	Seychelles	13,4	1	Congo RDC	97
2	Maurice	13,6	2	Soudan Du Sud	93
3	Cap-Vert	19	3	République Centrafricaine	90
4	Botswana	31	4	Sierra Leone	89
5	Rwanda	32	5	Guinée Bissau	88
6	Afrique du Sud	34	6	Tchad	87
7	Comores, Madagascar	36	7	Mozambique	81
8	Sao Tomé-et-Principe	38	8	Somalie	76
9	Namibie, Kenya, Sénégal	39	9	Soudan du Sud	74
10	Ghana	41	10	Mauritanie	72

Malgré les TMI encore élevés voire très élevés dans beaucoup de pays éparpillés dans les quatre régions de l'Afrique subsaharienne, il demeure partout en Afrique des pays pouvant directement ou indirectement servir de référence en matière de lutte contre la mortalité infantile à leurs voisins de région ou de sous-région ou à d'autres pays ayant, d'un point de vue général ou en termes relatifs, des similarités géo-historiques, socioculturelles, socio-économiques ou démographiques.

En matière de lutte contre la mortalité infantile et juvénile, le Cap-Vert et le Sénégal peuvent servir d'exemples à leurs voisins d'Afrique de l'Ouest. En Afrique équatoriale, entre Seychelles, Maurice, Rwanda, Comores et Tanzanie, ce ne sont guère les pays-référence qui manquent en la matière. En Afrique australe, on peut retenir le Botswana et l'Afrique du Sud comme pays-référence ; ce dernier pays pouvant également, d'un point de vue général (politique de population), servir d'exemple aux pays les plus peuplés d'Afrique subsaharienne, à savoir le Nigeria, l'Éthiopie, le Congo RDC, la Tanzanie, le Kenya ou l'Ouganda. Quant à l'Afrique centrale, elle est globalement loin derrière les autres régions d'Afrique subsaharienne en matière de lutte contre la mortalité infantile. Les seuls pays pouvant relativement y faire figure de référence à ce niveau sont des pays très faiblement peuplés, comparés à leurs voisins les plus proches. Il s'agit du Gabon et de Sao Tomé-et-Principe, qui, à y regarder de plus près, ne représentent, par exemple, géographiquement comme démographiquement qu'une toute petite agglomération du Congo RDC.

Le pourcentage des femmes en couple utilisant la contraception (15-49 ans)

Il s'agit du pourcentage des femmes mariées ou vivant en couple et en âge de procréer qui utilisent une méthode de contraception. On distingue les méthodes modernes, qui renvoient aux méthodes recommandées ou fournies par les centres médicaux, telles que la pilule, les dispositifs intra-utérins, les préservatifs et la stérilisation, des méthodes dites naturelles ou traditionnelles.

La baisse de la fécondité ne peut nécessairement être réalisée sans un contrôle rigoureux des naissances. Ce contrôle, plus que nécessaire, indispensable, des naissances ne peut nullement être effectué sous la forme d'une contrainte imposée de l'extérieur aux couples, comme cela a été fait en Chine, à travers la fameuse politique de l'enfant unique. S'il fallait passer par une coercition aussi forte et formelle pour conduire les Africains à faire moins d'enfants, nul doute qu'on créerait plus de problèmes qu'on n'en résoudrait. L'enjeu est double : d'une part, convaincre les populations de l'intérêt pour elles comme pour la société entière de voir baisser réellement et durablement la fécondité pour pouvoir se faire une marge consistante d'amélioration de la qualité de vie de celles-ci ; de l'autre, convaincre les populations du fait que la baisse de la fécondité ou le ralentissement de la croissance ne peut se faire sans une adhésion individuelle et collective des uns et des autres au fameux et encore très contesté planning familial.

De la même manière que le ralentissement de la croissance démographique passe par une baisse réelle et durable du taux de fécondité, et que cette dernière condition ne peut être réunie sans une politique rigoureuse de contrôle des naissances, à travers le planning familial, ce dernier dispositif de politique de population intègre formellement un certain nombre d'usages et de pratiques sans lesquels il ne pourrait nullement être mis en pratique, à savoir un éventail bien fourni de méthodes contraceptives. Le choix volontaire et responsable de limiter et d'espacer les naissances est une chose, la ferme résolution à faire usage des méthodes courantes de contraception en est une autre. D'une part, il faut le vouloir ; de l'autre, il faut le faire.

A tout point de vue, le niveau d'utilisation de la contraception est encore très faible en Afrique. Comparée au reste du monde, l'Afrique subsaharienne accuse un très grand retard en la matière. Alors que le taux d'utilisation des contraceptifs à l'échelle mondiale frôle les 60%, alors que celui de l'Asie est estimé à 61% et celui d'Amérique latine et des Caraïbes atteint les 67%, l'Afrique, elle, en est à 35%, toutes méthodes considérées, dont les 29% pour les méthodes modernes. Pendant ce temps, l'Afrique subsaharienne est à 30% d'utilisation de toutes les méthodes de contraception, avec les 25% pour les méthodes modernes. Dans cette Afrique au sud du Sahara, c'est encore l'Afrique australe qui, comme pour tous les autres indicateurs jusqu'ici considérés, se porte largement le mieux en ce qui concerne le niveau d'utilisation des contraceptifs, avec 60% pour toutes les méthodes et 59% pour les méthodes modernes. L'Afrique équatoriale est à 41% pour toutes les méthodes et 35% pour les méthodes modernes ; pour l'Afrique centrale, respectivement : 20% et 10% ; tandis que l'Afrique de l'Ouest est à 16% pour toutes les méthodes et 12% pour les méthodes modernes de contraception.

Au-delà de ces statistiques générales, qui, encore une fois, confirment très largement la singularité de l'Afrique australe, en tant que seule et unique région de tout l'ensemble de l'Afrique subsaharienne qui globalement « se porte bien », le tableau présentant les dix plus élevés pourcentages en comparaison avec les dix plus faibles pourcentages d'utilisation de la contraception (tableau 9) fait ressortir des cas particuliers de pays qui, pour la première fois depuis le début de cet exercice analytique, apparaissent dans l'un ou l'autre de ces colonnes des dix plus faibles ou plus élevés. C'est le cas du Zimbabwe qui, contre toute attente, est le pays qui en Afrique subsaharienne utilise le plus les méthodes modernes de contraception. Mieux, ce dernier pays en est même au niveau des pays d'Amérique latine et des Caraïbes. La présence du Malawi aussi dans cette colonne peut paraître comme une surprise, mais c'est à comprendre à l'aune de la place qu'occupe le Sénégal, le Rwanda, la Tanzanie ou Madagascar dans le tableau 8 (taux de mortalité infantile). La même remarque peut être faite pour la colonne présentant les plus faibles pourcentages d'utilisation de la contraception, où l'on note l'absence du pays ayant l'indice synthétique de fécondité le plus élevé au monde, pays aussi absent du groupe des dix ayant le plus élevé taux de mortalité infantile en Afrique subsaharienne : le Niger.

Ces cas singuliers que l'on peut retrouver de part et d'autre dans le continent, concernant des phénomènes précis (mortalité infantile) ou des pratiques bien déterminées (utilisation de contraceptifs), sont la preuve réelle et vivante de la complexité de la question même de la transition démographique en Afrique subsaharienne. *A priori*, un pays comme le Zimbabwe, avec un taux aussi élevé d'utilisation des méthodes modernes de contraception, ne devrait avoir aucun problème à créer en son sein le déclic devant conduire sa population à faire le choix résolu de faire moins d'enfants de manière générale (TAN), moins d'enfants par femme (ISF) et donc de s'engager, elle-même, par-delà les politiques de population y étant mises en application, à accomplir la nécessaire voire indispensable et tant attendue transition démographique. La même remarque peut être faite pour le Sénégal concernant la mortalité infantile car un pays qui a la capacité de maintenir son TMI à un niveau relativement bas devrait, *a priori*, être en mesure de faire des avancées fortes dans les différentes composantes de la grande question de la santé reproductive, notamment l'indice synthétique de fécondité et l'utilisation des méthodes modernes de contraception. Le Rwanda aussi est un cas général à ne pas négliger. Bien qu'étant un tout petit pays entouré de très grands autres, en dehors du Burundi, ce pays, ayant vécu il y a de cela un peu plus de deux décennies l'un des plus grands et célèbres génocides humains de l'ère moderne, réalise de très grandes avancées pour chacun des indicateurs ici considérés. Si le Zimbabwe peut servir d'exemple pour bon nombre de pays africains en matière d'utilisation des contraceptifs, le Sénégal en matière de lutte contre la mortalité infantile, le Rwanda, lui, pourrait faire figure de référence générale pour plusieurs pays du continent de sa taille géographique et démographique, et même au-delà, en matière de gestion de population, plus particulière-ment en ce qui concerne la santé de la reproduction et la santé de la population en général.

***Tableau 9 :* Les 10 plus élevés et les 10 plus faibles pourcentages d'utilisation de la contraception en Afrique subsaharienne. *Source* :** extrait tableau 3

10 PLUS ÉLEVÉS POURCENTAGES D'UTILISATION DE LA CONTRACEPTION (du + au – élevé)				10 PLUS FAIBLES POURCENTAGES D'UTILISATION DE LA CONTRACEPTION (du - au + élevé)			
Rang	**Pays**	**Toutes les méthodes**	**Méthodes modernes**	**Rang**	**Pays**	**Toutes les méthodes**	**Méthodes modernes**
1	Maurice	76	39	1	Soudan du Sud	4	1
2	Zimbabwe, Swaziland	66	66	2	Tchad	6	5
3	Cap-Vert	61	57	3	Guinée	6	5
4	Afrique du Sud, Lesotho	60	60	4	Érythrée	8	7
5	Malawi	59	57	5	Gambie	9	8
6	Kenya	58	53	6	Mauritanie	11	10
7	Namibie	56	55	7	Mozambique	12	11
8	Botswana	53	51	8	G. Équatoriale	13	10
9	Rwanda	53	48	9	Niger	14	12
10	Zambie	49	45	10	Somalie	15	1

L'écart dans l'utilisation de la contraception entre les méthodes modernes et les méthodes naturelles

La part d'utilisation des méthodes modernes dans l'ensemble des méthodes contraceptives est un indicateur d'appoint, mais qui a son importance dans cet exercice de synthèse analytique. L'utilisation de la contraception est une chose, le choix des méthodes en est une autre. D'une part, utiliser une méthode contraceptive quelconque témoigne chez l'usagère de son souci personnel pour sa santé sexuelle et pour la santé de la procréation. Mais alors que les méthodes naturelles ne permettent, encore qu'aléatoirement, que de pouvoir jusqu'à une certaine mesure prévoir les grossesses, éviter les grossesses non désirées et donc contrôler les naissances, les méthodes modernes, elles, en plus de cette possibilité, permettent d'éviter tout un ensemble de pathologies cliniques pouvant naître des rapports sexuels. La grossesse est une chose, le risque d'infection ou de se retrouver avec une maladie sexuellement transmissible (MST) en est une autre. Au-delà du niveau d'utilisation de la contraception, l'écart courant entre les méthodes modernes et l'ensemble des méthodes en usage permet de se faire une idée de la marge d'ajustement à combler pour en arriver à une utilisation non seulement massive des contraceptifs mais surtout des méthodes modernes en la matière.

Tableau 10* : Les 10 pays ayant le plus grand écart dans l'utilisation de la contraception : toutes les méthodes/méthodes modernes.** ***Source : extrait tableau 3

LES 10 PLUS ÉLEVÉS ÉCARTS : Méthodes modernes et méthodes naturelles			
Rang	**Pays**	**Toutes méth.**	**Méth. modernes**
1	Somalie	15	1
2	Soudan du Sud	4	1
3	Congo RDC	21	8
4	Congo	30	18
5	Maurice	76	39
6	Cameroun	34	21
7	Gabon	31	19
8	Rép. Centrafricaine	15	9
9	Nigeria	15	10
10	Madagascar	40	33

Le cas du Zimbabwe est le cas idéal en la matière : taux d'utilisation des contraceptifs élevé et utilisation exclusive des méthodes modernes. A côté du Zimbabwe, le cas de Maurice, qui est de loin le pays d'Afrique subsaharienne avec le plus élevé pourcentage d'utilisation de la contraception, toutes méthodes considérées, mais dont près de la moitié des usagères préfèrent les méthodes naturelles aux méthodes modernes, me paraît très intéressant. On peut y retenir deux choses : d'une part, le souci d'éviter les grossesses non désirées et donc de contrôler les naissances est réel, vu que 76% des femmes en couple et en âge de procréer (15-49 ans) utilisent régulièrement la contraception ; d'autre part, du point de vue pédagogique, il reste beaucoup à faire pour convaincre les femmes mais aussi, plus largement, les couples de choisir les méthodes modernes en lieu et place de celles naturelles de contraception. C'est à ce niveau précis que le cas de Maurice, entre les méthodes modernes et celles naturelles, devient intéressant. Le travail à y faire ne se situe plus dans l'utilisation des méthodes contraceptives de manière large ou générale, mais exactement dans le type de méthodes à choisir.

En dehors de Maurice, les dix pays avec le plus élevé pourcentage de femmes en couple et en âge de procréer utilisant la contraception affichent de très petits écarts d'utilisation entre les méthodes modernes et les méthodes naturelles. En conséquence, ceux-ci ont besoin de redoubler d'efforts pour davantage convaincre leurs populations des vertus de la contraception et préciser que les méthodes les plus efficaces et les moins risquées en la matière et du point de vue de la santé sont et demeurent celles modernes. Quant aux dix pays avec le plus faible pourcentage d'utilisation de la contraception, presque tout y est à faire ou à refaire, de la promotion de la contraception pour éviter les grossesses non désirées et les risques d'attraper une maladie sexuellement transmissible au choix des méthodes modernes, qui, de ce point de vue, offrent largement plus de garanties que tout autre type de méthodes en usage ou pouvant être considéré. Il faut noter aussi au passage qu'avec un taux de 60% d'utilisation des méthodes contraceptives (presque exclusivement les méthodes modernes), l'Afrique australe est encore une fois largement devant tout le continent africain, devant l'Afrique subsaharienne et devant ses trois autres régions ; l'Afrique centrale et l'Afrique de l'Ouest, par exemple, ayant du mal à atteindre rien que 15% d'utilisation des méthodes modernes de contraception.

Cet indicateur de l'écart entre le niveau d'utilisation des méthodes contraceptives modernes et celui des méthodes dites naturelles ou traditionnelles de contraception est complémentaire à celui relatif au niveau général d'utilisation de la contraception dans un pays considéré. Il permet d'aller plus loin dans l'analyse en rattachant directement la contraception à la planification familiale. En effet, il y a contraception et contraception. Certes, les méthodes naturelles ne manquent pas d'efficacité en ce qui concerne la réduction des risques de grossesses non désirées, mais pour promouvoir l'utilisation de la contraception dans l'optique d'une baisse réelle, massive et durable de la fécondité, condition suprême à la réalisation de la transition démographique, seules les méthodes modernes peuvent être prises en considération car, pour l'Afrique subsaharienne, il est question non pas d'un simple ralentissement de la croissance démographique dans le temps, mais d'une transformation socio-démographique globale dont le seul et largement plus approprié nom, au-delà de la transition démographique, demeure « la révolution démographique ».

Ces différents indicateurs sur la structure et la santé de la population nous donnent un aperçu, plus que clair, précis de chacune des composantes de la question démographique en Afrique au sud du Sahara. Indépendamment même de la perspective d'une sortie définitive du sous-développement ou d'une entrée dans un processus de développement de qualité, les chiffres sur la situation démographique de l'Afrique au sud du Sahara sont alarmants. Ils écartent toute forme de scepticisme ou de relativisme face à la situation socio-démographique de l'Afrique noire. En effet, on peut bien croire ou non en l'urgence d'agir pour une baisse massive et durable de la fécondité, de la natalité et du taux d'accroissement naturel de la population dans tous les pays africains, mais indépendamment de cette conviction, il demeure une réalité que nul ne peut nier : l'Afrique est le seul continent du monde où il ne s'est encore réellement rien passé du point de vue démographique. Or, partout ailleurs dans le monde où le développement humain a été structurellement réalisé, il y a eu des transformations d'envergure du point de vue démographique. Il y a eu avant tout une prise de conscience de la nécessité d'agir, ce qui, déjà, a fait formellement émerger une volonté politique. Ensuite, il y a eu l'identification claire des domaines sur lesquels il faudrait agir. Et ce n'est qu'une fois ces deux étapes préalables franchies que les dispositifs stratégiques de l'action devant mener à la transformation démographique ont été mis en place. Au-delà même du dividende démographique, l'exercice consistant à jeter un regard critique sur la situation démographique de l'Afrique débouche globalement sur la conviction claire de la nécessité absolue de réaliser à l'échelle du continent une transition démographique forte et immédiate. La question qui, tout directement, débouche de cette considération forte devient alors celle de savoir comment faire émerger une dynamique forte de transition démographique dans chacun des pays d'Afrique subsaharienne. Au bout de l'exercice analytique auquel je me suis adonné dans cette partie, deux conclusions fortes se sont clairement imposées et qui font figure de maximes incontournables dans la perspective de la réalisation de la transition démographique nécessaire à la saisie du fameux dividende démographique dont l'exploitation optimale pourrait considérablement contribuer à l'évolution de l'Afrique dans le sens d'un développement de qualité.

Conclusion : Pas de transition démographique sans définition claire et adoption effective d'une politique appropriée de population

A la question de savoir pourquoi certains pays sont plus ou moins avancés que d'autres dans leur processus de transition démographique, la réponse la plus générale ou vague mais également la plus logique-ment concevable est dans l'idée que la différence est avant tout d'ordre rationnel. Autrement dit, entre deux pays considérés, le plus en avance dans le processus de transition démographique est toujours celui qui le plus a intégré le principe ou la nécessité de contrôler le *flux* des naissances pour pouvoir offrir une meilleure qualité de vie au *stock* des vivants ou à sa population vivante. Si Maurice, les Seychelles, le Cap-Vert, le Botswana, l'Afrique du Sud sont largement devant les autres pays d'Afrique subsaharienne dans leur processus de transition démographique, ce n'est pas simplement en raison de leur singularité géographique et socio-historique. C'est surtout parce qu'à la différence des autres pays du continent, l'Afrique du nord n'étant pas ici prise en considération, ceux-ci ont compris qu'avant d'être une question économique et sociale, la question du développement est une question globale de population, une question de développement humain. Et qui parle de développement humain parle du nombre d'individus sur la vie ou la condition desquels il faudrait agir. Cela est élémentaire du point de vue de la rationalité gouvernementale.

En définitive, tant que la question de la population, en tant que question politique ou gouvernementale, du peuplement, en tant que phénomène social global, et de la démographie, en tant que dimension fondamentale du développement, n'est pas posée, la transition démographique nécessaire à l'exploitation du dividende démographique ne sera qu'un objectif vague et vaseux, avec des déclarations, rencontres et conventions à n'en plus finir pour, au bout du compte, très peu d'actions et donc très peu de résultats.

Comme pour toute chose, il faut une intention forte. Intention est ici à comprendre à l'aune de ce qu'est la profession de foi pour un fidèle résolu à épouser les valeurs et principes d'un ordre de croyances et de pratiques. Jusqu'ici et au-delà de tous les rapports et déclarations diffusés, des rencontres et événements divers organisés, il semble rester aux États des pays africains dont la transition démographique est en « cours » ou en « phase initiale » la capacité de montrer par les preuves leur résolution forte à se mouvoir avec la population vivante de leurs pays dans le sens d'une baisse réelle et durable de la fécondité, préalable incontournable à toute possibilité d'exploitation d'un potentiel dividende démographique. Mais l'intention ou la profession de foi ne suffit pas. Il faut des actes car la volonté n'est pas un discours, c'est plutôt une action lucidement conçue et fermement menée. Et l'acte le premier à mener, celui qui donne le ton et qui marque de manière formelle la rupture, c'est celui consistant de la part des gouvernements à faire comprendre au commun des Africains que parce que la transition démographique constitue un défi à relever dans l'immédiat car l'enjeu reste de taille, il devient aujourd'hui, plus que jamais par le passé et dans l'optique d'avoir pour le continent des lendemains meilleurs, nécessaire de se doter d'une politique formellement conçue de population. L'enjeu, c'est celui d'un choix fort et qui n'appartient qu'au pays considéré : choisir de s'enliser davantage dans le sous-développement ou au contraire décider d'en sortir de manière définitive pour s'engager en toute conséquence sur la voie d'un développement de qualité. Le défi à relever une fois retenu le choix de sortir du sous-développement et de se mener dans le processus d'un développement de qualité, c'est celui de la transition démographique dans le moyen terme. Or, pour arriver à cet objectif, d'une haute portée politique, une politique de population constitue le premier des actes à poser mais également la première grande orientation à définir car de cette politique va ressortir la rationalité de base de toutes les stratégies qui seront par la suite mises en œuvre.

Il ne s'agit pas d'un simple plaidoyer à faire car s'il suffisait d'un simple appel pour entraîner les populations dans une dynamique active menant à une baisse forte, réelle et durable de la fécondité, cela aurait été réussi depuis les années 1980-1990 avec les campagnes de planning familial menées presque partout dans les régions les plus sous-développées d'alors. Certes, les investissements sur l'éducation, notamment celle des filles, sur la santé, notamment la santé reproductive, sont nécessaires voire indispensables, mais le déclic effectif qui ouvre le chemin menant à une transition démographique forte et durable passe par la volonté des pouvoirs publics d'agir de concert avec l'ensemble de la société vivante pour la réalisation de cette transition démographique tant attendue. Il n'y a pas de voie royale ni de déterminisme qui mène à la transition démographique. Reconnaître la nécessité historique et politique d'agir, c'est déjà préparer les populations à la rupture qui s'annonce. Déclarer officiellement et mettre en place les dispositifs administratifs, pédagogiques et sociaux d'une politique de population, c'est faire comprendre aux populations, après les avoir préparées, que le choix est fait et que le moment est venu de réaliser en l'espace de quelques années la transition démographique. A partir de ce moment précis, il se passe naturellement quelque chose dans l'univers de la société vivante du pays en question. Cette chose en question, c'est un débat très sensible et sérieux qui s'ouvre. C'est là où l'État est appelé à convaincre. Convaincre et encore convaincre.

Ce travail pédagogique, personne ne le fera à la place de l'État, car il est accompagné d'un travail stratégique. Les deux vont ensemble, mais si le travail pédagogique n'est pas réussi, le travail stratégique proprement dit risque, lui aussi, de se solder par un échec. C'est exactement ce qui est arrivé dans les années 1980-1990 au fameux planning familial. L'explication la plus couramment donnée à cet échec des programmes de planification familiale en Afrique repose sur les pesanteurs ou rigidités socioculturelles, qui feraient de la sexualité un sujet rigoureusement tabou et qui, en conséquence, s'opposeraient farouchement à tout ce qui, du point de vue de la mentalité collective ainsi que de l'ordre des valeurs sociales, pourrait de l'extérieur constituer à ce niveau un facteur de changement social. Cette explication est certes exacte car l'idée de réguler les naissances, entre leur limitation et leur espacement, se heurte encore à une forte hostilité de la part des populations africaines, toutes couches sociales confondues, mais ce qui n'est pas dit, c'est que le travail pédagogique fait à l'époque n'a pas du tout été convaincant ; raison pour laquelle d'ailleurs le travail stratégique qui a été mené par la suite ou simultanément n'a pas changé grand-chose. Aujourd'hui, la relance de la planification familiale revient timidement dans un certain nombre de pays, mais elle risque encore d'échouer sans la définition claire et l'adoption effective d'une véritable politique de population dans laquelle elle viendrait, comme tout naturellement, s'insérer. Cette première conclusion mène à une deuxième qui, justement, formalise l'importance ou même le caractère, plus que capital, indispensable de la planification familiale dans le cadre d'une politique de population visant le plus immédiatement possible une transition démographique d'envergure et à l'allure d'une rupture forte et définitive avec le laxisme, le *laissez-faire, laissez-aller* jusqu'ici politiquement et sociale-ment en vigueur presque partout en Afrique subsaharienne.

La baisse de la fécondité pour la réalisation de la transition démographique en Afrique subsaharienne n'est qu'un objectif général. A cet objectif commun aux pays du continent se rattache un éventail d'autres objectifs à caractère spécifique parce qu'ayant une portée globale et portant des enjeux variant d'un pays à un autre. Les pays d'Afrique australe, auxquels s'ajoutent les quatre plus « petits » pays d'Afrique équatoriale ainsi que le Cap-Vert, sont de loin en avance sur tous les autres pays et régions d'Afrique subsaharienne autant en ce qui concerne l'objectif général de baisse structurelle de la fécondité que par rapport aux objectifs spécifiques. D'une manière générale, il y a une pleine interaction entre l'objectif général interpellant l'ensemble de l'Afrique subsaharienne et les objectifs spécifiques qui sont à préciser en fonction de la situation de chaque pays du continent. L'objectif général est la résultante de tout ce qui est fait concernant les objectifs spécifiques ; inversement, ces derniers objectifs associés aux particularités de chaque pays rapportent la situation globale de celui-ci à l'objectif général, c'est-à-dire à l'étape précise à laquelle celui-ci se situe dans son processus de transition démographique. D'une part, il y a une Afrique, celle encore économiquement et socialement sous-développée et démographiquement en pleine croissance depuis plusieurs décennies et, en termes prévisionnels, pour plusieurs décennies encore ; de l'autre, il y a autant d'Afriques que de pays africains au sud du Sahara. Quarante-neuf pays avec de fortes similarités dans leurs situations générales, mais portant chacun en toute singularité une problématique socio-démographique propre.

La nécessité de réaliser la transition démographique qui permettrait à l'Afrique de pouvoir économiquement et socialement profiter de la conjoncture mondiale actuelle dans l'optique de son développement global n'est plus à discuter. Le dividende démographique n'est point une invention de la macroéconomie, il est un potentiel réel pour tout pays dont la population, en plus de connaître une croissance démographique soutenue, est fortement composée de jeunes (moins de 25 ans). Or, il se trouve que presque tous les pays d'Afrique au sud du Sahara sont typiquement dans ce cas de figure : population très jeune et en rajeunissement continu. Mais ce potentiel, bien qu'étant réel, ne pourrait être profitable qu'à une et une seule condition : celle d'être capable, pour un État, un pays ou même une société, elle-même, de faire de la jeunesse de sa population un atout plutôt qu'un handicap. Faire de sa population jeune un atout, c'est transformer toutes ces cohortes d'enfants, de jeunes et de jeunes adultes en un bassin qualitatif de capital humain. Faire de sa population jeune un handicap, c'est la laisser augmenter de manière illimitée et sans aucun contrôle ni sur son volume ou sa quantité ni sur sa condition sociale globale (santé, éducation, emploi, qualité de vie).

Atout ou handicap, toute population, quelle que soit sa tranche d'âge, est une charge avant d'être une catégorie productive de biens ou de richesses. C'est pourquoi la santé de la population est un axe central de toute politique de population axée sur le souci de disposer d'un capital humain de qualité, c'est-à-dire à la hauteur des défis réels du développement économique et social du pays en question. D'une manière générale, chacune des phases de la transition démographique d'un pays est structurellement portée par un état social global de santé. La première phase de la transition démographique, à savoir la baisse de la mortalité, notamment de la mortalité infantile et juvénile, est pleinement de l'ordre de l'administration de la santé de la population. La deuxième phase de la transition démographique, à savoir la baisse de la fécondité, répond pleinement des grandes orientations cliniques de la santé de la reproduction. La troisième phase de la transition démographique, la phase proprement dite de transition, celle combinant baisse de la mortalité et baisse de la natalité, porte en elle un double enjeu ou défi : consolider les acquis des deux premières phases et se mettre à la hauteur des défis relevant de la santé des adultes et actifs mais également des « aînés » ou plus âgés.

En dehors des pays d'Afrique australe, des quatre plus « petits » pays d'Afrique équatoriale et du Cap-Vert, tous les pays d'Afrique au sud du Sahara sont encore dans leur deuxième phase de transition démographique. Certains, en sont même, hypothétiquement, à la *phase initiale* de celle-ci, quant à ceux dont la transition est dite *en cours*, cette dynamique reste pour la plupart d'entre eux très fragile dans son assise et lente dans son expansion. C'est dire l'ampleur des défis à relever à l'échelle du continent. Une chose est de se convaincre de la nécessité absolue de faire baisser la fécondité pour réaliser la transition démographique qui ouvrirait la fenêtre d'opportunité du dividende démographique. Une autre chose est d'amener chaque pays à prendre les devants de la question et à se doter d'un agenda réaliste ainsi que des moyens nécessaires à la réalisation du déclic devant mener à cette chère transition démographique.

Les gouvernements des pays africains sont unanimes sur la nécessité urgente d'agir. Mais au-delà des bonnes intentions et des fortes déclarations, les actions ou interventions à mener n'ont rien de secret ou de mystérieux : pour réaliser la transition démographique en question, il faut faire baisser la fécondité ; pour faire baisser la fécondité, il faut agir structurellement sur la natalité ; pour agir sur la natalité, il faut une politique de planning familial offensive à deux niveaux précis : l'ISF et le TAN.

Convaincre les femmes et les couples de l'intérêt qu'ils ont à faire moins ou peu d'enfants est un grand défi pour l'écrasante majorité des pays d'Afrique au sud du Sahara. Pour s'en convaincre, il suffit de jeter un coup d'œil sur l'hypothèse basse des Nations Unies à l'horizon 2050 : avec un ISF de 2,6 enfants par femme, la population de l'Afrique atteindrait 2,2 milliards d'individus. S'il faut plus de trois décennies rien que pour diviser par deux le taux de fécondité au moment où tous les gouvernements africains et leurs partenaires internationaux pour le développement de l'Afrique déclarent partout et sans arrêt que l'heure est à l'action, alors il y a de quoi s'interroger sur les méthodes gouvernementales adoptées et sur les pratiques politiques en la matière. Faire baisser l'ISF est le chantier central de la transition démographique dont a besoin l'Afrique, mais pour conduire les femmes et les couples à faire moins d'enfants que d'habitude, il faudrait comprendre leur rapport à la procréation, à l'enfant, mais également leur conception de la famille, de son sens, de sa constitution et de la possibilité de la planifier dans sa composition, son organisation, son mode de fonctionnement et son évolution générale. Selon une étude réalisée entre 2000 et 2008 et publiée en 2010 sous l'égide de la Coopération américaine au développement dans vingt-six pays d'Afrique subsaharienne, il a été relevé que le nombre « idéal » d'enfants déclaré par les femmes mariées interrogées était en moyenne supérieur à 5 dans dix-huit de ces pays et même à 8 dans deux pays parmi ceux-ci. Quant aux hommes mariés interrogés, leur idéal de peuplement familial était partout supérieur à 5 enfants, et même supérieur à 8 enfants dans six des dix-huit pays concernés. Le Tchad ayant détenu le record avec 13,7 enfants désirés par femme. Oui, 13,7 enfants par femme ! Seigneur ! Voilà qui donne terriblement la trouille. Notons au passage qu'au moment où cette étude était menée, le nombre d'enfants désirés par femme plafonnait presque partout ailleurs dans le monde à 3 et même dans beaucoup de régions à 2, (USAID, *Desired number of children : 2000-2008*, DHS, Comparative Reports, N° 25, février 2010) : Http://www.dhsprogram.com/pubs/pdf/CR25/CR25.pdf

Agir sur l'ISF demande à la fois un plaidoyer à grande échelle et un plaidoyer de proximité. La grande échelle va du continental au national, en passant par le régional et le sous-régional, avec un réseau d'échanges pour faciliter la circulation des bonnes idées, pratiques et initiatives entre les pays, au-delà des rencontres gouvernementales et internationales organisées régulièrement par les décideurs publics et leurs partenaires divers. Le travail de proximité se fait au niveau national, territorial et local. Ce plaidoyer exige de la part des pouvoirs publics un sens très élevé de la pédagogie sociale. Le choix des mots comme celui de l'argumentaire est capital dans la stratégie car la réussite d'une telle initiative dépend très fortement voire presque entièrement de l'adhésion des populations non pas simplement à l'idée mais à la nécessité de contrôler formellement les naissances et en conséquence de faire le choix de faire moins d'enfants. C'est le premier pas vers le grand déclic devant mener à une baisse de la fécondité. C'est tout le corpus de l'argumentation sur le lien entre la santé de la population et le développement économique, social et humain qui doit être remobilisé et retravaillé pour produire un discours tout nouveau et très convaincant.

Au niveau national, territorial ou local, un simple plaidoyer ne saurait suffire car il s'agira véritablement de passer des mots aux choses ou aux actes, des bonnes intentions aux grandes interventions. Convaincre les populations d'une localité de faire moins d'enfants est une chose, mais les mettre dans les conditions optimales pour que dans la réalité de leur quotidien elles soient en mesure d'éviter les grossesses non désirées ou de contrôler les naissances et surtout de propager autour d'elles les vertus ou avantages de la planification familiale en est une autre, bien plus délicate dans sa réalisation.

La planification familiale n'a pas bonne réputation ou bonne presse chez les populations de la plupart des pays africains, mais elle demeure une nécessité absolue si la baisse de la fécondité est encore un objectif fortement porté par leurs décideurs. On ne peut pas faire baisser de manière considérable et conséquente la fécondité avec les seules méthodes naturelles de contraception. La baisse réelle et durable de la fécondité ne peut être réellement réalisée, en termes techniques ou pratiques, que par le biais de la planification familiale, qui, elle-même, ne fonctionne qu'avec la promotion permanente et infinie des méthodes modernes de contraception. Pour arriver à faire baisser progressivement et massivement le taux de fécondité en Afrique subsaharienne, une *révolution contraceptive* est nécessaire.

Parler de révolution n'a rien d'abusif ou de démesuré car, au-delà des chiffres, il s'agit d'une transformation sociale globale, d'un changement social en profondeur. Une grande campagne de planification familiale est donc nécessaire, et qui mettrait en avant les méthodes contraceptives modernes comme seuls moyens pour, entre autres bienfaits :

- prévenir les risques sanitaires liés à la grossesse chez les femmes et réduire considérablement les grossesses chez les adolescentes ;
- réduire fortement la mortalité infantile et ralentir durablement la croissance de la population ;
- contribuer à prévenir le VIH/SIDA et à éviter les infections sexuellement transmissibles ;
- amener les populations à se convaincre, comme d'un principe suprême, que l'enfant doit être un choix et sa naissance un « projet » plutôt qu'un simple hasard de la vie ;
- intégrer dans la conscience collective de la société la nécessité pour une société d'avoir une politique de population et pour une famille de se planifier démographiquement et attirer l'attention des populations

sur les enjeux de développement liés aux questions démographiques et leur expliquer de manière claire et convaincante le dividende démographique et sa portée autant au niveau individuel et local qu'au niveau collectif et national.

Les vertus ou avantages de la planification familiale sont inestimables car en mettant l'accent sur la santé de la reproduction celle-ci ouvre la voie au débat constructif sur l'ensemble des questions en lien avec la grande thématique *Population et Développement*. Raison pour laquelle, au-delà de la dimension technique ou santé de la reproduction du planning familial, toute relance de cette forte et fameuse initiative en Afrique au sud du Sahara devrait intégrer un volet pédagogique solidement conçu et adopter des stratégies de mobilisation efficaces et entraînantes, car au-delà des indicateurs multiples et divers pris en considération, toute la question de la thématique *Population et Développement* se résume à la seule formule du « changement social et sociétal » : la capacité propre d'une société à se transformer en profondeur à la suite d'une prise de conscience élevée de cette nécessité historique du changement et, en conséquence, à agir sur le cours de sa propre histoire.

Aujourd'hui où le dividende démographique fait incontestablement figure de paradigme central pour toute initiative globale destinée au développement des pays dits sous-développés, il est nécessaire voire indispensable de relancer avec vigueur et fermeté le planning familial, comme condition majeure et incontournable de la transition démographique, seule voie menant à ce progrès économique, social et humain tant attendu pour l'Afrique. Si le développement de l'Afrique passe par une transition démographique d'envergure et donc par une baisse réelle, forte et solide de la fécondité, la mise en place et en œuvre d'un large programme de planification familiale portant l'empreinte d'une révolution contraceptive doit être, pour tout État africain conscient des enjeux autour du lien entre Population et Développement, la priorité des priorités, l'urgence des urgences, car au-delà de l'ampleur du défi à relever, il y a la question du temps. Cette question du temps est capitale car toute révolution tire son intensité d'une dynamique, qui elle-même a besoin de prendre forme dans une durée relativement courte pour pouvoir prendre sa vitesse de croisière et par la suite réaliser son expansion à la fois historique et géographique.

Évoquer sans arrêt la question du dividende démographique sans mettre l'accent sur l'urgence des urgences, à savoir la planification familiale et la révolution contraceptive qui doit en être le pilier central, c'est comme mettre la charrue avant les bœufs, c'est commettre la même erreur que celle qui a conduit à l'échec des ODM (Objectifs du Millénaire pour le Développement), qui, pourtant, pouvaient tous être atteints dans la plupart des pays africains entre 2000 et 2015. Le temps est un enjeu à côté de l'enjeu de la transition démographique. Il n'est ni un allié ni un ennemi, il est ce qu'on en fait au moment précis où il passe. Le temps est compté encore une fois pour l'Afrique et sa démographie. Et depuis qu'on le dit, il viendra un moment, sans doute bientôt, où ce sera soit maintenant ou jamais, soit trop tard et trop peu. Osons croire encore au premier scenario et donc à la capacité des sociétés africaines et de leurs États et gouvernements à relever dans le temps urgemment immédiat le défi de la transition démographique pour pouvoir s'ouvrir la fameuse fenêtre d'opportunité tant attendue dans l'optique de leur développement économique, social et humain.

Pour rappel, la fameuse Conférence de Ouagadougou, au Burkina Faso, tenue du 8 au 10 février 2011, intitulée « Population, développement et planification familiale en Afrique de l'Ouest : l'urgence d'agir » et ayant réuni les délégations de huit pays d'Afrique de l'Ouest francophone ainsi qu'une grande diversité d'institutions publiques et privées, mais également d'agences de coopération au développement et d'organisations multilatérales, notamment celles spécialisées des Nations Unies, avait débouché sur un appel fort, une déclaration vibrante, reconnaissant « le rôle crucial de la planification familiale dans la réalisation des Objectifs du Millénaire pour le Développement et dans la confection des stratégies de développement des pays africains ». L'état des lieux dans les différents pays ayant participé à cette rencontre a été décliné avec clarté et précision et des recommandations très pertinentes ont été faites pour amener ceux-ci à « donner la priorité à la planification familiale dans leur agenda politique car », poursuit la déclaration, « en plus de contribuer à l'accélération de la réduction de la mortalité maternelle et infantile, la planification familiale aide à l'amélioration du statut des femmes, à la réduction de la pauvreté et, plus généralement, soutient le développement durable social et économique en réduisant les conséquences de la croissance démographique rapide ».

Aujourd'hui, sept ans après cette rencontre, il est grand temps de faire de la planification familiale et de la *révolution contraceptive*, qui doit en être l'axe central, les points de repère pour l'action en faveur de la transition démographique nécessaire à la sortie de l'Afrique subsaharienne du sous-développement. Bien qu'étant très hautement sensible du point de vue sociétal et socioculturel, la planification familiale est la seule voie pouvant créer le déclic menant à une dynamique structurelle de transition démographique en Afrique subsaharienne ; transition, plus que nécessaire, indispensable, incontournable, obligatoire car constituant la condition *sine qua non* pour mettre les pays africains dans les meilleures dispositions pour pouvoir exploiter le dividende démographique. En conséquence, la relance forte de la planification familiale dans chacun des pays d'Afrique subsaharienne identifiés comme étant « en cours » ou en « phase initiale » de transition démographique (tableau 7) est à l'heure actuelle plus que nécessaire, elle est urgemment indispensable.

Plaidoyer pour une baisse réelle et forte du taux d'accroissement naturel et du taux de fécondité est une chose, mettre les populations dans des conditions adéquates pour la bonne exploitation du dividende démographique en est une autre. Il s'agit respectivement d'un défi d'ordre pédagogique et d'un autre d'ordre stratégique. Du fait de l'ampleur du travail à effectuer dans chaque pays d'Afrique subsaharienne, chaque État ou gouvernement gagnerait à mettre les bouchées doubles pour la réalisation de la transition démographique tant attendue, car au regard des projections démographiques allant jusqu'en 2050, c'est bel et bien maintenant ou jamais qu'il faut agir. Le défi de la transition démographique, qui est un objectif visé pour le moyen terme, cache en lui deux autres défis : un défi pédagogique et un défi stratégique. Et, sachant que les pays africains n'ont plus le droit à l'erreur, c'est-à-dire qu'ils ne peuvent plus rester, comme par le passé, sans agir, chacun de ces deux défis, dont dépend entièrement l'atteinte de l'objectif de la transition démographique, devrait être relevé avec précision et fermeté dans chaque pays d'Afrique subsaharienne. Les gouvernements n'ont plus d'excuse. Ils ne peuvent plus se permettre ni de faire preuve d'immobilisme, ni de minimiser ou de relativiser la question démographique, ni d'ignorer la nécessité absolue de réaliser la transition démographique dans la perspective d'une évolution progressive de leurs pays dans le sens d'un développement de qualité, ni de se satisfaire de la simple explication selon laquelle les sociétés africaines ne sont pas encore prêtes pour ce grand mouvement de rupture démographique qui les transformerait en profondeur. Aucun de ces alibis ne pourrait aujourd'hui tenir face à l'urgence de la transition démographique, qui, par ailleurs, ne peut plus être relativisée, car il s'agit, à tout point de vue, d'une urgence forte, globale et absolue.

Si l'Afrique n'est pas prête à réaliser la transition démographique, alors elle n'est pas prête à sortir du sous-développement et donc à prendre la voie d'un développement de qualité. Et qui peut bien comprendre un développement dont l'objectif premier serait autre chose qu'une sortie du sous-développement ? En tout cas pas moi, c'est pourquoi je suis tout sceptique face à la pertinence théorique comme pratique de l'émergence. Vouloir se lancer dans un programme de développement, puisse-t-il être un grand programme de développement au rabais comme celui dit de l'émergence, avec lequel on nous casse les oreilles depuis plusieurs années dans plusieurs pays d'Afrique, sans au préalable s'attaquer aux phénomènes qui structurellement enfoncent davantage les pays africains dans le sous-développement, c'est être à contre-courant de ce qu'il faut faire. C'est tout simplement vouloir étouffer la première des questions de développement, à savoir celle du sous-développement, pour s'ouvrir la voie d'un développement de façade, une sorte de « développement seconde main », un développement complètement décalé de l'idée authentique du développement, celle associée à la question évoquée en premier au tout début de la réflexion, à savoir ce à quoi devrait servir le développement. Un développement seconde main, c'est ce que l'on appelle aujourd'hui l'émergence. Cette manière de tout rapporter à la croissance économique et de considérer que rien que les performances économiques maintenues sur une longue durée pourraient permettre à un pays de sortir du sous-développement. Si tel était le cas, pourquoi la Chine, après vingt années rondement résolues de croissance économique à deux chiffres, ce qui en fait aujourd'hui la deuxième plus puissance économie de la planète, est-elle encore considérée comme étant un pays en émergence plutôt qu'un pays développé ? La réponse est simple : le développement est un tout. Et qu'on ne s'y trompe pas, même si la Chine n'avait pas adopté et mis en application pendant plus de vingt ans sa politique de l'enfant unique, rien que ses performances économiques dans le temps, indépendamment de tous ses problèmes sociaux, de toutes ses injustices et inégalités sociales, de son manque absolu de démocratie et de son refus catégorique de toute progression dans le sens de l'idéal démocratique, auraient suffi pour valider son pompeux statut de pays en émergence. C'est dire à quel point l'économie, en cette ère de grande mondialisation capitaliste, a fini de prendre le dessus sur toutes les autres composantes du développement. D'ailleurs, ces dernières ne semblent plus intéresser personne. Depuis plus d'une décennie, elles sont devenues presque insignifiantes. On dirait des accessoires ou des sous-composantes du développement à côté de l'économie qui finalement en est devenue le déterminant central. Pourtant, tout au long du dernier quart du siècle précédent, tout laissait à croire qu'avec les innombrables travaux sur les dimensions politique, sociale et écologique du développement le monisme économiciste irait perdant progressivement de son envergure dans l'analyse. Mais rien n'y a fait. C'est tout le contraire qui s'est passé. Mais cela ne devrait en aucune façon conduire les gouvernements à oublier que lorsqu'on parle du développement d'un pays, on parle de l'ensemble des composantes de la vie globale de sa population et non juste de ses ressources ou richesses économiques. Et même ses bonnes et chères richesses ou ressources ne sont pas qu'économiques car l'économie elle-même n'est rien d'autre qu'un ensemble de procédés techniques supposés pouvant permettre de fructifier celles-ci. Sans les ressources naturelles, sans le travail humain, sans la consommation des gens, il n'y aurait point d'économie. C'est dire toute l'absurdité de la croyance qu'il y a derrière l'idée même de ce développement au rabais qu'est l'émergence. Et même, performance pour performance, je ne vois pas ce qu'il y a de spectaculaire dans les 5 ou 7% de croissance économique des pays africains. C'est tout de même dérisoire comme performances économiques, vu tout ce que peut offrir le système économique mondial actuel aux pays africains en termes d'opportunités. En tout cas, économie ou pas, émergence ou pas, l'Afrique doit sortir du sous-développement et dans cette perspective, elle peut choisir la voie qu'elle voudra, mais elle ne pourra point contourner le défi de la transition démographique.

De l'Afrique subsaharienne, on ne peut plus s'attendre à rien d'autre, du point de vue démographique, qu'à une accélération progressive et durable de la baisse de la fécondité et du taux d'accroissement naturel de sa population. Et, soyons bien clairs entre nous, cet hypothétique ralentissement du rythme d'accroissement démographique ne peut pas seulement être une des résultantes des performances économiques réalisées dans le temps. Il est clair et démontré que l'évolution du niveau de vie économique d'une population donnée a un impact réel sur ses dispositions propres à se reproduire dans le temps et suivant les générations. Mais l'inverse est tout aussi vrai car moins d'individus à gérer économiquement et socialement, cela génère des économies qui peuvent être investis dans d'autres domaines d'activités ou d'autres domaines de la vie, tout court. Ce qui ne peut être que profitable à l'économie. Pour autant, il ne faudrait pas croire que rien qu'avec leurs tout dérisoires performances économiques réalisées ces dernières années, les pays africains vont voir de manière automatique et forte baisser leur TAN et leur ISF. On parle d'une transformation en profondeur du continent, une révolution sans précédent, cela ne saurait procéder d'un simple déterminisme accroché aux aléas de l'économie. Pour un défi aussi grand qu'une transition démographique, l'Afrique ne saurait faire l'économie d'aborder la question de la population et du peuplement de manière directe mais surtout pédagogique et de mettre en place une véritable politique de population, qui, à son tour, ne saurait contourner la question de la planification familiale et de l'utilisation des méthodes modernes de contraception.

La transition démographique introduit, par nature, tout pays dans un cercle pleinement vertueux qui lui permet d'avoir la maîtrise générale sur son évolution globale et de pouvoir apercevoir avec clarté et même précision les grands enjeux liés à sa situation ainsi que les défis à relever dans l'immédiat comme dans le moyen ou le long terme. La transition démographique ouvre des portes ou crée des opportunités dans une multitude de domaines ; principalement dans le domaine socio-économique, entre l'économie politique, le rehaussement de la qualité du capital humain et de l'investissement économique. D'une part, la transition démographique permet à la fois d'économiser dans les dépenses de santé, d'éducation et de gestion de flux des personnes devant intégrer le marché du travail. De l'autre, la bonne santé de la population, le relèvement du niveau d'éducation et de formation professionnelle ainsi que l'existence d'opportunités d'emplois stables et décents ont un effet à la fois logique ou automatique et réel ou perceptible sur le taux de fécondité, sur le taux d'accroissement naturel de la population, sur le ratio de dépendance, sur la structure de la pyramide des âges, donc sur la dynamique générale menant à la transition démographique. C'est dire qu'il n'y a pas d'un côté la démographie et de l'autre l'économie. Les deux vont ensemble ; la régulation démographique a naturellement un effet réel et global sur la structure de base de l'économie de tout pays considéré, comme la transition démographique pourrait considérablement faciliter la modernisation économique et sociale des pays d'Afrique au sud du Sahara.

Le dividende socio-économique :

Le défi de la modernisation économique et sociale ou défi de la qualité

La relation population-développement ou démographie-économie est une vieille question des sciences humaines et sociales. Comme je l'ai déjà mentionné, elle s'y est introduite vers la toute fin du XVIIIe siècle avec Malthus et à travers l'économie politique. Puis, dans le dernier tiers du XXe siècle, avec l'émergence des études du développement, elle est devenue une question pluridisciplinaire, qui met en relation la démographie, la sociologie et l'économie. Aujourd'hui, il est impossible de traiter du sous-développement ou du développement des pays sous-développés sans aborder, d'une part, la question démographique et, d'autre part, la relation démographie-économie. Les ana-lyses qui essaient de contourner la question démographique se rendent très vite compte qu'elles sont sur une fausse piste, celle de l'émergence, comme si l'économie n'avait rien à voir avec la société réelle et vivante. Elles se rendent très vite compte que les performances économiques sur lesquelles elles fondent leur chère émergence entretiennent de très fortes limites : d'une part, elles ne permettent ni de sortir de manière effective du sous-développement ni même d'en finir avec la pauvreté de masse ou avec la pauvreté absolue ; de l'autre, elles ne mènent nullement à un développement de qualité, un développement durable au service de l'humain. En vérité, le lien entre la démographie et l'économie ou entre la population et le progrès économique ne peut être analytiquement établi qu'en partant du paradigme reposant sur la nécessité de sortir du sous-développement pour se mener vers un développement de qualité et non en se plaçant sous l'angle de l'émergence, qui, rappelons-le, confond, quelque part tout délibérément, développement et croissance économique.

La transition démographique ne s'inscrit guère dans une perspective exclusivement anti-populationniste. La nécessité de la réaliser se justifie par le fait qu'elle fait partie des grands défis que doit relever l'Afrique pour pouvoir se mettre sur le chemin d'un développement de qualité. Il ne s'agit guère de ralentir le rythme de la croissance démographique africaine juste pour le plaisir de s'aligner sur les tendances statistiques des autres régions ou continents du monde. Il s'agit de réaliser la transition démographique, d'une part, pour stopper l'appauvrissement des populations les plus pauvres dans ces pays, eux-mêmes, déjà très pauvres et, d'autre part, pour ouvrir de nouvelles voies d'opportunités dans la perspective d'un développement global et de qualité des pays d'Afrique au sud du Sahara. Quel que soit l'angle sous lequel elle est considérée, la transition démographique n'a que des vertus. Une baisse continue de la mortalité infantile, je ne connais pas un pays du monde qui n'en voudrait pas. Une croissance démographique ajustée aux besoins réels de l'économie, voilà la seule orientation générale valable ou logiquement pertinente pour toute politique de population rationnellement fondée sur l'équilibre entre le nombre total de vivants et la qualité de vie de ceux-ci, entre les besoins réels de l'économie et le volume démographique nécessaire à leur satisfaction. La démographie et l'économie ont ceci de singulier que bien qu'étant les deux disciplines des sciences humaines et sociales qui le plus font usage des statistiques, elles entretiennent en elles une part d'incertitude qui s'explique par la nature même de leurs objets respectifs. En effet, ces derniers objets sont de nature vivante. La population vit et se reproduit infiniment. L'économie, aussi, entre production, circulation et consommation des biens et richesses, vit et se reproduit en permanence. Mais ces « zones d'incertitude » ne sauraient en rien remettre en question la solidité scientifique des travaux des démographes et des économistes. Les sciences humaines et sociales, elles-mêmes, prennent toujours leur précaution en établissant des marges d'erreurs ou en insistant en permanence sur le fait que les résultats de leurs recherche ne constituent en rien des lois universelles et qu'elles n'ont nullement la prétention ni de donner des leçons ni de trouver des solutions aux problèmes de la société. Leur vocation se limite à faire ressortir le plus clairement et scientifiquement possible la vérité des choses. Mais, une fois cette vérité saisie et affichée au grand jour, il incombe aux uns et aux autres, suivant leurs positions, dispositions et responsabilités, d'agir.

Agir. On dirait que l'Afrique est allergique à ce mot. Agir pour réaliser la transition démographique qui pourrait lui permettre d'arrêter de s'enfoncer dans le sous-développement et de pouvoir se mettre sur la voie du développement et pas juste de l'émergence ; rien que cela, l'Afrique subsaharienne ne semble pas en être bien capable. Et ne nous y trompons pas, les performances économiques actuelles enregistrées dans un certain nombre de pays du continent ne s'expliquent point par les politiques économiques en œuvre par-ci par-là par les États et gouvernements africains ; c'est plutôt, pour une large part, la dynamique libérale mondiale qui explique les taux de croissance enregistrés ces derniers temps un peu partout en Afrique. En dehors d'une poignée de pays, les politiques économiques africaines, si toutefois il en existe d'ailleurs, sont très difficilement lisibles, du fait, principalement, de la place prépondérante de l'informel dans tout le tissu et le circuit économique. D'une manière générale, la même attitude laxiste et passive qui anime les gouvernements africains face à la question démographique se retrouve dans le domaine économique. Et ce serait une erreur monumentale de la part des États africains de croire que la mondialisation ferait tout le travail en tirant rien qu'à elle toutes les économies du monde vers le haut. La mondialisation offre bien évidemment des opportunités, notamment du point de vue de la circulation des biens, des services ainsi que des savoirs et du savoir-faire technique ou pratique qui leur est associé, mais elle n'est pas que cela. En effet, en mettant en relation les économies du monde entier, elle crée par nature un champ de compétition car toutes les économies comme tous les acteurs de l'économie mondiale recherchent la même et unique chose, à savoir la croissance de leurs activités ainsi que de leurs richesses. Le tout gagnant-gagnant n'existe nulle part dans la mondialisation. Il n'y a pas un secteur de l'économie qui fonctionnerait de manière aussi harmonieuse. Ainsi, de la même manière qu'elle crée un cadre qui intensifie la circulation des biens, des services, des savoirs et du savoir-faire à l'échelle mondiale, la mondialisation crée dans plusieurs régions du monde, notamment dans les pays du Sud, des champs propices aux conflits ou luttes autour du contrôle des biens et des ressources. Dans un contexte mondial devenu ainsi, à tout point de vue, d'un très haut niveau de complexité, le laxisme ou la passivité n'a pas sa place car le maître-mot de l'économie de l'époque demeure la compétitivité. On est exactement dans un contexte d'un niveau de compétition économique tellement élevé qu'il consacre rigoureusement cet évolutionnisme social théorisé vers la fin du XIXe siècle par l'un des plus grands et fervents idéologues du capitalisme politique, en l'occurrence le sociologue britannique Herbert Spencer. Avec la mondialisation libérale de notre époque, un pays n'a économiquement plus le choix, soit son économie nationale est compétitive, soit elle se replie dans la périphérie et s'expose ainsi tout passivement et ouvertement à l'expansion folle et illimitée du grand capital et de ses méthodes très peu orthodoxes de conquête de toutes les richesses de l'univers. Être compétitif ou périr, exactement comme disait Herbert Spencer : « être apte ou disparaître ». Le langage est, plus que guerrier, il est cruel. C'est un langage de conquérant, de vainqueur et même de « tueur ». C'est comme un sportif qui a un grand match à jouer et surtout à ne pas perdre ou même à absolument gagner. Au-delà de la forme physique et de l'état d'esprit ou du mental, il faut un plan de match, comme disent mes chers amis québécois, et, une fois sur le terrain, du jeu à la fois beau, bon et efficace ou productif. Or pour produire du jeu, il faut d'abord être en mesure de posséder la rondelle ou le ballon (c'est selon les sports). Et pour cela, il faut s'arracher car l'adversaire du jour aussi est animé par la même envie ou ambition. De la même manière qu'on ne gagne pas sans jouer, peu importe le sport en question, on ne se développe pas sans cette force intérieure et cette résolution ferme qui poussent et ont depuis toujours poussé des pays à aller à la conquête de leur destin. De la même manière qu'on ne fait pas une omelette sans casser d'œuf, on ne change pas l'histoire sans action. La dynamique mondiale n'a jamais changé un pays sans que celui-ci ne s'active lui-même et ne fasse tout souverainement le choix de la manière dont il veut procéder pour profiter des opportunités qui en temps réel s'offrent à lui et ainsi relever les défis globaux qui l'interpellent. Par ailleurs, a-t-on jamais vu, ne serait-ce qu'une seule fois, rien que pour confirmer la règle, un pays en changer un autre ? Bien sûr que oui, mais jamais pour le développer. Seulement pour l'occuper ou le dépouiller de ses biens, quitte à y installer une instabilité politique et civile dont les dégâts en termes matériels et humains sont inestimables. Le néocolonialisme français en Afrique et les guerres américaines dans les pays du Golfe persique et arabe des années 1980 à nos jours nous apportent la preuve de la formule de Karl von Clausewitz selon laquelle la guerre ce n'est rien d'autre que *la poursuite de la politique par d'autres moyens*, mais également l'illustration parfaite de l'idée très répandue et vraie selon laquelle un pays n'a point d'amis, qu'il n'a que ses intérêts.

Ce type de passage (le paragraphe précédent) apparaît au début de chaque partie du présent ouvrage pour rappeler, et rappeler encore, que pour chacun des quatre défis considérés, c'est aux pays africains, et à eux seuls, d'agir. De la même manière que la transition démographique constitue un défi pour chaque pays considéré dans toute sa singularité, le développement économique est du ressort de chacun des quarante-neuf États et gouvernements de l'Afrique au sud du Sahara. Qu'il soit favorable ou défavorable, le contexte mondial ne détermine en rien et d'avance l'issue des choses. Tout dépend du pays en action, de sa volonté propre à agir, du sens de son action et des moyens qu'il mobilise pour atteindre les objectifs poursuivis. Et cela est valable pour les quatre dividendes ici considérés. Au-delà du contexte mondial, il faut souligner que le partenariat international, non plus, n'a jamais développé un pays. Il peut, certes, apporter des investissements et de l'expertise dans des domaines précis, mais pour tirer un pays sous-développé de sa situation de sous-développement et l'amener à s'engager dans un processus de développement de qualité, il faut bien plus que du partenariat international. Il faut cette « volonté de puissance » dont parle Nietzsche, cette capacité forte à se mettre dans la perspective de son devenir. Il faut donc être en mouvement, en action, dans une dynamique pleine et forte de conquête de ce cher devenir, qui n'est point à confondre avec l'avenir. L'avenir est plutôt circonstanciel alors que le devenir est essentiel et existentiel ou ontologique.

Le développement de l'Afrique passe par une transition démographique, mais il passe aussi par une modernisation économique et sociale des économies nationales. Ce défi est celui de la qualité du capital humain et de l'investissement économique. Cela peut paraître évident de le dire ainsi car avec les 5% de croissance affichés depuis plusieurs années dans la plupart des pays d'Afrique subsaharienne, on pourrait croire qu'en toute logique le processus de modernisation économique et sociale serait naturellement en cours et qu'en profondeur les choses seraient lentement mais sûrement en train de changer partout dans le continent. Croire en l'hypothèse d'une modernisation économique et sociale en cours, rien qu'en partant de l'idée que les performances économiques enregistrées dans le temps devraient naturellement y conduire les pays d'Afrique au sud du Sahara, il n'y a pas meilleure preuve de la confusion faite entre ladite émergence et le développement, au sens global et humain du terme. A ce niveau aussi, c'est le *principe de modernité* qui permet de pousser l'analyse au-delà de la croissance économique et de son impact ou de ses effets sur la structure sociale globale et sur la manière dont elle évolue dans le temps.

Le *principe de modernité* permet de ne pas enfermer l'analyse dans l'économie et de prendre en considération l'ensemble du circuit socio-économique, qui bien évidemment intègre une multitude d'éléments extra-économiques. Il ne faut pas oublier qu'on a affaire à des économies encore foncièrement informelles. Tellement informelles que même les chiffres tout encourageants de la croissance économique africaine de ces dernières années devraient être, quelque part, fortement relativisés. Et ce n'est guère de ma part une forme de pessimisme que de m'interroger sur la fiabilité des statistiques économiques ou des statistiques en général sur le continent africain. D'ailleurs, le FMI et la Banque Mondiale rappellent souvent la difficulté qu'il y a à disposer de chiffres scientifiquement fiables pour toutes les composantes prises généralement ou couramment en compte dans les études macro-économiques sur l'Afrique subsaharienne. Cela ne s'explique point par une tentative des gouvernements africains ou de leurs agences de collecte et de traitement des données économiques de maquiller ou d'embellir les chiffres, cela est tout simplement dû à la place qu'occupe encore l'informel dans les économies nationales de l'Afrique au sud du Sahara.

Ce défi de la modernisation économique et sociale est, à mon avis, le plus grand défi que doivent relever à l'heure actuelle les économies africaines à côté du rehaussement de la qualité du capital humain. On a ainsi un défi à la fois global et double, et qui peut être compris juste à partir de la manière de manager une petite PME (petite ou moyenne entreprise) dans le sens à la fois de la développer et de la moderniser. A ce niveau précis, il faut bien distinguer développer et moderniser, développement et modernisation. A mon avis, cette distinction n'est toujours pas faite, ni par les gouvernements africains, ni par leurs partenaires internationaux, qu'on parle des opérateurs privés internationaux ou des institutions de Bretton Woods, à savoir le FMI et la Banque Mondiale, avec leur réseau pléthorique d'experts en tout. C'est à ce niveau précis que je ne comprends pas vraiment le raisonnement de tous ces programmes, programmations et programmeurs de développement. On veut développer économiquement l'Afrique mais sans passer par une modernisation effective et générale des économies nationales. On ne cherche même plus à moderniser ce grand morceau de l'économie qu'est l'informel, avec ses procédés d'un autre âge. On a tout oublié, et à tort, des brillants travaux d'Arthur W. Lewis dans les années 1950-1960 sur le passage d'une économie sous-développée à une économie développée ; tout oublié de cette manière dont l'économie moderne en se développant et en se modernisant davantage absorbe progressivement l'économie traditionnelle jusqu'à finir dans le long terme par la supprimer complètement ou par la rendre véritablement insignifiante ou marginale, ce qui conduit ainsi à une économie intégralement ou structurellement moderne. Je rappelle au passage que ces travaux ont valu à Lewis le prix Nobel d'économie en 1979. Pour la première fois le thème du développe-ment venait ainsi d'entrer dans le cercle très fermé et prestigieux du Nobel, et à travers les travaux d'une économiste venant d'un pays ou d'une région du sud. Comme ce livre n'intègre pas de bibliographie, mentionnons au passage deux publications de Lewis pour donner des repères en guise d'indications ou de références : *Développement économique avec une offre illimité de travail* (1954), *La théorie de la croissance* (1963). Oui, cela peut paraître bien vieillot, la théorie de l'économie duale ; désolé, mais si encore et encore elle est convoquée et revisitée jusqu'à nos jours pour le cas de l'Afrique subsaharienne, ce n'est rien d'autre que parce qu'on a encore et encore affaire à des économies nationales dont la configuration générale est de type dual. Le même constat fait par Lewis dans les années 1950 peut encore être fait de nos jours. C'est dire, en réplique à ceux qui considèrent que les choses bougent, changent et s'améliorent et que l'Afrique noire est sur la bonne voie, celle menant à l'émergence, que six décennies n'ont pas suffi pour au moins inverser la tendance. Juste inverser la tendance, juste passer d'une situation où l'économie traditionnelle envahit et asphyxie l'économie moderne, déjà très peu répandue et très fragile, à une situation où celle-ci connaît une expansion qui l'amène à réduire progressivement le champ structurel et structuré de l'économie traditionnelle.

De la même manière que les analystes, les gouvernements africains comme leurs partenaires internationaux, les principaux bailleurs de fonds pour le développement de l'Afrique, semblent ne plus vouloir ni parler ni même entendre parler du sous-développement, la notion d'économie informelle semble être tout doucereusement en train de sortir du lexique de l'économie du développement. C'est quand même hallucinant, tout ce discours mensonger qu'on nous sert juste pour nous empêcher de pousser la critique jusqu'à une remise en question de ce qui clairement est devenu non pas un modèle de développement mais une idéologie du développement. Si l'on met de côté l'Afrique du Sud ainsi qu'un certain nombre de tout petits pays d'Afrique australe, d'Afrique équatoriale et le Cap-Vert, toute l'Afrique subsaharienne est encore sous-développée et toutes les économies de cette partie du continent sont encore foncièrement traditionnelles ou informelles. En dehors de ces quelques pays, loin d'être représentatifs du continent, l'Afrique subsaharienne n'est ni émergente ni en émergence, son économie n'est ni moderne ni en modernisation. C'est dire que même l'émergence, cette nouvelle trouvaille au parfum fortement exotique, les pays africains ne semblent pas trop savoir comment de manière ordonnée s'y mettre. Mais l'original ne se confond jamais avec la copie, et surtout dans le cas où cette dernière a le défaut d'être floue. Ce qui est exactement le cas de l'Afrique subsaharienne. Elle ne veut plus se reconnaître sous-développée, ce qui la pousse à aller même jusqu'à vouloir ranger aux oubliettes la notion de développement pour lui préférer celle d'émergence, qui consacre un développement seconde main ou au rabais ; mais, mieux, même cette fameuse émergence, l'Afrique ne semble pas comprendre et maîtriser les procédés ou mécanismes techniques par lesquels y arriver, alors qu'à mon avis il n'y a rien de plus économiquement simple que cela.

Le défi de la modernisation économique et sociale a un lien très étroit avec le défi de la transition démographique. La réalisation de la transition démographique permettrait non seulement de rehausser la qualité active et productive des ressources humaines du pays, mais également de disposer davantage de marges de manœuvre du point de vue économique car favorisant à la fois la réalisation d'économies en matière de santé et d'éducation et l'augmentation réelle de l'épargne et donc du potentiel d'investissement. Le défi de la modernisation économique et sociale donne une suite concrète et cohérente au défi de la transition démographique. C'est à ce niveau précis que la notion de dividende fait ressortir tout son sens analytique, car il s'agit d'un retour sur investissement qui intègre toute l'économie dans un cercle vertueux où toutes ses composantes contribuent en même temps à son développement. Les ressources humaines, entre le choix de limiter et d'espacer les naissances et les investissements destinées à l'éducation, la formation, l'insertion socio-professionnelle et la santé de la population, deviennent de plus en plus de qualité. Elles voient leur niveau de qualification ainsi que leurs compétences se relever, et avec la formation continue pour se mettre en permanence à niveau dans cette économie du savoir qui change au quotidien, et s'améliorer et s'enrichir de manière illimitée. Ce capital humain de qualité va non seulement améliorer la productivité mais il va également contribuer considérablement à relever le niveau de l'épargne, de l'investissement mais également de la consommation, et donc de la production. Et tout cela dans un contexte mondial marqué du point de vue économique par un productivisme et un consumérisme d'une intensité sans égal ou sans précédent dans toute l'histoire de l'économie. C'est dire à quel point le moment est opportun pour les pays africains de mettre le paquet sur la modernisation économique et sociale de leurs économies nationales pour saisir toutes les opportunités que leur offre la mondialisation.

Et de la même manière qu'il existe un dividende démographique qui prend forme avec la transition démographique (premier dividende) et se confirme dans l'économie avec le retour sur investissement des efforts consentis dans le financement de la santé et de l'éducation de la population (deuxième dividende), il existe un dividende socio-économique qui ne peut être exploité de manière optimale qu'une fois qu'on aura saisi les enjeux économiques de l'époque, notamment les défis associés à la nécessité pour un pays d'avoir une économie bien compétitive et de plus en plus performante dans ce contexte historique de très haute compétition. Et compétition pour compétition, mondialisation pour mondialisation, le défi à relever est par-dessus tout celui de la modernisation. Dès lors que le productivisme et le consumérisme sont les grandes caractéristiques du système économique contemporain, la demande ne devrait pas poser problème pour une économie ou une entreprise compétitive, tout se jouerait alors autour de l'offre. Et dans cette « guerre » de l'offre, le produit le plus recherché, celui le plus compétitif, c'est celui le plus moderne, celui qui porte en lui la marque de la qualité et de l'innovation. Compétitivité, innovation, rien que ces deux mots devenus très utilisés dans le domaine économique et managérial de nos jours nous donnent une idée claire et précise de la nécessité pour chaque économie portant en elle l'ambition de se développer de travailler en permanence à se moderniser de manière infinie. Et tout le défi de l'Afrique, du point de vue socio-économique, est dans ce travail de la modernisation car le retard du continent sur le reste du monde se situe exactement à ce niveau précis, celui de la qualité autant du travail de production que des produits achevés et mis sur le marché. Et il suffit de voir le poids insignifiant de l'Afrique subsaharienne dans le commerce international pour se rendre compte du handicap que constitue le fait d'avoir une économie très faiblement moderne. La conséquence directe d'un tel handicap est une balance commerciale très déficitaire pour presque tous les pays du continent. Même entre les pays du continent, le commerce des produits manufacturés n'est pas si développé que cela. Tout vient d'ailleurs, tout et tout. Et cette dépendance commerciale est très visible et vivante dans tous les secteurs de l'économie. Entre les immenses terres arables dont dispose le continent, la sur-importation de produits alimentaires et agro-industriels et la sous-alimentation et la malnutrition qui frappent une part non négligeable de la population de plusieurs pays d'Afrique subsaharienne, l'agriculture du continent consacre un très grand paradoxe, un paradoxe tellement grand qu'on ne peut expliquer sa situation que par son abandon délibéré de la part des gouvernements. C'est quand même curieux qu'aucun pays africain ne soit encore aujourd'hui véritablement autosuffisant du point de vue alimentaire, alors que pendant trois décennies on n'a pas arrêté de nous promettre cette fameuse autosuffisance alimentaire. Même chose pour l'industrie, qui est presque inexistante en Afrique subsaharienne. Même pas de petites unités industrielles, rien du tout, juste des ateliers artisanaux qui fonctionnent comme des forgeries plutôt que de vraies industries. Et le pire, c'est qu'il n'y a nulle part aucune véritable politique destinée à l'industrie. On dirait que le secteur dit secondaire est oublié, alors que celui dit primaire (l'agriculture), lui, est clairement abandonné. Oui, l'agriculture est bel et bien abandonnée en Afrique subsaharienne. En témoigne la manière dont d'immenses hectares de terres sont régulièrement bradés à des étrangers, et le plus souvent à l'insu et aux dépens des populations locales. Quant au secteur tertiaire, celui des services, il a deux caractéristiques qui résument pleinement son état de fragilité et de précarité: informel et importation massive de tout. Ce qui signifie globalement désordre et manque d'autonomie ainsi que de compétitivité.

A côté de l'immense défi que constitue la transition démographique, l'Afrique se doit également de relever le défi de la modernisation économique et sociale. Entre ces deux défis, il n'y a point à chercher à savoir lequel est le plus grand ni lequel est prioritaire. Les deux sont tout autant immenses qu'urgents. Ils sont aussi, quelque part, indissociables bien qu'étant très différents de par leur nature. Et, sûrement, en faisant un exercice de corrélation entre les données socio-démographiques et celles de l'indice de développement humain (IDH), on devrait pouvoir arriver à faire ressortir, ne serait-ce que, partiellement le lien entre la transition démographique et la modernisation économique et sociale. Et il n'y a point à en douter : entre une bonne politique de population en vue de la réalisation effective et rapide de la transition démographique et un bon programme de modernisation socio-économique, tous ces petits pays d'Afrique subsaharienne, ces pays, pour la plupart, très riches en ressources naturelles et très faiblement peuplés, peuvent en moins de cinq petites années accomplir de très grands pas vers la sortie définitive du sous-développement dans lequel ils sont confortablement installés depuis toujours pour se projeter sur la voie d'un développement de qualité. J'insisterai toujours sur la qualité car, au rythme où vont les choses, si rien n'est fait, le scenario le plus probable pour l'Afrique subsaharienne, c'est très peu de changement, et le tout très mal fait : trop peu, trop médiocre. Voilà, ce qui risque d'arriver si l'on continue de se projeter dans cette voie bordélique que l'on appelle tout absurdement « émergence ». L'Afrique subsaharienne est, à mon avis, en train d'emprunter un « *chemin qui ne mène nulle part* », pour reprendre la formule du philosophe allemand Martin Heidegger, dans son sens philosophique le plus authentique et profond.

La modernisation économique et sociale du continent africain n'est pas qu'économique, c'est un défi global, comme d'ailleurs chacun des trois autres défis considérés dans le présent ouvrage. Mais la singularité de ce défi, à la différence des autres, c'est que, bien que reposant sur une certaine rationalité, celle du *principe de modernité*, il intègre une dimension fortement matérielle. Alors que le défi de la transition démographique renvoie à la gestion du nombre d'individus ou de la population, alors que le défi de la démocratie et de la bonne gouvernance s'intéresse à l'exercice du pouvoir politique dans le sens des valeurs et principes associés à l'idéal démocratique ainsi qu'à la rationalité gouvernementale moderne, alors que le défi du changement social s'attaque à l'ordre des valeurs et pratiques sociales, sociétales et socioculturelles, le défi de la modernisation économique et sociale, lui, permet d'organiser le contexte de telle sorte que chacun des quatre défis définis puisse trouver un cadre qui lui permet de prendre forme et de se déployer dans toute son envergure. Par exemple, si la baisse de la fécondité n'est pas accompagnée d'une politique intelligente et conséquente en matière de santé et d'éducation ; si l'appel au changement social n'est pas accompagné d'un certain nombre de dispositifs permettant de changer sans aucun dysfonctionnement les pratiques de consommation ; si la volonté de progresser dans le sens de l'idéal démocratique et de la bonne gouvernance politique ne se traduit pas dans les actes par des mesures et dispositifs en faveur d'un exercice plus libre, protégé et épanouissant des libertés et des droits et d'une plus grande transparence dans la gestion des biens du pays, alors il manquera quelque chose de déterminant dans l'atteinte des objectifs visés dans la perspective du développement du pays en question. Ce qu'apporte la modernisation économique et sociale, c'est qu'elle permet de relever les différents défis définis de manière optimale car elle fournit les conditions les plus adéquates ou les meilleures pour y arriver.

Le défi de la modernisation économique et sociale est, parmi les quatre pris en considération dans le présent ouvrage, le défi qui le plus porte en lui le *principe de modernité*. Le rehaussement de la qualité du capital humain ainsi que de l'investissement économique ne consacre que le volet spécifiquement économique de la chose. Le défi en question est en vérité bien plus grand et global que la simple amélioration du système de production des biens ou des richesses. Il intègre, au-delà du commerce ou de l'économie, une transformation en profondeur des manières économiques et sociales de penser, d'être et d'agir. C'est pourquoi ce défi de la modernisation économique et sociale est fondamentalement lié à celui du changement social. C'est tout le rapport des sociétés africaines au développement dans sa globalité qui ici est en question. Jusqu'où le développement, dans l'entendement collectif des sociétés africaines et dans la manière dont sont mis en œuvre les programmes qui lui sont destinés, procède-t-il de la modernité ? Cette dernière question consacre toute une thématique, elle est tellement grande qu'elle peut à elle seule faire l'objet d'un volume. Raison pour laquelle je ne l'aborderai pas en profondeur ici. Ce qu'il faut retenir entre le défi de la modernisation économique et sociale et le défi du changement social dans la perspective d'une sortie des pays africains du sous-développement et de leur entrée dans une dynamique forte et globale menant à un développement de qualité, c'est par-dessus tout ce mot de « qualité ». Toute la différence entre « développement de qualité », « développement », tout court, et « émergence » est dans ce mot « qualité ». Or, ce à quoi renvoie cette dernière notion en théorie comme en pratique lorsqu'il s'agit du développement, c'est précisément le lien entre le développement lui-même et la modernité. C'est ce qui justifie toute l'importance du *principe de modernité* dans l'analyse du développement. C'est en effet ce principe qui permet de formaliser la modernité comme déterminant fondamental du développement. Un modèle de développement qui n'intègre pas ce *principe de modernité* n'est pas un modèle de développement de qualité. Il n'est même pas un modèle de développement au sens vrai ou authentique du terme. Il est un modèle d'« émergence ». Et, à vrai dire, personnellement, je n'ai pas une seconde de pensée à perdre avec cette farfelue notion d'émergence. Je commencerai à lui donner un semblant de sens ou de signification claire le jour où ces fameux pays qui servent de référence lorsqu'on parle d'émergence, à savoir les BRICS, arrivent à servir d'exemple en dehors de leurs simples performances économiques, qui en plus, à mes yeux, n'ont rien de si extraordinaire qu'on veut nous le faire croire. Le jour où la Chine et la Russie décideront de rompre la première avec son système de parti unique et la seconde avec son étatisme dictatorial et accepteront, en conséquence, tous les deux pays, de s'ouvrir aux principes et valeurs des droits de l'homme et de la démocratie, ce jour-là, elles ne seront plus que de grands pays émergents, elles commenceront à se mettre de manière effective sur la voie du développement proprement dit, c'est-à-dire sur la voie d'un développement de qualité, un développement moderne. A partir de ce jour, je pourrais commencer à véritablement m'intéresser davantage à ces pays et me pencher un peu plus sur la notion d'« émergence ». Même chose pour l'Inde, avec ses inégalités sociales, sa société très hiérarchisée du point de vue social, socioculturel et ethnique, son surpeuplement. Même chose également pour l'Afrique du Sud et le Brésil, deux pays socialement très inégalitaires et « violents » et politiquement très fortement gangrenés par la corruption. Je suis désolé, mais tous ces phénomènes identifiés dans la structure de base de ces cinq grands pays dits émergents vont à l'encontre du développement. Parti unique, étatisme dictatorial, société de classes et de castes, fortes inégalités sociales et beaucoup de corruption, à vrai dire, de telles particularités structurelles n'ont rien à voir avec le développement et encore moins avec l'idée qu'on peut se faire d'un développement de qualité. Le fait même de considérer ces pays comme des pays émergents plutôt que comme des pays développés en dit long sur le sens du mot « émergence » ainsi que sur le portée critique du *principe de modernité*. Il suffit simplement de se demander pourquoi le Japon, la Corée du Sud, Taïwan, Singapour, Hong Kong, par exemple, sont des pays développés plutôt que simplement émergents comme les BRICS, pour se faire une idée claire et précise de l'importance du *principe de modernité* dans le processus de développement d'un pays.

Cette partie consacrée au dividende socio-économique ne sera pas écrite comme la première, celle traitant du dividende démographique. A mon avis, il n'y a pas trop besoin d'utiliser des statistiques pour rendre compte de l'état des économies africaines. Les tendances macroéconomiques sont connues depuis longtemps et elles ne risquent guère de changer, à moins d'un imprévu majeur. L'importance d'utiliser des statistiques démographiques est double. D'une part, celles-ci permettent de prendre connaissance des tendances générales, des enjeux réels ainsi que des défis globaux à relever dans chaque pays mais aussi dans toute l'Afrique subsaharienne. Ce qui n'est véritablement connu que des spécialistes des questions de population. De l'autre, les indicateurs socio-démographiques gagneraient à être davantage connu du commun des gens car ils concentrent pour la plupart des enjeux de taille et qui ne peuvent laisser indifférente aucune politique de population inscrite dans la perspective de la réalisation d'une transition démographique en vue du développement global et humain du pays en question. L'économie de l'Afrique ne cache plus trop de secrets, alors que la démographie africaine, elle, entretient encore de très grands, forts et lourds mystères. Raison pour laquelle il ne me paraît pas si nécessaire que cela de courir derrière les chiffres des économies africaines, même ceux les plus récemment actualisés, pour argumenter ce passage sur la modernisation économique et sociale de l'Afrique subsaharienne. L'analyse sera ici essentiellement qualitative, elle mettra l'accent sur la manière dont les différents secteurs de l'économie ainsi que de la vie socio-économique évoluent fondamentalement dans le sens de leur modernisation. La question qui se pose sera celle de savoir sur la base de quels paramètres mesurer cette évolution. Paramètres sur lesquels il faudrait en conséquence agir pour une modernisation économique et sociale progressive des pays d'Afrique au sud du Sahara. Je distingue ainsi trois choses précises : la modernisation économique et sociale proprement dite ; le capital humain, qui renvoie à la qualité des ressources humaines, entre qualifications, expériences et compétences ; la qualité de l'investissement économique. La qualité du capital humain et de l'investissement économique ne constitue en quelque sorte qu'un paramètre général de mesure du niveau de modernité ou du rythme de modernisation économique et sociale des pays africains. C'est autour du paramètre du capital humain que tourne le lien entre le dividende démographique et le dividende socio-économique. Il s'agit exactement d'un prolongement ou d'une poursuite de l'analyse menée dans la première partie ; précisément, il s'agit de voir comment se construit le lien interactif de complémentarité entre la transition démographique et le processus de modernisation économique et sociale dans les pays africains. Au-delà de la transition démographique, c'est ce que les démographes considèrent comme étant le deuxième dividende démographique qui sera déterminant dans cette analyse du lien entre la régulation démographique et la planification stratégique du développement économique et social. Quant à l'investissement économique, son analyse se fera sur la base des politiques menées dans chacun des trois secteurs économiques classiques, à savoir le primaire, le secondaire et le tertiaire, et à la lumière de la manière dont ceux-ci évoluent dans le temps en fonction des enjeux et défis liés à la mondialisation libérale de notre époque ainsi que de ses trois grands phénomènes les plus déterminants : la technologie, l'économie de l'information et plus largement du savoir et la finance.

La modernisation économique et sociale de l'Afrique subsaharienne

Commençons par distinguer ou même par isoler les pays en avance dans leur processus de transition démographique. Cela permet de faire la part des choses et d'éviter de mettre tout le monde dans le même sac. Au-delà de leurs particularités, globalement très fortes, ces pays sont aussi ceux les plus en avance dans leur développement économique. Je rappelle au passage qu'il s'agit de l'Afrique du Sud et du petit groupe des pays d'Afrique australe autour d'elle, de quelques petits pays d'Afrique équatoriale ainsi que du Cap-Vert en Afrique de l'Ouest. Ces pays sont les pays qui se portent le mieux en Afrique du point de vue du développement politique, économique, social et humain. L'Afrique du Sud est un cas très particulier. Elle est le seul pays du continent qui intègre le G20, le seul pays du continent considéré parmi les grands pays émergents du monde. Les petits pays d'Afrique australe comme ceux d'Afrique équatoriale ainsi que le Cap-Vert n'ont pas tous toujours été tournés vers le développement. Cette dynamique qui fait aujourd'hui du Botswana, du Cap-Vert, des Seychelles ou de la Namibie des exemples à suivre à l'échelle du continent ne date pas de très longtemps. Il s'agit d'une histoire toute fraîche ou récente. Un choix fait au tout début du siècle courant et qui, en une décennie, a fini de faire les preuves de sa pertinence. Ce choix n'a rien de mystérieux ou de magique. C'est le choix pour ces pays d'écrire une nouvelle histoire, l'histoire même de leur renouveau. Renouveau pleinement orienté dans le sens d'un développement de qualité. Et ce fut un déclic catégorique, le choix de rompre avec un passé très peu glorieux et émancipateur et de s'engager dans une voie sans précédent d'un développement à la fois humainement qualitatif et infini. Je signale au passage que le cas de Maurice est, comme celui de l'Afrique du Sud mais pour des raisons bien différentes, très singulier. Ce pays s'est tourné vers le développement avant tous les autres en Afrique subsaharienne, et plusieurs facteurs ont favorisé ce changement de cap. Pas besoin ici d'y revenir, d'autant plus que tous ces pays en question ont, rappelons-le encore une fois, de très fortes particularités qui font qu'ils sont très peu représentatifs du reste de l'Afrique au sud du Sahara. Ce qui est problématique en Afrique, ce n'est ni l'Afrique du Sud, ni l'Afrique australe ni les petits pays insulaires ou côtiers d'Afrique équatoriale ou d'Afrique occidentale, c'est ce ventre mou qui englobe l'Afrique centrale et une très grande partie des pays de l'Afrique de l'Est et de l'Afrique de l'Ouest. C'est environ une quarantaine de pays qui tous sont encore dans le labyrinthe du sous-développement. Ils y sont tellement embourbés qu'on dirait qu'ils sont dans un traquenard à la fois grand et sombre et dont ils semblent avoir fini, comme presque tout naturellement, de s'accommoder. *Le confort du sous-développement. Tout zen dans la misère. Pas de stress dans la merde. On fait avec. On a l'habitude. C'est, d'ailleurs, ce qui nous distingue des autres. Le développement, pas besoin de se presser ou de se prendre la tête, il viendra quand il voudra. De toute façon, tout n'est pas si misérable chez nous, et en plus les choses bougent et même changent*. Voilà ce qui se dit dans plusieurs contrées de ce ventre mou de l'Afrique subsaharienne en mal-être structurel, l'Afrique qui porte le flambeau du grand sous-développement, l'Afrique en toute fidélité au visage et à l'image qu'elle renvoie d'elle au reste du monde. On aura beau relativiser, embellir la façade, contourner certaines questions, chercher des oasis dans des océans désertiques pour tenter de faire croire que tout n'est pas sombre ou désespérant ; seulement, l'essentiel l'est. Et entre le tout et l'essentiel, c'est comme qui dirait entre la quantité et la qualité, l'absolu et le relatif. Le nombre est certes très important, mais il y a plus déterminant encore, c'est l'intensité, la dynamique, la valeur, la force plutôt que le simple volume ou le poids. C'est encore rappeler une de plus la valeur ou la portée critique de la « qualité » dans l'analyse du développement ou alors le caractère, plus que déterminant, décisif du *principe de modernité* dans le processus de développement d'un pays.

Mais qu'on ne s'y trompe pas, le *principe de modernité*, très peu de pays et même d'experts ont ou même peuvent avoir une idée claire et précise de ce à quoi il peut renvoyer. Je précise au passage que bien qu'étant entier et organique, ce principe fonctionne dans son caractère opératoire avec des degrés d'application. Dire que l'Afrique australe, le Cap-Vert et les petits pays d'Afrique équatoriale sont, à tout point de vue, bien plus en avance sur le reste du continent, l'Afrique du nord n'étant pas prise en compte, c'est avant tout et par-delà tout considérer que ceux-ci ont bien plus connaissance du *principe de modernité*, de la manière dont il est constitué ainsi que de la manière dont il fonctionne que tous les autres pays de l'Afrique au sud du Sahara. Ce principe fonctionne comme une signature, il met ainsi son empreinte à tout ce qu'il touche. Qu'on parle de la politique, de l'économie, de la société, de la culture, des arts et des lettres, bref de tout, une fois le *principe moderne* en usage, il s'opère une sorte de démultiplication qui fait qu'il se retrouve partout et consacre la manière dont la société agit sur elle-même dans chaque domaine considéré. D'un domaine à un autre de la vie sociale et collective, les enjeux comme les défis changent, mais partout on retrouve cette touche qui fait la différence en termes de qualité dans la manière de faire et donc dans le résultat final de l'action menée. Cette touche en question, c'est la touche moderne. Il s'agit d'une signature portant le sceau de la qualité. Autrement dit, tout ce qui est fait avec ce principe répond d'une certaine idée de la qualité. La qualité en question peut être comprise, quelque part, comme un sens logique des choses, une certaine cohérence tenue de bout en bout dans la manière de procéder. C'est pourquoi je pense que la formule qui définit la modernité avec le plus de pertinence et d'intensité nous vient de Baudelaire : *l'éternel dans l'instant*.

Le défi de la modernisation économique et sociale double la question du développement de celle de la modernité. A la question de savoir comment développer un pays, on ajoute celle de savoir comment moderniser un pays. D'une manière générale, il demeure une grande confusion entre le développement et la modernité. Jusqu'ici, ni la nuance ni la différence ne sont clairement faites. Pourtant, il ne s'agit guère de la même chose. Certes, tout pays moderne est développé et le développement lui-même, au sens propre du terme, suppose un degré assez élevé de modernité, mais la différence entre ces deux notions et phénomènes se situe dans la nature même propre de chacun d'eux. Le développement est une condition globale de vie, alors que la modernité est un état d'esprit, une mentalité, une rationalité, un rapport à la fois critique et constructif à soi, aux autres et de manière plus large au monde. Le développement au sens authentique et révolutionnaire du terme porte en lui l'idée du *projet moderne*, tel que l'avaient théorisée les premiers animateurs de la *théorie critique* de l'École de Francfort dans les années 1930. Ce qui fait défaut à tous ces pays encore en état structurel et global de sous-développement, c'est justement ce rapport critique à leur être, à la manière dont ils se représentent vis-à-vis d'eux-mêmes mais également vis-à-vis des autres et du monde. C'est ce rapport critique et constructif à soi, aux autres et au monde dans lequel on vit qui déclenche chez l'individu ou dans la conscience collective de la société considérée une sorte de volonté révolutionnaire. Une force intérieure qui conduit à un dépassement d'une intensité telle qu'elle fait en un coup de main ou en un mouvement un renversement de toute la perspective dans laquelle l'individu ou la société en question situait, comme par nature, son ordre de cheminement ou d'évolution. La modernité est révolutionnaire. Comme la liberté, la modernité est une révolution de tous les jours. Elle est active et inventive. Elle est perfectionniste et elle procède d'un idéal. De la même manière qu'elle consacre un projet, elle répond d'un idéal : l'idéal moderne. Le fait qu'elle consacre une ère, celle qui prend son point de départ à la Renaissance, qui a pris forme à l'Âge classique pour finir par devenir un état social global et structurel vers la fin du XVIIIe siècle, n'en fait pas pour autant un phénomène historique achevé. En tant qu'idéal, il est inachevé et inachevable, comme le souligne si bien Jürgen Habermas dans l'un des plus intéressants ouvrages philosophiques consacrés à la modernité, selon moi: *Le discours philosophique de la modernité. Douze conférences* (1985).

De la même manière que la discussion sur le dividende démographique et sur le défi qui lui est associé se prolonge avec ou à travers celle sur le dividende socio-économique et sur le défi de la modernisation économique et sociale des pays africains, ce dernier dividende comme le défi qui lui est rattaché trouvent leur prolongement du point de vue analytique dans la question du changement social, qui sera abordée plus loin, précisément dans la dernière partie du présent ouvrage. Toute la question est ainsi de savoir ce que l'on entend par modernisation économique et sociale, au-delà de la transition économique et sociale ainsi que du changement social. Pour répondre à cette question en toute précision, bien qu'elle soit une question très générale, il faut prendre les mots au mot. Autrement dit, il faut entendre par modernisation économique et sociale la manière dont on transforme en pro-fondeur l'ordre des pratiques économiques et des pratiques sociales en lien avec l'économie dans le sens de l'idéal moderne. Et la première chose qui nous vient à l'esprit lorsqu'on met l'Afrique à l'épreuve de la modernité, du point de vue économique et social, c'est la place qu'occupe l'informel dans la vie sociale globale des pays africains. Ce phénomène apparaît en Afrique subsaharienne comme un « fait social total », pour reprendre la formule d'Émile Durkheim et de son neveu et collègue Marcel Mauss, comme la modernité en est un pour les pays occidentaux. Je signale au passage que dans le livre que j'ai publié il y a dix ans de cela sur l'Afrique, intitulé *Pour refaire l'Afrique... par où commencer ?* (2008), et dans la lignée duquel s'inscrit le présent ouvrage, j'ai consacré tout un chapitre à ce que j'ai appelé « les sociétés informelles ». Ces sociétés en question ont pour figure d'incarnation à l'échelle du monde les sociétés africaines elles-mêmes. Je n'y ai porté aucun jugement de valeur, je m'étais limité à simplement présenter ces sociétés dans la réalité de la rationalité collective qui est au fondement des croyances et pratiques collectives qui y sont courantes. J'avais tenté dans cet exercice intellectuel de faire ressortir analytiquement les caractéristiques générales de ces sociétés, notamment du point de vue des logiques sociales, de l'économie ainsi que du cadre de vie. Cette précision pour renvoyer le lecteur à ce dernier ouvrage permet à celui-ci de comprendre de manière plus claire et approfondie le fond de l'argumentaire, où l'importance même de penser la modernisation de l'Afrique, non pas seulement à partir de ce qu'est la modernité, mais en partant de ce qui caractérise le continent africain du point de vue sociologique. C'est d'ailleurs la même approche que j'ai adoptée lorsque je pars initialement du sous-développement du continent pour penser son développement. Je précise au passage que je suis très prudent avec le constructivisme dans les sciences sociales et que je préfère de loin partir de l'individualisme méthodologique plutôt que de m'aventurer dès au départ dans une démarche analytique aux relents déterministes et holistiques. C'est pourquoi je pense que pour bien analyser le rapport de l'Afrique à la modernité, il vaut mieux méthodologiquement partir non pas de la modernité elle-même, mais des sociétés africaines elles-mêmes. La question est donc très simple et même très simplette, il s'agit de la question que se posait déjà Arthur Lewis dès les années 1950-1960, à l'époque même où la thématique du développement venait d'être introduite, notamment du point de vue économique : comment passer d'une économie traditionnelle à une économie moderne ? Comment transformer en profondeur et progressivement les sociétés économiquement informelles d'Afrique au sud du Sahara en sociétés économiquement modernes ?

Des années 1950-1960 à nos jours, il s'est économiquement passé beaucoup de choses dans le continent africain mais surtout dans le monde. Mais la chose la plus économiquement marquante à l'échelle du monde depuis la fin de la deuxième guerre mondiale reste incontestablement la mondialisation libérale de l'économie. Cela ne se discute même pas. Ce fait de la mondialisation est le fait le plus historiquement et globalement massif de l'époque contemporaine. Il est tellement massif que certains s'autorisent même, et quelque part pertinemment, à parler d'ère de la mondialisation. D'une part, ce fait métahistorique s'inscrit dans une logique historique qui lui donne pleinement un sens, aussi, historique : la mondialisation fait suite à un demi-siècle marqué, sans précédent dans toute l'histoire de l'humanité, par deux guerres mondiales. Belle et forte manière pour le monde de s'affirmer historiquement vis-à-vis de lui-même. D'autre part, en partant d'un projet ou d'une ambition d'occidentalisation et d'américanisation du monde, la mondialisation accélérerait tant bien que mal le processus de modernisation du monde. Elle s'inscrit donc formellement et historiquement dans le vieux discours de l'historicisme hégélien. Elle consacre le point d'achèvement ou d'accomplissement de la légitimation historique des temps modernes. Et les pays ne s'y sont pas trompés. En effet, malgré toute la critique déversée sur le capitalisme et sur le libéralisme, les sociétés contemporaines ne se sont pas faites prier pour mordre à l'hameçon de l'historicisme d'un Occident foncièrement libéral et autoritairement mené par des États-Unis d'Amérique idéologiquement capitalistes. La fameuse formule de Deng Xiaoping déclarant *qu'importe que le chat soit noir ou blanc, pourvu qu'il attrape la souris*, pour marquer l'ouverture de la Chine à l'économie de marché en 1978, pourrait aujourd'hui être tenue et soutenue en toute ferveur et conviction par les dirigeants de tous les pays du monde. C'est dire à quel point le modèle libéral de développement a réussi à s'imposer au reste du monde. Je précise au passage que ce modèle libéral est aussi le modèle occidental de développement car le libéralisme est foncièrement à la base de la modernité occidentale ; inversement, seule la modernité occidentale peut répondre de manière forte, cohérente et intégrale des valeurs et principes du libéralisme comme système social global plutôt que comme idéologie politique. Jamais dans toute l'histoire de l'humanité victoire n'a été et ne pourra être aussi grande pour une idéologie politique. Or, le modèle de développement occidental, ce n'est rien d'autre que le projet moderne. Ce projet est encore resté entier en tant que rêve de réalisation pour le reste du monde. Le rêve américain est fini parce qu'avec la découverte du monde en cette ère de grande mondialisation il n'y a plus de mythe de cette envergure qui puisse tenir, mais au-delà du mythique et du chimérique, il y a la réalité, celle du niveau de vie ; et à ce niveau précis, l'Occident, le développement et la modernité n'ont pas fini de faire rêver. Et cela, pardonnez-moi, à juste titre et en toute légitimité.

Pour sortir du sous-développement et se mener dans le sens d'un développement de qualité, les sociétés africaines devraient effectuer une rupture forte, catégorique et définitive avec tout ce qui peut entraver leur modernisation. Et ce n'est pas une ou des choses qui entravent leur marche vers la modernité, c'est tout le système social global des pays d'Afrique subsaharienne, dans sa constitution, son ordonnancement et son mode de fonctionnement qui constitue un obstacle structurel à la modernisation du continent. Ce système social global est tellement anti-moderne ou à l'opposé de la modernité qu'à chaque fois que je parle de la modernisation de l'Afrique, il me revient en tête une interrogation semblant me demander de quoi je parle exactement. Je me surprends ainsi à me demander si l'Afrique est véritablement en voie de modernisation. En vérité, de la même façon qu'on a passé un demi-siècle à nous promettre le développement pour finir par un bluff, celui de ce machin qu'est l'« émergence », je me demande bien si la modernisation de l'Afrique, déjà que personne n'en parle, cela ne rimerait-elle pas tout simplement avec l'idée matérielle et matérialiste d'une certaine « rénovation » de façade plutôt que d'une transformation en profondeur du continent. J'avoue que je ne trouve pas encore le vrai mot ou le mot le plus approprié pour rendre compte de la chose. Mais sans doute que, pour qui suit mon raisonnement depuis le début de cet ouvrage, l'idée n'est pas difficile à comprendre.

On rêvait du développement, nous voilà sur le chemin d'une nouvelle promesse, celle de l'émergence ou d'un développement au rabais. On rêve de la modernité, mais je suis presque sûr que le moment venu où le paradigme de la modernité commencera à être utilisé pour discuter de l'évolution historique du continent africain, il apparaîtra une notion, sortie de nulle part, pour encore nous renvoyer à un bluff. J'ai du mal à me faire une notion en tête, mais, à mon avis, ce ne sera pas loin de celle de « rénovation » ou d'un mot qui lui est synonyme. Modernité, cela est trop lourd pour l'Afrique. Cela ne rime même pas. Afrique moderne ! Certains diront : *mais de quoi il parle ? Est-ce un cynique en puissance doublé d'un fou rêveur ? Mais, nous on a du mal à sortir du sous-développement qui nous colle à la peau comme s'il s'agissait d'une pathologie génétique, on a du mal à imaginer l'Afrique un jour développée ou même véritablement en voie de développement, déjà qu'on se bat comme de beaux diables rien que pour obtenir le statut de pays émergents, et voilà qu'on nous parle de modernité ? Est-ce de la philosophie ou de l'art ? Même les pays émergents n'aspirent pas encore à la modernité, alors pourquoi voudrait-on que la pauvre Afrique se prenne déjà la tête à y penser ? Et d'ailleurs, la modernité, cela sert à quoi ? N'est-ce pas une simple chanson ? Un simple concept de philosophie ? Un de ces mots creux et pédants qui ne veulent rien dire, ni une chose ni son contraire ? Une autre invention occidentale, dans la même veine que le développement... Franchement, non... De grâce... Laissez-nous procéder à l'africaine ...* C'est tout simplement dire à quel point l'Afrique est loin du *principe de modernité*. Loin, très loin même. Mais, comme pour sa sortie effective et définitive du sous-développement, cette nécessité absolue avant de se projeter vers un développement de qualité, ne peut, elle aussi, nullement être contournée ou même être relativisée car elle est le déterminant fondamental même de ce développement qualitatif tant espéré et tant attendu.

La modernisation économique et sociale de l'Afrique constitue, rien qu'en elle-même, tout un programme de développement. En effet, entre les notions de modernité, d'économie et de société, cette formule résume bien toute la réflexion menée dans le présent ouvrage. En lieu et place de la question de savoir comment sortir l'Afrique du sous-développement ou comment développer l'Afrique, on peut également se demander comment moderniser économiquement et socialement l'Afrique. La modernité est l'« horizon indépassable » du progrès des sociétés humaines, pour reprendre la formule démesurée de Sartre sur Marx et le marxisme ; l'économie et la société disent, ensemble, tout d'un pays, entre son organisation sociale et son ordre global et général d'évolution. En modernisant l'économie, c'est toute la société que l'on modernise par le même mouvement. Il suffit de penser à la division du travail social et à la position centrale qu'elle occupe entre le système économique et le système social pour se convaincre du fait, d'ailleurs absolument évident, que l'économie c'est la société vivante dans ce qu'elle a de plus réel et spontanément naturel. Inversement, pour bien saisir les caractéristiques fondamentales de toute économie nationale, il n'y a pas meilleure manière de procéder que de se pencher sur la structure de base de la société en question elle-même.

Les sociétés modernes ont des économies modernes, les sociétés informelles ont des économies informelles. Entre les deux, on a un mélange interactif entre le moderne et l'informel. Il ne faut pas confondre économie développée et économie moderne comme il ne faut pas confondre pays développé et pays moderne. Les performances économiques ont un impact réel et direct sur la *structure de base* de la société, mais elles n'en constituent pas les seuls déterminants. Dès lors qu'on ne peut pas dire d'une société qu'elle est développée, l'influence du développement économique sur sa *structure de base* ne peut être de nature qu'à la faire progresser dans le sens de la modernité. A cette étape précise de l'analyse, la réflexion doit éviter toute forme de généralisation car les paramètres de mesure du développement d'un pays sont bien différents de ceux qui permettent d'en savoir avec précision sur son degré ou son niveau de modernité. C'est très curieux de voir à quel point la question de la modernité est oubliée dans toute l'analyse mais surtout dans tous les programmes politiques destinés au développement des pays. Je crois qu'erreur ne peut être plus grande que ce choix délibéré de limiter la réflexion sur le développement à la juste mesure des performances économiques et du niveau de vie. De la même manière que la croissance économique ne suffit pas pour développer un pays, le développement économique et social ne suffit pas pour moderniser un pays ; raison pour laquelle en lieu et place du développement économique et social, je préfère parler ici de modernisation économique et sociale. La différence se situe dans le fait que malgré son caractère global, le développement n'a été depuis toujours presque intégralement pensé qu'en termes économiques. La dimension sociale et humaine n'étant considérée que comme secondaire et même, quelque part, facultative. Cette dimension humaine de la question du développement, il n'y a que la modernité qui la prend intégralement en compte. Même l'IDH, cet indice dit du développement humain, déjà qu'il est très peu convaincant dans la manière dont il est mesuré, ne rend que très peu compte de la dimension humaine du développement. Soit l'humain est considéré comme étant moins important que l'économique, soit la conception courante du développement humain chez les théoriciens, analystes et autres praticiens du développement est très réductrice voire tout simplement erronée. Mais je n'entrerai pas trop dans ce débat sur la définition des concepts. Je tiens juste à souligner que de mon point de vue, une politique humaine du développement devrait par-dessus tout porter l'empreinte du principe de modernité ; mieux, elle devrait simplement être une politique de la modernité, car les pays les plus respectueux de la dignité humaine ainsi que des droits de l'homme sont les pays les plus modernes du monde. Si la finalité globale du développement reste l'humain, alors un développement sans modernité n'a aucun sens à mes yeux. La modernité est ainsi, selon moi, le paradigme critique autour duquel doit être analysé le développement d'un pays, surtout à cette époque de grande et pleine mondialisation libérale ou capitaliste, où la croissance économique est à un niveau assez élevé à l'échelle mondiale.

Les pays africains auront beau enregistrer sur plusieurs décennies un taux de croissance économique supérieur à 5%, pour autant, cela n'en fera systématiquement ni des pays émergents ni même des pays complètement sortis de l'état social global du sous-développement qui les caractérise structurellement. Quant au développement, c'est une autre histoire. Je ne cesserai de le dire : tâchons de sortir du sous-développement d'abord, c'est le plus difficile à réaliser ; le développement suivra naturellement. Cela veut tout simplement dire ceci : accomplissons les ruptures indispensables à faire pour mettre le continent dans les dispositions réelles et optimales pouvant favoriser de manière rapide et effective l'entrée de celui-ci dans la dynamique globale et structurelle d'un développement de qualité. C'est la tâche même qui consiste à accomplir ces ruptures qui permet de sortir l'Afrique du sous-développement. C'est le plus gros morceau de l'affaire. A la suite de cette série de ruptures, tout le reste me semble relativement « facile » à réaliser. La question qui ainsi surgit à ce point précis de la réflexion est alors celle de savoir exactement de quelles ruptures il peut bien être question. La réponse est d'une très grande simplicité : il s'agit de rompre avec tout ce qui peut empêcher la modernisation économique et sociale du continent. Plus précisément, il faut inscrire en lettres fortes le *principe de modernité* dans tous les programmes de développement et travailler à pouvoir lui donner une portée réelle ainsi qu'une expansion illimitée dans tous les domaines de la vie sociale. Le but poursuivi est de faire en sorte qu'à chaque fois qu'on pense développement, peu importe la dimension considérée, on pense naturellement modernité. C'est cela la dimension psychologique du développement. Cette dimension, personne n'en parle aujourd'hui, pourtant il y a plein d'écrits depuis les années 1960 qui mènent à celle-ci du point de vue analytique. Mais les programmeurs du développement n'ont jamais cru ni important ni intéressant d'intégrer cet aspect psychologique dans leurs plans salvateurs. Pourtant, du point de vue de la conscience collective et des logiques et pratiques collectives qui lui sont liées, la clé qui permet de rompre définitivement avec le sous-développement et de prendre avec fermeté, lucidité et assurance le chemin d'un développement de qualité passe par ce travail. Raison pour laquelle, je n'ai nullement besoin ici de trop me pencher formellement sur les indicateurs généraux de l'évolution des économies africaines du sud du Sahara.

Le défi de la modernisation économique et sociale de l'Afrique est un défi qui interpelle à la fois les gouvernements et les populations ou les sociétés vivantes. Cette question se situe exactement entre l'économie politique et la sociologie générale. La modernisation économique et sociale de l'Afrique a ceci de particulier que bien que devant être placée au cœur de la réflexion sur le développement du continent africain, elle doit être méthodiquement isolée de la grande thématique du développement pour éviter toute confusion qui risquerait de faire perdre de vue l'importance du *principe de modernité* dans le processus menant un pays à la sortie définitive du sous-développement et le conduisant progressivement vers un développement de qualité. On peut ainsi réfléchir sur le développement économique d'un côté et sur la modernisation économique et sociale de l'autre. Et en progressant parallèlement dans l'un et l'autre de ces deux exercices, on doit veiller à pouvoir établir des liens entre ces deux orientations générales. Les économies africaines doivent maintenir le cap de la croissance entre 5 et 10%, mais les gouvernements des pays africains ne doivent nullement perdre de vue le défi de la modernisation économique et sociale du continent. Ce défi de la modernisation économique et sociale constitue à la fois le centre et la circonférence du cercle que forme le développement économique et même le développement tout court, pris dans son caractère global. C'est entre le modèle d'économie politique et la réaction de la population ou de la société globale aux choix stratégiques associés à ce modèle que se joue ainsi le processus de modernisation économique et sociale.

Tous les pays du monde qui ont vu leur économie se développer en quelques années et leur société se transformer en même temps dans le sens de la modernité sont passés par cette dynamique évolutive. Cette dynamique en question n'est pas commerciale ou marchande, elle est politique et sociologique. Il faut ainsi bien faire la part des choses entre ce qui relève de la politique, de l'économie et de la société. Les performances économiques enregistrées dans le temps ont besoin d'être politiquement accompagnées pour être des vecteurs de modernisation sociale. La société ne se transforme pas fondamentalement par le simple fait du progrès économique car la logique de l'économie n'est pas celle de la société qui n'est pas celle de la politique. Le rôle de l'État dans la modernisation économique et sociale d'un pays sous-développé n'est pas simplement celui d'un régulateur politique de l'économie, il est plutôt celui d'un organisateur du processus économique en lien avec la dynamique sociale. Cette question n'a rien à voir avec celle de l'étatisme ou du minimum d'État. Il s'agit de la question de l'« agenda », celle du « devoir d'État », introduite dans la théorie économique et dans l'économie politique par le père de l'utilitarisme, en l'occurrence Jeremy Bentham.

Ce serait une erreur colossale de penser que la mondialisation pourrait à elle seule développer et moderniser l'économie et la société. Du fait qu'elle intensifie la circulation des biens et services et qu'elle dope à la fois le productivisme et le consumérisme, la mondialisation économique ouvre de grandes opportunités aux économies nationales, mais pour autant, elle ne contribue pas aussi considérablement à la modernisation économique et sociale de celles-ci. Développer une économie, c'est arriver à la faire croître de manière substantielle, c'est-à-dire de sorte à pouvoir la rendre indépendante du point de vue de la production d'un certain nombre de biens et de services et forte et solvable du point de vue de la demande intérieure. Une économie se développe lorsque les unités productives de ses différents secteurs actifs deviennent d'année en année de plus en plus performantes et compétitives, lorsque les ressources humaines accompagnent qualitativement la transformation ou l'évolution de ces unités de production et lorsque le marché intérieur est assez dynamique pour permettre aux différents secteurs de l'économie de ne pas trop dépendre des exportations. Ce processus général de développement doit également être un processus de modernisation. Les pays qui ont réussi le double coup du développement économique et de la modernisation économique et sociale y sont arrivés en quelques années car une fois que la machine est lancée, tout s'accélère et les transformations, comme dans un jeu de domino, se suivent les unes les autres pour finir par modifier tout l'ensemble des fondements de l'économie ainsi que toute la *structure de base* de la société. Ce travail de transformation générale et globale de l'économie et de la société, l'Afrique ne semble pas vouloir le faire car les gouvernements comme les populations africaines ont, me semble-t-il, d'une part, une conception du développement fondée sur l'idée qu'il se réalise strictement que par le biais de la croissance économique et, d'autre part, une conception de l'économie qui la réduit au simple marché ou commerce des biens et des services. C'est exactement cette conception du développement que porte le modèle farfelu de l'émergence ; et c'est ce qui fait que les pays dits émergents resteront toute leur vie émergents et jamais ni bien développés ni assez modernes. Il y demeurent une très forte cohabitation entre le développé et le sous-développé, le moderne et l'informel. Or, dans un développement de qualité, un développement global et axé sur l'épanouissement humain et le bien-être individuel et collectif, c'est à cette cohabitation qu'il faut progressivement mettre fin, en poussant vers la sortie le sous-développé et l'informel. Ce travail, l'Afrique ne peut pas le contourner car le développement et le sous-développement comme la modernité et l'informalité sont, à tout point de vue, antinomiques. L'un exclut l'autre ; et entre les deux, aucun modèle de développement de qualité ne peut être construit à moins qu'on veuille un développement au rabais, un développement sans modernité, un développement informel.

Un développement informel. Voilà la bonne formule. Voilà exactement le modèle de développement que semblent vouloir les pays d'Afrique au sud du Sahara. Même les grands pays dits émergents, dont le modèle économique et surtout social ne me convient ni ne me convainc guère et qui semblent constituer la grande référence pour bon nombre de pays d'Afrique subsaharienne, ne sont pas à ce point attachés à l'informel, ils cherchent tous à se moderniser économiquement et socialement, mais tout en voulant contourner les questions relatives à la condition humaine, notamment celles des libertés, des droits, des injustices et des inégalités sociales, de l'écologie ou de l'environnement, de la corruption ainsi que du déficit de démocratie et de bonne gouvernance politique. Non seulement les pays africains considèrent ces dernières questions comme secondaires voire facultatives ou sans importance, mais également, du point de vue socio-économique, ils semblent loin d'être préoccupés par la modernisation des différents pans de leurs économies et la sortie progressive de l'informel. C'est dire à quel point les pays africains sont encore loin et même très loin de l'émergence. Il suffit même de voir les Plans dits d'émergence économique mis en œuvre un peu partout ces dernières années dans le continent pour se convaincre de l'idée que les gouvernements africains se font du développement : une idée hautement informelle du développement. Rien dans ces plans et programmes financés à coup d'emprunts massifs ne semble être conçu sur la base d'une logique cohérente et inscrite dans un processus de développement de qualité. Rien, et vraiment rien. Quand je vois des pays se fixer pour objectif à long terme d'être des pays émergents avant 2050, je me dis que la sortie de l'auberge du malheur pour l'Afrique, ce n'est pas pour demain. Moi, ma conviction la plus forte du point de vue économique et social, c'est que l'Afrique ou précisément chaque pays africain doit avoir pour objectif dans les dix ans à venir d'en finir définitivement avec le sous-développement ; et que pour cela il faudrait en lieu et place de ces farfelus plans d'émergence mettre le paquet sur une modernisation économique et sociale progressive et rapide ; ce qui par-dessus tout implique une réduction graduelle de l'informel dans tous les secteurs de l'économie en faveur d'une expansion progressive de la modernité dans toute l'étendue de la sphère économique et sociale. Mais pour en arriver à cette dynamique, il faut à la fois une nouvelle conception du développement, une conception du développement mettant la priorité sur la sortie définitive du sous-développement et axée sur le *principe de modernité* ; autrement dit, il faut que les gouvernements comme les populations d'Afrique s'approprient entièrement la modernité comme paradigme central de tout ce à quoi leur renvoie le développement, qu'ils soient en conséquence convaincus de la nécessité de travailler de manière rigoureuse et cohérente pour la modernisation économique et sociale de leur pays et, conséquemment encore, qu'ils travaillent à pouvoir réduire de manière graduelle et indéfinie la place de l'informel dans leur vie économique et sociale.

Moderniser l'Afrique d'une manière générale, c'est en finir avec l'informel. La modernisation économique et sociale de l'Afrique ne peut ainsi passer que par une rupture avec l'informel comme manière collective d'être, de penser et d'agir. L'informel pendant très longtemps a été considéré comme un secteur économique situé à côté des trois secteurs classiques de l'économie. Petit à petit, on a commencé à concevoir l'existence d'un secteur informel dans chacun de ces trois secteurs définis. Aujourd'hui, il n'est plus question ni d'un secteur informel venant compléter le primaire, le secondaire ou le tertiaire, ni d'un sous-secteur informel intégrant chacun de ces différents secteurs. En vérité, dès que l'on parle d'économie africaine, on parle d'économie structurellement informelle. Plutôt que d'être un secteur où un sous-secteur de l'économie, l'informel consacre la manière même la plus courante et la plus élaborée dont fonctionnent les économies d'Afrique au sud du Sahara. Pourtant, nombreux encore sont les rapports et autres publications produits par des spécialistes reconnus ou au nom d'institutions de renom au niveau international qui parlent avec aisance, assurance et redondance de secteur informel en comparaison au secteur dit moderne lorsqu'il s'agit d'analyser la situation économique des pays africains. Depuis quand la modernité consacre-t-elle un secteur économique au sein de l'économie globale d'un pays ? Ces spécialistes, soi-disant, ne savent même pas que ce qui fait un secteur d'activité, au-delà des procédés de production et de commercialisation, ce n'est rien d'autre que la nature de la matière ainsi que la singularité du système de production. Et c'est, justement, ce genre d'erreur qui souvent induit en erreur tout le monde, même les décideurs politiques. Parler d'un secteur moderne et d'un secteur informel, c'est déjà reconnaître au secteur informel une certaine légitimité à demeurer ainsi. Ce qui serait non seulement analytiquement erroné mais surtout politique-ment, économiquement et sociale-ment dangereux.

L'informel, encore une fois, comme le moderne, n'est pas un secteur d'activité, c'est un ensemble de procédés très peu ou pas du tout réglementés, des procédés qui s'appliquent toujours en mode relatif. Une des composantes de l'économie autour de laquelle s'illustre le plus clairement cette caractéristique de la relativisation de tout reste *le prix*, avec le procédé commercial du marchandage qui en constitue le grand déterminant. Et là où le prix se négocie pour chaque produit et avec chaque client, pas besoin de dire qu'il n'y a pas un système comptable qui puisse tenir, si ce n'est encore un système lui-même informel et qui, en conséquence, produit des factures elles aussi marquées du sceau de l'informel. Si l'Afrique se veut économiquement performante et compétitive, elle devra faire de l'élimination de l'informel comme pratique économique son plus grand combat. Je dis bien combat car l'informel va entièrement à l'encontre du moderne. Et ce serait une grandiose erreur de croire qu'un développement de qualité pourrait être réalisé avec une économie structurellement et foncièrement bâtie sur l'informel. Non seulement l'informel ne peut développer aucune économie, mais mieux, il constitue un frein majeur au développement de toute économie. Il suffit simplement de voir l'acharnement avec lequel le « travail au noir » est combattu et la vigueur avec laquelle il est sanctionné dans tous les pays modernes du monde pour se faire une idée du handicap structurel que constitue l'informel dans le processus de modernisation économique et sociale d'un pays. Le développement n'est pas la modernité, mais pour qu'une économie se développe, celle-ci a besoin de se détacher graduellement des logiques et pratiques informelles qui structurellement la maintiennent loin de celles modernes.

Le paramètre de mesure le plus global et en même temps le plus précis de l'évolution économique d'un pays dans son processus de développement reste le passage d'une économie informelle ou traditionnelle à une économie moderne. A côté de ce grand paramètre, la croissance économique devient une variable dépendante. D'ailleurs, il n'y a pas meilleure garantie dans le temps pour un développement économique de qualité que la modernisation de la structure économique et sociale du pays en question. Non seulement la modernisation économique et sociale accélère le développement global du pays, mais en plus elle permet de consolider les acquis de chaque étape de ce processus. La modernisation économique et sociale est à la fois et à tout point de vue vecteur et garantie de développement. Pour autant, le développement ne mène pas toujours à la modernité. Entre le développement et la modernité, c'est comme entre l'économie et le développement lui-même. L'économie enrichit alors que le développement épanouit ; le développement sécurise alors que la modernité libère. Il y a naturellement une relation de cause à effet entre le développement et la modernité, mais ce dernier phénomène est de loin plus profond que le premier. Le développement peut être mesuré en termes quantitatifs alors que la modernité est de l'ordre du qualitatif. Elle ne se mesure ni avec des chiffres ni avec des formules mathématiques ou algébriques. Elle se vit et se sent. Elle est dans le cœur vivant de la cité en question. La modernisation économique et sociale d'un pays est ce qui, au-delà de la croissance économique, rend le développement effectif et de qualité. L'autre nom du développement global, et pas seulement du développement tout court, c'est la modernité. Tout pays qui, sur une durée relativement longue, maintient un taux de croissance économique élevé, par rapport à sa situation initiale ou de départ, doit pouvoir en quelques années être sur la voie d'un développement de qualité, et pas d'une simple alternance. S'il n'y est pas, c'est simplement parce qu'il reste encore du travail à faire dans la modernisation économique et sociale. Et, à mon avis, ce qu'il manque à tous ces pays émergents ou en émergence, c'est justement cette modernisation économique et sociale. Et dans cette formule, *modernisation économique et sociale*, il ne faut pas entendre qu'économique ou que sociale, il faut surtout entendre modernité au sens global du terme. Cette modernisation générale, que j'appelle économique et sociale pour ne pas davantage généraliser, est un défi central que les pays africains se doivent de relever. C'est un processus qui n'a qu'un et un seul nom à son empreinte : qualité. Le temps que dure ce processus n'est pas le plus important de l'affaire. L'enjeu majeur est celui de la qualité, c'est pourquoi, pour tout pays sous-développé considéré, il faudrait repenser le développement de fond en comble et, singulièrement, à partir de sa sortie effective et définitive du sous-développement.

Oui, repenser le développement de fond en comble dans chaque pays africain. Cela peut paraître très banal, mais, à mon avis, cet exercice est hautement nécessaire au moment où même les pays développés depuis belle lurette, eux-mêmes, se posent de plus en plus la question de savoir comment corriger les effets pervers de ce modèle en bout de souffle, ce progrès qui semble avoir perdu ses repères et qui, aveuglément, n'a plus d'horizon en dehors du capitalisme, qui, tel un éternel universalisme, règne en maître sur le monde entier. Ce n'est pas au moment où le modèle de développement dominant est en train de perdre le fil de ce pour quoi il a été conçu, à savoir l'épanouissement humain par la combinaison de la prospérité économique, du bien-être social et de l'État de droit et de justice, qu'il faut tout benoîtement s'en accaparer comme s'il s'agissait d'un dogme divin, une sorte de voie à la fois sacrée et fatale. Je ne suis pas en train de dire que l'Afrique doit refuser le développement, ni même qu'elle doit douter de son bien-fondé, je veux juste qu'on fasse la part des choses car je ne voudrais pas qu'on revienne en 2050 ou 2060, au moment de fêter le centenaire des indépendances africaines, avec les mêmes questions et problématiques parce que restant encore confrontés au même grand problème structurel du sous-développement. Il est vraiment temps de sortir du sous-développement, de ranger aux oubliettes cette histoire farfelue et absurde d'émergence et de travailler rigoureusement à pouvoir se mettre sur le chemin d'un développement de qualité, un développement répondant pleinement de la modernité. Cela n'a rien de compliqué. Il suffit de le vouloir et de travailler fort et sérieusement pour y arriver. Et après avoir passé en revue la situation générale de tous les pays du continent, je suis plus que convaincu qu'en moins d'une décennie plusieurs pays africains peuvent y arriver sans heurt. Après tout, cela n'a rien de sorcier. Si les gouvernements et les peuples africains sont prêts à rompre de manière définitive avec un certain nombre de croyances, logiques et pratiques collectives allant toutes à l'encontre de la modernité et freinant le progrès politique, économique et social de leurs pays, je ne vois pas ce qui pourrait les empêcher de sortir du sous-développement en quelques années et de se mettre sur la grand-route du développement.

La modernisation économique et sociale des pays africains est évoquée dans pratiquement tous les travaux consacrés au développe-ment économique de ceux-ci ; mais cela, très souvent avec d'autres mots. En effet, il n'y a pas un seul rapport d'étude ou de recherche sur les économies africaines qui n'insiste au bout de ses analyses sur la nécessité de créer un environnement général, c'est-à-dire politique, économique et social, favorable au développement économique du continent. Et à y regarder de plus près, cet environnement dont il est question ne se résume qu'à une et une seule formule : la modernisation économique et sociale. Un programme et même un simple projet de développement ne peut produire les résultats escomptés que dans le cas où le contexte auquel il est destiné est moderne ou structurellement ouverte à la modernité. En vérité, l'échec de la plupart des programmes et projets de développement destinés aux pays africains des années 1980 jusqu'à nos jours s'explique pour une large part d'entre eux par le fait que ceux-ci sont structurellement en déficit de modernité. La modernité n'est pas le développement, c'est avant tout une disposition globale qui rend un contexte pleinement favorable au développement. Et une fois qu'un pays devient moderne, il ne peut plus effectuer un retour en arrière, il demeure moderne pour toujours. On pourrait raser tous les pays modernes de la planète jusqu'à la plus petite pierre de leurs jolis et majestueux édifices, il n'empêchera qu'au moment de les reconstruire ils ne perdront rien de leur conception moderne d'antan. Mieux, ils reviendront avec la même fibre moderne voire avec une architecture bien plus moderne que celle d'avant leur destruction. C'est dire à quel point la modernité est à la fois structure et vecteur de structuration sociale et sociétale. Non seulement, *les temps modernes sont légitimes*, mais, bien mieux, l'ère moderne elle-même est légitime. *L'ÉTERNEL DANS L'INSTANT*. Elle est immense la petite formule de Charles Baudelaire.

Il y a une histoire entre l'historicisme ou la philosophie de l'histoire et le développement. J'en ai longuement traité dans le livre publié il y a dix ans de cela, consacré à l'Afrique et que tente d'approfondir le présent ouvrage : *Pour refaire l'Afrique ...par où commencer ?* (2008). Mais dans ce dernier livre, je n'ai nullement réfléchi sur le rapport entre le développement et la modernité ; et cela, non pas parce que je n'étais pas conscient du lien à la fois étroit et singulier entre ces deux phénomènes, mais simplement parce qu'à mon avis, le processus de développement lui-même, dans sa conception comme dans sa mise en œuvre, doit reposer sur une méthode d'une cohérence sans faille. Développer ou moderniser un pays, à vrai dire, je ne connais pas d'ambition plus forte dans toute l'histoire de l'humanité et du progrès humain. Lorsqu'on pense le développement de l'Afrique, on doit à mon avis oublier ou mettre de côté les pays dits émergents et porter l'attention avant tout sur ce qui depuis toujours a empêché les pays du continent de pouvoir sortir du sous-développement. Après tout, si l'on pense et repense sans arrêt le développement de l'Afrique, ce n'est que parce qu'elle est encore sous-développée. Et l'histoire de l'Afrique et du développement est, rappelons-le une vieille histoire. Une histoire qui date d'au moins un demi-siècle. L'Afrique n'a pas attendu les pays dits émergents pour être confronté au défi de devoir sortir du sous-développement et de se développer. Seulement, une fois l'ordre de cheminement historique des pays défini par l'historicisme, il ne reste plus qu'à isoler chaque bloc géo-historique du monde pour savoir avec précision et même exactitude quel est le rapport singulier de chacun d'eux au développement. Cet exercice, je crois l'avoir déjà fait dans le livre intitulé *Pour refaire l'Afrique... par où commencer ?*, que j'ai publié en 2008, mais pour approfondir cette analyse, comme se propose de le faire le présent ouvrage, il faut aller dans les profondeurs du développement, c'est-à-dire dépasser le simple facteur économique qui ne fait ressortir que la face visible de l'iceberg. C'est à ce niveau précis que la comparaison entre les pays d'Asie devient analytiquement intéressante. En allant plus loin dans l'analyse des performances économiques connues par les pays d'Asie de l'Est dans ces dernières décennies, on voit en toute clarté là où se situe la différence entre les pays, et en creusant davantage la réflexion comparative entre les pays, on se rend compte que ceux les plus avancés d'Asie dans leur processus de développement ont ceci de plus que les autres : le *principe de modernité*. Ce principe ne se mesure pas en termes statistiques ou quantitatifs, mais il est central et décisif dans l'optique d'un développement global, humain et de qualité. C'est le pas décisif qui fait passer du développement tout court, conçu principalement comme le développement économique, au développement économique et social que j'appelle aussi développement moderne, par opposition au développement informel ou à l'émergence. Il y a une histoire entre l'historicisme ou la philosophie de l'histoire et le développement et il y a une histoire entre le développement et la modernité. L'erreur de toute la réflexion sur le développement de l'Afrique comme celle commise par les politiques qui lui sont destinées autant par les gouvernements africains que par leurs partenaires internationaux, c'est qu'on n'a jamais cherché à aller plus loin que le simple rapport historique du continent africain au développement. Or, on ne peut pas penser le développement en dehors de la modernité. C'est, hélas, ce qui a toujours été fait et ce que l'on continue à faire sans jamais prendre ni le soin ni le temps de s'arrêter une petite seconde pour voir jusqu'où peut mener une telle orientation théorique et pratique. L'Asie de l'Est est en cela un miroir pour tous les pays encore sous-développés du monde. Et il suffit d'un simple exercice de comparaison pour se convaincre de l'intérêt qu'il y a à penser et même à étudier, plus que le rapport de l'Afrique au développement, le rapport critique et historique de chaque pays d'Afrique subsaharienne à la modernité.

Au passage, certains pays d'Asie de l'Est peuvent servir d'exemple à l'Afrique subsaharienne autant en les comparant entre eux qu'avec les pays du continent africain. En effet, la réelle et forte augmentation du revenu par habitant constatée vers la fin du siècle précédent et qui, quelque part, se poursuit jusqu'à nos jours dans plusieurs pays d'Asie de l'Est (Chine, Japon, Hong Kong, Taïwan, Corée, Singapour) est présentée comme un cas d'école dans le cadre de l'analyse du rapport entre transition démographique et développement économique. Selon les Nations Unies (2013), cette région a réussi la transition démographique la plus forte et rapide de toute l'histoire du peuplement humain de la planète, et qui, dans le cas de certains pays, a même considérablement contribué au quadruplement du revenu par habitant. Ce qui est un résultat, à tout point de vue, spectaculaire en matière de politique démographique, et qui devrait servir d'exemple à toute l'Afrique au sud du Sahara. Avant l'Asie de l'Est, l'Amérique latine avait aussi connu une grande transition démographique, mais d'une envergure bien moindre que celle constatée en Asie. Ce n'est même pas comparable car la situation initiale était bien différente. Mais pour l'Afrique, il n'y a pas meilleure référence en la matière dans le monde. En l'espace d'environ un quart de siècle, entre les années 1980 et celles 2000, le ratio de dépendance a été renversé en Asie orientale pour arriver à nos jours à plus de deux actifs pour un inactif. En effet, sur les mirobolants chiffres de croissance économique enregistrés dans cette partie du monde depuis les années 1990, le quart peut être attribué à l'évolution démographique qui y a eu lieu. Dans le cas de la Chine, la politique de l'enfant unique est, à côté de l'adoption ouverte de l'économie de marché, la mesure phare qui a permis d'aligner pendant plus d'une décennie une croissance économique à deux chiffres. En Asie de l'Est, le dividende démographique a ainsi fait ses bonnes preuves en moins de trois décennies, années 1960-1990, avec une croissance annuelle moyenne du revenu par habitant de 6%. Une croissance économique aussi rapide et durable, jamais un groupe de pays n'était arrivé à la réaliser par le passé. Ces performances n'ont pas été atteintes sans un certain nombre de choix politiques : entre autres mesures, accès à la contraception et à l'information pour les femmes, à l'éducation et à la formation pour tous, notamment les enfants et les jeunes ; soutien à l'entrepreneuriat ; adoption de politiques d'emplois efficaces et consolidation de tous les acquis obtenus dans le temps dans chaque type d'intervention. Pour être davantage convaincu de l'impact de la démographie sur l'économie ou de l'effet réel ou général de la population sur le processus de développement, dans son ensemble et plus particulièrement du point de vue économique, comparons brièvement, dans un premier temps, deux ou trois pays asiatiques et, dans un deuxième temps, un pays asiatique et un pays d'Afrique subsaharienne.

Trois pays asiatiques : les Philippines, la République de Corée, la Thaïlande. En 1950, chacun de ces trois pays avait une population estimée entre 19 et 20 millions d'habitants. Dans les années 1960-1970, pratiquement toute l'Asie de l'Est est en mode transition démographique. Tous les pays de cette région du continent asiatique sont dans une dynamique démographique tournée vers un choix politique et collectif de baisse durable et considérable de leur fécondité. Cette dynamique générale ne touchera la Chine qu'un peu plus tard, vers la toute fin des années 1970, mais sa fermeté en matière de politique démographique a été tout simplement unique et sans précédent dans toute l'histoire de l'humanité. On parle du pays de très loin le plus peuplé du monde. A l'époque, personne ne voyait venir l'Inde. Son milliard d'habitants est presque passé inaperçu. Ces deux pays sont ou ont été des cas particuliers en matière de démographie et surtout de politique de population. Mais en Asie, il n'y a pas que la Chine et l'Inde. Il y a aussi d'autres pays dont l'évolution démographique et économique des années 1980 à nos jours est incontestablement hautement instructive pour les pays d'Afrique au sud du Sahara. Il faut signaler qu'en Asie de l'Est, à la différence de l'Afrique subsaharienne, la planification familiale n'a jamais été l'objet d'un rejet fort et catégorique de la part des populations ; en conséquence, la différence d'un pays à un autre se situe dans l'efficacité des politiques gouvernementales en vigueur dans chacun d'eux en matière de gestion de population ou d'économie politique de la population, mais également dans les dispositions structurelles de chaque société considérée à effectuer elle-même cette rupture forte dans le rythme avec lequel se reproduit sa population. Comparée aux Philippines et à la Thaïlande, dont la taille de la population était pratiquement la même que la sienne en 1950, la Corée a, dès le début des années 1960, pris les devants de la question démographique ; elle n'a pas hésité à faire le travail pédagogique et stratégique nécessaire pour amener sa population à agir dans le sens d'une baisse volontaire, forte et durable de sa fécondité ; elle n'a pas, non plus, lésiné sur les dépenses à effectuer pour accompagner un tel choix de politique de population. Elle a non seulement agi plus vite que les Philippines et la Thaïlande, mais également, son action pour la réalisation de la transition démographique a été bien plus forte, ferme et globale que celle de ces deux derniers pays. Le résultat ne s'est pas fait attendre. Le ralentissement du rythme d'accroissement démographique en Corée a commencé dès le milieu des années 1960 à se faire réellement voir et sentir. Depuis lors, décennie après décennie, la fécondité de la République de Corée n'a cessé de baisser. L'ISF de la Corée est à 1,2 ; ce qui en fait le pays du monde ayant le plus faible ISF, avec Taïwan, Singapour et la Roumanie. La Corée a aujourd'hui une population tournant autour de 50 millions d'habitants là où celle de la Thaïlande est à 65 millions, avec un ISF de 1,6, et celle des Philippines à 102 millions, avec un ISF de 2,8 enfants par femme (Population Reference Bureau, *Fiche de données sur la population mondiale*, 2016).

Ces chiffres généraux sont très parlants du point de vue démographique, mais ils le sont également du point de vue économique. Là où les Philippines sont confrontées à une demande forte en matière de couverture de santé et d'éducation pour les enfants et à une très forte augmentation de leur population en âge de travailler et donc au défi à relever de la création massive d'emplois pour toutes les cohortes de jeunes sortis de l'âge inactif, la Corée, elle, et, dans une moindre mesure, la Thaïlande, orientent leur action vers une consolidation des acquis en matière de fécondité et vers un rehaussement réel du capital humain. En matière de politique de population, les Philippines, entre les besoins à satisfaire en termes de services de santé, de nutrition et d'éducation pour le bien-être des enfants, mais également en termes d'infrastructures et d'emplois, connaissent aujourd'hui ce que l'on appelle couramment dans le jargon de l'analyse des questions démographiques un « vent contraire », du au fait que les efforts pour la baisse de la fécondité ont été non seulement faibles, mais également ils ont été très peu suivis ou accompagnés d'un investissement conséquent en santé, en éducation, en formation et en création d'emplois. Comparativement, la Corée et même la Thaïlande, pour avoir mené des politiques de baisse de la fécondité et d'investissement sur le capital humain, ont connu un effet dit de « vent arrière », c'est-à-dire un ensemble de choix en politique de population venant directement en soutien à la croissance économique, d'où un revenu par habitant en forte augmentation et un niveau de vie, à tout point de vue, en nette amélioration. Aujourd'hui, la Corée est devenue non seulement un pays développé, mais, mieux, elle a intégré le cercle très sélectif des pays modernes. Elle forme avec Taïwan, Hong Kong et Singapour le groupe des pays modernes d'Asie (les « dragons »), concurrencé par celui des pays en phase avancée de développement mais pas encore structurellement modernes constitué de l'Indonésie, la Malaisie, la Thaïlande et les Philippines (les « tigres »). A côté de ces groupes de pays en pleine transformation, on peut citer la Chine qui, pour plusieurs raisons, reste un cas spécial et le Vietnam, qui, depuis plusieurs années voire des décennies, est très bien engagé dans sa transition.

Sans oublier le Japon, qui, depuis très longtemps, fait partie des pays les plus développés et modernes de la planète. Le cas de la Corée est tellement illustratif de l'impact que peut avoir une bonne politique de population sur le processus de développement économique et social d'un pays qu'il peut à mon avis servir de référence suprême ou majeure à tout pays voulant réussir sa transition démographique dans la perspective d'un développement global et humain rapide et de qualité. Je crois qu'aucun pays n'a fait mieux en la matière. Et quelque part même, le choix brusque et brutal de la Chine d'adopter à l'aube des années 1980 sa fameuse politique de l'enfant unique s'est fortement inspiré de l'exemple de ce petit pays que tout destinait traditionnellement comme géo-historiquement à s'enfermer dans l'idéologie communiste et dans une politique démographique formellement nataliste ou hostile à toute idée de contrôle ou de régulation des naissances.

Bien plus proche de l'Afrique subsaharienne que le continent asiatique, les pays du Maghreb, en dehors de la Libye qui depuis plusieurs années traverse une phase d'une très haute instabilité, peuvent servir d'exemple pour avoir dès les années 1960 fait des efforts ayant mené à une baisse forte de leur taux d'accroissement naturel. Pourtant ces pays sont des sociétés intégrées et très conservatrices du point de vue socioculturel, mais elles ont très tôt compris les enjeux autour de la démographie et ont pris les devants pour relever le défi de la réduction de l'ISF et du TAN. Le Maroc, l'Algérie et la Tunisie n'ont démographiquement rien à voir avec les pays d'Afrique subsaha-rienne, exception faite à l'Afrique australe. Aujourd'hui, avec un TAN de 1,5% pour le Maroc et l'Algérie et de 1,1% pour la Tunisie, et un ISF de 2,2 enfants par femme pour le Maroc et de 2 enfants par femme pour l'Algérie et la Tunisie, ces pays maghrébins sont pratique-ment dans la même dynamique démographique que les pays modernes ou développés. Mais il faut consolider les acquis de ces efforts colossaux en comparaison à leurs voisins du sud du continent. Et apparemment, les pays du Maghreb ne se relâchent point, car les projections démographiques des Nations Unies prévoient pour chacun de ces pays un TAN de 1% en 2030, un ISF égal ou inférieur à 2 enfants par femme et une espérance de vie estimée à 75 ans. Le meilleur exemple du Maghreb reste la Tunisie. Dès les années 1960, ce dernier pays a pris des décisions très fortes dans le but de faire baisser sa fécondité et son taux de natalité : renforcement du statut des femmes, mesures incitatives pour leur insertion professionnelle et leur accès à des emplois décents, promotion de l'alphabétisation, campagne de sensibilisation pour la réduction de la taille des familles et plus largement pour la limitation et l'espacement des naissances, recul de l'âge légal des femmes au mariage, forte et large campagne pour l'adhésion des populations à la planification familiale, facilitation de l'accès aux méthodes contraceptives, etc. Ces mesures ont très vite produit des résultats très satisfaisants car la Tunisie est aujourd'hui à tout point de vue un exemple en matière de politique de population mais également de politique pour l'émancipation des femmes. Je souligne au passage la sensibilité de cette dernière problématique au Maghreb et plus largement dans la majorité des pays africains.

Après avoir jeté un regard général sur l'Asie de l'Est et plus particulièrement sur la Corée et brièvement sur le Maghreb et singulièrement sur la Tunisie, on est naturellement tenté de se demander si véritablement la transition démographique est en marche en Afrique subsaharienne ou si ce n'est qu'un simple bluff, un petit frémissement sans suite conséquente. Il y a de quoi se le demander. Pourtant, dans les années 1960-1970, l'Asie de l'Est et l'Afrique subsaharienne avaient pratiquement les mêmes taux de fécondité. Les pays asiatiques, conscients de la nécessité de faire baisser massivement ce taux, ne se sont pas faits prier pour mener des politiques conduisant à une chute forte et durable de leur fécondité ; pendant ce temps, l'Afrique subsaharienne, elle, toujours fidèle à sa légendaire passivité ou à son immobilisme lorsque qu'il s'agit de mener des ruptures de fond en vue de son développement, continuait de croire qu'avec le temps, les choses changeraient d'elles-mêmes. Rêve ! Rêve, bonhomme ! Résultat : en lieu et place de la grande révolution démographique tant attendue parce que si nécessaire voire indispensable, on n'a eu qu'un simple frémissement démographique. Un petit exemple au passage pour illustrer le volontarisme asiatique en comparaison à l'immobilisme africain : l'Indonésie et le Nigeria. Avec 260 millions d'habitants, l'Indonésie est, après la Chine et l'Inde, le pays le plus peuplé d'Asie et l'un des plus peuplés au monde. Avec 187 millions d'habitants, le Nigeria est de loin le pays le plus peuplé d'Afrique et, au rythme où vont les choses, devrait même fort probablement être parmi les cinq pays les plus peuplés du monde en 2050. A l'heure actuelle l'Indonésie est le quatrième pays le plus peuplé du monde, et le Nigeria le septième. Mais, selon les prévisions du PRB sur l'évolution de la population mondiale à l'horizon 2050, le Nigeria, entre un TAN et un ISF encore très élevés et un rythme d'accroissement démographique que rien ne semble pouvoir ralentir de manière réelle et durable, devrait surclasser l'Indonésie, pour se retrouver au troisième rang à ex æquo avec les États-Unis d'Amérique (398 millions d'habitants pour les deux pays), très loin derrière les deux mastodontes démographiques que sont l'Inde (dont la population totale va largement dépasser la Chine de plusieurs centaines de millions d'habitants) et la Chine.

On récapitule un peu : dans les années 1950, l'Indonésie était bien plus peuplée que le Nigeria. Aujourd'hui encore l'Indonésie a au moins 70 millions d'habitants de plus que le Nigeria (260 millions contre 187 millions) ; mais, comme par magie, dans trente ans, on devrait assister à un renversement spectaculaire de la situation, avec trente-huit millions d'habitants de plus pour le Nigeria sur l'Indonésie (398 millions contre 360 millions). La moindre des choses à dire devant un tel scenario que rien ne semble pourvoir démentir : *il se passera des choses* ! Ou alors : *il ne se passera pratiquement rien de démographiquement révolutionnaire pour le Nigeria dans les trois décennies à venir, malgré toutes les alertes répétées depuis plusieurs années sur la nécessité absolue de ralentir la croissance démographique des pays d'Afrique au sud du Sahara* ! C'est dire que l'immobilisme évoqué quant à la capacité des pays africains à effectuer des ruptures de fond dans la perspective de leur développement n'a rien d'une invention ou d'une exagération. C'est une vérité et une réalité. En 1960, le Nigeria et l'Indonésie avaient le même ratio de dépendance. A la même année, le Nigeria avait un PIB par habitant supérieur à celui de l'Indonésie. Dans les années 1970, le taux de fécondité de l'Indonésie avait déjà entamé sa chute. Ce n'est que dans les années 2010 que, semble-t-il, le taux de fécondité du Nigeria a véritablement commencé à connaître un très léger frémissement vers une tendance à la baisse. Baisse d'ailleurs imaginaire parce que clairement insignifiante si tant qu'elle est réelle : je précise au passage que l'ISF actuel du Nigeria est estimé à 5,4 alors que celui de l'Indonésie se situe autour de 2,4 enfants par femme et qu'inversement le PIB actuel par habitant de l'Indonésie équivaut environ au double de celui du Nigeria. D'une manière générale, entre l'Asie et l'Afrique subsaharienne, c'est un peu comme qui dirait à la fois : si près si loin. Des similarités mais aussi et même surtout tout un gouffre. Les deux continents qui concentrent très largement le plus de pauvres et de problèmes de développement ou de sous-développement au monde, mais qui, entre eux ou l'un par rapport à l'autre, apparaissent comme deux mondes que rien ne peut rapprocher : d'une côté, un monde dont la grande majorité des pays sont pleinement dans une dynamique de transformation démographique et économique, même si rien n'y est parfait et même s'il y reste encore beaucoup de choses à faire, refaire et parfaire ; de l'autre, un monde, tout autre, qui porte l'étendard du sous-développement à l'échelle planétaire et qui compte bien le garder pour l'éternité, avec une incapacité unique à mener une autocritique de fond ou tout simplement à s'interroger sur sa situation réelle et sur son évolution globale et générale, pour pouvoir par la suite travailler de manière forte et cohérente à sortir du sous-développement et à se mettre sur le chemin d'un développement de qualité, c'est-à-dire humain et global, un développement moderne et pas informel ou pas celui que l'on entend à travers le mot tout farfelu d'« émergence ».

Contrairement à ce que veulent faire croire certains analystes dans le cas de certains pays asiatiques, il n'y a jamais eu nulle part dans le monde de « miracle économique ». Et il n'y a pas non plus de secret en matière de politique démographique ou plus largement de politique de population : il faut faire baisser la fécondité et investir, entre la santé, l'éducation et la formation, sur le capital humain. Ce rehaussement qualitatif du capital humain ne peut avoir d'effet réel et général sur l'évolution économique et sociale du pays considéré que lorsqu'il est, parallèlement, accompagné d'une politique de modernisation économique et sociale aux orientations bien définies et avec des objectifs précis. La baisse de la fécondité dans l'optique d'une transition démographique, qui permettrait de pouvoir ouvrir la fameuse « fenêtre d'opportunité » et de pouvoir exploiter de manière optimale le dividende démographique, qui, bel et bien, existe en Afrique subsaharienne, est une chose ; le rehaussement de la qualité du capital humain en est une autre ; mais il y a une troisième et toute autre chose, qui est transversale à ces deux dernières parce que consacrant la manière même de procéder pour arriver aux objectifs visés. En effet, la politique démographique, qui mène à la transition démographique, comme la politique de population, qui, entre la santé, l'éducation, et la formation, permet de constituer un capital humain de qualité, ne procèdent nullement de la simple technique technocratique ; elles obéissent, en amont comme en aval, à une rationalité globale qui est l'esprit qui est derrière l'idée même du développement. Cette rationalité ou cet esprit en question est celle de la modernité.

Il n'y a pas à trop chercher la raison pour laquelle certains pays sortent plus facilement du sous-développement ou se développent plus rapidement que d'autres. La réponse à la question de savoir pourquoi les pays d'Asie de l'Est en général et certains pays d'Asie du sud-est, à la différence des pays d'Afrique au sud du Sahara, sont arrivés à sortir définitivement du sous-développement pour se mettre, tant bien que mal, dans une dynamique de développement de qualité, alors que dans les années 1950-1960 la plupart des pays africains et asiatiques étaient dans les mêmes dispositions générales. La réponse n'est pas à rechercher dans les facteurs et autres variables couramment en usage dans les études du développement économique et social, bien que de telles investigations peuvent rendre compte avec précision de l'état général et de l'ordre général d'évolution d'un pays considéré. L'Asie a plus de facilités à sortir du développement et à se développer que l'Afrique, simplement parce que depuis toujours elle a été bien plus disposée à s'ouvrir et, mieux, à s'approprier la modernité que cette dernière. C'est ce déterminant entièrement qualitatif qui par-dessus tout fait la différence entre les continents mais également entre les pays. On a déjà vu le cas de l'Indonésie et du Nigeria, qui appartiennent à deux continents se situant d'un bout à l'autre de la planète, qui avaient de fortes similarités générales ou structurelles dans les années 1950-1960, mais que tout distingue aujourd'hui du point de vue du développement. On a aussi brièvement comparé l'évolution démographique et économique de la Corée du Sud, appelée aussi République de Corée ou Corée, tout court, de la Thaïlande et des Philippines. Cet exercice nous a montré comment dans un même espace régional chaque pays peut constituer un cas particulier du point de vue du développement économique et social. C'est dire que tout et tout, sans exception aucune, se joue au niveau national lors-qu'il s'agit d'entreprendre des ruptures de fond devant mener à un développement de qualité. Ce qui est singulier dans le cas de l'Afrique subsaharienne, c'est qu'en dehors des pays d'Afrique australe et de Maurice, des Comores et du Cap-Vert, des pays entretenant des spécificités tellement fortes qu'elles les distinguent à la fois les uns des autres et de tout le reste du continent, il n'y a véritablement aucun pays qui peut, d'un point de vue global, servir de référence forte, comme la Corée peut l'être pour toute l'Asie.

Mais ce serait une erreur monumentale de penser que, du fait de cette absence de pays pouvant constituer une référence représentative à l'échelle du continent en matière de combinaison entre politique de population et politique de développement ou entre politique démographique et politique économique, la transition démographique et la modernisation économique et sociale seraient de l'ordre de l'impossible pour l'Afrique subsaharienne. Ce qui peut sembler atavique ou génétique, parce qu'étant général à l'échelle du continent africain, perdurant dans le temps et que ni l'accession massive des peuples et pays à la souveraineté nationale, il y a de cela plus d'un demi-siècle, ni la mondialisation de notre époque contemporaine ne semblent pouvoir enrayer et même simplement réduire de manière forte et effective, ne l'est pas pour autant. En vérité, aucun pays ne naît moderne et aucun pays ne peut, non plus, le devenir sans passer par une série de ruptures de fond. Même les pays dits occidentaux sont passés par là entre la fin du XVe et la fin du XVIIIe siècle. Et vu que le chemin a été défini depuis, disons principalement, Hegel et que l'histoire, dans sa longue marche, a donné raison à celui-ci sur toute la ligne ou a confirmé avec clarté sa vision de l'ordre de cheminement du monde, il ne reste plus aux pays qui voudraient se moderniser et se développer que de suivre les sentiers battus portant les empreintes de l'Europe occidentale et que certains pays ont déjà pris sans rien perdre de leur singularité identitaire ou culturelle. La clé d'un développement de qualité, celui qui, tout en rendant prospère l'économie, améliore les conditions de vie de toute la population et instaure un état de droit respectueux des libertés individuelles ainsi que de la dignité humaine, réside dans la modernité. Ce *principe de modernité* traverse à la fois chacun des quatre dividendes définis dans le présent ouvrage comme chacune des composantes de ceux-ci. Ainsi, toute la suite de la réflexion sera axée sur la portée de ce principe. Le rehaussement de la qualité du capital humain mais également de l'investissement économique, qui est une nécessité absolue et globale dans l'optique d'un développement économique et social entièrement inscrit dans la perspective d'un développement de qualité, ne déroge pas à cette règle de la modernisation générale des pays africains.

La formation d'un capital humain de qualité

La transition démographique entraîne une reconfiguration progressive et complète de la pyramide des âges. Elle conduit ainsi chaque pays où elle a lieu à se préparer à relever d'immenses défis au-delà du travail à faire pour maintenir la fécondité et la natalité à un niveau faible ou maîtrisé, c'est-à-dire juste le nécessaire pour assurer le renouvellement de la population en tenant compte de l'équilibre démographique recherché autour du ratio de dépendance. Il faut non seulement veiller à ce que le volume des dépendants ou inactifs ne soit pas une charge potentiellement lourde pour la population active, mais surtout il faut, indépendamment du ratio de dépendance actifs/inactifs, productifs/improductifs, qu'il y ait de la qualité dans la conditions générales de vie des trois catégories démographiques de la pyramide des âges. C'est à ce niveau précis que la politique de population prend tout son sens par-delà la politique de peuplement. Le peuplement renvoie au nombre dans son caractère absolu. Le fait de partir de la taille de la population totale du pays comme premier indicateur démographique se justifie par le fait qu'il s'agit avant tout d'un nombre précis ou approximatif d'individus à gérer. Cela n'est que la première dimension de la chose à prendre en question. Il s'agit de l'indicateur démographique le plus général, mais pas le moins important. A mon avis, il est même aussi déterminant que les autres, même si plusieurs exemples peuvent montrer qu'il n'est pas le plus décisif lorsqu'on se penche sur les capacités réelles d'un pays à réaliser la transition démographique. Le fait qu'il n'y ait que des pays très faiblement peuplés dans le groupe des pays d'Afrique subsaharienne « en avance » dans leur processus de transition démographique, exception faite à l'Afrique du Sud, donne une idée claire que le nombre est bel et bien pour quelque chose dans l'évolution démographique de tout pays. Mais alors surgit la question de la composition du nombre. Ce qui conduit méthodologiquement à un dépassement du simple recensement de la population.

Compter le nombre de personnes vivant sur un territoire est une chose, mais savoir qui est qui et qu'est-ce que cela implique du point de vue de la vie générale et globale de la population en est une autre bien plus complexe. Du simple décompte statistique, on passe à la prise en compte d'un nombre considérable de variables et de modalités, et qu'il faudrait combiner et croiser pour faire ressortir les dynamiques sociales et démographiques en cours. Au-delà du nombre total ou de la population totale, c'est la pyramide des âges qui entre en jeu. Cette pyramide est sans doute la plus grande invention démographique de tous les temps. Elle met en relation deux composantes déterminantes de la démographie d'un pays ou d'une localité territoriale considérée. Elle tire son importance du fait qu'elle donne une première photographie générale de la population. C'est avec cette photographie que l'on passe du peuplement à la population comme objet global. De la question de savoir à combien d'individus a-ton affaire, on passe à la question de savoir à combien d'enfants, de jeunes, d'adultes et de personnes âgées a-t-on affaire. Mieux, dans chacune de ces catégories définies selon l'âge, on distingue le sexe. La génération et le sexe font ainsi leur entrée dans le décompte et ouvre à la recherche une multitude de nouvelles orientations, qui infiniment soulèvent de nouvelles questions et en appellent à la prise en considération de nouvelles variables et modalités, les unes plus complexes que les autres. Toute la beauté de la démographie est dans l'éventail des pistes de recherche qu'ouvre cette belle invention que constitue la pyramide des âges. Cette invention est capitale pour toutes les sciences humaines et sociales. Et il suffit de voir les questionnaires utilisés par celles-ci dans leurs différentes recherches empiriques pour s'en convaincre. En effet, quel que soit l'outil ou la technique d'enquête empirique en usage, le profil général de l'enquêté ou du participant est la première chose que l'on cherche à déterminer. Et ce profil, qui constitue une modalité incontournable, une sorte de porte d'entrée dans la recherche proprement dite, part de deux caractéristiques très simples, mais hautement importantes, à déterminer avant toute chose : l'âge et le sexe. Selon les sujets, questions et objectifs de recherche, le caractère analytiquement déterminant ou décisif de ces deux modalités varie, mais en matière d'études démographiques, l'âge et le sexe demeurent toujours des composantes d'une très haute importance, leur prise en compte dans toutes leurs dimensions comme dans toutes les dimensions de l'objet de la recherche lui-même devient capitale. Au-delà de la population totale, c'est toute une galaxie de sous-populations qui se constitue rien qu'à partir du croisement des variables de l'âge et du sexe. Ces sous-populations sont très clairement distinctes les unes des autres, mais elles restent indissociables, elles ont une relation très dynamique les unes par rapport aux autres et chacune d'elles par rapport à la population totale. Dès lors, le défi de la transition démographique apparaît au-delà de la simple baisse durable de la natalité, de la fécondité et de la mortalité infantile comme un grand défi qui en cache bien d'autres ayant en apparence une envergure bien moindre mais dont l'importance et la portée socio-démographique est entière et déterminante pour l'analyse de la structure et de l'évolution de la population en question. Les choses peuvent ainsi paraître simples dès lors que l'on considère que si le travail pédagogique pour convaincre les populations de la nécessité de réguler les naissances, entre leur limitation et leur espacement, est réussi ou produit les résultats escomptés, mais derrière cet objectif général du nombre se cachent des objectifs spécifiques, ceux de la qualité.

Le défi de la qualité, qui donne une suite à celui du nombre ou de la quantité, est un défi technique. Faire baisser la fécondité et le taux d'accroissement naturel de la population de manière durable dans le temps est une chose, conserver et surtout valoriser les acquis de ce changement démographique de sorte qu'il entraîne un relèvement progressif de la qualité du capital humain en est une autre. Et c'est entre ces deux défis que se joue ce que l'on considère comme étant un dividende démographique dans la perspective d'un développement humain et de qualité. Le lien entre le défi du nombre ou de la quantité et celui de la qualité est interactif. Il n'a rien de linéaire. C'est pourquoi l'idée d'un premier dividende suivi d'un deuxième dividende me paraît très peu pertinente du point de vue analytique. Entre la quantité et la qualité, la démographie fonctionne comme une sorte de circuit hydraulique, c'est-à-dire que tout a un effet réel sur tout. Rien n'est complètement isolable. Beaucoup de naissances aujourd'hui, c'est beaucoup de jeunes dans quinze ans, beaucoup d'adultes dans vingt-cinq ans et beaucoup de personnes âgées dans soixante-cinq ans. Et qu'elle soit potentiellement active ou inactive, productive ou improductive, toute tranche d'âge ou plus largement toute génération représente une charge sociale entière. Et en tant que telle, elle constitue un objet spécifique de politique de population dans l'objet général de politique de population que reste la population totale elle-même. Et toute la compétence d'un gouvernement ou toute l'intelligence d'un État se joue dans sa capacité, d'une part, à réguler les naissances, entre le TAN et l'ISF, de sorte à permettre la reproduction de la population dans son juste équilibre entre le nombre total d'individus et la qualité de ce capital humain et, d'autre part, à faire en sorte que chaque composante socio-démographique de la population, prise isolément ou en relation avec les autres, puisse contribuer de manière optimale à l'atteinte de ce double objectif du nombre et de la qualité du nombre. Et, il ne faut pas s'y tromper, ce double objectif n'est guère simple à relever. Aucun de ces deux objectifs n'est véritablement facile à relever. Et bien que fonctionnant quelque part en analogie avec l'hydraulique, la démographie, tout en restant un domaine vaste et complexe, entretient des zones d'incertitude dans chacune des composantes de la population totale d'un territoire considéré. Et, à y regarder de plus près, il n'y a pas de pays sans problème de population. Si ce n'est le nombre ou la quantité, c'est la qualité du capital humain, ou alors ce sont les deux problèmes combinés. Seulement, à ce niveau, il faudrait bien faire la part des choses. Et il y va de l'intelligence d'un État ou de la compétence d'un gouvernement de savoir faire la part des choses entre un problème démographique ou de population et un autre.

J'entends souvent parler par-ci par-là, autant dans les pays développés que dans les pays sous-développés et dans les pays dits émergents, d'État « intelligent » ou d'État « stratège ». Et quand je jette un regard sur l'éventail des problèmes auxquels sont confrontés ces pays et l'incapacité avérée de leurs États et gouvernements à apporter ne serait-ce qu'un début de solution à ces difficultés, qui avec le temps se complexifient et s'amplifient pour finir par devenir structurelles, je me dis tout spontanément qu'est-ce qu'on peut bien être malhonnête avec les mots, comme on les torture avec cruauté en les associant à des choses qui souvent sont largement à l'opposé de tout ce qu'ils veulent dire. On peut bien jouer avec les mots, mais une fois mis à l'épreuve de la réalité vivante des pays et de leurs populations, la moindre des choses c'est tout de même d'éviter de les mêler à nos petits et grands mensonges d'État. Mais, bon, on sait bien, depuis Nietzsche, que l'État est fondé sur un mensonge à l'allure d'un péché originel et que son utilité repose plus sur le « mal nécessaire » qu'il constitue que sur ses compétences propres. Un État qui ne sait ni relever le défi démographique du nombre ou de la quantité ni celui de la qualité du capital humain ne peut être, à mes yeux, ni un État-stratège ni un État-intelligent. Je ne sais même pas d'où sortent ces qualificatifs à la fois aberrants et faux, mais à vrai dire, on pouvait s'en passer pour analyser le rôle de l'État ou le travail d'un gouvernement. Après tout, aucun État ne me semble assez stratège ou compétent dans ce monde pour prétendre pouvoir tout légitimement ou même tout pertinemment donner des leçons aux autres en matière de gestion de population. Chaque pays ou région du monde a ses propres problèmes de population. Et très souvent ou même presque toujours, ceux qui s'en sortent le mieux doivent cette situation bien plus au hasard de leur géographie et de leur histoire qu'à la compétence suprême de leur État en matière de gestion de population. On sait que la plupart des pays d'Europe de l'Est sont depuis longtemps en dépeuplement ou en stagnation démographique au moment où ceux d'Afrique au sud du Sahara gagneraient urgemment à s'engager résolument et véritablement dans une dynamique forte et rapide de baisse de leur fécondité. Entre ce déficit de population et ce surplus de population, il y a les pays développés qui, bien que voyant pour la plupart d'entre eux leur population vieillir, redoutent par-dessus tout de se voir envahir par les vagues de migrants venus des pays sous-développés. Si ce n'est la natalité, la fécondité, le vieillissement, c'est l'immigration et dans une bien moindre mesure l'émigration ou alors le simple fait de pouvoir rehausser la qualité du capital humain même une fois, pour un pays, épargné de tous ces grands problèmes démographiques. Et pour aucun de ces phénomènes, je ne suis en mesure de donner le nom d'un pays pouvant servir d'exemple au regard de sa politique de peuplement et de population. Même le Canada, le seul grand pays moderne et développé ayant le contrôle entier et absolu de ses frontières, ne saurait jouer ce rôle car sa politique de population entretient de grandes failles du point de vue de l'intégration de tous les immigrants qu'il accueille annuellement sur son territoire depuis plus de dix ans. C'est dire toute la tâche qui attend le continent africain entre les défis qui se cachent derrière le grand défi à relever de la transition démographique.

La baisse progressive de la fécondité entraîne un rétrécissement de la base de la pyramide des âges ainsi qu'un gonflement graduel du milieu, d'où un grossissement croissant du sommet. Ce qui naturellement en appelle à de nouvelles stratégies dans la gestion de la population. La baisse durable de la natalité ouvre de nouvelles perspectives aux ménages, entre les possibilités d'épargne et la marge réelle laissée aux parents pour bien s'occuper de la santé et de l'éducation des enfants. Ces changements qui s'opèrent dans la vie familiale donnent aux parents la possibilité d'accumuler des richesses. Ce qui ouvre naturellement de réelles opportunités d'investissement non seulement pour les épargnants ayant choisi de faire peu d'enfants mais également pour l'économie d'une manière générale car en même temps qu'elle permet aux parents de disposer davantage de marge pour économiser ou pour faire des placements ou investissements rentables, la baisse de la fécondité entraîne une baisse croissante des effectifs dans les établissements scolaires ainsi que du volume réel de la demande adressée à certains secteurs des services sociaux et de santé, notamment la pédiatrie et la santé reproductive (prénatale et post-natale). Ce qui permet de dégager du point de vue budgétaire des économies en matière de santé et d'éducation. Mais ce qui est économisé dans ces établissements de santé et dans l'éducation primaire ou élémentaire doit être réinvesti soit pour rehausser la qualité des services qui y sont fournis soit dans d'autres divisions de ces mêmes secteurs. Le rétrécissement de la base de la pyramide qui entraîne une baisse des effectifs à l'école élémentaire exige par le même effet une augmentation des dépenses destinées au secondaire ainsi qu'au supérieur, sans oublier la formation professionnelle. Non seulement les ménages ressentent directement les effets de la transition démographique en cours, mais la qualité de l'enseignement comme celle des services de santé devraient de manière réelle se retrouver fortement relevée. Chaque enfant a hypothétiquement bien plus de chance d'être mieux éduqué, nourri et soigné ; les parents ont plus de marges pour épargner, placer ou investir leur argent dans leurs projets personnels ; le système éducatif et le système de santé s'en portent naturellement bien mieux car la population à laquelle leurs services sont destinés va bien mieux. On est au cœur du deuxième dividende qui en retour renforce mécaniquement les dispositifs du premier dividende.

Le gonflement progressif de la taille de la population en âge de travailler (15 à 64 ans) conséquent à la baisse de la fécondité constitue le premier signe d'un dividende démographique en formation. D'une manière générale, les démographes considèrent que la modification de l'architecture générale de la pyramide des âges conséquente à la compression graduelle de la base qui entraîne un grossissement du milieu du schéma pyramidal peut prendre des décennies avant d'être réellement perceptible. Certains soutiennent même qu'elle peut aller jusqu'à cinq décennies. Cinquante ans pour une transition démographique de pays aussi peu peuplés que la plupart de ceux d'Afrique subsaharienne : Seigneur ! La Chine n'a réussi sa transition qu'en l'espace de trois décennies ; et on parle de plus d'un milliard de personnes rien que pour un seul pays. S'il faut autant de temps pour qu'un pays comme le Gabon avec sa population qui correspond à celle d'une petite agglomération de la Chine ou de l'Inde, alors là, je crois qu'on est dans une spéculation délirante. Je prends souvent l'exemple du Gabon car c'est un pays qui a tout et vraiment tout pour se développer, je n'exagère point, je dis bien « se développer » et pas tout juste sortir du sous-développement ou simplement « émerger », mais qui a choisi de demeurer infiniment sous la dictature d'un clan familial et dans le sordide confort du sous-développement. Ce pays m'intrigue. On peut bien croire ce que l'on veut, si l'on se réfère aux analyses des démographes, mais je crois que relever le défi de la transition démographique en même temps que celui de la modernisation économique et sociale dans la perspective d'une sortie effective et définitive du sous-développement et d'une évolution dans le sens d'un développement de qualité, cela prendrait au maximum cinq ans aux pays africains ayant moins de quinze millions d'habitants. Cela ne veut pas dire qu'en une demie décennie tout pourrait être bouclé. Non, ce serait trop beau et facile pour être réalisable. Cinq ans, c'est pour sortir des sentiers battus du sous-développement et pour se poser sur la grand-route du développement, entre une transition démographique, plus qu'en cours, en marche forte et soutenue vers son accomplissement et une modernisation économique et sociale bien en mouvement. Mais il n'y a rien de magique dans cette transformation. Il faut le vouloir et s'engager fermement, et avec l'implication de toute la population, à le faire vite et bien. La baisse de la fécondité, cela s'opère avec une volonté ferme de rompre avec les familles nombreuses. Cette volonté ne se décrète pas. Elle ne tombe pas non plus du ciel. Elle se construit dans le temps avec un travail pédagogique qui est en amont comme en aval du travail stratégique à mener. On ne peut pas espérer des parents qu'ils optent volontairement pour une famille de taille réduite si on ne leur explique pas avec clarté les enjeux en implication, les défis à relever ainsi que les objectifs visés. En partant du premier des indicateurs de toute transition démographique, à savoir la baisse du taux de mortalité infantile (TMI), on peut pédagogiquement arriver à faire comprendre aux personnes adultes l'intérêt pour elles comme pour tout le pays, autant du point de vue économique que du point de vue social et humain, de limiter et d'espacer les naissances. *A priori*, avec la baisse du TMI, les parents se rendent compte de la nécessité de faire primer la qualité de vie des enfants sur leur nombre. Ce qui mécaniquement agit sur leur rapport à la procréation ainsi que sur la fécondité d'une manière générale. Les ressources que libère la limitation du nombre d'enfants mais également l'énergie ainsi que le temps qu'ils gagnent à devoir s'occuper de moins d'enfants leur permettent de planifier leur vie familiale au-delà du nombre. C'est d'une planification familiale générale dont il est alors question, et pas juste d'un simple contrôle des naissances, entre leur limitation et leur espacement. C'est tout un cercle vertueux qui, ainsi, se crée entre le fait de pouvoir avoir des enfants en bonne santé et pouvant profiter d'une éducation de qualité, le fait pour les parents de pouvoir épargner et de pouvoir faire des placements et investissements intelligents et intéressants pour eux ainsi que pour leur progéniture et le fait pour les femmes de pouvoir aller plus loin que d'habitude dans leurs études et de disposer davantage de qualifications et de compétences leur permettant d'intégrer plus facilement le marché du travail et d'y trouver des emplois de qualité, au même titre que les hommes. C'est tout ce circuit qui dans son ensemble doit faire l'objet d'une politique bien conçue, menée et suivie. Rien qu'en suivant le parcours d'une famille pendant une ou deux décennies, on peut faire la mesure réelle des avantages incommensurables de la planification familiale dans toutes ses composantes et dans toutes ses dimensions. Non seulement les familles dont l'évolution a été suivie peuvent servir d'exemples pour inciter les autres à suivre le même chemin, mais également elles peuvent servir de repères pour améliorer la politique de population dans son ensemble et pour son élargissement à l'ensemble de la société vivante. La modernisation économique et sociale, cela demande un travail pratique d'éducation populaire aux *bonnes pratiques* modernes autant pour les populations et les ménages que pour les entreprises et administrations publiques comme privées. Ce n'est pas juste une affaire de croissance et de productivité, c'est bien plus profond que cela. Pour chacun des deux défis à relever il faut un travail pédagogique ainsi qu'un travail stratégique bien conçus et bien menés. Mais un enjeu de taille pour ces deux défis reste la capacité des États à entraîner l'ensemble de la société vivante dans le sens de la réalisation de la transition démographique et dans le sens de la modernisation économique et sociale du pays. Raison pour laquelle le travail pédagogique doit être accompagné de politiques très efficaces de population et de modernisation économique et sociale, avec des dispositifs administratifs bien appropriés ainsi que des stratégies d'action bien productives.

L'ouverture de la fameuse et très intéressante fenêtre d'opportunité du deuxième dividende démographique, en même temps qu'elle confirme la transformation en cours, lance un défi entier à l'État ainsi qu'à la population dans son ensemble. C'est exactement à cette étape précise du processus de transformation que doit être mis en place tout un ensemble de dispositifs pour non seulement renforcer les acquis démographiques obtenus depuis le début du travail effectué dans la perspective de la réalisation de la transition démographique, mais également pour réorganiser l'ensemble du circuit économique et social et investir de manière intelligente dans des domaines stratégiques bien ciblés, tout en gardant en vue le travail à mener pour le changement des pratiques économiques et sociales courantes dans le pays. La fenêtre d'opportunité, une fois ouverte, entraîne l'économie dans une dynamique de revitalisation très forte, avec une hausse réelle du revenu par habitant, une augmentation de l'épargne ainsi que du potentiel d'investissement, mais également un relèvement de la qualité du capital humain. Non seulement la population en âge de travailler augmente de manière considérable, ce qui a un effet direct sur le ratio de dépendance, mais surtout, avec l'amélioration des politiques destinées à l'éducation et à la santé les travailleurs voient leur niveau de qualification et leurs compétences se rehausser, ce qui, à son tour, a un effet réel sur la productivité. L'État est ainsi appelé à faire preuve d'anticipation pour accompagner de manière intelligente cette grande transformation en cours, car il se doit d'agir pour profiter des opportunités réelles qui s'ouvrent à l'économie, mais sans perdre de vue qu'avec la baisse de la fécondité et l'augmentation de l'espérance de vie, le vieillissement progressif de la population suivra tout naturellement, ce qui exige de la part des pouvoirs publics des choix politiques bien adaptés à ce phénomène nouveau qu'est la gestion économique et sociale de la vieillesse.

C'est en 2000 en Afrique du Sud que des conditions favorables à la saisie et à l'exploitation d'un dividende démographique sont apparues pour la première fois en Afrique. Au même moment, plusieurs pays d'Asie orientale profitaient déjà des retombées des efforts de réduction des naissances fournis durant le dernier quart du siècle précédent. Aujourd'hui, les pays africains les plus en avance dans leur processus de transition démographique accomplissent de grands pas vers leur développement au sens global du terme, mais ils doivent aller plus loin dans leur transformation. Ce qui veut dire qu'ils doivent se moderniser. Et un paramètre bien illustratif du degré avec lequel un pays se modernise reste la manière dont le vieillissement de la population y est conçu comme objet d'économie politique. C'est à ce niveau précis que l'on voit véritablement s'il y a une politique de population au sens vrai du terme. Le défi que lance le vieillissement aux gouvernements africains est un défi de bonne gouvernance au sein même du grand défi de bonne gouvernance qu'est la gestion de la population dans sa totalité. Jusqu'ici, les personnes âgées sont gérées de manière presque exclusivement sociale. En dehors des petites pensions de retraite, pour les rares personnes qui ont le « luxe » d'en bénéficier, et de quelques petits services de santé gratuits dans quelques pays, la vieillesse ne constitue pratiquement pas encore une question d'économie politique en Afrique subsaharienne ; mais il va falloir s'y mettre, car elle donne une suite au deuxième dividende démographique. Le retour sur investissement dans le capital humain doit aussi concerner cette catégorie plus avancée en âge de la population. Les pays africains gagneraient dès maintenant à prendre les devants de cette question qui, indépendamment même de la transition démographique, finira par s'imposer à eux, vu les cohortes qui prennent annuellement de l'âge et qui dans quelques décennies atteindront le « troisième âge ». Quelque part, on peut considérer que seuls les pays africains du groupe des plus avancés dans leur transition démo-graphique, et donc en pleine mesure d'exploiter le dividende démographique, sont immédiatement ou à court terme concernés par ce phénomène du vieillissement de la population en tant qu'objet d'économie politique. Il s'agit là aussi essentiellement des pays d'Afrique australe, des « petits » pays d'Afrique équatoriale ainsi que du Cap-Vert. Mais, vu le rythme avec lequel la population africaine a cru et croît encore au cours de ces dernières décennies et vu l'allongement continu de la durée de vie dans le temps, tous les pays africains sont aujourd'hui appelés à porter une attention très particulière à la condition globale de leurs personnes âgées ou de leurs « aînés », car ceux-ci vont inéluctablement représenter dans les années à venir une part non négligeable voire considérable de leur population totale. C'est dire qu'au-delà de ce qu'elle représente dans la taille de la population totale, chaque composante de la pyramide des âges gagnerait à être en permanence prise en compte car l'objet politique que constitue la population est un et indivisible. Dès lors qu'on se lance dans un processus dynamique devant mener à la transition démographique, c'est toute la chaîne démographique qu'il faut prendre en compte car ses trois anneaux sont entièrement reliés les uns aux autres et forment ensemble une suite appelée la vie humaine (en termes d'activité : jeunesse-adulte-vieillesse ; respectivement : - 15 ans, entre 15 et 65 ans, 65 ans et +).

Renverser la tendance générale du ratio de dépendance, ce qui veut dire faire en sorte qu'il y ait graduellement moins de personnes dont l'âge est compris entre 0 et 15 ans, cela constitue un premier défi, celui de la transition démographique. Rehausser le capital humain dans la perspective d'une modernisation économique et sociale réelle et forte, en est un deuxième bien distinct du premier mais qui lui donne une suite en créant les conditions du renforcement des acquis obtenus. Le premier défi repose fondamentalement sur la baisse de la natalité et de la fécondité pouvant être réalisée grâce à la promotion de la planification familiale sur toute l'étendue du territoire considéré et singulièrement de son pilier central, à savoir l'utilisation des méthodes modernes de contraception. Cela va sans dire qu'à côté du travail pédagogique de conscientisation et stratégique de mobilisation générale de la société vivante pour l'amener elle-même à agir dans le sens de la réalisation du dividende démographique, il faudrait de manière conséquente investir dans l'éducation en général et dans l'éducation des filles en particulier ainsi que dans la santé de la population en général et dans la santé reproductive en particulier. Cet investissement contribue bien évidemment à renforcer la qualité du capital humain, notamment avec le relèvement du niveau d'éducation et de l'état de santé de la population jeune appelée à moyen terme à devenir adulte et à travailler pour entretenir le reste de la population. Mais à côté de cet investissement singulièrement destiné à la réalisation de la transition démographique, il y a un autre type d'investissement, qui, lui, est principalement économique et social. Il s'agit de celui qui intègre en même temps éducation, formation, insertion professionnelle. D'une manière générale, le rehaussement de la qualité du capital humain concerne l'ensemble des trois compartiments de la pyramide des âges, même les personnes plus âgées ne devraient pas être oubliées car avec l'augmentation de l'espérance de vie constatée dans tous les pays ou toutes les régions du monde, l'âge limite de l'activité a tendance à être repoussé de manière infinie, laissant ainsi aux uns et aux autres la possibilité de prolonger leur vie active au-delà même de l'âge général de la retraite dans un pays donné. Les personnes âgées peuvent encore être actives et même productives à leur manière et suivant leurs capacités et leur rythme personnel. Tous les pays gagne-raient à penser de manière sérieuse à des « formules intelligentes » de réinsertion des personnes âgées qui le souhaiteraient dans le tissu socio-économique en veillant à ce que leur activité ne prive pas de travail la population plus jeune et en cherchant à valoriser leur expérience comme un atout pouvant potentiellement apporter une valeur ajoutée à la productivité réelle.

L'éducation et la santé sont des constantes entières et centrales de toute politique de population, mais elles n'en sont pas les seules. En effet, que l'on soit jeune, adulte ou vieux, on a besoin d'être en bonne santé et de s'éduquer d'une manière ou d'une autre tout au long de la vie. De la même manière, toute société tournée en permanence vers un développement global, humain et de qualité a besoin de voir sa population, par-delà les âges ou générations, demeurer en bonne santé et s'éduquer tous les jours. Non seulement la bonne santé et l'éducation permanente et de qualité demeurent ensemble des aspirations individuelles et collectives de tous les temps, mais également elles constituent les conditions absolues de tout progrès humain et social. Ce n'est d'ailleurs pas pour rien qu'à elles seules, elles composent largement une bonne partie du budget de la plupart des gouvernements des pays du monde. Ce qui, pour autant, n'empêche pas qu'elles demeurent encore et sans doute demeureront pour toujours des domaines politiques à problèmes car il y aura toujours autant dans la santé que dans l'éducation et la formation des défis à relever par les gouvernements dans tous les âges de la vie. C'est exactement le coût à payer pour se constituer un capital humain de qualité et pour assurer sa reproduction dans le temps, en veillant en permanence à ce que la qualité soit davantage relevée.

L'investissement dans la santé, dans l'éducation et dans la formation de la population dans l'optique d'un rehaussement de la qualité du capital humain dans un pays considéré renvoie aux dépenses générales consacrées à ces trois grands domaines gouvernementaux ou de gestion politique et publique. En effet, indépendamment de la structure démographique de la population de son pays, tout État ou gouvernement responsable se doit de consacrer une part conséquente de son budget global à ces trois domaines car ils sont ensemble la garantie pour un pays de disposer de ressources humaines à la hauteur des exigences réelles de l'économie et même, mieux, capables de rendre celle-ci davantage performante et compétitive. L'économie d'un pays est en général à l'image de la qualité des politiques de santé, d'éducation et de formation qui y sont en vigueur. Les investissements dans la santé, l'éducation et la formation de la population ont toujours, soit directement soit indirectement, un effet réel sur l'évolution macroéconomique du pays. On ne se tromperait point en soutenant : dis-moi quel est l'état de santé de ta population et jusqu'où elle est éduquée et formée, et je te dirai quelle économie tu as ! Rien de plus logique car l'économie c'est avant tout de l'activité humaine dans toutes ses composantes. Même les machines, de plus en plus sophistiquées à notre époque, sont produites par des humains et fonctionnent aussi dans la chaîne de production économique avec des humains. On aura beau créer tous les robots imaginables, toutes les machines que l'on veut, les ordinateurs les plus performantes de tous les temps, aucune économie ne pourra véritablement se passer de l'activité humaine. L'homme est et restera toujours ou en tout cas pour très longtemps encore au début, au centre et à la fin de l'activité économique. D'où tout l'intérêt pour toute économie nationale d'investir de manière conséquente pour le mettre dans les meilleures dispositions physiques, psychiques et professionnelles dans le but de tirer le meilleur de lui.

Il n'y a pas dans ce monde de pays sans problème de santé, d'éducation ou de formation professionnelle de la population. Mais la différence entre les pays développés et les pays sous-développés à ce niveau précis, c'est que dans ces derniers pays, tous ces problèmes sont systémiques et structurels. Et ce n'est pas parce qu'il y a une transition démographique à accomplir que les choses pourraient du jour au lendemain changer. Il suffit de regarder l'état des services publics dans le monde pour se convaincre de l'incapacité de l'écrasante majorité des gouvernements à investir davantage dans la santé, l'éducation et la formation de leur population. Alors que dans les pays développés, la qualité du service public est en dégradation continue, dans les pays sous-développés le minimum syndical est très loin d'être assuré dans le public. Déjà que les gouvernements de ces derniers pays fonctionnent pleinement à crédit, ce serait peut-être trop leur demander d'investir davantage dans la santé, l'éducation et la formation de leur population. Jusqu'ici, à l'exception des pays d'Afrique australe, de Maurice, du Cap-Vert et des Seychelles, aucun pays d'Afrique subsaharienne n'a trouvé « la bonne formule » pour se constituer durablement un capital humain diversifié du point de vue des secteurs d'activité ou des domaines de compétences et de qualité. D'un pays à un autre, on retrouve les mêmes problèmes structurels dans chacun des trois secteurs en question. Si ce n'est un problème de surplus des effectifs, c'est un problème de manque de ressources humaines, de faiblesse des équipements ou de qualité des programmes. Et très souvent, ce sont tous ces problèmes réunis que l'on rencontre dans les pays africains. Comment alors relever la qualité du capital humain dans ce genre de contexte où tout est problème hautement problématique ?

Rehausser la qualité du capital humain, c'est bien beau comme objectif. Mais de la théorie à la pratique, des bonnes intentions aux grands actes, il y a du chemin à faire. Par où commencer pour rehausser la qualité du capital humain ? Par préciser ce que l'on entend par rehausser la qualité du capital humain. Je précise au passage que bon nombre de rapport d'études sur le dividende démographique et le développement économique insistent beaucoup, et à juste titre d'ailleurs, sur cette nécessité d'investir dans la santé, l'éducation et la formation de la population. Cela me paraît évident car je ne vois pas comment un pays peut sortir du sous-développement ou se développer économiquement s'il ne se préoccupe pas par-dessus tout de l'état de santé ainsi que du niveau d'éducation et de qualification professionnelle de sa population. Mais alors comment procéder ? La réponse à cette dernière question me paraît elle aussi bien évidente. Elle se résume à l'amélioration des services de santé, à l'augmentation des taux de scolarisation des enfants, au suivi pour qu'il y ait le maximum d'élèves ou d'étudiants qui aillent jusqu'au bout de leur études pour chaque cycle scolaire ou universitaire considéré ainsi qu'un renforce-ment des liens entre les types de formation et les profils professionnels recherchés sur le marché du travail. A ce niveau précis aussi, tout peut paraître général, mais il n'y a qu'une et une seule manière de procéder. C'est de se fixer des objectifs précis et atteignables à chacun des trois compartiments de la pyramide des âges et de mettre en place des dispositifs stratégiques qui permettent de relever partout les défis de la quantité et de la qualité. Préciser ce que l'on entend par rehaussement du capital humain, c'est ainsi, au-delà de l'investissement dans la santé, l'éducation et la formation de la population, définir pour chaque groupe d'âges de la pyramide démographique les objectifs spécifiques visés, les défis généraux à relever, les actions prioritaires à mener. Et cela ne va guère de soi, car d'un pays à un autre ces objectifs, défis et priorités peuvent varier. Dans le cas de l'Afrique subsaharienne, en dehors de cette poignée de pays dont je ne cesse de dire et de répéter qu'ils sont largement en avance sur tous les autres dans leur cheminement vers la réalisation de la transition démographique et plus globalement dans leur processus de développement, il demeure de très fortes similarités entre les pays quant à la phase à laquelle se situe chacun d'eux dans ce processus. En dehors de l'Afrique australe, les trois autres régions d'Afrique subsaharienne sont toutes confrontées aux mêmes défis structurels à relever pour chacun des trois groupes d'âges de la pyramide démographique. Et à ces différents niveaux d'intervention, ce qui est recherché reste la maîtrise de la quantité démographique ou du nombre d'individus et le relèvement continu et infini de la qualité de vie ainsi que des qualifications et compétences professionnelles de la population. Partout, il est question de flux, de stock et d'une capacité à gérer autant dans l'une que dans l'autre de ces deux aspects généraux de la gestion de la population en tant qu'objet d'économie politique la quantité réelle ainsi que la qualité vivante de celle-ci.

Toute politique de population, si l'on considère la population comme un objet d'économie politique, repose sur trois grands piliers : la quantité, la qualité et la prospective. Au-delà de ces trois piliers, il faut distinguer le privé du public. Le privé n'est pas si problématique que cela, car il repose sur le volume réel et la solvabilité de la demande autant en matière de santé que d'éducation et de formation. Il est bien évident que vu l'état des services publics en santé et en éducation dans la plupart des pays du monde, les parents disposant des moyens ont systématiquement tendance à amener leurs enfants dans le privé. Mais, vu le niveau de revenu de l'écrasante majorité des populations des pays sous-développés, il est bien évident que ces derniers pays ont encore et encore besoin de services publics à la fois accessibles à toutes les couches sociales et présentes dans toutes les localités territoriales du pays considéré. Il suffit de voir les chiffres du niveau de satisfaction de la demande en santé dans les pays sous-développés pour se rendre compte de l'ampleur de la tâche à accomplir. Depuis deux ou trois décennies, il se constitue partout dans les centres urbains d'Afrique au sud du Sahara, des classes moyennes de plus en plus autonomes vis-à-vis de l'État, mais une telle dynamique ne doit pas pousser à fermer les yeux sur la situation sociale de la grande majorité de la population de cette quarantaine de pays qui sont pratiquement tous dans le peloton des pays les plus pauvres du monde. Non seulement l'économie privée est encore peu développée en Afrique subsaharienne et les classes moyennes à la fois trop petites en volume et trop fragiles dans leurs capacités propres à satisfaire de manière autonome tous leurs besoins sociaux, mais également le public qui constitue le seul recours pour les couches sociales populaires a tendance à être de plus en plus absent et performant. Moins de services publics et moins de qualité dans le service public, cela porte naturellement atteinte à la qualité du capital humain. Le relèvement des taux d'achèvement scolaire constaté ces dernières années dans un certain nombre de pays d'Afrique subsaharienne ne s'explique point par l'augmentation du niveau d'accessibilité ou par l'amélioration des services publics en matière d'éducation ; il est principalement dû à la constitution de ces classes moyennes que l'on retrouve dans les grandes villes du continent et qui, tant bien que mal, s'activent fortement pour relever leur niveau et leur qualité de vie. Partout en Afrique subsaharienne, la pyramide sociale semble demeurer avec le même *design* : une classe relativement riche et très restreinte, voire statistiquement insignifiante dans plusieurs pays ; des classes moyennes en formation mais restant encore très limitées dans leurs effectifs et socialement fragiles, des classes populaires qui augmentent en permanence, dont le quotidien est caractériellement marqué du sceau de la débrouille et qui ne comptent que sur les services publics pour satisfaire leurs besoins en santé, en éducation et en formation. Indépendamment de la disponibilité et de la qualité des services publics, on a donc en Afrique subsaharienne un grand problème autour du pilier de la quantité. C'est le premier défi à relever dans le moyen terme si l'on veut voir se relever graduellement la qualité du capital humain.

Ce problème du nombre est avant tout un problème démographique, c'est le résultat de toutes ces décennies passées sans aucune forme de politique ni démographique ni de population. Ce *laissez-aller* démographique se paye toujours cash lorsqu'il s'agit de satisfaire les besoins sociaux de tous ces individus. En faisant des enfants à tout vent, sans jamais se poser la question de savoir comment les nourrir, les soigner, les éduquer, leur permettre de s'épanouir à tout point de vue, on se crée tout gratuitement une charge humaine réelle et dont les besoins, mêmes les plus élémentaires, risquent pour une écrasante majorité de ces populations de se retrouver insatisfaits. C'est en cela que la quantité devient un problème. Et j'entends souvent dire que l'Afrique est moins densément peuplée que l'Europe occidentale ou que l'Asie, ce qui ainsi lui donnerait une marge pour encore faire des enfants. Drôle d'argument que ce dernier. On ne parle pas de surpopulation ou de densité humaine, encore qu'il y a des pays dans le continent qui, au regard de leur superficie, ont incontestablement un surplus démographique. Ces pays devraient être les premiers à se préoccuper de la baisse de leur fécondité et de la réalisation de la transition démographique. Je pense à un pays comme le Rwanda, qui pourtant fait d'énormes progrès à ce niveau, mais qui devrait redoubler d'efforts car étant géographiquement très petit pour les douze millions d'habitants qui y résident. Il ne s'agit point de surpopulation, il s'agit de gestion lucide et rigoureuse de la quantité démographique dans le but de relever toujours davantage la qualité de vie de la population. Après tout, la gestion de la population peut être, quelque part, conçue à l'aune de celle des ressources humaines dans une entreprise. C'est d'ailleurs, à mon avis, cette analogie qui semble être la plus pertinente pour expliquer de manière simple et précise ce qu'est le dividende démographique. Il n'y a aucun mal à faire ce genre de raisonnement, que l'on associe très souvent à de l'utilitarisme brut ou à du malthusianisme. Je ne vois pas ce qu'il y a de mal ou de scandaleux à être utilitariste ou malthusien lorsqu'il s'agit de penser le lien entre population et développement ou entre démographie et économie. Je précise juste au passage que la plupart des critiques adressées à Malthus et aux utilitaristes sont intellectuellement malhonnêtes. D'une part, Malthus n'a dit que ce qui lui paraît procéder du simple bon sens critique. De l'autre, le procès souvent fait à l'utilitarisme montre soit une ignorance du sens et des valeurs et principes de cette doctrine, soit tout simplement de la pure mauvaise foi de la part des détracteurs de cette dernière philosophie, en l'occurrence des marxistes chevronnés et incorrigibles dans leur penchant instinctif à tout penser en termes d'idéologie.

Le défi de la quantité est donc le premier à relever autant pour le flux des naissances que pour celui des enfants à scolariser et à éduquer et pour les jeunes à former dans le but de faciliter leur insertion professionnelle. Pour les uns comme pour les autres, il y a un surplus en termes à la fois absolus et relatifs. Le surplus absolu renvoie au nombre lui-même, indépendamment de la disponibilité des infrastructures chargées de leur scolarité, leur éducation et leur formation ainsi que de la qualité des services qui y sont fournis. La question est donc de savoir à ce niveau précis, pourquoi autant d'enfants ou de jeunes ? Les pays africains ne se sont jamais posés ce genre de question, ils n'ont jamais considéré que faire des enfants, les nourrir, les éduquer et veiller à ce qu'ils grandissent bien et se réalisent comme ils le souhaitent, cela a un coût. Malheureusement, ce n'est qu'après coup qu'ils se rendent comptent de ce coût. Trop tard ! Le *laissez-aller* démographique finit toujours par submerger les familles, les systèmes de santé comme ceux d'éducation. A force de faire des enfants « tout gratuitement », on finit par se retrouver avec des familles nombreuses pour les ménages, des structures de santé toujours débordées à longueur de journée et des établissements scolaires surpeuplés. Et qu'on ne s'étonne pas ainsi de la qualité des services de santé et d'éducation face à une demande explosive et ayant tendance à croître en continu. C'est à ce niveau précis qu'il est question de surplus relatif. En effet, au-delà du nombre qui pose lui-même problème parce qu'étant surélevé, la qualité des services qui lui sont destinés reste tout autant problématique. Il n'y a qu'à voir les effectifs des écoles et universités dans les pays africains pour se convaincre de la qualité des enseignements qui y sont fournis ou des conditions d'études des élèves et étudiants. Et à côté de ceux-ci, le personnel de ces établissements, qu'il s'agit du corps administratif ou de celui enseignant, est toujours dans la plupart des pays en mode grève ou contestation. D'un côté, il y a insatisfaction des élèves et étudiants ; de l'autre, il y a insatisfaction des enseignants. A chaque fois ou pour chaque entité considéré du monde de l'éducation, il est question des conditions d'études ou de travail et de leur dégradation. Et ce phénomène de l'école ou de l'université qui va mal n'est pas propre aux pays sous-développés ou aux pays africains, il se rencontre de plus en plus dans un certain nombre de pays développés. C'est dire la délicatesse de la chose qu'est l'éducation, entre son coût et les attentes générales de la société dans ce domaine. On est ainsi en plein débat autour de la manière de constituer ou de former un capital social de qualité. Trop d'élèves, trop d'étudiants, des enseignants insatisfaits de leurs conditions de travail, des établissements à la fois insuffisants en nombre et très peu équipés, voilà le tableau général de l'éducation publique dans la plupart des pays d'Afrique au sud du Sahara. Résultat : des années scolaires et universitaires souvent troublées, des sessions académiques se terminant en queue de poisson ou dans la pression et la précipitation, des niveaux de décrochage scolaire encore très élevés dans plusieurs pays et des résultats loin d'être réjouissants. Si l'on ajoute à ce tableau sombre l'état de la recherche ou plutôt le manque d'intérêt pour la recherche, alors c'est tout un système qui est appelé à être refait de fond en comble, car en Afrique subsaharienne, on est loin du minimum permettant de considérer qu'un système éducatif public est performant.

Le flux démographique est problématique car à supposer même que les taux de fécondité baissent durablement dans la plupart des pays d'Afrique au sud du Sahara, il faudrait compter plusieurs années voire plusieurs générations pour que cela ait un effet réel sur la demande de services en matière d'éducation. C'est dire que le problème du surplus absolu comme du surplus relatif a encore de très beaux et longs jours devant lui. Quant au problème de la disponibilité des infrastructures de santé et d'éducation et de la qualité des services qui y sont fournis, il n'y a pas à chercher longuement la solution, c'est une simple question de moyens financiers et logistiques à mobiliser et à déployer. C'est ainsi aux États de situer les priorités et d'agir en conséquence car il n'y a jamais assez de ressources ou d'argent pour régler tous les problèmes que posent la santé et l'éducation de la population ; mais entre la gestion du volume de la demande et la capacité publique à la satisfaire, aucun gouvernement ne peut se dérober. On aura beau consacrer près de la moitié du budget de l'État à l'éducation, comme dans certains pays du continent, tant qu'on continuera de gérer politiquement ce domaine majeur de la vie du pays, qui interpelle de manière forte et formelle l'action gouvernementale dans ce qu'elle a de plus rationnel, avec des logiques informelles, les grands problèmes de santé et d'éducation de la population demeureront en s'amplifiant et en se complexifiant quotidiennement. Et ce n'est point démesuré ou exagéré de ma part de le dire ainsi, car il s'agit bel et bien d'une gestion politique de type informel qui est en vigueur presque partout en Afrique subsaharienne. Et pour s'en convaincre, il suffit juste de voir à quel point l'informel biaise toute la réflexion sur les dispositions réelles des sociétés africaines à se constituer un capital humain de qualité. En effet, il y a un problème dans le problème que constitue la gestion du flux et du stock d'individus en termes de santé, d'éducation, de formation et d'insertion professionnelle. Ce problème est celui de tous ces jeunes garçons et filles qui grandissent en marge du système scolaire et qui précocement se retrouvent en pleine activité dans le circuit de la petite économie de survie qu'on appelle maladroitement secteur informel. Si cette population active dans le circuit informel de l'économie était marginale du point de vue de sa quantité, il n'y aurait aucun problème à l'absorber progressivement avec des stratégies efficaces d'éducation et de formation en tenant compte de la spécificité du parcours et de la situation des uns et des autres. Seulement, il se trouve que partout en Afrique subsaharienne, la scolarisation des filles comme des garçons pose encore très sérieusement problème. Seule, l'Afrique australe, encore une fois, fait figure d'exception. Un seul chiffre qui en dit long sur les disparités entre cette dernière région du continent et les trois autres de l'Afrique au sud du Sahara : 92% des filles et 88% des garçons vont jusqu'au secondaire en Afrique australe là où ils ne sont respectivement que 25% et 40% en Afrique de l'Ouest. Je signale au passage que ces dernières proportions sont les mêmes pour l'Afrique centrale et, pratiquement, pour l'Afrique équatoriale. De tels chiffres donnent un aperçu général mais indicatif de l'ampleur du travail à faire, car pour rehausser la qualité du capital humain il faut mettre le paquet sur les parcours éducatifs et sur les qualifications professionnelles. Et comme tout part du primaire pour finir par le lieu de travail, il faut non seulement un investissement mais également un travail rigoureux de suivi à tous les niveaux du circuit éducatif. Avec des taux de scolarisation et de pour-suite des études dans le secondaire et dans le supérieur aussi dérisoires, il ne faut guère s'étonner de la place qu'occupe la petite économie informelle dans la sphère économique générale des pays d'Afrique subsaharienne. Lorsqu'on n'a aucun diplôme, aucune qualification professionnelle, on ne peut être professionnellement destiné qu'à effectuer des tâches physiques ou alors qu'à s'activer dans la petite économie de tout et de rien. Bien évidemment, une société ou une économie ne fonctionne pas qu'avec des diplômés ou des qualifiés, mais mieux vaut en avoir beaucoup trop que très peu. Et c'est lorsqu'on en a très peu que le capital humain est en déficit de qualité. C'est tout le cas des pays d'Afrique subsaharienne. C'est dire que pour rehausser la qualité du capital humain dans cette dernière région du monde, il faut agir à la fois sur plusieurs fronts. En effet, investir davantage sur la santé et l'éducation de la population ne peut être qu'un principe général qui cache derrière lui de véritables défis à relever, parmi lesquels les plus généraux et importants restent la transformation de l'économie, avec le passage du modèle informel au modèle moderne, et le relèvement rapide des taux de scolarisation et de poursuite des études jusqu'au niveau supérieur.

Relever la qualité du capital humain, cela se fait parallèlement à la modernisation économique et sociale. Comment rehausser la qualité du capital humain dans un pays si plus de la moitié des actifs n'y atteint pas le second cycle du secondaire et si l'économie y fonctionne à plus de 80% suivant un modèle informel de gestion, c'est-à-dire en dehors du circuit managérial de l'économie moderne ? La réponse à cette question s'impose d'elle-même : rompre avec l'informel comme modèle économique et rompre avec la gestion informelle de l'éducation. Rompre avec l'informel comme modèle économique, j'en ai déjà longuement parlé dans le passage traitant de la modernisation économique et sociale des pays africains. La gestion informelle de l'éducation, c'est ce qui, au-delà des effectifs, explique une bonne partie des problèmes structurels que rencontrent les pays africains dans ce domaine. En effet, de la même manière qu'il constitue un modèle économique plutôt qu'un simple secteur économique, l'informel est aussi un mode de gouvernement. On retrouve son empreinte partout dans l'ordre des pratiques politiques en Afrique. Il y constitue la rationalité gouvernementale en vigueur. Même l'éducation, sans doute le domaine qui, avec la santé, nécessite le plus de sérieux de la part des gouvernements, n'échappe pas à l'informel. Ce qui le plus illustre cet état de fait, c'est le grand décalage entre les lois et les pratiques politiques en matière d'éducation dans une bonne partie des pays africains. En effet, nombreux sont les pays d'Afrique subsaharienne où l'obligation d'aller à l'école jusqu'à 16 ans est inscrite en lettres fortes dans la législation, mais dans les faits, cette disposition législative est loin d'être respectée ou appliquée. Comment expliquer le phénomène général des « enfants de la rue » dans la plupart des pays africains si ce n'est par le simple fait que tout y est informel. Ce qui caractérise fondamentalement les sociétés informelles, c'est cette tendance générale à relativiser tout et tout, jusqu'à ce qu'il y a de plus formel, à savoir l'éducation. Lorsqu'on ne s'occupe pas politiquement de contrôler les naissances pour, au moins, avoir une idée, ne serait-ce que, approximative de la charge sociale en matière de santé et d'éducation de la population, il ne faut pas en retour s'étonner de la faiblesse du taux de scolarisation, de l'ampleur du taux de décrochage scolaire et donc du volume réel d'enfants grandissant en dehors du circuit éducatif et donc destinés, comme par fatalité, à aller grossir les rangs de la petite économie quotidienne de la débrouille. Qui ne sait pas contrôler le rythme d'accroissement naturel de sa population, ne saura ni s'occuper de l'éducation de ses enfants, ni de la formation de ses jeunes et encore moins de leur insertion professionnelle. C'est ce qui explique, comme dans une suite algébrique d'une cohérence absolue, le fait qu'il y ait à la fois trop de naissances, trop d'enfants, trop de jeunes et trop de personnes en âge de travailler sur le marché du travail. Cette suite qui renvoie aux différentes étapes du parcours de vie de la population est celle dont doit s'occuper le troisième pilier de toute politique de population, à savoir celui de la prospective.

La prospective en matière de politique de population renvoie à la capacité de l'État ou de son gouvernement à planifier non pas la vie de la population, mais son évolution entre les défis à relever du nombre et de la qualité. Tout en matière de politique de population se tient. Les nouveaux-nés, les enfants, les jeunes, les adultes, les personnes âgées se tiennent de manière à la fois dynamique et linéaire. En conséquence, toute absence ou tout manquement dans l'un ou l'autre des compartiments de la pyramide des âges a un impact réel sur les autres et sur l'ensemble de la population. Au-delà de la gestion du nombre ou de la quantité et de la qualité, la prospective constitue ce qui fait l'essence même de toute politique de population. La notion, très politisée ou entachée d'une très forte connotation idéologique, de planification vaut son pesant autant en matière d'analyse des politiques de développement qu'en matière de mise en œuvre de celles-ci. La rationalité gouvernementale moderne, qui a émergé à la Renaissance, qui a pris forme durant l'âge classique pour finir par constituer vers la fin du siècle dit des Lumières, qui marque le seuil de l'entrée dans l'ère moderne, à savoir le XVIIIe siècle, un modèle de gouvernance politique complet ou accompli, repose fondamentalement sur cette notion de planification. Planifier, c'est avant tout maîtriser la structure constitutive de la chose sur laquelle on cherche à agir, c'est comprendre le processus général d'évolution de celle-ci et c'est, en conséquence, agir de manière intelligente et simultanée autant sur cette structure en question (la quantité vivante) que sur ce processus en question qui consacre la vie de la population considérée (la qualité). Le propre d'un État moderne réside, au-delà du droit, dans sa capacité à mener une biopolitique, une politique de et pour la vie de la population. La prospective est la politique même de la population à la fois dans son ensemble et dans ce qu'elle a de plus fondamental. Tous les pays qui ont réussi dans une durée bien déterminée dans le temps à allier politique de régulation démographique et politique de développement économique, comme par exemple la Corée du Sud, portent en eux cette substance qui en fait des sociétés disposées à se moderniser rapidement, facilement et infiniment. C'est pourquoi j'ai répété à maintes reprises depuis le début du présent ouvrage que l'Afrique a besoin, plus que tout et en toute urgence, d'une politique de population. C'est cette politique qui lui permettra de distinguer et d'isoler autant les handicaps qui encore l'enfoncent terriblement dans le sous-développement que les atouts qui pourraient lui permettre d'en sortir ou de se mettre sur la voie d'un développement global, humain et de qualité. Et de la même manière que tous les éléments du nombre ou de la quantité sont liés les uns aux autres (les nouveaux-nés, les enfants, les jeunes, les adultes, les personnes âgés), toutes les composantes d'une politique de population qui s'inscrit dans la perspective d'un développement de qualité sont liées les unes aux autres (contrôle de la natalité et de la fécondité, éducation des enfants, formation des jeunes, insertion professionnelle des personnes en âge de travailler, suivi de la situation sociale et vivante des personnes âgées). C'est ce tout organique et indivisible qui constitue l'objet même de toute politique de développement destinée à relever la qualité de vie de l'ensemble de la population d'un pays. C'est la raison pour laquelle le rehaussement de la qualité du capital humain va de pair avec celui de la qualité de l'investissement économique.

La qualité de l'investissement économique

Il y a une multitude de paramètres macroéconomiques qui permettent de mesurer l'état général d'une économie mais également l'évolution économique d'un pays. Le PIB est sans aucun doute le paramètre le plus utilisé par les économistes, mais pour autant il n'est pas une variable indépendante de l'analyse du niveau de développement d'un pays. Non seulement, il est le produit intégré et organique de l'interaction dynamique entre une grande diversité de facteurs, mais également, il ne suffit pas pour rendre compte de l'étape précise à laquelle se situe le pays considéré dans son processus de développement. Depuis bien longtemps, il est dit, redit et acquis que la croissance économique constitue une composante déterminante du développement d'un pays mais qu'elle n'en est ni la seule ni la plus importante. Toute étude ou analyse de l'état global de développement d'un pays part du contexte général de celui-ci pour se poursuivre avec un examen plus approfondi d'un nombre bien limité et déterminé de secteurs ou domaines qui sont généralement au nombre de trois et qui, chacun d'eux, entretiennent en leur sein une pluralité de composantes et de sous-composantes. Ces trois domaines en question sont le politique, l'économique et le social. Le politique et le social sont transversaux à chacune des parties ou thématiques traitées dans le présent ouvrage, alors que l'économique, lui, renvoie à quelque chose de bien précis : la capacité d'une société donnée, entre les politiques qui y sont en vigueur et l'activité productive de sa population, à produire des biens et richesses et à s'organiser de telle sorte que ce système productif perdure dans le temps en se renforçant structurellement et en devenant indéfiniment de plus en plus performant.

S'il y a une leçon à tirer de la croissance économique enregistrée ces dernières années un peu partout en Afrique subsaharienne, qui tourne généralement autour de 5% du PIB de la grande majorité des pays, c'est qu'il y a une réelle marge de manœuvre pour arriver, au-delà des performances économiques, encore faibles et fragiles, à une dynamique de développement de qualité, c'est-à-dire un développement global et humain. Dans l'expression « marge de manœuvre », il y a deux notions importantes : marge et manœuvre. La marge renvoie à un éventail de possibilités, la manœuvre est ce qui permet d'exploiter ces dites possibilités. On n'a pas besoin d'étudier et de réétudier la situation générale des pays d'Afrique au sud du Sahara ou de lire les innombrables rapports consacrés annuellement au développement du continent africain ou à sa situation générale pour savoir qu'il y a bien partout en Afrique une marge de manœuvre en vue d'une sortie définitive du sous-développement ou d'une évolution progressive vers un développement de qualité, parce qu'il ne peut pas en être autrement. Cette dernière affirmation est valable autant pour le progrès politique que pour le progrès économique et social. La transition démographique dont parlent à l'heure actuelle toutes les études et analyses et tous les rapports sur l'Afrique subsaharienne s'inscrit pleinement dans la perspective du développement du continent. Pour la première fois, la population africaine est pensée comme un élément déterminant du processus de développement de l'Afrique. Dans le présent exercice intellectuel sur l'évolution globale et générale de l'Afrique, la population est plus que déterminante en tant que facteur ou variable analytique, elle est décisive car si les performances économiques, encore très faibles et fragiles, enregistrées ces dernières années dans le continent ne sont pas accompagnées d'une dynamique de transition démographique, les avancées dans la perspective d'un développement de l'Afrique seront à tout point de vue dérisoires. C'est ce qui justifie l'enchaînement que je fais dans le présent ouvrage entre la question démographique et la question économique. Nul doute que si depuis les années 1960-1970 ou même celles 1980-1990 les pays africains avaient pris le soin de se pencher sur la question démographique, à l'heure venue de la grande mondialisation libérale, qui, malgré tous ses défauts, permet à bon nombre de pays du monde de réaliser de grandes performances économiques, ils seraient, à l'instar d'un certain nombre de pays asiatiques, en train de tirer tout tranquillement les marrons du feu. C'est cette question démographique qui par-dessus tout ramène l'analyse sur terre, au moment où elle a tendance à s'enflammer sur les maigres performances économiques enregistrées ces dernières années par-ci par-là dans le continent. Avec la question démographique, l'analyse est contrainte de retourner à la réalité profonde et vivante des choses, elle se rappelle qu'on a affaire au continent le plus pauvre du monde, aux régions les plus sous-développées du monde et aux pays les moins avancés du monde. D'où la nécessité de prendre une précaution critique, celle d'éviter de s'enfermer dans un grandiose fantasme : l'Afrique serait en train de se développer ou d'émerger. Non, non et non. Le chemin qu'est en train de prendre l'Afrique ou même qu'elle emprunte depuis longtemps, depuis toujours, ne mène, à vrai dire, nulle part ailleurs qu'à davantage de sous-développement. Au lieu de reconstruire l'édifice en ruines ou en dégradation continue, on se contente de remettre une couche de peinture sur la façade. Au lieu de s'attaquer aux handicaps généraux et globaux que traîne depuis toujours le continent, on se fixe sur les maigres et petites retombées de la mondialisation libérale en oubliant que la valorisation des atouts du continent passe avant tout par une rupture définitive avec un certain nombre de rigidités structurelles qui enfoncent davantage l'Afrique dans le sous-développement. A mon avis, aucune réflexion sur l'évolution globale et générale de l'Afrique ne peut aujourd'hui contourner la question démographique. Mieux, elle doit impérativement partir de celle-ci avant de se focaliser sur les miettes que ramasse l'Afrique de la mondialisation actuelle de l'économie. Indépendamment même de la situation de l'Afrique, la question de la population est la première question de développement et la question de la qualité de vie de la population le point d'aboutissement ou de convergence de toute réflexion sur le développement. Cela ne veut pas dire que le politique, l'économique et le social sont subsidiaires au démographique, cela signifie simplement que la population est à la fois sujet et objet du développement. Elle en est à la fois l'acteur et le bénéficiaire. C'est elle qui transforme la société et c'est à elle qu'est destinée cette transformation. Elle est exactement comme le peuple en démocratie : gouvernement du peuple par et pour le peuple.

Et toute l'importance du rehaussement de la qualité du capital humain est dans ce double statut de la population : un acteur bien portant deviendra naturellement plus performant du point de vue de sa productivité économique et un bénéficiaire bien portant coûtera aussi naturellement moins cher à la société en termes de dépenses. Ce qui veut dire que la population est elle-même le vrai objet de l'économie. Les produits en sont la matière. La production, la commercialisation ou l'échange et la consommation en sont les procédés généraux. Mais, en amont comme en aval, il demeure une et une seule chose : la population. Les populations. Les individus. Les hommes. Et à ce niveau précis, Protagoras a parfaitement raison de considérer que l'homme est *la mesure de toute chose*. Et pour donner suite à cette réflexion, on peut même aller jusqu'à soutenir que le développement est humain ou n'est pas. Et, à mon avis, il ne peut pas en être autrement. C'est, d'ailleurs, pourquoi une des premières questions que je me suis posé en débutant ce long exercice de réflexion intellectuelle et critique sur l'évolution de l'Afrique a été de savoir au service de quoi un pays devrait-il travailler pour se développer. La réponse, là aussi, s'impose d'elle-même : au service de sa population. Les chiffres économiques et les rangs d'échelle sont des indicateurs, certes, importants, mais ils ne rendent pas compte de toute la complexité de la question du nombre humain et de sa vie. Et en partant du postulat que le développement économique se fait au service de la population humaine, on ne peut s'empêcher d'avoir en tête le baby boom permanent de l'Afrique lorsqu'il s'agit d'étudier ou d'analyser son évolution économique. C'est pourquoi le dividende socio-économique est indissociable du dividende démographique. Ces deux dividendes forment ensemble un tout que l'analyse économique gagnerait à prendre en compte dans son caractère organique ou entier. Mieux, je pense même qu'entre son milliard d'habitants déjà bouclé depuis l'année 2009, les deux milliards annoncés à l'horizon 2050 et le cap des quatre milliards qui risque d'être franchi avant la fin du siècle, aucune étude, aucune analyse et même aucune recherche sur le développement de l'Afrique, peu importe la discipline académique à laquelle elle est associée, ne peut contourner la question démographique, au risque de perdre, en tout cas à mes yeux, toute sa crédibilité analytique ou toute sa pertinence critique. Raison pour laquelle je poursuis la réflexion sur le défi de la modernisation économique et sociale de l'Afrique subsaharienne en me rappelant toujours la composition démographique générale de cette région continentale du monde.

La baisse de la fécondité a un effet direct sur le flux destiné dans l'immédiat au premier compartiment de la pyramide des âges, c'est-à-dire la classe d'âge 0-15 ans. Ce qui implique en termes budgétaires des dépenses réelles au profit de la santé et de l'éducation des enfants. Ce qui constitue un premier investissement dans le capital humain. Mais comme tout flux produit et cache un stock et qu'il est prévu, selon les projections des Nations Unies et de leurs partenaires internationaux en matière de recherche et d'analyse des dynamiques démographiques à l'échelle mondiale, que l'augmentation de la part de la jeunesse dans la population totale des pays d'Afrique au sud du Sahara se poursuive jusqu'en 2030, d'où l'utilisation courante de l'expression bien parlante et pleinement justifiée d'« explosion démographique de la jeunesse », cet investissement dans le capital humain-enfant devra se prolonger avec un investissement encore plus exigeant dans le capital humain-jeune. Le deuxième compartiment de la pyramide des âges est celui le plus problématique de toute politique de population car non seulement le stock en question résulte directement des effets des politiques appliquées au premier compartiment, mais surtout, au-delà du nombre humain, il y a la question de la formation et de l'insertion professionnelle de toute cette masse populaire composant la population active et qui, de surcroît, est appelée à supporter la dépendance des enfants et des personnes âgées. Les chiffres font froid dans le dos pour l'Afrique subsaharienne, si l'on isole le cas de l'Afrique australe, avec plus de 60% de la population ayant moins de 35 ans, et si l'on tient compte de la phase courte de transition entre les classes d'âge. Ce qui rend délicat la tâche analytique, c'est que, comme on a affaire à des sociétés fonctionnant sur la base de logiques informelles, les statistiques se chevauchent entre l'enfance et la jeunesse, ce qui peut porter atteinte à la lisibilité de l'étape transitoire entre ces deux phases évolutives de la vie mais également entre la population encore non-active et celle en âge d'activité.

Entre les taux de chômage déjà très élevés, le « chômage déguisé » de la petite économie informelle et la forte pression du flux des enfants et jeunes sur la taille de la population active, le simple investissement dans le capital humain, entre la santé et l'éducation de la population, ne saurait suffire pour assurer une évolution progressive vers un développement de qualité. En effet, les mêmes efforts à faire pour faire baisser la fécondité, pour permettre à la population d'être en bonne santé, d'être bien éduquée et bien formée doivent être faits, voire davantage, pour fournir à tout ce monde de jeunes actifs un travail décent. Et ce n'est point avec une économie à plus de 80% structurée autour de la petite économie informelle qu'on arrivera à absorber de manière qualitative ces jeunes qui, par vagues massives, rejoignent annuellement le marché du travail. Déjà qu'une bonne partie de ce qui y sont depuis longtemps se trouve confrontée soit au chômage soit au sous-emploi, le grossissement de la population active, même avec des nouveaux entrants de plus en plus qualifiés, ne changera en rien la donne, car éduquer et former sont une chose, fournir un emploi, et surtout un emploi décent, en est une autre bien plus compliquée. De la même manière donc qu'il y a un défi démographique à relever dans le dividende socio-économique, il y demeure deux autres défis tout aussi importants : celui du rehaussement de la qualité du capital humain, qui va, en toute cohérence ou logique, de pair avec celui de la qualité de l'investissement économique.

Il n'y a rien de bien compliqué dans le raisonnement, même si chaque défi semble en cacher un autre qui en cache d'autres. Pour bien comprendre la chose dont il est question, il suffit simplement de réfléchir en termes de management entrepreneurial entre les ressources humaines (le capital humain) et les outils de production (le capital investi). Entre le capital humain et le capital investi, il y a une relation dynamique qui fait que l'un a un effet direct sur l'autre. Mais sachant que ces deux capitaux ne sont pas de même nature, il faudrait analytiquement les isoler avant de concevoir le rapport interactif qui les lie. L'analyse économique a souvent tendance à dissocier ces deux capitaux et à porter davantage voire presque intégralement son attention sur le capital investi, c'est-à-dire l'équipement de travail, la matière, le produit et les finances. Elle oublie souvent ou en tout cas néglige très souvent les ressources humaines. Or, c'est ce capital humain qui, en fonction de ses compétences actives et de son niveau de productivité, permet de fructifier le capital investi et donc de rendre compétitive l'entreprise ainsi que ses produits sur le marché des biens et services. Inversement, des ressources humaines de qualité ont besoin de conditions de travail de qualité pour pouvoir être bien productives. En un mot, la qualité va avec la qualité. Il se passe la même chose à l'échelle d'un pays. La constitution ou la formation d'un capital humain de qualité ne peut contribuer au développement global et de qualité d'un pays que dans la mesure où le capital investi, lui-même, est de qualité. Mais alors, avant de concevoir la relation entre le capital humain et le capital investi, il faudrait voir de quoi est constitué ce dernier capital.

Très souvent la question de l'investissement économique en Afrique est traitée en partant des investissements directs étrangers (IDE), alors que ceux-ci ne sont qu'une composante de cette question. Les IDE sont certes importants pour l'Afrique subsaharienne et même pour toute économie du monde, mais ils n'ont jamais développé un pays. D'ailleurs, ils n'ont pas vocation à constituer la base du développement économique d'un pays. L'investissement qui permet à un pays de se développer est par nature local ou intérieur parce qu'il doit être fixe pour pouvoir se réinvestir infiniment dans le même cadre national. Les IDE sont par nature frivoles. Et jamais dans l'histoire économique mondiale ils ne l'ont autant été qu'aujourd'hui où tout devient de plus en plus mobile et où le système économique, lui-même, fonctionne comme un casino. On investit de moins en moins sur le long terme et même dans l'économie réelle. On veut tout et tout de suite. Cela, cette *fast economy*, est le credo même des investissements directs étrangers, qui fonctionnent comme des placements plutôt que comme des investissements au sens classique ou authentique du terme. Il suffit de regarder pays par pays comment pour une simple histoire de marge de profits une entreprise au départ bien installée et intégrée dans l'économie locale ou nationale peut se délocaliser pour aller se planter à l'autre bout de la planète, laissant derrière elle des travailleurs en déperdition et créant, selon sa taille et ce qu'elle représentait dans le secteur économique auquel elle appartient, un trouble ou une confusion dans tout un pan de l'économie nationale du pays en question. Avec le dumping social et salarial devenu aujourd'hui un des axes centraux autour desquels se joue la concurrence économique entre pays, en termes d'attractivité des investissements étrangers, il n'existe plus aucune garantie concernant les IDE. Non seulement, ces derniers ont toujours été gourmands dans leur quête infinie et jamais satisfaite de profits, mais surtout, ils sont devenus les maîtres du jeu car ce sont eux qui fixent les règles en la matière. Rares sont aujourd'hui les États assez puissants et autonomes du point de vue économique pour pouvoir imposer un ordre de pratiques ou un mode de fonctionnement à une grande multinationale ou même à un grand investisseur. Comme l'État n'a plus de prérogative forte en matière d'économie, c'est la loi du capital qui constitue la règle suprême. De la même manière qu'on disait du client qu'il était le roi dans le marché ; c'est l'investisseur, entre l'actionnaire et le chef d'entreprise, qui est devenu aujourd'hui le roi de l'économie. D'ailleurs, on entend souvent dire d'une entreprise que tout lui est permis dans la mesure où elle détient le capital et même qu'elle crée la richesse, et tout cela, indépendamment de ses bons et loyaux travailleurs. Tout y passe : menace de délocalisation, pression sur les gouvernements pour réduire infiniment les taxes sur les entreprises, dépréciation des droits des travailleurs, pression sur les salaires, etc. D'où la nécessité de relativiser la part contributive des IDE dans le développement économique d'un pays.

Le rehaussement de la qualité du capital économique dans la perspective d'un développement de qualité passe par la modernisation économique et sociale déjà évoquée. De la même manière que le rehaussement de la qualité du capital humain passe par l'éducation, par la formation ainsi que par de bonnes ou efficaces stratégies d'insertion professionnelle, le rehaussement de la qualité de l'investissement économique passe par la modernisation des structures économiques et sociales. Il s'agit d'un travail à faire dans chaque secteur et dans chaque sous-secteur de l'économie avec pour objectif précis le passage progressif des unités de production d'un modèle économique traditionnel ou informel à un modèle moderne. C'est en définitive tout l'ensemble du circuit économique qui, de bout en bout, est appelé à se transformer. Toutes les pratiques de production, de commercialisation et même de consommation doivent être intégrées dans un processus formel de modernisation. A ce niveau précis, l'origine du capital investi devient anonyme. Qu'on parle de l'investissement local ou des IDE, les normes ou règles de modernisation économique et sociale doivent s'imposer à tout le monde. Ces normes n'ont rien de bien mystérieux, elles prennent en compte le principe de qualité dans ce qu'il a de plus moderne ; c'est-à-dire tout autant le capital financier investi, les équipements servant à la production des biens et services, les droits et conditions de travail des travailleurs, les circuits de commercialisation, donc le marché, les prix, les usages et pratiques de consommation ainsi que le circuit des retours post-consommation.

La modernisation de l'économie va ainsi au-delà de l'investissement financier. Les finances ne sont qu'une partie de la chose. Elles sont certes indispensables mais elles restent avant et après tout des ressources. Je ne sais même pas, à moyens égaux, au nom de quoi les investissements étrangers devraient être considérés comme étant plus importants que les investissements locaux, si ce n'est sur la base de la valeur ajoutée moderne qu'ils pourraient, hypothétiquement, apporter au pays bénéficiaire. L'argent n'a ni odeur ni couleur, il est certes nécessaire à toute économie, mais ce sur quoi doit porter l'intérêt d'en avoir, c'est ce à quoi il sert plutôt que son origine. Ce qui compte pardessus tout, c'est l'impact de l'investissement dans la dynamique de modernisation du secteur économique concerné. Un simple exemple au passage : avec la formation progressive de classes moyennes dans les grands centres urbains des pays d'Afrique subsaharienne, on voit y arriver un nombre en nette croissance de grandes marques occidentales de grandes surfaces commerciales. La présence de ces nouveaux acteurs économiques sur les marchés africains contribuent naturellement à une certaine modernisation des usages courants dans un certain nombre de domaines d'activités économiques mais également dans les pratiques de consommation domestiques d'une certaine frange de la société. Un autre exemple dans le même secteur économique est celui de la présence, aussi en forte augmentation, dans les grands centres urbains africains, d'opérateurs économiques chinois réputés dans la vente de produits tous azimuts, bon marché et de très faible qualité aux classes populaires. Ces deux exemples ne concernent pas que les pays d'Afrique subsaharienne, ni même que les pays sous-développés du monde. D'un côté, les grandes marques internationales sont présentes partout où se constitue une classe moyenne de plus en plus solvable et disposée à dépenser pour avoir une qualité de vie meilleure. Depuis l'émergence de la société de consommation au début du XXe siècle aux États-Unis et par la suite dans le reste du monde occidental, on constate partout le même processus, avec une tendance forte autant à la modernisation qu'à la consommation. De l'autre, depuis son essor économique entre la fin du siècle dernier et le début du siècle courant, la Chine est devenue l'« atelier du monde ». En effet, en même temps qu'elle reste socialement et économiquement attractive pour un certain nombre de grandes compagnies occidentales qui n'hésitent pas à y délocaliser pour à la fois réduire le coût de leur main-d'œuvre et s'ouvrir à d'autres marchés beaucoup plus populaires et élargis, la Chine inonde en masse les pays sous-développés du monde de toutes sortes de produits en usage dans tous les domaines de la vie économique et sociale et accessibles à toutes les bourses. Et même à défaut de créer des multinationales pouvant rivaliser avec celles occidentales, les Chinois sont de plus en plus présents dans le commerce de proximité dans les pays occidentaux, avec l'achat en masse d'épiceries de quartier constaté dans plusieurs villes d'Amérique du nord et d'Europe occidentale. On assiste ainsi à deux modes d'expansion commerciale très différents et ayant des impacts aussi très différents sur les pays concernés. Les grandes marques ont un impact réel sur la vie socio-économique des classes moyennes des pays sous-développés, alors que la ruée des Chinois vers les marchés locaux de ces mêmes pays modifie de fond en comble toute la chaîne de cette petite économie locale qui alimente la petite économie informelle. La présence de la Chine sur les marchés publics et locaux africains est une occasion sans précédent pour repenser de fond en comble la modernisation de cette petite économie informelle qui représente plus de 80% de toute l'économie réelle des pays d'Afrique subsaharienne.

Il est inutile de s'interroger sur les avantages et les inconvénients de la présence commerciale de la Chine ou d'opérateurs chinois dans les marchés publics et locaux africains. D'une manière générale, cela réimpulse, en termes d'activités et de produits disponibles sur le marché, l'économie informelle, mais, personnellement, je ne vois en rien comment un tel phénomène contribue à la modernisation de celle-ci. Les opérateurs économiques chinois profitent bien de la structure entièrement dérégulée de cette petite économie informelle pour écouler leurs gadgets ou pacotilles, ils ne se préoccupent guère, et on ne peut pas le leur reprocher, de l'effet de leur présence envahissante dans cet univers commercial qu'ils ont fini d'intégrer sans aucune difficulté et dans lequel ils évoluent comme un poisson dans l'eau. Ils ne sont pas les premiers à avoir réussi à intégrer les marchés locaux et publics d'Afrique subsaharienne. Dans les grands centres urbains de certains pays d'Afrique de l'Ouest, par exemple, notamment à Abidjan, en Côte d'Ivoire, et à Dakar au Sénégal, on a vu venir une vague de commerçants libanais dans les années 1970-1980, et qui s'y sont installés et adaptés sans aucune difficulté, mais cela n'a pas grand-chose à voir avec l'arrivée des Chinois. La particularité de ces derniers réside dans le fait que ceux-ci se sont directement attaqués au cœur de l'économie informelle. Ils ne se sont pas contentés d'ouvrir quelques boutiques et ne se sont pas limités à deux ou trois sous-secteurs du secteur tertiaire, comme généralement les Libanais, ils sont allés à « l'os » de l'économie informelle, en s'installant ouvertement au cœur des marchés publics et locaux des capitales d'Afrique subsaharienne, en faisant venir en masse leurs produits de la Chine et en travaillant avec les marchands ambulants locaux du quotidien de l'économie informelle. Ce phénomène n'a pas mis beaucoup de temps pour se formaliser. Quelque part, il ne manque plus que des *Chinatowns*, comme on en voit dans certaines des grandes métropoles occidentales. On n'ira peut-être pas jusque-là car je ne vois pas d'intérêt pour les opérateurs économiques chinois de s'installer massivement en Afrique subsaharienne et d'y créer une forte communauté pour la simple et bonne raison que rien dans le niveau de vie et dans le mode de vie de cette région du monde ne les y encourage. Les Chinois d'Afrique ne sont pas que de simples commerçants, ce sont des opérateurs économiques au sens vrai du terme, ils sont venus en Afrique pour les affaires, ni plus ni moins.

Les investissements étrangers n'ont pas vocation à modifier la structure de l'économie d'un pays. C'est au pays lui-même de mesurer l'apport de ceux-ci dans son économie et de travailler à pouvoir valoriser les avantages tout en limitant l'effet des inconvénients. D'une manière générale, tout investissement, qu'il soit local ou étranger, apporte des capitaux dans l'économie et ouvre des opportunités d'emplois pour la population active ; mais son impact sur la structure globale de l'économie nationale en question varie en fonction de son ampleur et de ce qu'il représente dans le secteur économique auquel il est destiné. Et c'est en fonction de cet indicateur général mais précis qu'il faudrait agir pour voir comment il peut être vecteur de modernité économique et sociale. C'est à ce niveau précis que l'État doit entrer en jeu, non pas simplement en tant que régulateur économique, mais en tant qu'organisateur économique de premier plan. Et cette fonction d'organisateur économique n'est pas à confondre avec celle du commissaire-priseur, dans laquelle certains analystes veulent formellement cantonner l'État, à défaut de pouvoir lui retirer toutes ses prérogatives en matière d'économie. Il ne s'agit pas simplement d'impôts et de taxes à prélever. Il s'agit plutôt pour l'Afrique subsaharienne de profiter de l'arrivée de cet opérateur économique de taille qu'est la Chine ou les investisseurs chinois pour restructurer l'économie informelle et lui permettre d'entrer dans une dynamique de renouveau non pas seulement matériel mais global et portant l'empreinte de la modernité. Les Chinois, pour en finir avec eux, ne cherchent guère à changer les sociétés avec lesquelles elles entrent en contact économiquement, ni même à modifier leur structure économique globale. Tout leur but en venant s'installer dans les marchés locaux et publics africains et en se mettant à la hauteur de l'économie informelle, c'est de faire des affaires sans déranger personne et, en retour, sans être dérangé : les règles sont du ressort du pays, on s'y adapte ; mais l'économie est ouverte à tout le monde, si l'offre et la demande arrivent à trouver un point de convergence, alors, tout ce qu'il reste à faire c'est de s'adapter au contexte social et marchand en question.

Le rehaussement de la qualité de l'investissement dans l'économie informelle, c'est-à-dire tout ce pan multi-sectoriel de l'économie qui fonctionne en dehors des mécanismes du management moderne de l'économie et hors de tout contrôle administratif et public, passe singulièrement par la capacité des États d'Afrique au sud du Sahara à réorganiser de bout en bout celle-ci dans le sens de sa modernisation progressive. Et ce travail si délicat, il n'y a que l'État qui puisse le faire, car il est le seul acteur à disposer tout autant de la légitimité que des moyens stratégiques et coercitifs pour le faire. Légitimité, oui, parce que ce travail en question procède du droit. En effet, la différence la plus forte entre le traditionnel ou l'informel et le moderne se situe dans le niveau de formalisation du droit dans ces différents modèles. Et sachant que l'informel est formellement caractérisé par le principe de la relativisation de tout, celui du marché libre et fonctionnant avec un laissez-aller total en matière d'économie, la problématique du droit dans son mode de fonctionnement ne se posera pas sans créer une levée des boucliers des acteurs de l'économie informelle. Raison pour laquelle, en plus de la question de la légitimité de l'État à faire usage du droit pour réorganiser cette dernière, je parle de « coercition », car il faut du courage politique et de la fermeté dans l'action. Raison pour laquelle aussi je parle de « stratégie », car la modernisation progressive de l'économie informelle, vu la place qu'elle occupe dans l'ensemble des économies d'Afrique subsaharienne, ne saurait se faire rien qu'avec de la coercition ou de la contrainte. Ce travail de modernisation ne se fait pas d'en haut car les procédés courants dans cette économie n'obéissent pas à des logiques formellement établies et à des règles prescrites d'avance. Encore une fois, tout y est relatif. C'est pourquoi il faudrait, d'une part, convaincre les acteurs de cette économie, mais également la population du pays dans sa totalité, de l'intérêt, à tout point de vue, qu'il y a pour tout le monde de moderniser celle-ci et, d'autre part, les (tout le monde) amener stratégiquement à faire usage des différents outils mis à leur disposition pour leur permettre d'y arriver graduellement.

La modernisation de l'économie informelle ne saurait se faire de manière brusque et brutale. Raison pour laquelle, pour en parler, je fais très souvent usage des adverbes « progressivement » et « graduellement ». Entre l'informel et le moderne, il y a une phase intermédiaire ou transitoire. Cette phase ne porte pas de nom car elle est progressive ou évolutive. Seulement, pour avoir une idée claire de cette étape de passage de l'informel au moderne, au-delà des lois et règles à ériger ainsi que des nouveaux procédés ou mécanismes courants de travail à adopter, il faudrait, à mon avis, par-delà la dimension commerciale de la question, s'inspirer de la manière dont l'économie sociale, l'économie solidaire et l'économie circulaire ont petit à petit réussi dans les pays modernes à se faire une place dans la sphère économique globale et à se formaliser sans perdre de leurs valeurs et principes originels. Pour autant, il ne faudrait pas comprendre l'idée de ce rapprochement comme une invitation de ma part à transformer la petite économie informelle des pays d'Afrique au sud du Sahara en économie sociale, en économie solidaire ou en économie circulaire, car ces modèles d'économie n'ont ni pour vocation ni pour fonction de développer un pays. En revanche, ils peuvent contribuer de manière considérable à faire reculer la pauvreté et la précarité sociale. Il ne faudrait, par ailleurs, pas s'y tromper, toute la petite économie informelle d'Afrique subsaharienne ne saurait être ni dans l'immédiat, ni à moyen terme, ni même à long terme intégrée dans le circuit moderne de l'économie ou se transformer en économie moderne. Quels que soient les moyens déployés et les stratégies adoptées pour moderniser les économies africaines, il restera toujours une part non négligeable de celles-ci qui fonctionnera en marge des mécanismes courants ou standardisés de la modernité. L'idéal serait ainsi de réussir à moderniser le maximum d'unités économiques dans chacun des secteurs et sous-secteurs de l'économie et de travailler à pouvoir faire émerger à côté de cette économie se voulant moderne et vecteur de développement économique une économie à la fois sociale, solidaire et circulaire, se voulant elle aussi moderne, mais se préoccupant d'apporter des solutions concrètes aux problèmes de pauvreté et de précarité sociale que vivent une bonne partie des populations des pays d'Afrique subsaharienne.

Les pays d'Afrique subsaharienne ont certes besoin de capitaux, peu importe l'origine de ceux-ci, pour relever le niveau d'investissement économique qui y est encore presque partout très faible, mais le principal problème auxquels ceux-ci sont confrontés en matière économique reste, plus que tout autre, celui de l'absence d'une dynamique forte de modernisation générale qui permettrait d'absorber progressivement l'économie informelle au profit de celle moderne. A mon avis, au-delà du capital humain et du capital financier ou du capital investi, ce déficit de modernité est le grand défi à relever. On aura beau former tous les jeunes du continent et investir tout l'or du monde dans les économies africaines, si celles-ci ne sont pas disposées à se moderniser, les résultats seront dérisoires car une économie ne se développe qu'en se modernisant. Plus de capitaux investis et plus de travailleurs qualifiés ou compétents, cela permet bien évidemment d'avoir plus d'entreprises performantes et de marge de création d'emplois, mais pour entraîner toute l'économie d'un pays dans une dynamique de développement, il faudrait instituer dans l'esprit même autant des entreprises, des travailleurs que de la population totale, active ou inactive, productive ou improductive la conviction selon laquelle pour se développer une économie a nécessairement besoin d'être moderne et de se moderniser infiniment, et cela dans tous ses secteurs et sous-secteurs et quelle que soit la taille de ses entreprises.

Pour se convaincre du caractère, plus que déterminant, décisif de la modernisation générale de l'économie dans le processus de développement économique, il n'y a tout simplement qu'à voir comment, au-delà de leur volonté ferme et de leur engagement résolu à enrayer tout obstacle pouvant ralentir leur évolution vers une sortie progressive du sous-développement, certains pays d'Asie de l'Est ont réussi à se développer économiquement en quelques petites années. Je ne suis pas en train de reprendre l'exemple déjà donné des pays d'Asie ayant réussi leur transition démographique. Il s'agit ici de leur développement économique, indépendamment de leur évolution démographique. Réussir la transition démographique, cela ouvre naturellement des opportunités de développement ou permet de générer un potentiel de développement pour un pays, mais pour arriver à ce développement proprement dit, il faut non pas seulement de simples reformes et réformettes économiques, mais plutôt une grande transformation économique, une transformation à l'allure d'une révolution. C'est ce qu'ont réussi en quelques décennies la Chine, mais également la Corée du Sud ainsi que plusieurs autres pays d'Asie de l'Est. Le cas du Japon est très particulier. Et à y regarder de près, ce ne sont ni les investissements ni les ressources naturelles qui ont été à la base de cette grande transformation économique en Asie orientale. Ceux-ci ne sont venus qu'après le lancement de cette dynamique de modernisation économique et sociale menée de bout en bout par l'État lui-même. C'est dire aussi qu'en matière économique tout est avant tout politique. Et aucun pays ne s'est économiquement développé sans son État. Aucun, vraiment aucun. Cela veut dire que les investissements et les ressources naturelles favorisent voire facilitent le développement économique d'un pays, car ce sont des richesses de premier plan ou ordre ; mais que, richesse pour richesse, au-delà des hommes, la vraie richesse d'un pays, celle intarissable et irremplaçable, celle qui allie conscience, courage, cœur, cette richesse révolutionnaire, c'est celle de la volonté et de l'action collective, c'est-à-dire cette capacité qu'un pays, une société ou un peuple a de changer l'itinéraire de son histoire, de faire tourner le vent en sa faveur, de décider d'en finir avec le sous-développement pour tout simplement se développer au sens moderne du terme. Cela a bien évidemment un coût, mais cela n'a pas de prix. Cela a un coût parce qu'aucune rupture n'est simple à effectuer, même à force de perdurer dans le sous-développement, une population peut y trouver un certain confort au point de devenir réticente voire hostile à tout ce qui pourrait l'en sortir. Cela n'a pas de prix parce qu'une fois effectué cette rupture avec tout ce qui alors le retenait dans le sous-développement, le pays en question se retrouve en plein renouveau, il peut voir venir car tout un boulevard s'ouvre à lui, et il ne dépendra ainsi que de lui d''emprunter ce chemin qui mène au développement, dans le sens authentiquement moderne du terme.

De la même manière que l'argent ne fait pas le bonheur, la croissance économique ne fait pas le développement, et développement économique ne signifie pas nécessairement développement global, humain et de qualité ou ce que j'appelle développement au sens moderne du terme. L'argent permet de régler un certain nombre de problèmes ou de satisfaire un certain nombre de besoins mais il ne garantit pas le bonheur, comme la croissance économique amène plus de richesses mais ne garantit en rien la manière dont elles seront utilisées, redistribuées, reproduites ou fructifiées. Beaucoup des pays développés ont réussi leur transformation générale, leur modernisation économique et sociale, indépendamment de leurs ressources naturelles et des capitaux investis dans leur économie. D'ailleurs, si les seules ressources naturelles suffisaient pour développer un pays, nul doute que plein de pays africains seraient aujourd'hui dans le groupe des pays les plus développés de la planète. Quant aux investissements, il n'y en a jamais assez pour infiniment développer une économie, mais aussi il y en aura toujours de disponibles pour les pays lancés dans une dynamique de développement. Un pays en pleine modernisation économique et sociale attire toujours des investissements. Cela s'inscrit dans l'ordre naturel des choses, car l'argent appelle l'argent. Le plus important donc, ce qui le plus permet économiquement à un pays d'avancer dans son processus de développement, c'est la manière dont il se saisit du *principe de modernité* et dont il se l'applique dans toutes les sphères de la vie économique et sociale. Tous ces petits pays d'Europe occidentale comme ces pays d'Asie de l'Est figurant parmi les pays les plus développés et les plus modernes de la planète ont commencé par moderniser leur « structure de base », c'est-à-dire ce qui par-dessus tout constitue le support con-textuel de leur vie politique, économique et sociale. C'est cela le plus grand investissement économique qu'un pays puisse faire pour se développer.

Je dis et répète que le plus grand investissement économique, social, politique et même humain qu'un pays puisse faire dans la perspective d'un développement de qualité ou d'un développement moderne, c'est celui de la modernisation de sa « structure de base ». On dit souvent, avec une légèreté qui, moi, m'hallucine à chaque fois, que le Japon s'est développé grâce à la technologie, la Suisse grâce à son système financier, et d'autres pays grâce à tel ou tel autre secteur ou aspect de leur économie. Et on finit souvent ce raisonnement benoît en soulignant que tous ces pays ont réussi à se développer alors qu'ils ne sont pas riches en ressources naturelles. C'est drôle. C'est comme si la technologie tombait du ciel, comme si les performances helvétiques en matière financière ou bancaire étaient un simple coup du destin, une faveur divine réservée à ce petit pays dont le système politique est très largement le meilleur de toute la planète. Seigneur ! Si la modernité a un secteur ou un sous-secteur économique à travers lequel elle s'illustre le plus ouvertement et pleinement, c'est bien celui de ladite économie du savoir. Et quels domaines professionnels et de production incarnent mieux ce dernier type d'économie que les technologies (qu'on appelle de moins en moins nouvelles technologies parce que ne cessant de se renouveler et ayant encore de très beaux et longs jours devant elles, en termes d'innovation) et la finance ? Je n'en connais pas.

Les petits pays du Golfe persique et arabe se présentent comme un tout autre type d'exemple en matière de modernisation économique et sociale. Il s'agit des Émirats Arabes Unis, du Bahreïn, du Qatar, du Koweït, etc. On explique généralement leur modernisation économique et sociale de ces dernières années par la rente pétrolière dont ils bénéficient. Bien évidemment que c'est avec l'argent du pétrole, les pétrodollars, qu'ils ont financé leur modernisation, mais cela n'a rien de scandaleux ; au contraire, c'est un choix tout à la fois intelligent et bon. Le pétrole est une ressource fossile, il est non renouvelable ; raison pour laquelle les pays qui en disposent devraient savoir bien l'utiliser. Les États-Unis d'Amérique en sont tellement conscients qu'ils ne touchent pas à leurs réserves pétrolières. Ils sont conscients du fait qu'un jour, la ressource prendra la tangente de sa rareté. Les cours du pétrole remonteront ainsi en flèche et ils pourront alors se retrouver dans une position hégémonique. Ils ne sont pas les seuls pays du monde à mener ce genre de raisonnement, mais ce qui fait la singularité de leur cas, c'est qu'au moment où ils refusent de toucher à leurs réserves de pétrole, ils ne laissent pas les pays producteurs du Golfe persique et arabe et ceux d'Amérique latine en paix, si ce n'est la guerre, c'est la menace permanente d'attaques ou alors la pression quotidienne sur le gouvernement du pays ou la manipulation politique dans le but de renverser le pouvoir en place pour le remplacer par un autre qui leur serait entièrement obéissant. On connaît l'histoire des guerres d'Irak, celles des Bush, entre la fin des années 1980 et le début des années 1990, pour le père, et celle ayant suivi les fameux attentats du World Trade Center du 11 septembre 2001, pour le fils. Mais on connaît aussi tout le sale boulot des États-Unis au Chili, entre le putsch de Salvador Allende en 1973 et la dictature sanglante d'Augusto Pinochet. Le président américain Ronald Reagan est allé même jusqu'à dire avec un cynisme inégalable : « Pinochet est un chien, mais c'est notre chien ». Fin de la parenthèse sur les États-Unis d'Amérique. Les petits pays du Golfe ne sont certes pas des pays modernes, et je doute fort qu'ils soient, non pas préoccupés, mais simplement traversés par l'envie ou même la pensée de le devenir un jour, tant leur structure de base est contradictoire avec les valeurs et principes de la modernité, mais ils ont réussi un coup de maître en se modernisant matériellement de manière massive et intense, ce qui leur permet déjà de préparer l'époque, certes ou peut-être lointaine, où ils devront être confrontés à la fin définitive de la dépendance au pétrole.

Ces exemples ou remarques doivent interpeller l'Afrique dans son ensemble car du point de vue économique, les Africains croient, dans leur écrasante majorité, que les ressources fossiles et minières du continent ne finiront jamais et, donc, que celui-ci restera jusqu'à la nuit des temps une grotte remplie de toutes sortes de merveilles. Quelque part, il y a tout un fantasme et toute une exagération sur les richesses naturelles de l'Afrique. D'une part, il faut souligner que non seulement ces ressources sont tarissables et sont non renouvelables pour la plupart, mais également que, le temps passant, avec ce système de mondialisation libérale ou capitaliste qui fait figure de mode de gouvernance à l'échelle du monde, les richesses naturelles tant évoquées d'Afrique subsaharienne risquent une à une d'échapper aux Africains et à leur pays sans qu'ils ne s'en rendent véritablement compte, car le capital n'a plus de frontières, et l'Afrique, elle-même, ne semble avoir pris aucune mesure forte pour sanctuariser ses chères matières premières et éviter leur bradage dans ce marché mondial où tout est matière à prédation, tant il y a de l'argent en circulation et tant tout est devenu objet de spéculation commerciale ou économique. De l'autre, l'Afrique est certes très riche en ressources minières, mais l'analyse gagnerait à faire la part des choses pour éviter de faire croire que tout pays africain regorge dans les entrailles de son territoire de richesses naturelles illimitées. D'une part, l'Afrique n'est pas la seule région du monde riche en ressources naturelles ; de l'autre, ce ne sont pas tous les pays d'Afrique qui sont « naturellement riches ». Je signale au passage que sur les quarante-neuf (49) pays que compte l'Afrique subsaharienne, seuls une douzaine de pays sont producteurs de pétrole ou possèdent des réserves de pétrole : cinq (5) d'Afrique de l'Ouest, un (1) d'Afrique de l'Est, sept (7) d'Afrique centrale. Je précise que j'entends par « producteur » un pays dont les exportations sont au moins de 20% supérieures à ses importations de pétrole. Sur les 49 pays d'Afrique au sud du Sahara, vingt-cinq (25) exportent d'au moins de 20% plus qu'ils n'importent de ressources minières : neuf (9) d'Afrique de l'Ouest, neuf (9) d'Afrique de l'Est, trois (3) d'Afrique centrale, quatre (4) d'Afrique australe. D'un côté, seul le quart des pays d'Afrique subsaharienne est producteur de pétrole ; de l'autre, seule la moitié des pays de ce continent dans le continent africain regorge de ressources minières. D'une part, rares sont les pays à la fois producteur de pétrole et possesseur de ressources minières ; de l'autre, pas mal de pays du continent n'ont ni pétrole ni une autre matière première prisée à l'échelle mondiale. C'est dire que les richesses naturelles, bien qu'étant, comme les investissements, économiquement très importantes pour un pays, ne suffisent guère pour permettre à celui-ci de se développer. L'exemple des petits pays du Golfe, notamment le Qatar, montre que tout pays gagnerait à faire un usage intelligent de ses ressources naturelles en évitant de dormir sur le confort du seul fait d'en disposer. Les pays d'Afrique subsaharienne, hélas, ne semblent pas avoir tiré les leçons de toute l'histoire mondiale autour du contrôle des matières premières. Disposer d'une ressource naturelle prisée ou économiquement importante est une chose, savoir la protéger de la prédation capitaliste en est une autre, savoir l'utiliser avec intelligence une tout autre chose. Pas besoin de s'étendre davantage sur cette question des ressources naturelles du continent. L'enjeu du développement n'est pas autour d'elles, il est ailleurs, dans la capacité des gouvernements et de leurs peuples ou populations à considérer qu'ils sont eux-mêmes les premières ressources de base du développement. Tout l'intérêt du dividende démographique, en tant que vecteur de développement économique et social, réside dans la capacité politique d'un pays à contrôler le rythme de reproduction de sa population, à agir sur sa qualité et son niveau de vie ainsi que sur ses capacités propres à travailler en permanence pour les rehausser infiniment. La preuve forte qui appuie une telle considération peut être trouvée dans le continent africain lui-même, entre les pays d'Afrique australe et les petits pays d'Afrique équatoriale ainsi que le Cap-Vert. En effet, aucun de ces pays n'est producteur de pétrole, mais pourtant ils sont pratiquement tous en dehors du lot des pays structurellement sous-développés et poursuivent de manière soutenue leurs efforts en vue de se développer. Ils sont classés dans le groupe des pays dits émergents, mais, moi, je ne les considère pas ainsi car je ne sais pas trop à quoi renvoie l'émergence en dehors d'un certain niveau de croissance économique maintenu sur plusieurs années. Ces pays sont plus qu'émergents. Ils traînent encore réellement des problèmes de sous-développement mais à la différence d'un certain nombre de pays d'Asie dits émergents, ils n'ont pas tendance à relativiser les droits politiques, citoyens et sociaux, mais je n'entrerai pas ici dans ce débat. Je précise juste au passage que les pays d'Afrique australe ne sont pas producteurs de pétrole, mais ils possèdent d'autres ressources minières. Mais, le plus intéressant avec ceux-ci n'est pas dans le type ou la quantité de ressources dont ils disposent ; il est plutôt, à l'instar des petits pays du

Golfe producteurs de pétrole, dans leur manière d'utiliser les retombées de l'exploitation de leurs ressources naturelles non renouvelables pour se moderniser mais également pour développer d'autres secteurs de leur économie. Et l'effet de ce transfert des retombées des ressources minières vers d'autres pans de l'économie se vérifie clairement lorsqu'on s'intéresse à la gestion des ressources naturelles non renouvelables dans les quatre régions d'Afrique subsaharienne. En effet, un tel exercice montre clairement qu'en dehors de deux ou trois pays venant des autres régions d'Afrique subsaharienne, seuls les pays d'Afrique australe composent le groupe très sélectif des pays dont les ressources naturelles non renouvelables ne représentent qu'entre 25 et 50% de leurs exportations de biens. C'est déjà dire que non seulement ces pays exportent des biens, ce qui déjà est rare pour un pays d'Afrique subsaharienne ; qu'ils en exportent en dehors des simples matières premières, ce qui est encore davantage rare ; mais surtout, que ces biens en question représentent nettement plus de la moitié de leurs exportations nationales, ce qui est rarissime. C'est dire que les pays d'Afrique australe, à la différence, du reste du continent, ne dépendent pas ou plus entièrement de leurs ressources minières et de leurs retombées financières. Et même, sachant que ces ressources sont non renouvelables, ils dépendront de moins en moins d'elles et devront ainsi travailler à davantage développer les autres secteurs de leur économie. Justement, ce mot « secteur » est très important lorsqu'on réfléchit au développement de l'Afrique, à sa modernisation économique et sociale et à la nécessité d'augmenter le volume des investissements et surtout de veiller à la qualité des investissements autant étrangers que locaux ou nationaux.

La prise en considération des secteurs d'activité dans la réflexion sur le développement économique de l'Afrique au sud du Sahara est hautement importante. Ces secteurs en question sont les secteurs classiques de l'économie : le primaire, le secondaire et le tertiaire. Ces trois secteurs constituent et constitueront pour toujours les trois principaux domaines économiques de tout pays considéré. Leur identification précise ou définitive date des années 1950. Depuis lors, tout ce qui est apparu comme invention ou innovation, et que l'on appelle sous de multiples noms, est à mettre dans le compte du secteur tertiaire ou du secondaire. En voyant la manière dont les nouvelles technologies et l'économie du savoir de manière plus élargie, avec toute leur galaxie d'inventions et d'innovations, sont présentées, on dirait qu'elles consacrent rien qu'à elles seules un nouveau secteur d'activités économiques. Mais il ne faut pas s'y tromper, le primaire, le secondaire et le tertiaire suffisent largement pour analyser tous les segments de l'économie réelle. Il n'existe pas et il n'existera jamais ni un quatrième ni un nouveau secteur. Lorsqu'on s'intéresse à l'économie de pays comme ceux d'Afrique subsaharienne, on doit porter une attention particulière à chacun des trois secteurs économiques identifiés car évoquer la question économique dans cette région du monde, c'est aussi traiter de la question de la pauvreté, de la faim, de l'autosuffisance alimentaire, de la malnutrition, de la dépendance économique d'une manière générale, etc. Il y a des pays qui n'ont pratiquement pas d'agriculture, mais qui ont réussi à se développer. Comme il y a des pays qui n'ont aucune ressource naturelle d'envergure ou très prisée sur le marché mondial des matières premières, mais qui ont réussi à se développer. Ce qu'ils importent d'un côté, ils le compensent en exportations de l'autre dans des domaines précis où ils font preuve d'excellence. Leur économie est non seulement compétitive, mais surtout malgré le déficit affiché dans un des trois secteurs comme s'il s'agissait d'une fatalité, leur balance commerciale affiche en permanence un excédent. Le cas du Japon, qui était resté pendant toute la seconde moitié du XXe siècle au rang de deuxième économie mondiale derrière les États-Unis, malgré les inoubliables bombardements de Hiroshima et de Nagasaki par ces derniers lors de la deuxième guerre mondiale, est très parlant. Il y a aussi l'exemple d'Israël, qui, bien que demeurant dans une zone géographique désertique, a su trouver les méthodes et techniques nécessaires pour développer une agriculture et transformer ce qui était au départ un handicap presque fatal à un atout contribuant considérablement à son autonomie en matière d'agriculture.

Ces deux exemples me paraissent importants pour l'Afrique subsaharienne car ce continent dans le continent africain ne manque pas d'atouts mais fait preuve d'un déficit inexplicable de créativité et de volontarisme. Ce que je ne comprends vraiment pas concernant l'Afrique subsaharienne, ce n'est ni le sous-développement ni la pauvreté, mais la faim et la malnutrition. Comment un continent avec autant de terres arables, entouré d'immenses océans et traversé par plusieurs cours d'eau peut-il avoir autant de personnes souffrant de faim, de soif et de malnutrition ? Cette question me travaille depuis que j'ai commencé à penser à l'Afrique, au sous-développement qui foncièrement la caractérise ainsi qu'au développement auquel aspirent ses populations. Mais au bout de mes interrogations, j'ai fini par me dire que ce n'est qu'une question de sous-développement parmi tant d'autres. Seulement, la faim, la soif et la maladie, cela ne se compare à aucun autre fléau, il faut les combattre jusqu'au bout et en toute urgence comme s'il s'agissait d'une question de vie ou de mort ; et d'ailleurs, il s'agit bel et bien de cela. C'est la raison pour laquelle je considère comme étant analytiquement comme politiquement nécessaire de prendre en considération un à un chacun des trois secteurs économiques identifiés lorsqu'il s'agit de se pencher sur le développement économique de l'Afrique. L'Afrique ne peut pas combattre la faim sans développer son agriculture. L'Afrique ne peut pas se développer sans industrie. Les tout petits pays faiblement peuplés peuvent s'en passer où trouver une manière de compenser ce déficit de secteur secondaire bien structuré et bien performant, mais je pense qu'à partir de cinq millions d'habitants, tout pays du continent à besoin de développer chacun des trois secteurs d'activité de son économie. Quant au secteur tertiaire, c'est devenu le moteur même du développement de l'économie mondiale car il entretient en lui les dispositions propres qui lui permettent de se relancer en permanence, indépendamment des autres secteurs, et, par le même mouvement, de tirer ceux-ci vers le haut. Prenons succinctement un à un ces trois secteurs dans le cas de l'Afrique subsaharienne et réfléchissons à leur modernisation économique et sociale, entre le rehaussement de la qualité du capital humain et le relèvement de la qualité de l'investissement.

Moderniser l'agriculture des pays d'Afrique au sud du Sahara constitue un des défis majeurs du développement de l'Afrique car cela permettrait de faire d'une seule pierre plusieurs coups. D'une part, en modernisant l'agriculture, on contribue à faire baisser la pauvreté et à faire disparaître les fléaux les plus abominables qui lui sont associés, à savoir la faim, la sous-alimentation et la malnutrition. De l'autre, en modernisant l'agriculture, on peut non seulement atteindre l'autosuffisance alimentaire sur le plan national, mais on peut également développer tout un éventail de cultures destinées à l'exportation. Mais pour arriver à mettre l'agriculture africaine dans une dynamique de modernisation, il faut au préalable s'attaquer à un certain nombre de problèmes ou d'obstacles structurels. Il est bien évident que chaque pays constitue, du point de vue de l'état de son agriculture, un cas particulier ; mais, d'une manière générale, on retrouve partout en Afrique subsaharienne les trois problèmes généraux de l'agriculture que sont le problème foncier ou de la terre, celui des moyens financiers et logistiques, qui est le véritable problème de l'investissement, et celui de la commercialisation des produits agricoles. Pas besoin de s'étendre sur chacun de ces problèmes car ils ont tous pour dénominateur commun le fait qu'en Afrique subsaharienne, l'agriculture, à l'instar des autres secteurs de l'économie, est essentiellement gérée de manière informelle.

Les litiges que l'on retrouve en permanence partout autour de la question de la propriété foncière ou terrienne s'expliquent par le fait qu'avec l'informel comme mode de gestion administrative de tout, rien ne semble être acquis de manière définitive. C'est la question mê-me du droit, que j'ai déjà brièvement abordée au passage en discutant du *principe de modernité*, qui revient ici en force et qui fait ressortir toute la portée de ce dernier principe. Il ne faudrait point minimiser cette question du droit dans l'agriculture car au moment précis où j'écris ce paragraphe, la télévision de la maison rediffuse un documentaire sur les « guerres invisibles » de la mondialisation. Et parmi ces guerres figurent les conflits autour de la terre en Afrique et plus largement dans les pays sous-développés. Si ce n'est le coup de force de gros bonnets du régime politique en place qui ne se gênent nullement pour arracher aux pauvres villageois et paysans leurs seuls biens ou richesses, à savoir leurs terres, c'est l'État lui-même qui brade à tour de bras à des étrangers venus avec de l'argent frais, du cash, des hectares de terres pour des cultures destinées directement à l'exportation. Pendant ce temps, des gens meurent de faim dans le pays, des paysans travaillent comme des dingues pour des miettes et le pays lui-même perd de ses ressources. Et l'État, tout faux et lâche qu'il est, ne se gêne nullement pour expliquer aux pauvres populations spoliées que cela crée des emplois et a un effet direct et positif sur la balance commerciale. Ce n'est point avec ces méthodes mafieuses que les pays africains réussiront à atteindre l'autosuffisance alimentaire ou à vaincre la faim et la malnutrition. Pourtant, sauf en cas de sécheresse, tout pays d'Afrique subsaharienne, même les pays du Sahel ou ceux du centre-est du continent, devaient pouvoir atteindre depuis longtemps l'autosuffisance alimentaire et en finir pour de bon avec la famine, la sous-alimentation et la malnutrition. Pour éviter d'être long, je ne m'étendrai pas davantage sur la question de la propriété des terres même si elle reste une question centrale de la grande thématique de la modernisation de l'agriculture en Afrique subsaharienne. Elle est centrale parce qu'elle procède du droit, qui est le premier pilier du *principe de modernité*, mais elle est aussi centrale parce qu'au-delà de cette question du droit foncier, il y a aussi de nouvelles formes d'organisation sociale et entrepreneuriale à promouvoir dans les milieux ruraux africains et qui pourraient tout autant permettre de rehausser le revenu des agriculteurs que de contribuer à augmenter et à diversifier la production en vue d'atteindre l'autosuffisance alimentaire.

A côté de cette question foncière, il y a le problème central de toute l'agriculture des pays africains : son abandon pur et simple de la part des pouvoirs publics. Il y a abandon pur et simple de l'agriculture en Afrique subsaharienne parce que depuis le temps qu'on nous parle d'autosuffisance alimentaire, si les États et gouvernements avaient agi de manière conséquente, nul doute que l'agriculture africaine serait dans un tout autre état aujourd'hui. Et il suffit de se promener dans les zones rurales du continent pour avoir une idée de l'ampleur du problème. L'exode rural, déjà qu'il était fort il y a de cela plusieurs décennies, s'est très fortement intensifié ces dernières années en Afrique subsaharienne avec les progrès effectués en matière d'infrastructures routières qui rapprochent les villages des villes. Résultat : il n'y a plus personne pour cultiver la terre, tous les jeunes sont allés en ville, et la même houe, la même hache, la même charrue utilisée il y a de cela plusieurs décennies par grand-père-la-terre est encore en service. C'est dire si au fil du temps les choses se sont améliorées. A la place des pays africains, nul doute que d'autres pays auraient pris le soin de s'occuper de leur agriculture de sorte à en finir définitivement avec la faim, la sous-alimentation et la malnutrition et même à pouvoir en faire un secteur économique tourné vers l'exportation car la demande de produits alimentaires naturels comme transformés reste et restera toujours très forte à l'échelle mondiale. La ruée d'investisseurs étrangers venus des pays occidentaux et de plus en plus de la Chine et de l'Inde vers l'Afrique continentale pour l'acquisition de terres cultivables illustre bien qu'il y a dans l'agriculture tout un potentiel de croissance pour les pays africains. C'est toujours la même histoire :

l'Afrique a des potentialités ou des atouts économiques incommensurables, mais comme elle ne les exploite pas, d'autres viendront en profiter à son nez et à sa barbe. Et qu'on n'accuse point ces détenteurs de capitaux de lorgner du côté des ressources de l'Afrique, non seulement ils en ont le droit mais en plus de cela, les gouvernements africains leur facilitent royalement la tâche. Je serais bien curieux de voir quel opérateur économique africain s'est vu offrir ailleurs dans le monde autant de faveurs. Au lieu d'investir massivement dans l'agriculture pour moderniser toute la chaîne de production, on se contente de reprendre les belles formules venues d'ailleurs, mais sans jamais leur donner une portée réelle et conséquente, du point de vue du contexte. Dans toutes les conférences et autres rencontres de ce genre réunissant les gouvernements africains, on entend couramment parler de « révolution verte » ou de « ceinture verte », pour le Sahel par exemple, mais nulle part dans le continent on a vu de manière formelle et effective ces slogans se matérialiser. Vu l'état archaïque ou attardé de l'agriculture dans la plupart des pays africains, sa modernisation nécessite non seulement des ressources financières et logistiques colossales mais également une mobilisation générale non pas seulement des seuls agriculteurs, mais de la totalité de la population de chaque pays car il y va de l'intérêt supérieur du pays mais aussi de celui de chaque habitant. Tout devrait y passer, des agriculteurs eux-mêmes, entre leurs compétences et leurs conditions de travail et de vie, les modes et choix de cultures, les outils en usage, les techniques agricoles, les dispositifs en place pour rénover toute la chaîne de production, la disponibilité des semences et des engrais, l'organisation des unités locales de production ainsi que les assurances et autres formes de couverture ou de prévention sécuritaire, car, on ne le dit jamais, le métier de cultivateur est un métier à haut risque. Les États et gouvernements gagneraient ainsi à faire les états généraux de l'agriculture dans leur territoire national, à recenser l'ensemble des problèmes et difficultés aux-quels est confronté le secteur agricole, à inviter l'ensemble des acteurs du secteur, mais également les potentiels bailleurs de fonds ainsi que toute personne de bonne volonté ou ayant des idées sur les solutions et autres stratégies à adopter pour, ensemble, revitaliser l'ensemble des filières agricoles. Ce travail est à première vue un chantier immense, mais il est non seulement réalisable mais également il est passionnant. Il suffit de s'engager dans cette voie pour se convaincre, malgré l'ampleur de la tâche à accomplir, de l'intérêt et de la beauté de le faire. Entre les fléaux que sont la faim, la sous-alimentation, la malnutrition et la place qu'occupe la ruralité dans l'univers ambiant des pays africains, la modernisation de l'agriculture permettra non seulement de régler plusieurs problèmes sociaux d'envergure mais également elle sera l'occasion pour les sociétés africaines de se remobiliser autour d'une cause qui ne peut laisser personne indifférent. En revitalisant l'agriculture dans le sens de sa modernisation, c'est toute la société qui fera peau neuve dans ses profondeurs. Les gouvernements gagneraient à y aller sans plus tarder car si l'agriculture se développe et se modernise, c'est l'ensemble des secteurs de l'économie qui en profitera. Raison pour laquelle il faudrait revoir à la hausse les fonds qui lui sont alloués et trouver des méthodes et stratégies intelligentes pour assurer le financement de tout ce travail qui, à mon avis, reste la mère des défis à relever dans l'entreprise collective que constitue la modernisation économique et sociale des économies et des sociétés africaines. Rien qu'en travaillant pédagogiquement à faire prendre conscience aux populations que l'agriculture est un bien économique et social national, on peut remotiver les agriculteurs, qui ont tendance à cultiver la terre par manque de choix parce que n'y tirant pratiquement plus rien mais devant tout de même vivre de quelque chose, mais aussi et surtout on peut mobiliser la société totale et l'amener à faire sienne le défi du développement de l'agriculture et plus largement de toute l'économie. Et dans cette dynamique d'envergure, pas besoin de souligner que l'élevage, la pêche ainsi que tous les autres domaines d'activités liés ou associés à l'agriculture seront au même titre entièrement entraînés dans le sens de leur développement et de leur modernisation.

Régler le problème foncier ou des terres dans l'agriculture est une chose, moderniser la chaîne de production agricole de fond en comble une autre, faciliter la commercialisation des produits agricoles une tout autre chose. Je précise au passage que la transformation des produits agricoles intègre la chaîne de production. Une fois transformés, les produits agricoles prennent un statut commercial bien différent de celui des produits laissés tout entièrement à leur état naturel. Les premiers trouvent naturellement leur place dans les rayons des commerces alors que les seconds se voient essentiellement destinés aux marchés publics et locaux ou aux petits commerces de céréales et de produits maraîchers de proximité. Pour les uns comme pour les autres, c'est à l'État de prendre les devants de la structure du marché de l'agriculture, entre l'offre générale, la demande intérieure et les opportunités d'exportations. Là, réside un défi tout particulier, celui de l'information pour faciliter la commercialisation. Informer les agriculteurs des tendances du marché, comme on le fait dans le mon-de du marché des capitaux, me paraît une chose d'une très grande importance. C'est à ce niveau précis que peuvent servir à quelque chose autant l'expertise des personnes et autres institutions spécialistes de l'agriculture que les connaissances et expériences de celles et ceux qui ont une connaissance avérée des marchés locaux et mondiaux ou internationaux en matière d'agriculture. Et si la modernisation peut apporter avec précision ne serait-ce qu'une chose à l'agriculture, au-delà de la rénovation de la chaîne de production et de son impact global sur le processus de développement du secteur agricole, c'est bien la circulation de l'information à cette époque de grande économie du savoir où une toute petite information indicative de rien du tout peut faire toute la différence en matière de compétitivité.

Si l'agriculture est victime en Afrique subsaharienne de son abandon de la part des États et gouvernements, l'industrie, elle, qui est le deuxième secteur général de toute économie nationale, souffre de son inexistence ou de son insignifiance. Autant il n'est point exagéré de ma part de considérer que l'agriculture est abandonnée à son sort en Afrique subsaharienne, autant il me paraît clair, en jetant un regard sur le parc industriel de tous les pays du continent, qu'à l'exception de l'Afrique du Sud, l'industrie y est presque partout au point mort partout. L'importance de l'industrie dans le processus de développement d'un pays ne se discute point car ce secteur est traditionnellement à la base du développement économique. La preuve en est que les pays développés ont toujours été également appelés pays industrialisés. Avec l'essor du secteur tertiaire, accentué par la mondialisation et le boom technologique à partir des années 1990, l'industrie a perdu de sa suprématie en tant que pilier du développement économique, mais elle demeure encore le secteur qui le plus permet à une économie de se rendre autonome vis-à-vis de l'extérieur ou du reste du monde. Et il suffit de comparer la balance commerciale des pays industrialisés à celle des pays qui ne le sont pas structurellement pour s'en convaincre. Lorsqu'un pays dépend largement de l'extérieur pour son équipement lourd comme léger, pour ses machines comme pour ses petits ustensiles à usage domestique, pour ses voitures comme pour ses trottinettes, lorsqu'il ne fabrique même pas un clou, comme la plupart des pays d'Afrique subsaharienne, il est bien difficile de pouvoir concevoir son développement économique sans penser à ce que l'on appelle maintenant couramment sa « transformation structurelle ». La transformation structurelle renvoie à la réorientation des investissements vers des domaines d'activités plus productives. Généralement, elle renvoie à une politique de relance et de modernisation des secteurs secondaire et tertiaire, c'est exactement ce que les petits pays riches en pétrole du Golfe persique et arabe ont fait pour se moderniser économiquement et socialement. Dans le cas de l'Afrique subsaharienne, il ne s'agit guère d'une relance, il s'agit plutôt d'un lancement au sens propre et juste du terme car dans la plupart des pays du continent on a plutôt affaire à des unités artisanales qu'à de véritables entreprises industrielles. Le secteur manufacturier africain contribue généralement pour très peu à la croissance du PIB des pays du continent pourtant très encourageants de ces dernières années. En vérité, en dehors du pétrole et des autres industries extractives, les quelques industries repérées çà et là dans un certain nombre de pays ont un rayon marchand très souvent limité entre le marché intérieur ou national et la sous-région proche. C'est dire à quel point le secteur manufacturier est en réelle léthargie en Afrique subsaharienne. Et toutes les analyses convergent vers le constat selon lequel depuis presque trois décennies la part de l'industrie dans le PIB de la plupart des pays africains a une forte tendance à baisser. Elle passe du très peu au néant. A côté de la torpeur de l'industrie africaine, l'état d'abandon dans lequel évolue l'agriculture devient un problème bien moins délicat à solutionner. Alors que l'agriculture en Afrique subsaharienne a besoin d'investissements consistants et d'une bonne politique de modernisation, l'industrie de cette grande partie du continent qui regroupe une bonne quarantaine de pays, elle, a besoin avant tout d'exister. Ce qui par-dessus tout est hallucinant, c'est que l'industrie semble être le dernier des soucis des gouvernements africains. On dirait qu'elle ne fait nullement partie de leurs grands plans et programmes de développement. Depuis plusieurs années les rapports de la CEA (Commission économique des Nations Unies sur l'Afrique) ne cessent de souligner cette absence de politique industrielle en Afrique subsaharienne et d'insister pour que les États et gouvernements prennent le problème à bras-le-corps et réagissent de manière forte et conséquente. Mais rien n'y fait, on dirait que pour les Africains, l'industrie, c'est l'affaire des autres, qu'elle fonctionne comme les ressources naturelles, c'est-à-dire que soit on a les dispositions naturelles pour s'industrialiser, soit on ne les a pas. Je n'exagère rien du tout. On dirait que les gouvernements africains ignorent le fait que des industries, cela se crée et, *a postiori*, pour des pays loin d'être pauvres en ressources minières. Pourtant, le Plan d'action pour le développement industriel accéléré de l'Afrique, lancé en 2008, avait fait de très bonnes recommandations et avait clairement situé les priorités dans les actions à mener, mais jusqu'ici pratiquement rien n'a été fait, du moins de manière conséquente : ni la mobilisation des diasporas africaines, avec leurs ressources financières non négligeables et leurs compétences scientifiques et technologiques, ni la création de chaires universitaires en innovation et de centres de transfert de technologie, ni même le fait de consacrer rien que 1% du PIB à la R-D (recherche-développement) ou l'accroissement et l'intensification de la collaboration Sud-Sud. Rien. Rien de rien. Si l'on doutait de la volonté de l'Afrique de travailler sérieusement à pouvoir se développer, l'industrie nous en apporte la preuve. Le développement, cela ne se refuse pas, mais, comme non plus cela ne s'offre pas sur un plateau d'argent, il faut aller à sa conquête, sinon on passe à côté de lui. De la même manière que les pays africains gagneraient à se doter d'une politique de population pour réaliser la transition démographique incontournable en vue de leur sortie du sous-développement, de la même manière qu'il gagneraient à inscrire toute leur politique économique dans une dynamique de modernisation et, dans ce même mouvement, à travailler à une revitalisation de leur agriculture, il leur est, pour les mêmes raisons, nécessaire de mettre en place une politique d'industrialisation à la hauteur des défis à relever dans ce domaine. Cela n'a rien de sorcier ou de compliqué. Il s'agit simplement de le vouloir et de savoir comment s'y prendre. Vu qu'ils partent de pratiquement rien en matière d'équipement en infrastructures industrielles, la transformation structurelle pourrait leur servir de repère car elle stipule qu'il faudrait stratégiquement procéder à un passage progressif de secteur en secteur. Le « modèle normal d'industrialisation » de Simon Kuznets (*Modern Economic Growth: Rate, Structure, and Spread*, 1966), connu de tous les économistes, bien qu'étant « vieux » ou classique, pourrait ainsi bien leur servir de base d'organisation et d'orientation pour lancer leur politique industrielle. En se référant au PIB moyen par habitant, il est bien évident que les pays africains ne sont pas encore disposés à fabriquer des machines, des véhicules ou des appareils électriques, mais ils pourraient bien formellement asseoir un secteur manufacturier tourné d'abord vers le textile, les boissons, les aliments, entre autres produits pouvant être considérés comme légers du point de vue industriel, pour ensuite progressivement s'étendre à d'autres types de biens et produits. Tous les pays d'Asie sont passés par là, et il n'y a pas d'autres voies pour s'industrialiser, même si le modèle de Kuznets a ses limites propres et peut connaître des variations fortes d'un pays à un autre.

L'industrialisation est souvent défini comme étant le processus par lequel la structure économique d'un pays passe de l'agriculture à l'industrie comme moteur central de l'économie. Au-delà de la singularité de chacun des trois secteurs classiques et généraux ou globaux identifiés dans l'économie, ce processus rend compte de manière générale du développement économique dans ce qu'il a de plus fondamental du point de vue de la transformation de la structure de base de l'économie. Cela s'explique en toute logique par la nature même du secteur manufacturier. C'est ce secteur industriel qui, en effet, équipe tous les autres secteurs de l'économie. Et il n'y a pas besoin de préciser que pour se moderniser une économie doit s'équiper à chaque bout de la chaîne de production de tous ses secteurs et sous-secteurs. Ce travail d'équipement ne se fait pas du jour au lendemain. Une politique d'industrialisation inscrite dans une perspective de développement global de l'économie se doit de faire des choix stratégiques. Elle doit passer avant tout par un inventaire complet du parc industriel, puis elle doit établir la liste de tout ce qui se fabrique et de tout ce qui peut être fabriqué industriellement dans le pays et qui ne l'est pas. A partir de ce bilan, il est possible déjà de renforcer les capacités productives de toutes les unités industrielles établies sur le territoire national. A côté de ce travail, un autre exercice d'inventaire pourrait consister à voir à la fois dans les besoins en équipement et dans l'éventail des biens importés tout ce que le pays pourrait fabriquer lui-même en élargissant le domaine de production des unités industrielles déjà existantes et en en créant des nouvelles. A côté de ces deux orientations générales de politique industrielle, il s'impose une troisième orientation, c'est celle-là la plus grande et qui devrait permettre à l'industrie de prendre réellement forme comme secteur économique au sens propre du terme. Cette orientation centrale de la politique industrielle, celle qui, tout en tirant les deux autres orientations générales de l'industrie, *a priori* de moindre envergure qu'elle, constitue leur cadre de convergence, peut prendre pour source d'inspiration ou pour référence le « modèle normal » d'industrialisation de Kuznets. A partir de cette conception générale du secteur, il se dessine une sorte d'architecture qui configure l'ensemble du parc industriel du pays. Il restera alors à mobiliser les ressources nécessaires au financement de l'implantation des nouvelles unités industrielles à créer, à la formation des futurs travailleurs de ces nouvelles entreprises, au recrutement d'experts nationaux et internationaux dans chaque sous-secteur du secteur industriel ainsi qu'au bon fonctionnement de chaque compartiment de la chaîne de production. Sans oublier l'établissement d'un partenariat international pour faciliter le transfert du maximum de compétences provenant de professionnels de pays industrialisés et le travail pédagogique auprès des populations pour leur faire prendre conscience de l'importance pour un pays aspirant au développement économique d'avoir un secteur industriel performant et en modernisation permanente et en même temps pour les encourager à faire le choix patriotique d'acheter les produits fabriqués au pays plutôt qu'ailleurs ; d'où la nécessité de faire de la qualité la priorité des priorités dans chaque sous-secteur. A y regarder de plus près, c'est même à ce niveau précis, celui de la capacité à mettre sur pied une véritable politique industrielle, qu'on peut voir jusqu'où les États africains sont en mesure de définir et de mettre en application des stratégies pertinentes et efficaces en matière de politique de développement économique, car il s'agit pratiquement de poser les cadres fondamentaux du secteur charnière de l'économie moderne dans des pays jusque-là presque sans industrie.

La refondation du secteur industriel dans les pays africains ne se fera pas sans des investissements conséquents, sans un partenariat international pour le transfert des compétences nécessaires à faire marcher la multitude de machines devant être importées et implantées et sans un rehaussement progressif des fonds alloués à la recherche et au développement. Les pays africains n'ont pas à se fixer des objectifs en termes d'inventions car le défi qu'ils sont appelés à relever dans la perspective de leur développement n'est pas celui de pouvoir concurrencer le reste du monde, c'est plutôt celui de pouvoir se rendre jusqu'à un certain point ou pour un certain nombre de produits ou de biens autonomes vis-à-vis de l'extérieur. L'Afrique n'est en compétition avec aucun autre continent, si ce n'est avec elle-même. Sa préoccupation dans cette mondialisation de plus en plus concurrentielle, ce n'est guère de se mesurer aux autres, car le retard qu'il a pris sur ceux-ci au moment où ils n'arrêtent pas d'avancer ne peut point être compensé. Ce qui doit préoccuper l'Afrique, c'est de tirer son épingle du jeu. C'est de profiter des opportunités réelles qu'offre la mondialisation, en matière de circulation des savoirs, des savoir-faire ainsi que des biens et des capitaux pour se rebâtir économiquement. Et dans ce lot d'opportunités ouvertes aux pays africains, il y a, au-delà de leur refondation industrielle, celle insoupçonnée des délocalisations de certaines unités productives des grandes multinationales des pays développés vers les pays sous-développés du fait de l'écart colossal dans le coût de la main-d'œuvre et dans la flexibilité des normes du travail. Si l'Afrique ne profite pas de ce phénomène massif caractériel de la manière dont fonctionne l'économie capitaliste à l'échelle mondiale, alors que les pays les plus pauvres d'Asie ont fini d'en faire un créneau très dynamique pour le développement de leur secteur industriel, c'est tout simplement parce que le continent africain ne dispose même pas du plus strict minimum pour accueillir ces entreprises qui délocalisent d'Europe occidentale ou d'Amérique du nord vers le continent asiatique pour optimiser leurs marges de profit. Non seulement l'Afrique n'est pas équipée pour être industriellement attractive, mais également son marché intérieur est, à l'image d'elle-même, massivement pauvre et donc très peu solvable. En Asie, on peut fabriquer tout à moindre coût et on a beaucoup et de plus en plus de pays où le revenu des habitants comme des ménages ainsi que la demande globale de consommation de biens de tout type sont en hausse continue : des infrastructures manufacturières, des travailleurs qualifiés ou expérimentés et pas chers, comparés à ceux des pays développés, un bassin immense de consommateurs de produits haut de gamme comme de moyenne ou de basse gamme. C'est le cadre idéal pour une compagnie qui veut optimiser ses profits à l'échelle mondiale. Je n'encourage pas pour autant les gouvernements des pays africains à faire travailler leurs populations dans des conditions semblables à l'esclavage ou à de l'exploitation, mais être attractif au niveau industriel, cela peut aussi constituer un atout pour les pays du continent dans ce contexte de grande mondialisation économique.

L'Afrique subsaharienne a encore devant elle un énorme potentiel pour davantage s'intégrer dans le commerce international, mais cela passera par une modernisation de la structure de base de tous les secteurs et sous-secteurs de son économie, ce qui implique une sortie progressive de l'informel comme modèle économique mais également un renforcement des échanges commerciaux au niveau régional et sous-régional. Elle reste encore la seule région du monde, malgré son retard en termes de développement économique, à ne pas véritablement profiter à la hauteur de son potentiel de la marge de manœuvre que lui offre la mondialisation. Rien que l'écart entre ses taux de croissance de ces dernières années et sa part dérisoire dans le commerce international convainc de l'existence de cette marge de manœuvre. Mais, comme pour le dividende démographique, qui passe nécessairement par une transition démographique, l'augmentation de la part du continent dans le commerce international passe par ses dispositions à rendre compétitive son économie. Les différences qui existent entre les pays du continent du point de vue de leur participation au commerce international ne sont que légères. Les pays qui le plus s'intègrent dans ce que l'on appelle les chaînes de valeurs mondiales de l'économie sont ceux les plus avancés dans le processus de leur modernisation économique et sociale. Ce sont ces mêmes pays que l'on retrouve en tête, suivant la taille de leur économie, lorsqu'on se penche singulièrement sur chacune des chaînes de valeur. En Afrique australe, par exemple, tous les pays profitent bien de l'intensification des échanges régionaux et sous-régionaux, alors que dans chacune des trois autres régions d'Afrique subsaharienne, seuls quelques pays, généralement disposant de plus d'atouts du point de vue de leur position géographique et des ressources naturelles qu'ils possèdent, arrivent à véritablement tirer profit du dynamisme économique régional ou sous-régional. Du point de vue mondial, la situation n'a pas beaucoup évolué. En effet, au-delà de leurs importations ou du point de vue de leurs exportations, les pays africains doivent toujours la petite place qu'ils occupent sur l'échiquier du commerce international à leur statut de pourvoyeurs de matières premières et de produits de base ou bruts. Certes, ces dernières années, certains pays ont fait des progrès non négligeables dans le sens de leur intégration dans les chaînes de valeurs mondiales, mais il reste encore beaucoup de travail à faire. Ce sont principalement des membres de la Communauté de l'Afrique de l'Est (CAE) et de l'Union douanière d'Afrique australe (SACU), principalement l'Éthiopie, le Kenya, les Seychelles, la Tanzanie et l'Afrique du Sud, dont l'industrie manufacturière, l'agriculture et l'agro-industrie ont beaucoup profité des opportunités réelles qu'offre l'intensification régionale et sous-régionale pour augmenter leurs exportations. Et de tels progrès s'expliquent par des efforts qui tous portent l'empreinte de la modernisation économique et sociale, allant de l'amélioration de l'état des infrastructures à l'éducation et la formation des acteurs économiques sur la manière de s'ajuster aux exigences de l'économie mondiale, en passant par l'abaissement des barrières douanières et la réorganisation des barrières non douanières, le renforcement du climat des affaires ainsi que l'accès de plus en plus facile au crédit pour les entreprises. La situation ne peut certes pas être identique pour tous les pays du continent car il y a plusieurs variables à prendre en considération, ce qui est aussi valable pour les autres continents du monde, mais depuis la création de l'OMC (Organisation mondiale du commerce) en janvier 1995, à la suite du Cycle de négociations de l'*Uruguay round*, et l'entrée de la Chine dans cette dernière organisation internationale en 2001, tous les pays du monde ont compris qu'une nouvelle donne structurelle, et pas seulement conjoncturelle, était en train de prendre forme à l'échelle mondiale, et qu'ils n'avaient d'autre choix que de s'ajuster économiquement pour ne pas se retrouver à la traîne ou à la marge de la dynamique alors nouvelle du commerce international. Seuls les pays du continent africain semblaient ne pas avoir réellement pris la mesure des changements en cours alors qu'aucun des marchés mondiaux de l'économie ne leur était véritablement fermé dans les années 1990. Non seulement, ils semblaient ne pas avoir saisi les enjeux autour de la mondialisation économique, mais surtout, ils n'ont jamais travaillé à pouvoir tirer leur épingle du jeu autour de cette nouvelle donne mondiale, comme s'ils n'étaient pas véritablement concernés. Résultat : on dirait que l'Afrique subsaharienne vient à peine de découvrir la mondialisation, au moment où tous les pays des autres continents sont bien dedans et tentent tant bien que mal d'en profiter de manière optimale. Et, à vrai dire, si avec tous les atouts dont disposent les pays d'Afrique subsaharienne, il n'y a qu'une pincée de pays, même pas une poignée, qui semblent bien aller économiquement et socialement, c'est parce que l'Afrique a un sérieux problème avec le développement. Et il n'y a pas trop à chercher pourquoi elle est absente ou si peu présente dans le commerce international, c'est le manque de compétitivité. Et il n'y a pas non plus à trop chercher les raisons de ce manque de compétitivité, c'est le manque de modernité. En conséquence, il n'y a pas d'autre voie pour compenser ce vide que de rattraper le retard énorme qu'accuse le continent en matière de modernisation économique et sociale, car l'informel n'a absolument point sa place dans le cadre international des échanges commerciaux, ni comme modèle économique ni même comme état économique.

Je rajoute avant de finir ce bref passage sur le secteur manufacturier que les pays africains gagneraient à bien se pencher sur le type d'industries et même plus largement sur le type de croissance économique qu'ils veulent. Il ne s'agit pas de copier à la lettre ce qui se fait ailleurs, notamment en Asie, mais de savoir allier développement économique, social et humain et souci de la Nature, de son état et de sa capacité propre à se régénérer. Au moment où partout ailleurs dans le monde, les différents acteurs économiques cherchent à réaliser tant bien que mal ce que l'on appelle la transition écologique, les pays africains gagneraient à s'approprier cette question majeure de notre époque et à travailler à pouvoir minimiser les coûts et dégâts sur la Nature du modèle économique capitaliste devenu universel. C'est la qualité même de la croissance et plus largement du développement économique dont il est question. Et la question écologique, cela n'est pas un « luxe » pour les pays déjà développés ou industrialisés, comme on veut nous le faire croire. Cela n'est pas non plus une question subsidiaire dans la thématique du développement économique, c'est une question forte et globale qu'aucun pays du monde ne devrait chercher à contourner car elle est, quelque part, à comprendre comme la question de l'hygiène dans notre vie de tous les jours. En effet, que l'on soit riche ou pauvre, on doit être propre vis-à-vis de soi-même mais également vis-à-vis des autres et de son environnement le plus proche comme de l'univers dans sa grandeur réelle. Quelque part, si l'Afrique a quelque chose de nouveau à apporter dans ce monde, du point de vue du développement économique, cela se situe exactement à ce niveau. Elle ne doit pas attendre d'avoir de grandes industries polluantes pour se pencher sur la question de la pollution atmosphérique ou sur celle du changement climatique. Elle a, au même titre que les autres continents et régions du monde, sa partition à assumer et son rôle à jouer sur les grandes transformations écologiques en cours. Le *verdissement* de son économie n'est pas un choix optionnel, il est une nécessité absolue, il est, en comparaison au *luxe* que les pays déjà développés ont à devoir se pencher sur la question écologique, un *luxe* des économies encore sous-développées, car il donne à ces pays les moins industrialisés du monde la possibilité d'éviter ou de corriger les effets pervers du productivisme et du consumérisme caractériels du modèle de développement économique aujourd'hui en vigueur à l'échelle planétaire.

L'agriculture en abandon ; l'industrie en quête de renaissance ou même d'existence ; le secteur des services, dit secteur tertiaire, lui, a ceci de généralement caractériel en Afrique subsaharienne qu'il est formellement désordonné. Il est comme un fourre-tout, une sorte de décharge à ciel ouvert. Tout y passe et dans le plus grand désordre. En Afrique subsaharienne, on semble n'avoir aucun souci sur la manière et surtout sur la nécessité d'organiser l'économie, de l'ordonner, de la subdiviser en secteurs et en sous-secteurs, d'isoler ceux-ci pour faire ressortir la singularité générale de chacun d'eux avant de travailler à pouvoir saisir les liens qui les met en relation et qui font qu'ensemble ils arrivent à constituer ce que l'on appelle la structure économique de base. C'est ce grand désordre, ce grand bazar sans commune mesure, que l'on appelle l'informel. L'informel, je le rappelle, n'est pas un secteur économique situé à côté des trois secteurs classiques de l'économie. L'informel, c'est un modèle économique et un modèle social fondé sur une rationalité collective et reposant sur un ordre de procédés pratiques dont la caractéristique fondamentale est, comme son nom l'indique, le manque de formalité. L'informel, c'est en théorie comme en pratique, un modèle d'économie qui s'adapte bien au capitalisme, dans son hostilité à toute forme de réglementation et de régulation des marchés économiques. Mais pour un pays aspirant au développement économique au sens moderne du terme, l'informel ne peut être qu'un handicap. Certes la mondialisation libérale contribue massivement à l'intensification de la circulation des biens et des services, donc dope naturellement le commerce économique sous toutes ses formes, mais il faut préciser que les échanges commerciaux n'ont pas attendu les dernières décennies du siècle précédent pour exister. Le commerce, c'est cela même l'économie au sens véritable du terme, car ce qui, plus que tout, fait une économie, c'est son cadre marchand, c'est-à-dire le lieu où se rencontrent l'offre et la demande, le lieu où s'établit de manière formelle le lien entre la production et la consommation. Et jamais dans toute l'histoire de l'humanité, le secteur des services n'a eu une place aussi grande dans l'économie, il en est même devenu le pilier central. Il a fini de surpasser le secteur secondaire car il est à l'entrée et à la sortie du processus général de l'économie : l'offre et la demande ou la production et la consommation. Entre l'offre et la demande, il y a le marché ; entre la production et la consommation, il y a la commercialisation. Et toute l'importance du secteur tertiaire est dans cette position centrale, stratégique et décisive qui formalise l'échange, entre le prix et le principe économique de propriété. Quelque part, ce secteur des services est en amont et en aval de tous les deux autres secteurs de l'économie, car la production économique, qu'elle soit agricole, industrielle ou autre, ne se fait pas sans une idée claire de ce qu'elle coûte, de ce qu'elle peut rapporter et de la manière dont le produit fini pourrait être écoulé sur le marché de l'échange des biens et services. En effet, toute l'histoire de l'économie tourne autour de ces trois déterminants ou questions : le coût de production, le prix, l'existence d'une demande réelle et bien solvable. Et le phénomène qui, par nature, permet d'avoir, plus qu'une idée claire, une mesure précise du coût de fabrication, du prix à la vente et du gain à l'écoulement d'un produit, c'est le marché. Le secteur des services, ce n'est rien d'autre que le secteur par excellence du marché. Et marché pour marché, on est bien dans l'ère hautement historique du tout marchand, sur laquelle le capitalisme politique a fini de poser de manière indélébile son empreinte génétique, formalisant ainsi ce qui depuis le XIXe siècle prenait déjà idéologiquement et politiquement forme comme ordre de fonctionnement du système économique le plus abouti en théorie comme en pratique : le *laissez-faire* total, le *laissez-aller* absolu.

Or, le *laissez-faire* total, le *laissez-aller* absolu, il n'y a pas plus grande maxime pour caractériser l'informel comme modèle économique et il n'y a pas meilleure formule pour nommer la matrice de l'ordre économique en vigueur dans le monde de notre époque. C'est dire à quel point les économies africaines sont dans l'air économique du temps, mais surtout du mauvais côté du vent. La complémentarité entre le modèle informel d'économie et le capitalisme mondialisé est tellement forte et entière que la question de la sortie progressive des économies africaines de l'informel ne se pose même plus ni pour les gouvernements ni même pour les grandes institutions économiques internationales. Quelque part, on semble avoir fini de se convaincre que le développement économique de l'Afrique pourrait passer par une superposition de l'informel et du libéralisme capitaliste. C'est dire que pour ces dernières institutions, ayant balisé le chemin notamment entre les années 1970 et les années 1980 pour l'essor du capitalisme à l'échelle mondiale, l'Afrique ne devrait pas trop se casser la tête pour la qualité de son développement. Elle devrait se limiter à la conception minimaliste du développement économique, c'est-à-dire à l'ouverture de son économie au reste du monde et à la déréglementation complète de celle-ci à son intérieur. La conception minimaliste de l'économie capitaliste, c'est le libre échangisme absolu. Au moment où les excès de cette économie folle et sauvage sont pointés du doigt partout dans les pays développés et modernes comme étant le moteur de l'exacerbation des inégalités sociales, on encourage vivement le continent africain à emprunter aveuglément cette voie et sans véritablement s'occuper de ses répercussions sociales et écologiques. Et voilà que l'Afrique s'y plie volontiers, sans jamais ni se remettre en question ni remettre en question ce modèle capitaliste devenu universel. Elle croit se rendre service en étant plus capitaliste que le reste du monde. Résultat, elle se livre tout ouvertement et passivement à un rouleau compresseur que plus personne ne peut arrêter. Si les pays africains croient que leur développement passe par cette passivité absolue vis-à-vis du capitalisme, c'est qu'ils n'ont rien compris et qu'ils risquent bien de le payer très cher au bout du compte. Il n'y a qu'à voir la manière dont on brade avec une grande légèreté et une forte opacité les ressources naturelles du continent ainsi que la manière dont ses marchés locaux et publics se sont laissés envahir par les produits venant de partout, et pas seulement de la Chine, pour se convaincre de cette passivité. Les médicaments, les produits cosmétiques, les aliments, tout y passe. Aucun contrôle rigoureux sur ce qui entre et sur ce qui se fabrique dans les pays. Même les produits les plus nocifs à la santé ont accès aux marchés locaux et populaires d'Afrique car on y a affaire à des économies attrape-tout. Zéro souci pour la qualité des produits et donc aucun souci pour la santé des populations. Rien. On dirait un monde de cobayes. C'est exactement comme quand un médecin d'un pays occidental me disait qu'en plus de trente ans de fonction dans le département d'allergologie d'un hôpital public situé dans une localité plus ou moins populaire de la région parisienne, en

France, n'avoir jamais vu un Africain allergique à quelque chose. Rien du tout. Les Africains sont peut-être immunisés à tout. Qui sait ? C'est peut-être possible.

Je me focalise sur l'informel dans ce passage sur le secteur des services pour la simple et bonne raison qu'il fait figure de modèle économique dominant en Afrique subsaharienne. Je ne vois pas comment on peut développer une économie structurée à hauteur de plus de 80% de ses activités autour de l'informel, sans s'attaquer de manière forte et résolue à ce phénomène. Si les Africains croient que les pays asiatiques et latino-américains doivent leur progrès économique au fait d'avoir complètement ouvert leurs économies à tout et à tout le monde sans aucune forme de contrôle, s'ils croient que même les Américains, les maîtres du capitalisme, au nom du libre échangisme marchand, ont ouvert leur économie à tout et à tout le monde, ils se trompent royalement. Le besoin d'investissements et d'échanges ne doit nullement empêcher un contrôle strict des produits ainsi que des procédés commerciaux sur le continent. L'Afrique est pauvre, elle manque de tout, mais ce n'est point une raison pour elle d'accepter d'être le dépotoir du monde. Je suis toujours ébahi de voir à chaque fois que je circule dans les rues des centres urbains des pays d'Afrique subsaharienne que j'ai déjà eu à visiter le nombre de petites choses de rien du tout, des pacotilles venues d'ailleurs, que l'on vend aux couches populaires en croyant qu'on leur facilite ainsi la vie. Si la Chine est l'atelier du monde, alors l'Afrique en est devenue la poubelle. Non seulement, ces machins sont souvent presque à usage unique parce que sans aucune qualité dans la fabrication, mais surtout ils peuvent être bien dangereux, en plus du fait qu'une fois utilisés, ils finissent dans la nature, alors que les villes du continent ont déjà beaucoup de mal à se rendre salubres.

Le secteur tertiaire des économies d'Afrique subsaharienne, à la différence des secteurs primaire et secondaire, ne manque pas de dynamisme. Il a tout ce qu'il faut pour se développer. Et, d'ailleurs, il se développe car c'est bien à lui que les pays africains doivent leur croissance économique de ces dernières années. Mais, pour moi, le développement au sens propre du terme doit être de qualité ou n'est pas. Et si je refuse catégoriquement la notion d'« émergence », ce n'est point que je cherche à nier ni même à minimiser l'importance de la croissance économique dans le processus de développement d'un pays, loin de là, c'est juste parce que je veux que ce développement soit humainement, socialement et écologiquement vertueux. Je ne vois pas au nom de quoi l'Afrique devrait-elle se développer *à l'africaine*, c'est-à-dire dans le désordre le plus absolu et au rabais. Si j'ai une et une seule remarque à faire en guise de conclusion sur le secteur tertiaire des économies d'Afrique au sud du Sahara, c'est qu'elles doivent travailler à se moderniser structurellement. Cela commence par trois grandes choses à faire : travailler à pouvoir être autonomes du point de vue de la production ou de la fabrication d'un certain nombre de choses ; sortir progressivement de l'informel en tant que modèle économique ; arrêter de faire de l'Afrique le dépotoir de tout ce qui ailleurs ne sert plus à rien et de toute cette masse de clin-quantes venues de la Chine et qui inonde les marchés publics et locaux des villes du continent. L'Afrique peut elle-même fabriquer tous ces machins. Elle n'a pas besoin de se tourner vers l'autre bout du monde rien que pour des trucmuches. Elle peut en fabriquer suivant ses besoins et par ses propres moyens, si elle le veut. On n'a pas besoin d'usine chinoise qui depuis la Chine fabrique en masse tout et n'importe quoi pour venir nous les balancer, même pour rien. Même si c'est gratuit, on n'en a pas besoin. On sait le faire, à notre goût, suivant le volume réel de nos besoins et avec une qualité bien meilleure. Ce n'est pas du protectionnisme, c'est juste une manière de dire qu'on doit trier ces zinzins chinois car ça commence vraiment à nous envahir. Les manufactures qui permettent de fabriquer en série ces bidules ne coûtent rien du tout ; l'Afrique devrait pouvoir facilement en fabriquer si elle réorganise son économie en la modernisant et en mettant en place dans tous les pays du continent une bonne politique industrielle, tel que je l'ai brièvement décrite dans les paragraphes qui précèdent celui-ci. Je ne comprends pas comment un pays africain peut rester sans avoir ne serait-ce qu'une seule usine de recyclage, quand je vois toutes les ordures et choses inutilisées qui envahissent les rues des villes et villages du continent. Je ne comprends pas non plus comment un pays peut rester sans être en capacité de produire lui-même rien que des mouchoirs à jeter. Seigneur ! Et croyez-moi, je n'exagère pas. C'est vrai. J'ai vu et séjourné dans des pays, pas un ni deux mais plusieurs pays, où les mouchoirs à jeter et la craie pour écrire au tableau, oui, la craie elle-même, entre autres produits d'usage courant et quotidien, sont importés. Et, le plus fort, c'est qu'il arrive très souvent qu'il y ait rupture de stock aussi bien pour les mouchoirs à jeter que pour la craie et pour plein d'autres choses de ce genre. Et, le plus fort du plus fort, c'est que la pénurie de ces petites choses, mine de rien, indispensables alimente la spéculation dans une certaine partie de la petite économie informelle, avec des commerçants qui ont fini d'avoir la bonne astuce de cacher les boîtes de craie en attendant les périodes de grande disette pour les écouler au prix fort. Là encore, je n'exagère point. S'il vous arrive par hasard de séjourner dans un pays où les élèves du secondaire ou où les enseignants du primaire sont en grève (les écoliers du primaire ne font pas grève, c'est inimaginable ou alors ce serait incroyable), ayez simplement la curiosité d'aller aux rencontres ou rassemblements des grévistes et tendez l'oreille pour entendre les motifs détaillés de la grève. Vous n'en reviendrez tout simplement pas. Je l'ai vu de mes propres yeux et entendu de toutes mes oreilles : le manque de craie pour écrire au tableau comme motif de grève au secondaire. Ma réaction : Seigneur ! Misérable Afrique !

Conclusion : Axer la modernisation économique et sociale sur la qualité humaine du développement

Le dividende socio-économique prolonge la réflexion sur le dividende démographique. Tous les deux dividendes s'inscrivent dans l'optique du développement économique et social du continent africain. Aujourd'hui, s'il y a un regain d'intérêt pour la question démographique dans toutes les études consacrées au développement de l'Afrique, c'est parce qu'au moment où le monde entier se surprenait à espérer un essor économique imminent et une amélioration réelle de la situation sociale des populations du contient africain, au moment où le naïf optimisme d'antan, celui des années fraîchement post-indépendance, recommençait à remonter à la surface du fait des 5% de croissance économique officiellement affichée dans une bonne majorité des pays d'Afrique au sud du Sahara, un chiffre s'est invité dans le débat. Un chiffre gros, rond et à rebondissement : le cap du milliard d'individus franchi nettement et largement depuis des années ; celui des deux milliards déjà bien affiché à l'horizon 2050 ; dans la même suite, celui des quatre milliards inscrit dans le tableau des probabilités de la fin du siècle courant. Malthus n'avait pas tort de dire qu'une population non maîtrisée dans son rythme d'accroissement risquait fortement d'avoir tendance à se multiplier de manière exponentielle. L'Afrique nous en donne la preuve. Voilà qui vient remettre en question toutes les certitudes sur le développement économique et social de l'Afrique au sud du Sahara. Désormais, la démographie n'est plus un facteur secondaire et la population une variable optionnelle de l'analyse du développement de l'Afrique. Désormais, quel que soit l'angle de vue, quelle que soit l'approche adoptée, aucune étude sur le développement de l'Afrique ne saurait contourner le facteur démographique. Mieux, la question de la population est, à tout point de vue, au centre du développement. C'est la raison pour laquelle j'ai fait un enchaînement entre le dividende démographique et celui économique. Mais, bien qu'étant entièrement liés l'un à l'autre, les deux dividendes entretiennent chacun une certaine singularité. En effet, chacun de ces dividendes est singulièrement associé à un défi spécifique. Le dividende démographique ne peut être saisi et exploité de manière optimale sans la réalisation de la transition démographique, qui passe par une baisse réelle, forte et durable de la fécondité, qui, elle-même, passe par une *révolution contraceptive* d'envergure. Qu'elles le veuillent ou non, qu'elles soient mentalement et culturellement prêtes ou pas, les populations africaines du sud du Sahara n'ont pas le choix, elles doivent se résoudre à réduire la taille de leur famille, c'est-à-dire à limiter systématiquement le nombre de naissances par année et le nombre moyen d'enfants par femme. Le dividende socio-économique, lui, lance aux pays d'Afrique subsaharienne le défi de la modernisation de la base structurelle de leurs économies. Je parle bien de dividende socio-économique parce que de la même manière qu'il y a une marge de manœuvre démographique qui peut avoir un impact réel et positif sur l'évolution économique et sociale de l'Afrique subsaharienne si cette dernière travaille de manière ferme et rigoureuse à la réalisation rapide de la transition démographique, il y a un potentiel socio-économique qui n'attend que d'être exploité pour faire progresser les pays africains dans le sens d'un développement de qualité. Et de la même manière que le dividende démographique renvoie singulièrement et entièrement au défi à relever de la transition démographique, le dividende socio-économique en appelle fondamentalement à une modernisation de fond en comble de toutes les économies africaines. Modernisation qui passera nécessairement par une rupture forte et sèche avec l'informel comme modèle économique ; et cela autant du point de vue de la constitution d'un capital humain de qualité, devant être à la hauteur des exigences de cette économie en pleine transformation qualitative, que du point de vue de l'investissement à apporter dans chaque secteur et sous-secteur de l'économie. Investissement est ici à comprendre non pas dans le sens strictement financier du terme mais dans le sens d'une transformation générale de l'ensemble des unités actives de l'économie. Il s'agit d'une réorganisation générale de chaque secteur et de chaque sous-secteur de l'économie pour passer du modèle traditionnel au modèle moderne de management de toute la chaîne de production de chacun de ces compartiments de l'ensemble que constitue l'économie nationale d'un pays. C'est un défi à relever, mais comme pour celui de la transition démographique, il ne tient qu'aux gouvernements et aux populations africaines de vouloir le faire et d'œuvrer de manière forte, ferme et intelligente dans ce sens. L'exercice consistant à dénouer l'informel peut paraître compliqué, mais il n'a rien d'irréalisable. La meilleure manière de procéder consiste, selon moi, à partir d'un recensement général de toutes les unités économiques existant dans un pays. Ce qui, j'imagine, se fait dans une bonne partie des pays. Mais, vu l'ampleur de la petite économie informelle du quotidien, il faudrait nécessairement aller plus loin dans ce travail de dénombrement. Il ne faudrait pas ainsi se limiter aux entreprises inscrites sur les listes que détiennent les chambres de commerce, car la petite économie informelle cache et fonctionne avec une multitude de plis et de replis. Et rien dans celle-ci ne doit être sous-estimé. Toutes les unités productives, qu'elles soient individuelles ou collectives, doivent être repérées et enregistrées, de la petite épicerie du quartier à l'étal du coin qui vend des fruits et légumes, du petit garage automobile du quartier aux ateliers de menuiserie ébéniste ou métallique du coin, des boutiques et tables de petit commerce des marchés locaux aux simples vendeurs ambulants, tout et tous doivent être pris en compte. Il s'agit d'un véritable travail de fourmi, un travail de cadastrage de proximité. A partir d'un tel recensement, on peut voir pour chaque unité considérée l'intervention appropriée pour faciliter sa transformation dans le sens de sa modernisation. Cela peut paraître ridicule pour le cireur de pompes qui traîne au quotidien dans les rues et ruelles des quartiers urbains pour trouver une paire de chaussures à nettoyer ou à faire reluire, mais en économie tout sou compte autant que les autres, car en amputant d'un sou ou en rajoutant le plus petit sou à un compte quelconque, petit ou grand, vide ou bien fourni, on opère un changement de taille parce qu'on change le solde. En mathématiques, les quatre calculs généraux, bien qu'étant entièrement différents et bien que remplissant des fonctions algébriques différentes, se valent : addition, soustraction, multiplication, division. L'économie fonctionne de la même manière du point de vue commercial. Il faudrait donc établir un indice de formalité, dresser un éventail de procédés techniques intégrant un processus clairement défini de formalisation entrepreneuriale et inciter les entreprises ou les unités actives de l'économie à volontairement s'inscrire dans un programme bien ficelé dans ses modalités diverses (contenu des enseignements ou instructions, durée de la formation et de l'accompagnement, travail de suivi, etc.). Même les entreprises *a priori* modernes pourraient être prises en compte car, je le rappelle encore une fois, l'informel, ce n'est pas un simple secteur économique à la marge de l'économie moderne, c'est un modèle économique, un ordre de pratiques économiques que l'on peut retrouver partout dans tout l'univers économique d'un pays sous-développé. Il faut ainsi de la pédagogie, de la stratégie et des objectifs précis pour l'obtention de résultats satisfaisants. Je ne crois pas que les chambres de commerce des grandes villes d'Afrique subsaharienne, déjà généralement disposant de très peu de moyens financiers et logistiques et souvent très impliquées dans les tractations politiques et politiciennes, soient toutes seules en mesure de remplir cette fonction, car, comme je l'ai précisé, il s'agit d'un travail de cadastrage de proximité. Un travail minutieux de terrain plutôt qu'un simple travail bureaucratique de secrétariat. Les agences de placement comme les cabinets spécialisés dans le domaine de la création et du développement des entreprises peuvent être impliqués, cela pourrait considérablement faciliter la tâche. Je rajoute qu'il ne s'agit pas que des grandes villes qu'il faudrait cadastrer économiquement, il s'agit de tout le pays. Même le monde rural, le secteur primaire de l'agriculture, de l'élevage et de la pêche doit, au même titre que le secondaire industriel et le tertiaire commercial, être formellement pris en compte. Rien qu'avec un tel programme annoncé officiellement, présenté sérieusement et mené avec beaucoup de professionnalisme, on verra se ruer un peuple de petites et moyennes entreprises jusqu'alors restées inertes ou très peu actives parce que ne voyant aucune opportunité qui leur est offerte dans le sens de leur bon démarrage, de leur développement et avec pour cap la modernité. C'est, à mon avis, le premier pas à accomplir pour impulser à l'échelle d'un pays donné, ne serait-ce que du point de vue de la volonté populaire et de l'action collective, une dynamique de modernisation économique et sociale.

Pour un maillage complet de l'ensemble de la sphère économique, la manière la plus claire et qui permet une lisibilité optimale reste celle consistant à partir des trois secteurs généraux et classiques d'activités. Dans chacun de ces trois secteurs, il faudrait d'abord bien déterminer les sous-secteurs, les filières, les types d'unités productives. Ensuite, il faudrait établir le lien entre les différentes composantes de chaque secteur comme de chaque sous-secteur et voir dans quelle mesure elles intègrent la même chaîne de production, dans quelle mesure leurs ressources humaines peuvent être mobiles à l'intérieur de ce même cadre économique et dans quelle mesure elles pourraient se retrouver dans les mêmes créneaux en ce qui concerne leur position singulière dans le circuit de la commercialisation de leurs produits. D'où, enfin, la nécessité d'établir entre toutes les unités productives d'un même sous-secteur et d'un même secteur économique un cadre de collaboration pour faciliter les échanges et les partenariats autant en matière de management entrepreneurial, de production que de commercialisation. La mise en place d'un tel réseau permet d'asseoir une dynamique globale et générale reposant sur un partenariat destiné à favoriser la complémentarité entre les unités économiques plutôt que de les mettre en concurrence. La concurrence est un principe capitaliste d'économie, elle débouche sur la sélection et au bout du processus sur la formation de monopoles ou d'oligopoles, alors qu'une économie politique cherchant à faire passer l'économie d'un pays d'un état structurel de sous-développement à un état global de développement, elle, cherche à favoriser, à promouvoir et à encourager le partenariat ou la collaboration des unités productives dans l'optique de les rendre complémentaires plutôt que concurrentes, et cela au service de l'économie nationale. D'une unité de production économique ou entreprise à secteur économique, en passant par un sous-secteur, il peut y avoir tout un ensemble d'acteurs et d'autres unités appartenant à d'autres sous-secteurs et même à un autre secteur impliqués autant dans la chaîne de production que dans le circuit d'écoulement ou de commercialisation des produits, ce qui signifie qu'au-delà de la subdivision de l'économie en secteurs et sous-secteurs, tout y est lié, soit directement soit indirectement. Cela, les entreprises et les travailleurs n'ont pas attendu la théorie économique et les programmes académiques sur le management entrepreneurial pour bien le comprendre ; depuis toujours, ils le pratiquent naturellement et au quotidien. Le fait de le prendre formellement en compte dans l'éventail des stratégies de modernisation économique et sociale des pays africains pourrait permettre de rendre plus fluide l'interaction entre les différents compartiments des économies nationales.

Je n'ai pas jugé nécessaire de prendre sous-secteur par sous-secteur car je n'en aurais jamais fini. Rien que le secteur des services intègre en lui une multitude de sous-secteurs, qui cachent une multitude de types d'activités, qui eux-mêmes se subdivisent en une multitude de sous-activités. Ce qu'il faut comprendre par-dessus tout lorsqu'on étudie une économie nationale et qu'on réfléchit par la suite à la manière dont elle fonctionne et pourrait être organisée dans la perspective de son développement, c'est qu'elle se présente comme une sorte d'arborescence, avec un tronc commun, des branches auxquelles s'accroche un nombre infini d'autres branches plus petites et qui elles-mêmes tiennent toute une forêt des feuilles. C'est exactement la même chose que l'on retrouve dans l'informatique et plus précisément dans la bureautique. Il s'agit, pour ainsi dire, d'un travail propre d'organisation. Ni plus ni moins. Mais, aussi simple qu'il peut paraître, ce travail à la base de la modernisation de la structure de l'économie d'un pays doit être fait de bout en bout avec du professionnalisme, il doit allier macroéconomie et microéconomie, il doit reposer sur une approche stratégique qui prend en compte l'interaction entre le général et le particulier plutôt que d'avoir une conception linéaire du processus économique, car de la même manière qu'une entreprise en phase de démarrage se réfère tout naturellement à son sous-secteur et à son secteur économique d'origine pour grandir et se développer progressivement, un sous-secteur et même un secteur économique dans son ensemble peut se voir en retour ré-impulser rien que par une unité productive partie au départ de rien du tout. C'est l'exemple des grands groupes pouvant être repérés par-ci par-là à travers le monde et qui sont partis de l'initiative d'une seule et simple personne avec son idée et ses petites ressources pour finir quelques décennies plus tard par devenir l'emblème de tout un sous-secteur et même, fait bien plus rare, de tout un secteur économique. Raison de plus pour ne sous-estimer aucune unité productive en matière de politique de développement économique.

Au-delà de l'organisation et de la réorganisation de la structure de base des économies nationales dans le sens de leur modernisation, il y a la question de l'investissement. Cette question a ceci de singulier qu'elle peut et, à mon avis, doit être prise en compte à la fois dans la stratégie globale de modernisation économique et sociale et de manière isolée. On a très souvent tendance à considérer que le problème des petites et moyennes entreprises, qui, il faut le rappeler, sont partout dans le monde les principaux pourvoyeurs d'emplois, notamment dans le secteur tertiaire, reste celui de la rareté ou de l'accès aux ressources financières. Sans sous-estimer ce problème des finances, je pense, d'après mon expérience vivante et mes observations dans une grande diversité de lieux, pays et domaines d'activités économiques, que ce problème n'est pas plus important que celui de l'absence de tout projet de modernisation. On accuse souvent les banques de ne pas vouloir prêter de l'argent aux petites et moyennes entreprises. Là aussi, je ne néglige pas un tel argument, mais il faudrait tout de même, je pense, faire la part des choses. Je ne sais pas quelle banque au monde prêterait de l'argent à une entreprise qui ne dispose d'aucune comptabilité établie suivant les procédés courants de la gestion entrepreneuriale moderne. C'est tout de même élémentaire pour une entreprise sérieuse et aspirant à se développer de savoir tenir et rendre compte de ses états financiers. Tout prêt, peu importe sa nature, sa valeur ou sa quantité, a besoin d'une garantie. Et à vrai dire, une entreprise fonctionnant avec un modèle managérial informel, peu importe la lourdeur de son carnet de commande, ne présente pas assez de garanties pour pouvoir espérer d'une banque sérieuse un prêt. A mon avis, l'accès au crédit, s'il constitue un problème, n'en est pas un de véritablement insurmontable. Rien qu'en rompant avec les méthodes informelles de gestion pour se moderniser du point de vue managérial, beaucoup d'entreprises de la petite économie informelle peuvent se développer de manière autonome, c'est-à-dire sans avoir besoin de contracter le moindre crédit auprès des banques. Et même dans le cas où elle en aurait réellement besoin, aucune entreprise avec un modèle moderne de gestion et une marge réelle et visible de prospérité, ne devrait avoir du mal à trouver un prêt. Si ce n'est auprès d'une banque privée, cela pourrait normalement se faire auprès d'une structure financière publique. Et dans le cas où celle-ci aurait du mal à obtenir un crédit ou un soutien financier de la part du public, on peut être sûr que le véritable problème vient de l'État lui-même plutôt que de l'entreprise à la recherche de ressources financières pour se développer. Indépendamment de l'accès au crédit ou, d'une manière générale, de sa situation financière, toute entreprise soucieuse de son développement gagnerait à rompre avec l'informel et à se moderniser. Il y va de sa prospérité et même de sa longévité.

Relever le défi de la modernisation économique et sociale, c'est pour les pays d'Afrique subsaharienne inscrire les performances économiques enregistrées ces dernières années dans la dynamique générale de l'économie mondiale plutôt que dans le simple effet des retombées de la mondialisation sur les économies sous-développées du monde. C'est donc une opportunité sans précédent que les pays africains ont à saisir dans l'immédiat car plus le temps passe moins il y aura de marge de manœuvre pour les économies en retard de pouvoir tirer leur épingle du jeu, les opportunités ayant tendance à se raréfier graduellement pour tout le monde. Il n'y a qu'à regarder le rapide essoufflement économique de ces dernières années dans les grands pays dits émergents pour se convaincre du fait que le dividende socio-économique, à l'instar du dividende démographique, s'inscrit pleinement dans une durée plus ou moins longue mais limitée dans le temps. Ces économies ne sont pas en saturation, comme certaines économies traditionnellement développées, elles sont simplement atteintes de quelque chose semblable à l'effet des rendements décroissants. Elles doivent ainsi trouver non pas les moyens mais les bonnes stratégies et formules pour se relancer économiquement autant au niveau national qu'à l'échelle internationale en s'assurant qu'une bonne partie des profits soit réinvestie dans leur économie réelle, d'autant plus que derrière leur essor économique spectaculaire de ces dernières années, se cache encore beaucoup de précarité sociale notamment dans la périphérie des grandes villes et dans les territoires ruraux qui n'en ont que très peu voire pas du tout profité. C'est dire que la mondialisation n'est pas un long fleuve tranquille. Quelque part, c'est tout le contraire, car de la même manière qu'elle ouvre des opportunités à tous les pays du point de vue commercial, au sens large du terme, elle instaure, plus qu'un climat, un ordre de concurrence qui met la pression sur toutes les économies du monde. On peut résumer cette pression en question en ces termes : *les jeux sont ouverts pour tout le monde, prenez votre place, saisissez votre chance, sinon d'autres le feront à votre place*.

Ce qui risque de se passer si les pays africains n'agissent pas vite, de manière ferme et forte, c'est justement de les voir encore une fois surclassés dans chacun des domaines où ils ont des atouts nets à faire valoir et un potentiel réel à exploiter. A force de brader leurs ressources naturelles sans trop se préoccuper de leur cours sur le marché mondial, d'offrir tout généreusement d'immenses hectares de terre à des opérateurs économiques étrangers pour des cultures presque entièrement destinées à l'exportation et de laisser tout passivement les produits chinois inonder leurs marchés publics et locaux, sans chercher à faire le tour de tous les enjeux actuels et ultérieurs autour de ces biens tant prisés à l'échelle mondiale, les pays africains risquent de passer à côté du dividende socio-économique, qui, à l'étape actuelle de la mondialisation de l'économie, est largement à leur portée. Mais, comme pour le dividende démographique, pour le dividende socio-économique aussi le temps est bien compté pour les pays d'Afrique subsaharienne, d'autant plus que l'économie mondiale, entre le boom technologique en cours et la dynamique courante dans le domaine de la finance, avec une économie spéculative ou boursière qui en s'amplifiant affaiblit considérablement l'économie réelle, est déjà pleinement entrée dans une nouvelle phase qui rend bien plus rude la concurrence entre les pays.

Le défi de la modernisation économique et sociale cache derrière lui plusieurs défis, les uns plus complexes et délicats à relever que les autres. A la différence du défi de la transition démographique qui, au-delà de la mortalité infantile en baisse continue depuis plusieurs années partout dans le monde, se joue essentiellement autour d'un seul grand axe, à savoir la baisse de la fécondité, qui, dans le cas de l'Afrique subsaharienne, devrait passer par une *révolution contraceptive*, vu le taux encore très faible d'utilisation des méthodes modernes de contraception chez les femmes en âge de procréer dans une bonne partie des pays du continent, le défi de la modernisation socio-économique, lui, au-delà du passage du modèle informel au modèle moderne d'économie, intègre à plusieurs niveaux des défis spécifiques. Le défi de la modernisation s'impose de lui-même à tout pays car à l'ère de l'économie dite du savoir, aucun pays aspirant au progrès économique et voulant tirer son épingle du jeu dans ce contexte de haute concurrence qui caractérise la mondialisation ne peut faire l'économie de se moderniser et, mieux, de rester en permanence en mode modernisation car, désormais, entre l'essor de la technologie et le renouveau spectaculaire de la finance, conséquent à la révolution digitale en cours, l'économie mondiale est en transformation continue. Et entre cet objectif général de la modernisation économique et sociale, les défis spécifiques associés aux trois secteurs généraux de l'économie et la place déjà centrale et de plus en plus grande autant de la technologie que de la finance dans l'ensemble du processus économique, je ne vois pas quel autre choix pourrait avoir un pays à notre époque, du point de vue économique et social, que celui de s'engager pleinement et résolument dans la voie de sa modernisation. Les pays africains doivent prendre la décision ferme, forte et formelle de moderniser la structure de base de tous les secteurs et sous-secteurs de leur économie et, dans la même foulée, de pousser fortement à la marge la petite économie informelle. Mais également, en réaction à la percée fulgurante de l'économie dite du savoir, ils doivent prendre au sérieux l'importance qu'il y a à notre époque, pour une économie nationale se voulant à la hauteur des grands enjeux contemporains dans les différents domaines de l'économie, d'investir de manière plus consistante, constante et cohérente dans la recherche-développement (RD) et, en toute conséquence, agir pour profiter de manière optimale des opportunités réelles que leur offre la grande dynamique économique mondiale dans le but de se tirer économiquement et socialement du sous-développement. Et cela, sans plus tarder car, encore une fois, non seulement le travail à faire est énorme, vu le nombre et l'ampleur des défis à relever, mais également parce que le temps qu'ils ont pour pouvoir profiter de ce qui me semble être un dividende socio-économique leur est strictement compté.

Au-delà de ces défis économiques à relever en série, il y a la dimension sociale de la modernisation. Cette dernière dimension est indissociable de celle économique car la formule « modernisation économique et sociale » est entière, une et indivisible. En effet, au sens moderne du terme, le développement économique ne se conçoit pas sans un développement social, car l'ensemble renvoie au développement humain. Et il n'y a ni déterminisme ni relation lexicale ou linéaire entre le développement économique et le développement social ; il y a plutôt une dynamique globale qui fait que tout mouvement dans l'économie est en même temps un mouvement dans la société, et *vice versa*. Cela demeure une évidence absolue car, qu'on le veuille ou non, la science économique est une science sociale. Elle est une science de la société car elle étudie l'activité sociale autour de l'économie. Raison pour laquelle le développement tout court renvoie au développement économique et social plutôt qu'au seul développement économique. En dissociant développement économique et développement social, on nie, par principe, donc d'entrée, tout sens au développement humain. Et qui enlève l'humain du développement, enlève au développement lui-même tout son sens. Ce qui se développe, ce n'est pas l'économie, car cette dernière n'est qu'une composante de la chose globale que constitue le développement. Ce qui se développe par-dessus tout, c'est l'humain. Si un modèle de développement, quel qu'il soit, ne se préoccupe que des indicateurs « purement » économiques et pas ou que très peu de la condition humaine dans le contexte en question, alors cela va sans dire que l'idée qui y est faite du développement est légère, sans aucune profondeur ni authenticité. C'est, hélas, cette approche du développement qui a fini de s'imposer partout autant dans les sciences humaines et sociales que dans la pratique politique du développement. Et, tout le but du présent ouvrage, au-delà du fait qu'il tente de situer avec précision les quatre axes sur lesquels il faut agir pour sortir définitivement l'Afrique subsaharienne du sous-développement, est à rechercher dans cette tentative de rétablir en intégralité le caractère global et humain du développement ; globalité et humanité sans lesquelles le développement serait tout sauf de qualité. C'est tout ce qui justifie mon rejet catégorique de la notion d'« émergence » qui consacre une version fausse et dépréciée du développement.

En effectuant un enchaînement analytique et dynamique entre la question démographique et la question économique et en refusant de dissocier développement économique et développement social, je considère qu'on ne peut pas penser le développement d'un pays sans passer par une réflexion approfondie sur son sous-développement. Tout l'intérêt et toute la pertinence de la question démographique dans la problématique générale du développement sont, à ce niveau précis, à rechercher dans cette relation interactive entre sous-développement et développement. La relation n'est pas toute linéaire entre ces deux phénomènes globaux, elle est, encore une fois, globale et dynamique. Et je ne vois pas meilleure manière de faire ressortir cet aspect dynamique du développement que d'établir un lien entre la population, entre son nombre ou sa quantité et la qualité de vie de celle-ci, et le processus économique. La pertinence de l'approche consistant à analyser le développement d'un pays encore sous-développé à partir de la relation dynamique sous-développement/développement est illustrée par le fait qu'en partant du défi à relever de la transition démographique, on aboutit ou on poursuit la réflexion en se penchant sur les capacités de l'économie du pays considéré à absorber qualitativement toutes les cohortes d'individus entrant par flux massifs dans la catégorie socio-démographique de la part de la population totale en âge de travailler, une fois la baisse de la fécondité réellement et durablement en marche. Inversement, en partant des performances économiques enregistrées sur une durée relativement longue dans un pays donné, on ne peut faire l'économie de s'interroger sur la manière dont celles-ci contribuent ou non à faire baisser la pauvreté. Dans un sens comme dans l'autre, c'est la qualité humaine du développement qui est en question. Jusqu'où la transition démographique offre-t-elle des opportunités économiques et sociales en termes de développement humain ? Jusqu'où, dans un pays considéré, la dynamique de développement économique et social contribue-t-elle à l'accélération de la transition démographique et favorise-t-elle la constitution d'un capital humain de qualité ?

Ce sont ces deux dernières interrogations qui, ensemble, formalisent le lien organique entre développement économique et développement social et qui, ainsi et aussi, ensemble, font ressortir le caractère authentiquement humain et moderne du développement. Cette notion d'humanité est très souvent oubliée dans l'analyse comme dans les politiques consacrées au développement ; d'où tout l'intérêt d'insister sur le fait que la modernisation économique et la modernisation sociale vont de pair. Les défis économiques du développement sont distincts des défis sociaux du développement, mais ils demeurent indissociables si l'on pense le développement en termes de qualité de vie humaine. Les défis sociaux du développement, je n'ai pas eu besoin de les énumérer car en consacrant une partie entière du présent ouvrage à la question démographique et une autre à la question économique et en faisant de la sortie définitive du sous-développement la thématique générale de ce livre, je traite en diagonale de ceux-ci. Entre le défi de la transition démographique et celui de la modernisation économique et sociale, c'est un regard fortement critique et analytique qui est jeté sur tout l'ensemble des problèmes structurels du sous-développement ou de développement des pays africains. Et, c'est en insistant sur le caractère organique de la modernisation économique et sociale en tant que défi de transformation sociale globale que l'on réussit à orienter l'analyse vers le développement humain dans ce qu'il a de plus qualitatif, plutôt que de l'enfermer dans une conception sectionnée du développement en considérant isolément, d'un côté, défi démographique, défi économique et défi social ; de l'autre, politique de population, développement économique et développement social ; ou, autrement, dividende démographique, dividende économique, dividende social. En effet, ce qui, par-dessus tout, donne un caractère global autant à chacun des facteurs généraux pris en considération dans l'analyse critique du développement qu'au développement lui-même, ainsi qu'à la modernité ou au processus de modernisation, c'est la dimension humaine que concentre chacun de ces phénomènes considérés. C'est pourquoi toute réflexion sur le développement doit partir de la condition humaine pour finir avec cette même condition humaine. D'où l'intérêt de prendre formellement en considération, et pas juste en appoint ou en complément, l'indice de développement humain (IDH) dans l'analyse du développement d'un pays, même si cet indicateur général n'est ni complet ni organique dans sa capacité à rendre compte de la condition humaine dans ce qui le plus globalement et structurellement la caractérise dans l'espace d'un pays donné.

Dans la perspective d'une transformation sociale d'envergure, comme celle devant mener à une transition démographique sans précédent dans toute l'histoire du continent africain, à une dynamique générale de modernisation des économies nationales comme des structures sociales, l'analyse gagnerait à aller bien plus loin que les données générales socio-démographiques ainsi que les indicateurs macroéconomiques (PIB, PNB, etc.) pour s'intéresser au bien-être humain dans chacun des pays d'Afrique au sud du Sahara. L'intérêt de la prise en compte de l'IDH dans l'analyse du développement comme dans les politiques de développement réside dans le fait que cet indicateur permet d'ouvrir la réflexion sur la première question forte et générale soulevée depuis le début du présent ouvrage, à savoir au service de quelle cause un pays doit-il travailler à se développer infiniment. A cette question fondamentale, la seule et unique réponse à apporter est la suivante : un pays se développe pour sa population, autrement dit, pour les êtres humains qui y vivent : le développement au service de l'humain. Voilà qui résume toute la force analytique et tout le sens critique de l'IDH.

L'indice de développement humain est très souvent et à tort considéré comme étant un complément des indicateurs macroéconomiques en ce sens qu'il prend en compte des variables qualitatives et extra économiques. C'est dire à quel point l'approche analytique du développement est moniste. L'importance technique de l'IDH se situe non pas dans le fait qu'il complète les données socio-démographiques et macroéconomiques générales mais dans le fait qu'à travers ses trois indicateurs généraux, il synthétise ceux-ci dans leur impact sur la condition humaine de la population : santé/longévité, niveau éducatif, revenu/niveau de vie. L'IDH mesure le niveau moyen du pays considéré en termes de potentialités humaines élémentaires. Il est loin de faire l'unanimité autour de sa pertinence, mais il est toujours bon à savoir même si les procédés techniques qui permettent de le saisir sont sujets à discussion. L'IDH ne prétend aucunement à la perfection. Il laisse de côté plusieurs variables d'ordre social, sociopolitique ou environnemental, mais il n'a pas vocation à couvrir l'ensemble des aspects de la vie humaine. Ce qui est recherché c'est jusqu'où les conditions élémentaires et prioritaires pour s'assurer une vie humainement décente sont-elles satisfaites dans le pays considéré. Le calcul de l'IDH, qui relève de l'autorité scientifique du PNUD, se fait en agrégeant les résultats de ces trois indicateurs pour aboutir à un indice composite et qui se présente comme un nombre sans unité, compris entre 0 et 1 et obtenu à partir de la moyenne géométrique. Plus l'IDH se rapproche de 1, plus le niveau de développement humain du pays considéré est jugé élevé par le PNUD. Le premier indicateur de l'IDH mesure le rapport entre la santé de la population et la longévité de ses unités humaines vivantes. C'est l'espérance de vie que l'on cherche ici à saisir à partir d'un ensemble de variables associées aux besoins vitaux ou prioritaires des populations : la qualité de l'alimentation, la potabilité de l'eau couramment consommée, l'état des logements, l'hygiène publique et collective, l'accès aux services de santé et la qualité des soins médicaux. Le deuxième indicateur de l'IDH renvoie au savoir ou à l'éducation. Entre autres données, il prend en compte, d'une part, la scolarisation des enfants en âge scolaire, entre les taux de scolarisation, le ratio enseignant/élève, le nombre et l'état des infrastructures scolaires en place, les résultats scolaires des enfants fréquentant celles-ci ; d'autre part, la durée moyenne de scolarisation des adultes de plus de 25 ans. Cet indicateur est très important car il est parmi les trois qui composent l'IDH celui qui le plus répond du concept des « capabilités », qui en est à l'origine. Le « beau » principe de « l'éducation pour la vie » prend tout son sens avec cet indicateur, qui ne se limite pas simplement à la scolarisation, car allant au-delà de l'école, il tient compte de la formation et de la recherche infinie du savoir par-delà les âges et les expériences vivantes ou socioprofessionnelles. Avec les grandes transformations socio-économiques et technologiques qui rythment la vie quotidienne du monde actuel, cet indicateur peut nous en apprendre davantage sur les dynamiques socio-éducatives en cours et qui sont difficilement saisissables par les méthodes « classiques » et courantes de recherche en matière d'éducation. Le troisième indicateur, celui du niveau de vie, établit un calcul logarithmique du revenu national brut par habitant en parité de pouvoir d'achat. Il complète, quelque part, les deux autres indicateurs de l'IDH en intégrant des modalités qualitatives comme la mobilité réelle et l'accès à un certain nombre de services ou de besoins comme la culture.

Le PNUD calcule chaque année l'IDH du monde, celui des différentes régions qui le composent ainsi que celui des différents pays qui le peuplent. Entre 0 et 1, l'organisation spécialisée des Nations Unies a établi une échelle avec quatre marches : IDH très élevé, IDH élevé, IDH moyen, IDH faible. L'IDH très élevé dépasse nettement voire largement 0.800. L'IDH élevé peut être situé entre 0.680 et 0.800. L'IDH moyen entre 0.550 et 0.680. L'IDH faible est en dessous de 0.550. Comme le montre le tableau qui suit (tableau 11), avec un indice de 0,717, l'IDH du monde est actuellement jugé élevé. Mais dans ce monde généralement en « bon état humain », il y a de très fortes disparités entre les continents, régions et pays. De ce point de vue, l'IDH n'a pas de secret, il ne contredit en rien le niveau global de développement. Il ne fait que confirmer ou qu'approfondir les arguments qui conduisent l'analyse et ses spécialistes à classer les pays du monde suivant leur niveau global de développement. Autrement dit, un pays à l'IDH élevé est globalement et généralement un pays développé. Un pays à l'IDH faible est globalement et généralement un pays sous-développé. Au niveau mondial, c'est la Norvège qui arrive en tête, suivie de l'Australie, la Suisse, l'Allemagne, le Danemark. Le bas du classement mondial de l'IDH 2016 est entièrement occupé par l'Afrique subsaharienne, avec les cinq dernières positions revenant au

Burundi, au Burkina Faso, au Tchad, au Niger et à la République centrafricaine.

Alors que les pays de l'OCDE paradent en tête de la catégorie des pays avec un IDH très élevé, autour de 0,892, l'Afrique subsaharienne, elle, est confortablement installée dans la catégorie des régions ayant un IDH faible, autour de 0,497. Dans cette dernière catégorie, on retrouve l'Afrique subsaharienne et le groupe des pays les moins avancés (PMA). Quelques précisions à apporter au passage :

- 1. L'IDH d'un continent ou d'une région est une moyenne générale, il ne rend pas compte du niveau de développement humain de chacun des pays isolément considérés de l'ensemble en question.
- 2. l'Afrique subsaharienne est une entité continentale multirégionale alors que les PMA renvoient à une catégorie de pays considérés à partir de leur niveau global de développement.
- 3. Une bonne partie des pays d'Afrique subsaharienne se retrouve dans les PMA ; mais, en dehors de ceux-ci, ce dernier groupe intègre des pays d'autres continents.
- 4. 34 des 49 pays d'Afrique subsaharienne font partie des PMA, contre 9 pour l'Asie, 4 pour l'Océanie et 1 pour l'Amérique.
- Le Botswana a été retiré de la liste des PMA en 1994 et le Cap-Vert en 2007.

***Tableau 11 :* IDH du monde et de ses différentes régions (PNUD, 2016)**

IDH très élevé	**IDH élevé**	**IDH moyen**	**IDH faible**
OCDE : 0,887	Monde : 0,717	Pays en développement : 0,668	**Afrique subsaharienne : 0,523**
	Amérique latine et Caraïbes : 0,751	Petits États insulaires : 0,667	**Pays les moins avancées : 0,508**
	Asie de l'Est et Pacifique : 0,720	Asie du Sud : 0,621	
	Europe et Asie centrale : 0,756		
	États arabes : 0,687		

Le tableau ci-dessus donne un aperçu général de l'état du développement humain dans les différentes régions du monde. L'Afrique subsaharienne est non seulement la seule région du monde ayant un IDH faible (0,523), mais en plus de cela, elle concentre à elle seule près des ¾ des PMA du monde entier. Ce qui signifie également que près des ¾ des pays qui la composent sont aussi des PMA. Seuls quinze pays parmi les 49 qu'elle réunit géographiquement sont situés dans une catégorie autre que celle des pays avec un IDH faible. Le tableau qui suit (tableau 12) montre clairement qu'il n'y a pas d'IDH très élevé en Afrique. On y note aussi que l'Afrique subsaharienne ne compte que trois pays avec un IDH élevé : Seychelles, Maurice, Gabon. Derrière ce trio, suit un groupe de neuf ou dix pays partagés entre les quatre régions d'Afrique subsaharienne et ayant un IDH moyen, c'est-à-dire situé approximativement entre 0.550 et 0.680. Il faut relever au passage que les mêmes pays qui depuis le début de cet ouvrage occupent généralement les premiers rangs positifs pour tous les indicateurs socio-démographiques mais également pour les variables socio-économiques se retrouvent aussi dans le groupe de tête en ce qui concerne l'IDH. Il s'agit des pays d'Afrique australe ainsi que des petits pays d'Afrique équatoriale auxquels s'ajoute le Cap-vert. Sur les quarante-neuf pays d'Afrique subsaharienne, donc, seule une petite dizaine de pays se situe entre un IDH élevé et un IDH moyen. Tout le reste étant composé de pays avec un IDH nettement faible.

***Tableau 12 :* Classement des pays africains selon le rapport du PNUD sur l'IDH (2016)**

PAYS	RANG AFRIQUE	RANG MONDE	IDH	PAYS	RANG AFRIQUE	RANG MONDE	IDH
Seychelles	1	63	0,782	Rwanda	28	159	0,498
Maurice	2	64	0,781	Comores	29	160	0,497
Mayotte	3	-	0,750	Lesotho	30	160	0,497
Algérie	4	83	0,745	Sénégal	31	162	0,494
Tunisie	5	97	0,725	Ouganda	32	163	0,493
Libye	6	102	0,716	Soudan	33	165	0,490
Botswana	7	108	0,698	Togo	34	166	0,487
Gabon	8	109	0,697	Bénin	35	167	0,485
Égypte	9	111	0,691	Malawi	36	170	0,476
Afrique du Sud	10	119	0,666	Côte d'Ivoire	37	171	0,474
Cap-Vert	11	122	0,648	Djibouti	38	172	0,470
Maroc	12	123	0,647	Gambie	39	173	0,452
Namibie	13	125	0,640	Éthiopie	40	174	0,448
Congo	14	135	0,592	Mali	41	175	0,442
Guinée équatoriale	15	135	0,592	Congo RDC	42	176	0,435
Ghana	16	139	0,579	Liberia	43	177	0,427
Zambie	17	139	0,579	Guinée-Bissau	44	178	0,424
S. T.-et-Principe	18	142	0,574	Érythrée	45	179	0,420
Kenya	19	146	0,555	Sierra Leone	46	179	0,420
Swaziland	20	148	0,541	Mozambique	47	181	0,418
Angola	21	150	0,533	Soudan du Sud	48	181	0,418
Tanzanie	22	151	0,531	Guinée	49	183	0,414
Nigeria	23	152	0,527	Burundi	50	184	0,404
Cameroun	24	153	0,518	Burkina Faso	51	185	0,402
Zimbabwe	25	154	0,516	Tchad	52	186	0,396
Mauritanie	26	157	0,513	Niger	53	187	0,353
Madagascar	27	158	0,512	R. Centrafricaine	54	188	0,352

Entre l'espérance de vie à la naissance, le niveau d'éducation et le niveau de vie, l'IDH nous révèle la réalité profonde de la vie de la population totale du pays considéré. Au-delà de la structure socio-démographique et de l'évolution générale de l'économie, l'IDH met en exergue les dispositions sociales d'un pays à se transformer en profondeur. C'est un indice dont l'intérêt analytique se situe dans sa capacité à définir des paramètres permettant de saisir jusqu'où une société est prête à se transformer socialement ou jusqu'où le développement économique pourrait y avoir un impact général mais réel sur la condition sociale des populations. D'une manière générale, toute recherche menée dans une perspective de développement global doit au préalable et en parallèle prendre en considération l'IDH du pays considéré, dans chacun des trois indicateurs qui le compose, car derrière les données socio-démographiques et les statistiques macroéconomiques se cache la réalité du quotidien. Mieux, les trois indicateurs de l'IDH intègrent ensemble l'ensemble des composantes ou dimensions autour desquelles s'articule le processus de transition démographique devant mener à l'exploitation d'un potentiel dividende démographique mais également celles autour desquelles se conçoit le rehaussement de la qualité du capital humain nécessaire au développement économique. Au-delà de la planification familiale, qui est le point de passage incontournable voire obligatoire pour arriver à une baisse réelle et durable de la fécondité dans l'optique d'une transition démographique, les investissements sur la santé de la population, sur l'éducation des enfants et des jeunes, sur la formation et sur les stratégies d'insertion professionnelle, en gros pour la constitution d'un capital humain de qualité, condition majeure pour pouvoir exploiter de manière optimale le dividende démographique dans la perspective d'un développement économique et social, sont tous foncièrement liés aux trois indicateurs de l'IDH.

L'IDH est donc un indice d'un niveau très élevé de sensibilité car il se présente comme un thermomètre social qui donne un aperçu général de l'état global de la condition humaine dans le pays en question, au-delà des données socio-démographiques et macroéconomiques. Il permet de faire le lien entre croissance économique, décroissance démographique et progrès social et humain, dans la mesure où il permet quelque part de situer les priorités élémentaires en matière de santé de la population, en matière d'éducation et de formation, mais également du point de vue des ressources économiques des populations. De la même manière que l'ISF permet de déterminer la dynamique démographique générale, que le PIB permet de savoir, en termes absolus, le volume des richesses créées dans le pays considéré, l'IDH permet de savoir jusqu'où les besoins humains et sociaux les plus courants, élémentaires et prioritaires sont satisfaits. S'il y a un et un seul indicateur pouvant justifier l'intérêt de prendre en compte l'IDH dans l'analyse de l'évolution socio-démographique des pays, c'est bien celui mettant en relation la démographie et le niveau de pauvreté dans un pays. Il est généralement considéré que les pauvres constituent la catégorie sociale qui, à tout point de vue, fait le plus d'enfants. Cette dernière considération ne relève ni d'une croyance populaire ni d'une idée reçue ; la preuve réelle et vivante en est que l'Afrique est encore et de loin à la fois le continent le plus pauvre du monde et le continent dont la croissance démographique est la plus rapide à l'échelle planétaire. Et même dans cette Afrique si complexe, les pays les plus pauvres sont ceux ayant le TAN et l'ISF les plus élevés. La même remarque peut être faite pour le continent asiatique. Et si cette hypothèse selon laquelle les plus pauvres seraient les plus disposés à faire des enfants se vérifiait, il deviendrait évident, comme dans une sorte de déterminisme structurel ou de relation forte de cause à effet, que plus d'enfants pour les plus pauvres, cela produit massivement et en termes absolus comme relatifs plus de pauvres et, en conséquence, appauvrit le pays en question quel que soit le volume de richesses et de biens économiques qui y sont produits.

L'IDH ramène directement l'analyse du développement de l'Afrique au sous-développement. Avec son approche synthétique, il produit le même effet critique que la démarche consistant à partir de la question démographique pour traiter du développement du continent. A vrai dire, je préfère de loin cette approche à celle consistant à commencer en insistant longuement sur les maigres performances économiques de ces dernières années pour finir, comme le font la plupart des rapports des Nations Unies, du FMI ou de la Banque mondiale, avec de brefs et légers passages sur les problèmes structurels qui encore enfoncent l'Afrique dans le sous-développement. En concluant cette partie sur l'économie, entre le potentiel encore réel dont dispose l'Afrique subsaharienne dans ce domaine et les immenses et innombrables défis qu'elle est appelée sans plus tarder à relever, par l'IDH, je cherche à attirer l'attention autant des analystes que des décideurs politiques lecteurs du présent ouvrage sur le fait que l'essence même du développement est par nature humaine. Le développement est, à tout point de vue, humain ou alors il n'est pas. L'économie a certes une dimension mathématique indéniable en tant qu'objet de science, mais cela n'enlève rien du fait qu'elle reste une science humaine et sociale, c'est-à-dire une science traitant de l'activité productive de l'homme dans un cadre social bien déterminé et structuré. En partant de la petite embellie économique conséquente ou relative à la mondialisation de l'économie pour traiter du développement de l'Afrique subsaharienne, on oublie qu'on a affaire à un continent avant tout foncièrement sous-développé. C'est ce qui, hélas, est souvent fait. Or, pour rendre service aux pays africains, à leurs gouvernements comme à leurs populations, la moindre des choses à faire, c'est de leur dire la vérité, toute la vérité, à commencer par celle forte et vivante du sous-développement. Et vérité pour vérité, c'est parce que l'Afrique ne fait aucun effort pour sortir du sous-développement qu'elle a du mal à bien profiter des avantages de la mondialisation. A côté de tout ce dont disposent les pays d'Afrique subsaharienne comme potentiel ou de toutes les opportunités associées au dividende socio-économique, les 5% de croissance économique enregistrés ces dernières années par-ci par-là à travers le continent me semblent bien dérisoires. Pour des économies parties de pratiquement rien du tout, il ne peut exister meilleure et plus grande aubaine que la mondialisation libérale comme vecteur d'impulsion, mais une telle performance demande au préalable un travail de rupture avec un certain nombre de choses qui, au-delà de l'économie, empêchent structurellement de tourner définitivement la page très longue et trop sombre du sous-développement pour s'ouvrir la voie d'un développement de qualité. Parmi ces choses faisant figure d'obstacles à la sortie définitive de l'Afrique du sous-développement ou à son progrès dans le sens d'un développement de qualité, il y a la fécondité reproductive de sa population qui l'empêche de réaliser son indispensable transition démographique, il y a l'informel en tant que modèle structurel d'économie qui l'empêche de se moderniser et de pouvoir être économiquement compétitive à l'échelle mondiale pour profiter des bons avantages de la mondialisation, mais il y a aussi le déficit démocratique et de bonne gouvernance au moment où un vent nouveau de démocratisation semble souffler quelque part sur le continent et qui, bien qu'étant encore timide et dispersé, consacre, à mes yeux et jusqu'à un certain point, un dividende politique aussi réel et accessible que le dividende démographique et le dividende socio-économique.

Le dividende politique :

Le défi de la démocratie et de la bonne gouvernance politique

Le défi de la transition démographique et le défi de la modernisation économique, bien qu'impliquant directement et entièrement la société vivante et l'ensemble de ses membres, interpellent avant tout l'État dans ses prérogatives les plus fortes et globales : la gestion de la population, entre sa quantité et la qualité de sa vie ; la prospérité de l'économie. Cela est bien évidemment une évidence car nul ne peut imaginer le développement ou la sortie du sous-développement d'un pays sans son État. La transition démographique et la modernisation économique et sociale d'un pays considéré ne peuvent se faire sans la définition et la mise en application d'une politique de population et d'une politique de développement économique. Et qui parle de politique parle naturellement et singulièrement de l'État. On n'a pas besoin d'un cours de philosophie politique sur le Contrat social, notamment autour de la pensée politique d'un de mes plus grands amis intellectuels, en l'occurrence Jean-Jacques Rousseau, pour s'en convaincre. L'État, on peut le remettre en question tant et autant qu'on voudra, mais lorsqu'il s'agit de penser la transformation globale de la société, peu importe le domaine de la vie nationale auquel on se réfère ou l'approche critique qu'on adopte ou alors la discipline académique à laquelle on associe l'analyse, il n'empêche qu'il s'imposera toujours à l'analyse de manière forte et logique. On ne peut le contourner pour deux raisons qui ne se discute nullement, à moins de vouloir simplement perdre du temps à discuter de l'indiscutable : d'une part, c'est un *mal nécessaire* ; de l'autre, la légitimité qui lui est conférée, indépendamment du mode de légitimation politique, lui attribue en conséquence tout un ensemble de prérogatives à la fois fortes et globales et qui se résument à son devoir de travailler en permanence au développement général et infini du pays. Dans ce sens, le développement prend en compte toute la vie de la cité commune : la population, autant dans sa totalité que dans la singularité de chacune de ses unités constitutives ; le territoire, autant dans ses grands centres actifs et dynamiques urbains que dans ses coins et recoins ruraux les plus isolés et enclavés ; l'économie, autant dans ses composantes générales que dans ses branches sectorielles ; et ainsi de suite. Rien ne saurait être oublié ou laissé au hasard dans ce grand chantier jamais achevé du développement. L'État, c'est comme la société dans sa capacité à se faire-vivre, c'est-à-dire à s'organiser de sorte à pouvoir s'améliorer sans limites, dans ses différents cadres de vie et à chaque instant de son évolution collective. Il n'y pas que la population dans sa dimension démographique, le territoire dans son intégralité physique ou l'économie dans la grande diversité de ses compartiments qui sont pris en compte dans le processus de développement. Il y a la vie de tout cet ensemble composite que l'on peut en même temps désigner sous un nombre infini de noms : population, pays, cité, nation, etc. C'est de la vie de tout ce grand complexe, dans l'hétérogénéité de la pluralité d'éléments qui le composent, que l'État est appelé à s'occuper. Les notions pour désigner cet ensemble peuvent varier indéfini-ment, mais ce qui, par-dessus tout, reste et restera pour toujours intact en théorie comme en pratique, c'est cette notion si forte et globale de « vie ». Pas besoin pour autant de ramener la discussion à la biopolitique, cette notion qui m'est si chère et qui vient de mon plus grand ami intellectuel : Michel Foucault.

Aucun pays du monde ne peut et ne saurait relever les défis de la transition démographique et de la modernisation économique et sociale dans la perspective de son développement sans que son État lui-même ne prenne les devants de la chose et du travail à effectuer. La baisse durable de la fécondité qui conduit à la transition démographique comme la modernisation de la structure de base des différents secteurs de l'économie ainsi que des différents cadres de vie ne peuvent être réalisées que dans la mesure où l'État du pays en question, indépendamment des dispositions réelles des populations ou de l'activité économique générale, soit en mesure de comprendre les enjeux associés à ces deux défis globaux et généraux et, en toute conséquence, travaille à pouvoir les relever ou les faire relever par la société elle-même dans son ensemble. On a et on aura toujours beau douter de l'État et de sa neutralité en tant que régulateur social central et général, comme le font les soi-disant progressistes de gauche et autres anarchistes de tous bords, et de son utilité en tant qu'acteur économique majeur, comme se plaisent à le faire les conservateurs d'obédience ultralibérale, il n'empêche que ce grand « mal » de l'État, bien qu'étant jugé « inutile », reste « nécessaire » lorsqu'il s'agit de faire bouger la société dans le sens de la faire évoluer dans une direction ou une autre. La question ne se pose pas ainsi de savoir s'il faut un État ou à quoi sert celui-ci car on connaît les deux réponses : oui, il faut un État car il ne peut en être autrement, d'où l'expression, à mon avis, bien justifiée de « mal nécessaire » ; quant à la seconde interrogation, je crois avoir donné, d'une manière générale, sa réponse, à savoir faire-vivre la société à tous les niveaux, dans tous ses compartiments et dans toutes ses composantes. Une fois reconnu la nécessité d'État, la question se pose de savoir à quoi il pourrait bien être utile. Là aussi, n'en déplaisent aux ultralibéraux et aux anarchistes gauchistes, la réponse est *à tout*. Mais alors surgit une autre question bien moins théorique, celle de savoir ce que doit faire un État donné face à une situation bien concrète, celle du besoin absolu de transformer la société dans le but de la faire davantage et mieux vivre. Voilà bien qui constitue un défi sans commune mesure lancé à l'État. Le défi est grand parce que l'État lui-même ne saurait être petit, en tant qu'acteur à l'échelle d'un pays. Il n'a certes pas réponse à toutes les questions, ni la solution à tous les problèmes, mais il est, pour chaque pays du monde, indépendamment de tout ce qui le caractérise, le maître de tout changement ou de toute transformation d'envergure. Raison pour laquelle on ne cessera jamais, et d'ailleurs en toute légitimité, de s'interroger sur ses capacités propres à répondre de cette immense et noble mission de faire-vivre davantage et mieux la société. Je précise juste au passage que faire davantage et mieux vivre la société, ce n'est rien d'autre que de développer le pays. Mais alors toute la question est de savoir comment s'y prend notre « cher » État. Comment travaille-t-il à pouvoir remplir cette grandiose et indéfinie mission ? A cette étape de la réflexion, on passe du rôle de l'État au travail de l'État, après avoir fini de répondre par l'affirmative à la question de la nécessité ou non de l'État. Si le rôle de l'État se résume à son devoir de faire davantage et mieux vivre la société, le travail de l'État, lui, renvoie à sa capacité à agir dans chaque domaine se rattachant aux responsabilités de son gouvernement pour davantage et mieux faire vivre la société, ou, pour faire plus simple et en même temps être moins répétitif, développer le pays.

Pour développer un pays quelconque, je ne connais meilleure ou plus logique manière de s'y prendre que de commencer par se débarrasser de tout ce qui pourrait constituer un obstacle grand ou petit à son développement ou de tout ce qui le retient structurellement dans les contours du cercle vicieux du sous-développement. Comprenez par là que conséquemment à la relation forte, multidimensionnelle, globale, et linéaire sous-développement/développement, on ne peut développer un pays sans pour autant s'attaquer au préalable et en même temps aux phénomènes généraux de sous-développement qui y demeurent et se renforcent, en s'amplifiant et en se complexifiant au quotidien. C'est comme qui dirait que pour faire prospérer une économie il faudrait commencer d'abord par supprimer strictement toute dépense inutile ou alors que pour construire quelque chose de positif, il faudrait commencer par éradiquer tout ce qui en cette chose est ou peut être négatif. Cela n'a rien de nouveau, c'est une simple question de bon sens. Et comme on dit souvent qu'on ne peut bâtir du neuf sur du vieux ou du bon sur du mauvais, on ne peut vouloir une chose tout en faisant ce qui produit son contraire. Or que peut bien être le contraire du développement si ce n'est le sous-développement, de la richesse si ce n'est la pauvreté, de la modernité si ce n'est la tradition. Même si le pédantisme intellectuel et théorique trouve toujours du plaisir à s'adonner à la relativisation de tout et finalement de rien, il demeure qu'un pays développé n'est pas un pays sous-développé, un pays riche n'est pas un pays pauvre et un pays moderne n'est pas un pays prémoderne ou en tout cas pas moderne. Je suis bien d'avis que toutes ces notions sont à déconstruire dès lors qu'on se propose de les penser, de les analyser et de les discuter en profondeur, mais l'analyse gagnerait toujours à faire la part des choses entre ce qui peut être généralisé et ce qui ne peut pas l'être et entre ce qui peut être relativisé et ce qui ne peut pas l'être. Et c'est à la limite effective de ces deux approches que l'on peut trouver pour chaque chose considérée les points de rupture qui peuvent faire évoluer les choses dans un sens ou dans un autre. Si, par exemple, j'ai pris le le temps et le soin d'aller fouiller de manière plus ou moins approfondie dans les données socio-démographiques de l'Afrique au sud du Sahara, c'est parce que, d'un pays à un autre, elles permettent de faire la part des choses et de montrer que dans cette Afrique encore en plein boom démographique, il y a des pays bien identifiables qui sortent du lot et qui sont en train de réaliser leur transition démographique, ce qui les tire lentement mais progressivement du sous-développement. Et je ne me retiens jamais de les nommer avec précision. Par ailleurs, le fait d'avoir tout délibérément introduit le tableau sur le classement des pays africains selon leur IDH s'explique de ma part par l'importance analytique de faire le rapprochement entre l'évolution démographique d'un pays et son niveau global de développement, que l'IDH permet jusqu'à un certain point de mesurer de manière synthétique. Et l'absence de tableaux dans la partie traitant de la modernisation économique et sociale ne crée en rien un hiatus ou une incohérence analytique entre le processus de transition démographique et l'état global de développement humain. La preuve en est que ce sont les pays les plus avancés dans leur processus de transition démographique qui le sont également dans leur processus de modernisation économique et sociale et qui ont aussi les IDH les plus élevés et ont, conséquemment ou logiquement, moins de problèmes de développement que les autres. Et c'est, même analytiquement, tant mieux car ces disparités apportent la preuve réelle que la sortie du sous-développement est bel et bien possible. Mieux, elles nous convainquent de l'existence d'une marge de manœuvre, qui, au-delà des deux dividendes déjà évoqués, permettent de concevoir un autre voire d'autres dividendes.

Dividende pour dividende, les quatre en question dans le présent ouvrage, bien qu'étant tous généraux, globaux et fortement liés les uns aux autres, ne sont pas de même nature. A la différence du dividende socio-économique, qui, au-delà de la modernisation économique et sociale, dépend, partiellement, des dynamiques courantes de l'économie mondiale, la saisie et l'exploitation optimale du dividende démographique comme du dividende politique ainsi que du dividende sociétal ou socioculturel, dont je discuterai dans la quatrième et dernière partie de cet ouvrage, ne dépendent, elles, entièrement que de la volonté des gouvernements et des populations des pays africains à relever les défis qui leur sont associés. En effet, personne ne viendra contraindre les pays d'Afrique subsaharienne à décider et à agir pour la réalisation de la transition démographique, pour l'instauration chez eux d'une vraie démocratie et d'une culture forte de la bonne gouvernance politique ou pour effectuer un certain nombre de ruptures avec des systèmes sociaux fondés sur un ordre de croyances et de pratiques collectives allant fondamentalement à l'encontre du développement autant dans sa conception théorique que dans son élaboration pratique. C'est dire que pour relever tous les défis énumérés ici, il ne dépend que de la volonté, du courage et de, ce que l'on pourrait appeler l'« intelligence stratégique » de l'Afrique à pouvoir se mettre à la hauteur de ceux-ci. Mais, au-delà de l'Afrique, alors qui est-ce qui peut singulièrement déclencher le processus qui mènera à cette dynamique globale de transformation démographique, socio-économique, politique et socioculturelle ?

Cette dernière question, bien qu'interpellant tous les Africains, ne peut déboucher que sur une et une seule réponse : l'État dans chaque pays d'Afrique subsaharienne. En effet, au-delà de l'Afrique, qui peut être vue de prime abord comme une totalité abstraite, des sociétés africaines qui consacrent des ensembles distincts dans leurs trajectoires historiques et très hétérogènes comme entités sociales globales, il y a deux acteurs différents mais indissociables dont de l'action dépend la transformation qualitative de l'Afrique subsaharienne dans le sens de son développement global et humain. Ces deux acteurs, différents mais indissociables, sont les peuples africains et leurs États. Or, le peuple, c'est par définition à la fois chacun et tous, ce qui veut aussi dire, quelque part, personne et tout le monde à la fois. Or, aussi, le travail à faire pour sortir l'Afrique subsaharienne de son état structurel de sous-développement et la mettre sur la voie d'un développement de qualité, du fait qu'il demande à tout point de vue le pilotage effectif d'une institution forte et capable de faire agir la société sur elle-même dans le sens de lui permettre de se faire davantage et mieux vivre, l'acteur le seul pouvant entraîner la société de sorte à ce qu'elle puisse se mouvoir à l'unisson comme s'il s'agissait d'une seule et même personne ne peut être que l'État. Il n'y en a pas d'autre. Et pas besoin non plus, là aussi, de convoquer la théorie du Contrat social ou la critique marxienne ou nietzschéenne de l'État. Peu importe les limites de la légitimité et de l'action ou des capacités actives de cette dernière institution, celle-ci reste la seule à pouvoir relever ou faire relever par la société totale et vivante les défis dont il est question dans cet ouvrage. Une fois l'acteur central devant déclencher le processus de transformation générale et globale clairement identifié, il reste à savoir quelle marge de manœuvre dispose celui-ci pour bien s'atteler à cette tâche révolutionnaire et comment le préparer lui-même à se mettre à la hauteur de celle-ci.

Comment les États et gouvernements africains peuvent-ils entraîner ou mobiliser la société générale dans le sens de la mettre dans une dynamique active qui conduirait à relever les nombreux et énormes défis dont il est question dans cet ouvrage ? A cette question, la réponse la plus directe qui s'impose est celle d'un travail de refondation politique que l'État a à devoir faire sur lui-même avant de pouvoir amener la société réelle et vivante à le faire vis-à-vis d'elle-même. Or, ce travail, pour qu'il se solde par une réussite, doit être inscrit dans un cadre précis, celui dans lequel s'inscrit l'action de l'État ou de son gouvernement. Il s'agit du cadre politique. La politique en Afrique, voilà un très gros morceau. Une éternelle et très grande question. C'est, quelque part, la question de toutes les autres questions. Le défi des défis. Et il suffit de voir la centralité du rôle de l'État dans chacun des défis évoqués dans ce livre pour s'en convaincre. Mais le défi de la démocratie et de la bonne gouvernance, associé au dividende politique, a ceci de particulier qu'il s'adresse à l'État lui-même dans son rapport à la chose politique, c'est tout le sens de l'État qui est remis en question à la lumière du travail qu'il mène pour répondre de sa mission ontologique ou existentielle, celle de permettre à la société de vivre davantage et mieux ou au pays de se développer.

En partant du postulat qu'aucune transformation d'envergure ne peut être accomplie dans un pays sans que son État ne soit l'acteur central qui déclenche ce processus transformateur, la première déduction à faire est celle selon laquelle si les pays d'Afrique subsaharienne ont du mal a se lancer dans ce processus de changement général et global, c'est parce que leurs États n'ont jusqu'ici jamais été à la hauteur de cette grande et noble mission qu'ils partagent avec tous les États du monde, à savoir le développement de leurs pays respectifs. La question de la mal gouvernance en Afrique ne se discute même plus. Elle est réelle et vivante. L'Afrique n'en a certes pas le monopole, mais si elle reste encore, dans l'écrasante majorité de ses pays, confortablement installée dans le sous-développement, ce phénomène de la mal gouvernance politique y est largement pour quelque chose. Elle est même, à mon avis, le facteur qui le plus explique pourquoi l'Afrique subsaharienne est encore foncièrement, structurellement et globalement sous-développée, car tout dans le sous-développement est politique. La transition démographique est politique. Dans tous les pays du monde où elle a eu lieu, c'est l'État qui, conscient de l'enjeu démographique et de l'ampleur du défi qui lui est associé dans l'optique du développement du pays, a pris les décisions et mesures appropriées pour créer le déclic ayant conduit à la baisse progressive du TAN et de l'ISF. Et il ne pouvait en être autrement. Au-delà de la baisse de la mortalité infantile et de la fécondité, s'il y a quelque chose de commun aux pays ayant accompli leur transition démographique, c'est avant tout le fait que partout ce sont les États qui ont été à la tâche. Même chose pour la modernisation économique et sociale. Les cas évoqués des pays d'Asie très souvent cités en exemple dans leurs performances de ces dernières décennies en matière de développement économique et sociale ont pour dénominateur commun le fait que, là aussi, ce sont les États qui ont pris les devants de l'énorme travail à faire. Ce sont eux qui ont fait comprendre aux populations que le temps était venu de passer à autre chose, de rompre de manière définitive avec tout un ensemble de choses qui ne faisaient que les enfermer et enfoncer dans leur état de sous-développement et, en toute conséquence, de se mettre à l'heure du développement, avec les réformes et mesures économiques et sociales idoines pour atteindre ce grand objectif. Ces cas si souvent évoqués lorsqu'il s'agit de traiter du développement de l'Afrique, bien qu'importants, ne me convainquent pas tous entièrement car la mal gouvernance est une chose et le manque de démocratie en est une autre. Mais les deux sont indissociables. Et à ce niveau, l'analyse gagnerait à apporter des éclaircissements ou à faire la part des choses.

Le facteur politique est un facteur central de l'analyse de l'évolution globale et générale de tout pays comme du monde entier. Cela ne se discute point. Même dans les pays anglo-saxons, ceux les plus libéraux et, donc, traditionnellement et philosophiquement les moins étatistes du monde, cette considération fait totalement l'unanimité. La question de l'*agenda* ou du *non agenda*, c'est-à-dire de l'intervention ou non de l'État dans l'économie est une question tout autre. Elle n'a que très peu de choses à voir avec celle de l'État en tant qu'acteur central de l'évolution du pays. Libéral ou pas, anglo-saxon ou pas, aucun pays au monde ne peut se transformer en profondeur sans son État. Le jour où cela arrive quelque part, je serais curieux d'aller voir, car alors on pourrait commencer à penser à la fin définitive de notre dépendance à ce « mal nécessaire » qu'est l'État. L'État sert à quelque chose, ou du moins il doit servir à quelque chose. Qu'il travaille pour développer le pays, cela n'a rien d'extraordinaire, car c'est son devoir, et il n'a pas à se faire trop remercier pour cela. On peut bien l'encourager dans le cas échéant, mais pas plus ni moins. Seulement, on oublie très souvent que de la même manière qu'il y a une dimension politique au développement et, surtout, que celle-ci est centrale parce qu'elle, et elle seule, permet d'inscrire le processus de développement d'un pays dans la modernité ou dans l'idée de la qualité humaine, il y a une mission politique assignée au travail gouvernemental, et qui n'a rien à voir avec la question de la légitimité politique de l'État. Autrement dit, de la même manière qu'un État doit travailler en permanence à rendre l'économie plus prospère, qu'il doit prendre les devants pour permettre la réalisation de la transition démographique nécessaire au développement du pays, il doit au même titre travailler à renforcer au quotidien la démocratie. La démocratie est un dossier gouvernemental de première importance, on l'oublie très souvent. Et à chaque fois que je vois que dans un pays elle est reléguée à une position secondaire voire facultative parce que simplement une certaine embellie économique est au rendez-vous, cela me révolte. Malheureusement, c'est très souvent ce qui est fait même de la part des analystes du développement international. On oublie souvent que la question des droits humains et des libertés est une question majeure de développement au sens qualitativement humain du terme, car sans celle-ci le développement ne répond nullement de la modernité. Il suffit de voir à quel point cette question de la démocratie, des libertés et des droits humains reste un tabou dans le cas des BRICS et plus largement dans les pays dits émergents pour se convaincre du fait que le développement dont parle le monde n'a rien d'authentiquement moderne. C'est d'ailleurs à ce niveau précis que le Japon, la Corée du Sud, Hong Kong, Taïwan et Singapour diffèrent du reste des pays d'Asie qui se développent économiquement. Ce développement sans modernité, je n'en veux pas et je n'en veux pas pour l'Afrique, car il n'est pas au service des humains et de leur dignité en tant qu'êtres libres et vivant de par leurs bons droits.

Il est prouvé que toute avancée démocratique d'envergure a un impact positif sur le développement humain à l'échelle d'une entité territoriale considérée. D'ailleurs, cela me paraît procéder de l'évidence. Si dans le développement c'est l'épanouissement humain qui est recherché, alors la liberté et le respect des droits humains doivent demeurer des préoccupations prioritaires de toute politique répondant de celuici. Par ailleurs, en dissociant la démocratie et le développement, on crée une contradiction forte au sein même du libéralisme qui pourtant fait aujourd'hui figure de doctrine politique dans lequel s'inscrit le modèle de développement en vigueur partout sur la planète. Comment peut-on vouloir la liberté économique, la liberté d'entreprendre sans limite, de produire, de commercer et de consommer infiniment et indéfiniment tout en limitant drastiquement ou en dessous du minimum existentiel requis de liberté le droit des individus à être libre et à exercer librement leur liberté ? J'avoue que je ne comprends pas comment on peut être libéral pour l'économie et antilibéral pour ce qui est des droits et libertés des gens. Pourtant, c'est ce qui est systématiquement fait dans des pays aussi grands et puissants que la Chine ou la Russie, ces pays que l'on présente tout majestueusement comme étant des pays émergents et qui sont sensés servir de références aux pays sous-développés du monde dans la perspective de leur développement. Personnellement, je pense qu'indépendamment du développement économique et social, tout peuple aspire à la démocratie car cet état social est le seul à pouvoir lui garantir le respect de ses droits et de ses libertés. Personnellement aussi, je pense que le développement ne prend son sens entier et authentique que lorsqu'il combine prospérité économique, bien-être social et État de droit. Dans le cas ou un de ces trois éléments arrivait à manquer à cet ensemble, il s'agirait d'autre chose que du développement.

Sortir l'Afrique du sous-développement pour la faire entrer dans un processus de développement au rabais ou sans aucune qualité humaine, cela me semble bien dérisoire pour un continent qui depuis plus d'un demi-siècle attend avec impatience de pouvoir véritablement se mettre sur le chemin d'un développement de qualité, un développement qui lui permettrait d'en finir définitivement avec tous ces maux qui gangrènent son quotidien et la vie de ses populations. Et, à vrai dire, vu le niveau de la corruption et la faiblesse de la culture civique, patriotique et citoyenne en Afrique, j'ai du mal à imaginer une Afrique développée *à la chinoise*, c'est-à-dire sans démocratie et sans aucun respect des libertés et des droits des individus. Et de la même manière que je considère que l'Afrique ne sortira pas du sous-développement et donc ne se développera pas sans accomplir une transition démographique et sans se moderniser économiquement et socialement, je soutiens qu'il n'y arrivera pas sans également une véritable démocratie et sans une forte culture de la bonne gouvernance politique. Voilà qui est le troisième défi général à relever pour définitivement sortir l'Afrique subsaharienne du sous-développement. Ce défi, comme ceux déjà évoqués dans les deux parties précédentes, est ici associé à un dividende, c'est-à-dire à un potentiel réel qui présume qu'il peut bien être relevé. Il s'agit du dividende politique.

Le dividende politique a ceci de particulier qu'il n'est spécifique ni à l'Afrique ni à notre époque, car la démocratie s'inscrit dans un idéal, celui démocratique. Et à l'instar de tout idéal, celui démocratique consacre en la démocratie un état social caractériellement imparfait et donc toujours perfectible. Ce qui veut dire qu'il y aura toujours et partout dans le monde des progrès démocratiques à faire. Le dividende politique ne fonctionne donc pas comme le dividende démographique et le dividende socio-économique. Il est exactement comme le dividende sociétal ou socioculturel, dont je discuterai dans la partie suivante. On ne peut pas lui appliquer des projections comme on le fait pour le rythme d'accroissement démographique ou le potentiel de croissance économique d'un pays, encore que pour la démographie comme pour l'économie, il y a toujours des zones non négligeables d'incertitude. Mais, il faut préciser et même insister sur le fait que comme pour le dividende sociétal, plus tôt les pays africains se pencheront sur le défi à relever associé au dividende politique, plus tôt ils sortiront du sous-développement, et, en toute conséquence, plus tard ils le feront plus cela risque d'être compliqué. Il faut aussi préciser et même insister sur le fait que les pays africains ne peuvent ni faire l'économie de devoir relever ce grand défi de la démocratie et de la bonne gouvernance politique ni emprunter une voix de raccourci. D'ailleurs, il n'y a point de raccourci en ce qui concerne la démocratie, car ses principes sont entiers, on ne se les applique pas à moitié.

Ce qui fait la singularité du dividende politique c'est que le défi qui lui est associé prend bien moins de temps à être relevé que ceux reliés aux trois autres dividendes évoqués dans ce livre. Seulement, du fait que ce défi s'attaque à l'État lui-même et à la politique dans tout l'ensemble de ses composantes, il faut un surplus de volonté de la part de l'institution étatique. Il s'agit d'un défi révolutionnaire lancé avant tout à l'État, car la politique dans tout pays du monde est essentielle-ment ce que veut en faire son État. Le peuple peut ouvertement ex-primer sa volonté, mais même dans le cas d'une démocratie c'est l'État qui, techniquement, détient bel et bien le dernier mot, car c'est lui qui est le détenteur de la *puissance exécutive*. Et il ne tient qu'à lui de faire progresser démocratiquement le pays. S'il le veut, il n'y a aucune raison pour qu'il n'y arrive pas. Au contraire, il a tout pour y arriver, et même très rapidement, car les peuples n'aspirent avant tout qu'à la démocratie. Au-delà de la situation sociale des populations, les peuples du monde, tous les peuples, et sans exception, aucune, aspirent à la démocratie, car ce dernier phénomène politique est ce qui non seulement permet à chacun et à tous de participer à la bonne marche des affaires de la cité, mais c'est également ce qui apporte une garantie formelle à la bonne gouvernance politique. Je précise au passage que la bonne gouvernance sans la démocratie n'existe pas. Certains pays sont jugés bien gouvernés parce que simplement l'économie s'y développe du point de vue de la croissance du PIB, alors qu'à côté de cette embellie économique la corruption y est monnaie courante et la démocratie n'y existe pas. Je pense au passage à la Chine ainsi qu'à toutes ces monarchies arabes. Ils ne sont malheureusement pas les seuls dans ce genre de système. En effet, toute l'Afrique subsaharienne fonctionne de la même manière. Il y a même de plus en plus d'États qui, sous prétexte qu'il y a, semble-t-il, un petit frémissement économique (avec les 5% de croissance dont on ne cesse de nous casser les oreilles, alors qu'ils sont non seulement dérisoires, mais en plus ils sont loin d'être scientifiquement vérifiables) se permettent d'enjamber en série les élections en scandant qu'*on ne change pas une équipe qui gagne*. Seigneur ! Un cas singulier est celui du Rwanda, qui, me semble-t-il, a déjà oublié ce que lui a coûté dans un passé récent la confiscation du pouvoir par l'élite dirigeante en place.

Il existe partout dans le monde et à tout instant un dividende politique. Cela veut dire qu'à la différence des défis de la transition démographique et de la modernisation économique et sociale, le défi de la démocratie et de la bonne gouvernance politique est un défi de tous les jours. Dans l'éventail des défis à relever pour permettre à un pays d'orienter son évolution dans le sens d'un développement de qualité, le défi de la démocratie et de la bonne gouvernance peut être conçu à l'aune de ce que représente l'État de droit pour la modernité. Personnellement, je pense que c'est le défi des défis car, encore une fois, tout dans le développement est fondamentalement politique et tout dans le sous-développement peut s'expliquer, en termes généraux, par un déficit de démocratie et de bonne gouvernance politique. Même si l'Afrique n'est pas la seule région du monde confrontée à ce problème, il demeure que vu son parcours depuis plus d'un demi-siècle, elle devait depuis très longtemps avoir dépassé cette démocratie au rabais qui politiquement caractérise la quasi-totalité de ses pays. Pas besoin de souligner que la colonisation, bien qu'ayant beaucoup pris à l'Afrique, lui a tout de même apporté les bases fondamentales qui auraient pu lui permettre de construire un véritable État de droit dans chacun des pays qui la composent. Cette question de l'État de droit n'est pas une composante subsidiaire du développement, elle lui est centrale, sauf dans le cas où l'on considère que pour se développer un pays peut s'en passer ou la contourner comme s'il s'agissait d'un accessoire. C'est malheureusement la conception la plus répandue du développe-ment à l'échelle mondiale. Elle est tellement répandue que les États et gouvernements ne se cachent point lorsqu'ils s'adonnent à cette ignoble tâche consistant à massacrer couramment les libertés et les droits des gens, sous prétexte que la priorité de ceux-ci se situe ailleurs, précisément dans leur situation économique et sociale. L'État de droit serait ainsi vu comme un luxe que se paieraient les pays qui, en plus d'être développés, sont aussi modernes. Justement, mon ambition pour l'Afrique dans son ensemble et même pour le monde entier, c'est de voir partout émerger une dynamique menant à un développement de qualité, c'est-à-dire, encore une fois, un développement conçu sur la base de trois objectifs majeurs : la prospérité économique, le bien-être social, l'État de droit. Je ne vois pas quel autre modèle de développement créer si ce n'est ce dernier avec ces trois grands axes. Si un État n'est pas capable de faire évoluer son pays dans ce sens, il ne mérite point d'être considéré comme un « mal nécessaire » pour justifier son existence, car en plus d'être un mal, il en est un d'« inutile », comme le pensent les idéologues classiques du capitalisme politique dans leur rejet catégorique de l'État et même du minimum d'État. Une fois n'est pas coutume pour ma part de citer ou de reprendre une formule venant de ces derniers dont tout me sépare de la doctrine politique. Si l'État, au lieu de se préoccuper de donner en permanence et dans la totalité de ses actions les bonnes preuves de son « utilité » à la société en lui permettant de vivre davantage et mieux, alors il devient non seulement inutile mais également dangereux. Et je crois que la plupart des États et gouvernements du monde sont, de ce point de vue, inutiles et dangereux. Et il n'y a rien d'autre qui puisse expliquer cet état de fait si ce n'est leur manque de volonté de faire progresser politiquement, économiquement et socialement, donc humainement, le pays et leur malhonnêteté ou leur lâcheté vis-à-vis de la société. Et un État indifférent au progrès démocratique dans son pays est un État non seulement inutile, mais, pis, un État, encore une fois, dangereux. Il est dangereux parce que l'absence de démocratie est la porte ouverte à toutes les formes d'injustices. Et qui dit injustice finira par dire conflit et donc, de fil en aiguille, instabilité. Et je ne sais vraiment pas comment une population pourrait être épanouie dans un contexte de haute instabilité politique, civile et sociale. A mon avis, il n'y a point à chercher longtemps, cela n'est tout simplement pas possible. On ne peut pas être épanoui ou heureux sans être libre ou en évoluant dans un contexte où l'exercice de la liberté se heurte à des limites fortes et injustement établies par le système politique en vigueur. Peu importe l'ampleur des performances économiques, déjà qu'elles ne dépendent jamais entièrement du travail de l'État, tout peuple a besoin de liberté et doit pouvoir tout souverainement jouir de l'ensemble des droits humains associés à ce cher besoin. La liberté fait partie des besoins primaires ou naturels de tout être vivant. Et personne ne me fera croire que du pain et un toit, cela pourrait suffire à rendre heureux un humain. Même un animal, n'importe lequel, a un besoin naturel de liberté ; à plus forte raison un être humain. La démocratie est, pour tout dire, au cœur du développement. Elle en est le maillon fort et central car, du fait de ses imperfections et donc de la nécessité de la protéger, de l'entretenir et de la promouvoir au quotidien, elle demeure un défi de tous les jours. Le défi de la transition démographique, cela ne se relève qu'une et une seule fois dans la vie d'une nation. Tout ce qui peut suivre une fois la fécondité baissée jusqu'au niveau nécessaire de reproduction de la population procède de la gestion humaine ou de la prospective en matière de politique de population plutôt que de la transformation révolutionnaire ; même chose pour la modernisation économique et sociale, car une fois les structures de base de l'économie et de la société modernisées, il n'y a plus qu'à entretenir les acquis obtenus dans le temps et à les renforcer infiniment. Tandis que la démocratie, elle, demeure un défi et même une révolution de tous les jours. Ses bons et grands ou petits acquis peuvent à tout moment être remis en question et même mis en péril, raison pour laquelle il faut partout y veiller comme s'il s'agissait d'une grande question de vie ou de mort. Et d'ailleurs il s'agit bel et bien de cela.

Un pays à la fois démocratique et sous-développé, cela n'existe pas. Du moins, dès qu'un pays se lance résolument et concrètement dans un processus de démocratisation, au vrai sens de la démocratie et de l'idéal démocratique, ce sont tous les feux qui automatiquement s'affichent en vert pour lui permettre d'apporter dans la même dynamique des solutions aux problèmes structurels de développement ou de sous-développement auxquels il est confronté. De la même manière que les études consacrées aux relations internationales nous enseignent que deux démocraties ne se font jamais la guerre, au sens militaire du terme (c'est ce que l'on peut appeler la « loi de Doyle » : Michael Doyle, « Kant, liberal legacies and foreign policy », *Philosophy and Public Affairs*, December 1983), les études du développement international nous font comprendre qu'un pays bien en avance dans son processus de démocratisation ne peut pas rester longtemps sous-développé. Et cela est d'une cohérence absolue. C'est le contraire qui d'ailleurs aurait étonné. La démocratie est la garantie de la bonne gouvernance. La bonne gouvernance est ce qui donne à un État à la fois la volonté, le courage, la force et l'intelligence nécessaires à pouvoir situer les enjeux forts du temps, déterminer les défis à relever et mettre en place les stratégies les plus appropriées pour la résolution des problèmes identifiés. Il n'y a pas ainsi d'un côté la démocratie et de l'autre la bonne gouvernance car les deux vont ensemble. Il n'y a pas de bonne gouvernance sans démocratie et toute démocratie consacre quelque part une manière de bien gouverner un pays. Si donc la démocratie est la garantie de la bonne gouvernance politique et si cette dernière est ce qui permet à un État de remplir convenablement et professionnellement sa mission consistant à faire davantage et mieux vivre la société ou à développer le pays, alors la sortie de l'Afrique du sous-développement ne saurait se faire sans ce grand défi de la démocratie et de la bonne gouvernance politique.

Le défi de la démocratie et de la bonne gouvernance politique se singularise également par le fait qu'il est transversal aux autres défis généraux dont traite le présent ouvrage. De la même manière, le dividende politique reste une composante centrale de chacun des trois autres dividendes en question. En effet, aucun des trois autres dividendes identifiés ne peut être saisi et exploité sans que le mode de gouvernance politique ne soit lui-même réellement dans les dispositions adéquates pour permettre à la société d'agir sur elle-même dans le sens de relever chacun des défis associés à ceux-ci. C'est ainsi tout un « art de gouverner » qui est appelé à être politiquement institué autant aux gouvernements qu'aux populations, car l'État ne peut faire que sa part du travail, le reste étant du ressort de la société. Le rôle de l'État est public, celui de la société est collectif, celui de l'individu est privé et individuel. Ce n'est pas à l'État de s'introduire dans la vie conjugale des ménages pour les contraindre à faire moins d'enfants, comme ce n'est pas à la société de financer les campagnes de sensibilisation à la planification familiale ou à l'utilisation des méthodes modernes de contraception. De la même manière, la politique de modernisation de l'économie et de la société n'exige pas de l'État qu'il aille jusqu'à faire usage de la contrainte pour amener les acteurs économiques à se plier brusquement et brutalement aux règles du management moderne de l'économie, comme ces derniers se doivent à leur tour de faire des efforts dans l'organisation et le mode de fonctionnement de leurs unités économiques dans le sens de les moderniser indépendamment de l'intervention de l'État ou des pouvoirs publics. La même remarque peut être faite pour le dividende sociétal : ce n'est pas à l'État de changer au geste près le mode de vie ni à l'idée près la mentalité des populations, mais il lui revient de tenter pédagogiquement de convaincre celles-ci pour les amener à rompre avec une certaine manière traditionnelle d'être, de penser et d'agir hostile au développement, comme il serait difficile aux populations de changer du jour au lendemain leur ordre de croyances et de pratiques collectives sans qu'une instance extérieure d'envergure ne les y pousse. Le dividende politique est transversal aux trois autres dividendes comme le défi de la démocratie et de la bonne gouvernance politique l'est également vis-à-vis des trois autres défis généraux présentés et discutés dans le présent ouvrage ; mais, même si l'État est interpellé du début à la fin de tous les processus associés aux différents défis à relever, il n'est qu'un simple acteur appelé à travailler pour permettre à la société d'agir sur elle-même. Pour chaque dividende considéré, le défi à relever passe par la capacité de l'État à entraîner la société dans l'ensemble de ses compartiments et de ses composantes et, en retour et en conséquence, par la capacité de cette dernière à effectuer des ruptures de fond dans les quatre domaines ici considérés : démographique, économique et social, politique, sociétal ou socioculturel.

Comme je l'ai déjà indiqué, il y a toujours et partout un dividende politique. Par ailleurs, il peut y avoir tout un ensemble de circonstances historiques qui, à un moment donné de la vie d'un pays ou d'une société politique, font remonter à la surface l'aspiration populaire à la démocratie et à la bonne gouvernance politique. Il y a donc trois niveaux d'appréhension du dividende politique. Les deux premiers s'appuient sur la nature même de la chose politique : la perfectibilité de la démocratie ; le besoin naturel de démocratie et de bonne gouvernance politique chez tout peuple humain. Le troisième niveau d'appréhension est celui analytique proprement dit car il se propose de jeter un regard critique sur la dynamique politique en cours dans le contexte étudié. Le premier niveau est d'ordre philosophique, le deuxième d'ordre existentiel, le troisième d'ordre historique. Le premier part de la démocratie elle-même, indépendamment de toute société politique considérée. Le deuxième a pour point de départ le rapport de chaque peuple à l'idéal démocratique. Le troisième, lui, cherche à saisir l'ordre d'évolution politique d'un pays bien déterminé dans le sens de l'idéal démocratique à une période bien précise de son histoire. C'est surtout ce troisième niveau d'appréhension ou d'analyse d'un hypothétique potentiel de renouveau démocratique en Afrique subsaharienne qui sera mis en avant dans le présent livre. Le premier et le deuxième niveau d'analyse tournent respectivement et entièrement ou essentiellement autour de la théorie du Contrat social et de la question du Citoyen, autant dans la conception individuelle que dans celle collective de ce dernier. Le troisième, lui, consacre la manière dont, à un moment précis de son histoire politique, un pays, entre son État et son peuple, travaille à pouvoir faire émerger en son sein une dynamique générale de reconstruction démocratique.

La démocratie est un chantier inachevable parce qu'elle s'inscrit dans un idéal : l'idéal démocratique. L'aspiration populaire à la démocratie n'a rien ni d'une théorie politique, ni d'une hypothèse analytique, ni d'une spéculation sociologique. Il s'agit d'une évidence dont la preuve ou l'illustration saute quotidiennement aux yeux dès qu'on s'intéresse un tout petit peu à l'actualité politique internationale. En effet, il ne se passe pas une journée entière sans qu'il n'y ait quelque part dans le monde un « peuple », peu importe le nombre d'individus, qui se lève pour exiger des pouvoirs publics davantage de démocratie ou de bonne gouvernance politique. C'est dire à quel point cette aspiration populaire à la démocratie est une vérité. Je dis bien vérité plutôt que réalité. Ceci pour souligner au passage qu'il ne faut guère croire que parce qu'un peuple ne manifeste pas populairement son désir de démocratie qu'il n'en voudrait pas, ou que parce qu'à force d'être habitué à se faire diriger par un monarque, il pourrait finir par voir disparaître chez lui tout besoin naturel de liberté. Ce besoin ne disparaît jamais. Ce besoin peut être étouffé pendant des siècles par le régime en place ou par le poids d'un certain ordre de valeurs socioculturelles, ordre par ailleurs foncièrement antidémocratique, mais cela ne peut point le faire entièrement disparaître car le besoin de liberté est intrinsèque à tout être vivant ; ce qui, en toute logique ou cohérence, produit à l'échelle de toute société politique considérée ou de tout pays une aspiration collective à la démocratie. Et à chaque fois qu'un peuple se lève pour exiger de son État davantage de démocratie ou pour en appeler à une meilleure manière de gouverner le pays, on peut être sûr et certain de l'existence dans le contexte national en question d'un potentiel pouvant être associé au troisième aspect ou, comme je l'ai déjà relevé, au troisième niveau d'appréhension ou d'analyse du dividende politique.

Depuis la vague révolutionnaire venue de la Tunisie en décembre 2010, appelée couramment le « printemps arabe » et qui a eu un effet direct de diffusion un peu au-delà de l'Afrique du nord, on a vu des pays d'Afrique subsaharienne réussir des alternances politiques pratiquement sans heurt et avec la démonstration d'une certaine maturité politique de la part des peuples concernés. Même si ces faits sont rares voire rarissimes, ils apportent la preuve de l'existence dans ces pays d'un potentiel réel de transformation politique dans le sens de l'idéal démocratique. Les cas les plus marquants sont ceux du Sénégal en 2012 et du Burkina Faso en 2014. Pour autant, ces deux pays ne sont pas les seuls d'Afrique subsaharienne où le peuple a montré ces dernières années qu'il tenait à la démocratie et qu'il était prêt à se mobiliser au nom de cette cause, qui, à mon avis, est celle la plus grande, forte et belle de tous les temps. L'essor des mouvements citoyens un peu partout en Afrique ces derniers temps, avec leur fort engagement à lutter pour davantage de démocratie témoigne de l'existence d'un potentiel réel qui peut servir de base pour reconstruire la démocratie dans le continent. Cela est bien évidemment rassurant pour un pays d'avoir un peuple capable de s'organiser et de se mobiliser au nom de l'idéal démocratique, mais lorsqu'on voit la suite donnée à ces beaux mouvements populaires à l'allure révolutionnaire autant au Maghreb que dans le reste du continent africain, on ne peut s'empêcher de se demander à quoi bon mener de tels soulèvements si admiratifs et remplis d'espérance si ceux-ci ne sont pas suivis des réformes et mesures nécessaires ou conséquentes de la part de l'institution étatique. C'est de cette remarque que je vais ici partir pour discuter de la manière dont l'Afrique devrait se saisir du dividende politique qui y existe actuellement dans un certain nombre de ses pays et travailler rigoureusement et de façon cohérente à pouvoir l'exploiter de manière optimale, c'est-à-dire dans le but d'en finir définitivement avec la démocratie bananière, la petite démocratie du dimanche, pour épouser les valeurs cardinales de la démocratie, au sens authentique et véritable du terme, et s'appliquer formellement et rigoureusement les principes et règles de celle-ci dans toute leur portée.

Le déficit de démocratie et de bonne gouvernance politique en Afrique

De la même manière que l'Afrique reste en même temps le continent avec le taux le plus élevé de croissance démographique et celui avec l'économie la plus faible du monde, elle est très en retard sur les quatre autres continents que compte le monde du point de vue démocratique. L'Europe est le berceau de la démocratie, elle abrite plusieurs pays démocratiques, notamment dans sa partie occidentale. Certains pays d'Europe de l'Est progressent démocratiquement mais de manière bien lente et timide, tandis que d'autres sont encore sous le joug de régimes politiques très autoritaires voire dictatoriaux. Pas besoin d'en débattre longuement, les pays d'Europe orientale se situant dans le pré-carré de la Russie sont encore tous, à l'instar de ce dernier « monstre », bien loin des valeurs et principes de la démocratie. L'Amérique, du nord au sud, compte beaucoup de pays démocratiques. Les États-Unis et le Canada en constituent les grandes références en la matière, mais la plupart des pays d'Amérique latine en ont fini depuis deux ou trois décennies de la dictature. Même s'ils ont encore beaucoup de travail à faire, notamment concernant la lutte contre la corruption et la tenue d'élections bien libres et transparentes, ils sont, pour la plupart, très avancés dans leur processus de démocratisation. En Asie, chaque pays est un cas politique bien spécifique. Du point de vue démocratique ou plus largement politique, il y a de tout. Pas besoin de faire la liste. Du Japon ou de la Corée du Sud à l'Arabie Saoudite, en passant par la Chine, on y trouve tous les scenarii politiques imaginables. De la démocratie représentative à son contraire le plus formellement établi. En Océanie, les deux grands pays qui véritablement font de cette partie du monde souvent oubliée un continent, en l'occurrence l'Australie et la Nouvelle Zélande, sont démocratiques autant que les autres pays occidentaux d'Europe occidentale et d'Amérique du nord. Il reste notre chère Afrique avec sa cinquantaine de pays. De la même manière qu'il y a des disparités politiques dans tous les autres continents du globe, en Afrique aussi les pays ne sont pas logés à la même enseigne du point de vue démocratique. Un peu comme en Asie, on peut en trouver de tout, mais à la différence de ce dernier continent, il n'y existe qu'un seul pays considéré comme étant véritablement démocratique et pas officiellement de monarchie formellement établie. De la même manière qu'il y a des pays plus ou moins avancés que d'autres dans leur transition démographique en Afrique, il y a aussi dans ce continent des pays plus ou moins démocratiques que d'autres. On peut quelque part faire le même exercice effectué dans la première partie du présent ouvrage et qui a consisté à classer les pays selon la phase dans laquelle ils se situent dans leur processus de transformation démographique. Mais dans le cas précis de la démocratie, on n'a pas besoin de présenter en détail les données des différents indicateurs utilisés pour établir ce classement.

Depuis 2006, *The Economist Intelligence Unit* (EIU), qui est la division de recherche et d'analyse de *The Economist Group*, établit le classement des pays selon l'état de leur démocratie ou selon leur position par rapport à un certain nombre de critères servant de paramètres généraux de mesure de leur niveau démocratique. Ces critères ou paramètres sont au nombre de cinq : le processus électoral et le pluralisme ; les libertés civiles ; le fonctionnement du gouvernement ; la participation politique ; la culture politique. A partir de ces paramètres techniques, chaque pays se voit attribuer un score compris entre 0 et 10. Plus le score est élevé ou proche de 10, mieux se porte le pays considéré du point de vue démocratique ou politique. Selon le score général ou total obtenu, les pays sont classés dans une des quatre catégories établies par *The Economist Intelligence* : « véritable » démocratie (*full democracy*), démocratie « imparfaite » (*flawed democracy*), régime « hybride », régime autoritaire. Sur les 167 pays du monde couverts par l'étude menée en 2016 et dont les résultats ont été publiés en 2017, seuls 19 sont considérés comme étant de « véritables » démocraties. 57 comme étant des démocraties « imparfaites ». 39 des régimes dits « hybrides », 52 des régimes autoritaires. C'est dire à quel point le monde lui-même, dans son ensemble, est encore en retard du point de vue démocratique.

Pas besoin ici de présenter en entier le tableau de l'état de la démocratie dans le monde et d'en discuter. Je me limite à l'Afrique. Je présente juste au passage quelques données générales sur l'état de la démocratie dans le monde, pour donner un aperçu global de la situation démocratique de notre chère planète, avant de porter un regard spécifique sur le continent africain. Généralité pour généralité, l'EIU semble considérer que l'Amérique du nord est la région la plus démocratique du monde. Ce qui, entre les deux plus grands pays qui la composent, se comprend en toute aisance : le Canada, qui est considéré par l'EIU comme une « véritable » démocratie, et les États-Unis, pris aujourd'hui pour une démocratie « imparfaite ». Je précise au passage que l'indice démocratique fonctionne, à l'instar de l'IDH, comme une moyenne et que la composition des régions ou le découpage géographique du monde dans l'étude en question constitue un choix entière-ment délibéré de la part des experts de l'EIU. C'est cela qui justifie la place de l'Amérique du nord car si l'Océanie était prise séparément de l'Asie, nul doute qu'entre l'Australie et la Nouvelle Zélande elle serait devant le Canada et les États-Unis dans le classement par régions. Après l'Amérique du nord, vient l'Europe occidentale, avec 14 « véritables » démocraties, 6 démocraties jugées « imparfaites », un régime « hybride », la Turquie, et aucun régime autoritaire. A la suite de l'Europe occidentale, on retrouve l'Amérique latine et les Caraïbes, avec une seule « véritable » démocratie, en l'occurrence l'Uruguay, 16 démocraties jugées « imparfaites », 5 régimes « hybrides » et deux régimes autoritaires, en l'occurrence Cuba et le Venezuela. L'Asie du sud et l'Océanie, deux continents que tout oppose, suivent ensemble, avec 2 « véritables » démocraties, à savoir les deux grands pays de l'Océanie, l'Australie et la Nouvelle Zélande, 13 démocraties considérées comme « imparfaites », 6 régimes politique « hybrides » et 7 régimes autoritaires. Puis, vient l'Europe de l'est, avec zéro pays véritablement démocratique, 12 pays présentés comme étant des démocraties « imparfaites », 9 régimes « hybrides » et 7 régimes autoritaires. La combinaison de l'Asie du centre-est et de l'Afrique du nord ne produit aucun pays véritablement démocratique, pour seulement 2 pays considérés comme étant des démocraties « imparfaites », 4 régimes « hybrides » et 14 régimes autoritaires. L'Afrique subsaharienne, qui reste très largement la région du monde avec le plus grand nombre de pays dans ce classement, quarante-quatre, tient solidement la queue du tableau, avec seulement 1 pays véritablement démocratique, Maurice, 7 pays faisant figure de démocraties « imparfaites », 14 régimes « hybrides » et 22 régimes autoritaires.

Le classement mondial des pays selon l'état de leur démocratie ou suivant leur évolution politique ne cache aucun mystère. Il ne fait que confirmer la tendance générale de la pratique de l'État de droit, de la démocratie ou de la bonne gouvernance politique dans les 167 pays pris en considération. D'ailleurs ces trois notions sont absolument indissociables car chacune d'elles en appelle systématiquement ou automatiquement aux deux autres, comme chacun des cinq indicateurs qu'utilise l'EIU reste entièrement lié ou relié aux quatre autres. Je précise au passage que d'autres études comme d'autres institutions de ce genre existent, qu'elles n'utilisent pas systématiquement les mêmes indicateurs, mais qu'au bout du compte elles font ressortir les mêmes tendances générales et, conséquemment, les mêmes conclusions. L'intérêt de recourir aux travaux et publications de l'EIU réside dans le fait que cette dernière institution, au-delà de la division des Nations Unies chargée d'étudier, de rendre compte annuellement de l'évolution politique de ses différents pays membres et de les soutenir dans leur processus de démocratisation (FNUD – Fonds des Nations Unies pour la Démocratie), fait valoir une certaine expérience professionnelle dans ce domaine et affine en permanence ses méthodes d'investigation ; ce qui lui permet de produire d'une année à l'autre des rapports de plus en plus intéressants et précis autant dans les données qu'ils exposent que dans l'analyse qui leur est consacrée. Plusieurs conclusions peuvent être tirées de cette étude, mais je me permets de n'en relever que trois avant de passer à l'analyse spécifique de la démocratie en Afrique.

Premièrement, ce sont les pays les plus modernes qui sont ceux les plus développés, et c'est dans le club très fermé et sélectif des pays les plus modernes et développés que l'on trouve les pays les plus démocratiques. En effet, ce club très fermé est composé de seulement 19 pays, dont les 14 viennent d'Europe occidentale, avec une présence remarquée de tous les pays nordiques aux premiers rangs, auxquels s'ajoutent l'Australie, la Nouvelle Zélande, le Canada et surtout l'Uruguay et Maurice. On relèvera l'absence notoire de pays aussi « traditionnellement influents » que les États-Unis, la France, l'Espagne ou l'Italie mais aussi celle de toute l'Asie. C'est dire que la démocratie, bien que pouvant être facilitée dans sa dimension sociopolitique par le développement économique, ne doit nullement être confondue avec celle-ci. C'est dire aussi que la démocratie entretient en elle quelque chose de singulièrement moderne que les autres régimes politiques n'ont pas. Cette chose si précieusement moderne reste le droit dans son caractère « pur » et non idéologique ou politicien. La modernité dans toute la plénitude et dans toute la « vérité objective » de ses valeurs et principes. C'est ce qui explique l'absence dans le club très fermé et sélectif des « véritables » démocraties d'un pays comme la France, avec son régime politique trop présidentialiste, des États-Unis d'Amérique, avec leur système politique trop inégalitariste, parce que tenu et façonné de bout en bout par une société trop capitaliste, ou encore du Japon ou de la Corée du Sud, des pays qui bien qu'étant développés et même modernes, traînent encore de légères mais importantes survivances provenant de leur tradition royaliste ou impériale et militariste.

Deuxièmement, on note que le lot des dix pays les moins démocratiques parmi les 167 pris en compte par l'étude de l'EIU se partage presque équitablement entre l'Afrique subsaharienne (Tchad, République centrafricaine, Congo RDC, Guinée Équatoriale, Guinée-Bissau) et l'Asie (trois pays d'Asie centrale, à savoir Turkménistan, Tadji-kistan, Ouzbékistan, auxquels s'ajoutent les cas tout particuliers de la Corée du Nord, de la Syrie et de l'Arabie Saoudite). Quelque part, cela n'a rien de surprenant car ce sont ces deux continents qui concentrent une bonne partie des grands syndromes du sous-développement à l'échelle du monde. Le sous-développement est, quelque part, comme le SIDA, il rend ouvertement vulnérable à tout ce qui peut porter atteinte à l'épanouissement vivant du corps. Il n'explique pas le manque de démocratie mais il peut être un obstacle réel au progrès démocratique. En revanche, le manque de démocratie explique clairement le fait qu'un pays trouve du mal à sortir du sous-développement ou alors ne puisse franchir le cap décisif qui lui permet d'être un pays développé. La Corée du Sud, par exemple, n'aurait pas réussi son développement économique, social et humain si elle n'avait pas mené des ruptures fortes avec l'autoritarisme politique et la corruption pour s'ouvrir la voie d'un véritable État de droit ou d'une démocratie en marche. Et tous les pays bloqués dans leur statut, quelque part bien justifié, de pays émergents plutôt que développés peuvent rechercher l'explication d'une telle stagnation dans le fait qu'ils ne se préoccupent guère des droits et libertés de leurs citoyens. Et ce qui me paraît par-dessus tout inqualifiable, c'est que même en réalisant graduellement des progrès économiques, ces pays avec un régime autoritaire ne pensent même pas à travailler pour l'émergence en leur sein d'un véritable État de droit, ce qui en toute logique leur aurait permis de facilement réduire les inégalités sociales et d'éliminer considérablement la pauvreté ou la précarité sociale d'une bonne partie de leur population, et ainsi les aurait hissés très loin en hauteur dans leur processus de développement. C'est tout simplement dire à quel point la plupart des pays du monde ont encore une conception trop archaïque voire sauvage du développement et développent en eux un rejet presque naturel de la démocratie.

Troisièmement, après avoir jeté un bref regard sur les deux extrémités du tableau d'ensemble de l'EIU, il me paraît intéressant d'aller au-delà de la lecture statique de celui-ci. Cela est rendu possible par le fait que l'EIU suit l'évolution démocratique des différents pays du monde depuis plus de dix ans et produit annuellement un rapport sur l'état de la démocratie à l'échelle planétaire. D'une manière générale, les changements enregistrés d'une année à une autre sont très rares et l'évolution des pays dans un sens ou dans l'autre du classement est lente. Les changements que l'on constate d'une année à une autre dans un pays donné sont généralement dus à deux choses principales : une situation d'une haute instabilité politique pouvant aller jusqu'à une guerre ; une alternance politique à la suite d'un long règne d'un régime autoritaire. Les exemples respectifs de la Syrie et de la Gambie nous en apportent les illustrations les plus fortes à l'heure actuelle. Le premier pays était un régime autoritaire déjà avant la guerre qui s'y poursuit encore sous nos yeux ; depuis le déclenchement de ce conflit au début de l'année 2011, il est passé d'un régime hautement autoritaire à un régime ouvertement dictatorial et sanguinaire ou criminel. Le second pays est passé en 2017 d'un régime autoritaire ayant eu 22 ans de règne absolu à un régime dit « hybride ». La Syrie a très fortement chuté dans la catégorie dans laquelle elle se trouvait déjà avant le conflit, alors que la Gambie, elle, a tout simplement changé de catégorie. En Amérique latine, au moment où Cuba cherche les voies d'une transition en douceur pour en finir avec la longue et mouvementée ère Castro, où l'Équateur réalise une belle avancée démocratique en passant d'un type de régime autoritaire à un régime « hybride », le Venezuela, lui, qui pourtant se targuait d'être une démocratie populaire, a décidé tout délibérément de prendre le chemin inverse, ce qui l'a plongé depuis plusieurs mois dans une très forte crise politique et sociale. L'Indonésie, qui pourtant était souvent présentée comme un exemple à suivre en Asie, a chuté de vingt places entre 2016 et 2017 ; à côté d'elle, l'Inde que l'on présente comme la plus grande démocratie du monde, du fait qu'il est le pays de plus peuplé de la planète, a perdu dix places dans le classement de l'EIU. C'est dire qu'il se passe des choses tous les jours autour des questions démocratiques. Il n'y a pas que le type de régime ou le processus électoral qui compte, c'est tout un ensemble de choses qui se tiennent les unes les autres qu'il faut scruter en profondeur. Et tout le mérite de *The Economist Intelligence Unit* est dans ce travail d'investigation, cette exploration qui va au-delà de la face visible de l'iceberg pour ausculter les fonds marins, les sombres dessous, de ce que l'on appelle avec très souvent beaucoup de légèreté la démocratie.

Au-delà de la situation ponctuelle et générale de chaque pays considéré, le plus intéressant à tirer des rapports de l'EIU sur la démocratie réside dans la mobilité des pays entre les quatre types de régime définis. C'est ce qui permet de voir dans quel sens évolue un pays donné et plus largement s'il y a une dynamique générale ou globale dans une région du monde ou dans une sous-région d'un des continents du monde. Certes, chaque pays consacre politiquement un contexte ou un cas particulier, mais l'effet de diffusion peut bel et bien exister d'un pays à un autre. Pour autant, je n'irais pas jusqu'à parler de « lois de l'imitation », pour reprendre une formule d'une des figures classiques de la sociologie française, en l'occurrence Gabriel Tarde, car non seulement chaque pays entretient en lui une certaine spécificité sociopolitique, mais également rien ne garantit ni la possibilité d'une reproduction ou d'une transposition d'une révolution politique ou même d'une expérience politique quelconque d'un pays à un autre ni un suivi cohérent dans le temps du processus enclenché. Que de temps perdu dans plusieurs régions du monde en ce qui concerne la démocratie ! En effet, à chaque fois qu'on commence à espérer et à croire à un changement, on se fait rattraper et stopper net par l'histoire. C'est le cas des pays latino-américains et de leur grande révolution bolivarienne, mais également celui des pays d'Europe de l'est à la suite de la chute du mur de Berlin en 1989 ainsi que d'un certain nombre de pays arabes dans la foulée du « printemps » qui porte leur nom. Quant à l'Afrique subsaharienne, on l'attend depuis plus d'un demi-siècle. Et dès qu'il se passe quelque chose du point de vue politique, surtout à l'approche d'élections générales, rien qu'une toute petite révolte, on se met à espérer que le peuple aille jusqu'au bout de sa colère, mais très souvent ces soulèvements soit s'essoufflent très vite soit se heurtent à la répression du pouvoir en place. Et même dans les rares cas où ce dernier pouvoir est renversé, il arrive très sou-vent que celui nouvellement installé ne se gêne point pour reprendre les mêmes pratiques qui avaient provoqué la colère du peuple révolté. Les exemples peuvent être multipliés en Amérique latine, en Asie mais aussi en Afrique subsaharienne, où le Sénégal a connu une alternance politique démocratique en 2012 pour pratiquement aucun changement conséquent, car depuis lors, ce pays ne fait que reculer démocratiquement. On attend de voir la suite pour le Burkina Faso et pour la Gambie, qui, le moins à dire, ont surpris tout le monde en tournant d'un coup de « balai citoyen » la page de, respectivement, 27 ans et 22 ans d'un autoritarisme politique de rigueur, ce qui les a faits ainsi passer, en un laps de temps, d'un régime autoritaire à un régime « hybride », comme le Sénégal était arrivé en 2012 à passer d'un régime dit « hybride » à un régime de démocratie « imparfaite » dans le classement de l'EIU. Et quand on voit tout le temps que mettent les dirigeants africains pour quitter le pouvoir, leur manière de gouverner une fois qu'ils y sont, la manière dont ils le quittent, souvent malgré eux, les manœuvres d'appareil qu'ils opèrent pour se faire remplacer par un proche, si possible leur propre enfant, et le bilan global des dégâts causés par leur passage à la tête du pays, on doit se dire que l'Afrique subsaharienne devrait aujourd'hui sans plus attendre entreprendre une révolution démocratique. Elle doit faire de la démocratie son combat le plus noble et le plus fort, car s'il ne fallait donner qu'une et une seule explication à son sous-développement, celle-ci ne saurait être trouvée ailleurs que dans son déficit de démocratie et de bonne gouvernance politique. Elle n'est pas la seule région du monde à souffrir de cela, loin de là, mais ce que lui a coûté jusqu'ici ce manque de démocratie n'est comparable à rien, à rien du tout, dans toute son histoire. Même pas à la colonisation ou au néocolonialisme. Et rien que pour cette raison singulière, l'Afrique doit faire de la décennie à venir, 2020-2030, celle démocratique, celle qui devrait l'amener à réaliser de manière effective cette révolution tant attendue et si nécessaire voire indispensable à sa sortie effective du sous-développement et à son entrée réelle dans la dynamique générale d'un développement global et humain, un développement de qualité, un développement tout simplement moderne.

Tableau 13 : **Classement des États d'Afrique subsaharienne par indice de démocratie en 2016**
Source: The Economist Intelligence Unit. Democracy Index 2017

Type de régime politique	Pays	Total
« Véritable » démocratie : > 8/10	Maurice	1
Démocratie « imparfaite » : 6-8	Cap-Vert, Botswana, Afrique du Sud, Ghana, Lesotho, Namibie, Sénégal	7
Régime « hybride » : 4-6	Zambie, Tanzanie, Mali, Bénin, Malawi, Kenya, Liberia, Ouganda, Madagascar, Gambie, Burkina Faso, Sierra Leone, Nigeria, Mozambique	14
Régime autoritaire : < 4/10	Mauritanie, Niger, Côte d'Ivoire, Gabon, Comores, Éthiopie, Cameroun, Angola, Togo, Guinée, Rwanda, Zimbabwe, Swaziland, Congo, Djibouti, Burundi, Érythrée, Guinée-Bissau, Congo RDC, Guinée Équatoriale, Centrafrique, Tchad.	22
Total	AFRIQUE SUBSAHARIENNE	44

Ce tableau donne un aperçu général de la situation politique en Afrique subsaharienne, du point de vue du régime en vigueur dans chaque pays considéré. Le tableau parle clairement de lui-même. En effet, il ne fait que confirmer la remarque déjà faite sur le déficit de démocratie et de bonne gouvernance politique en Afrique subsaharienne. Même si je ne suis pas si convaincu que cela des formules démocratie « imparfaite » et régime « hybride », je reconnais que le tableau de l'EIU voit bien juste. En effet, il n'exagère rien. Les 22 pays présentés comme étant des régimes autoritaires le sont bel et bien. C'est quand même hallucinant de voir que la moitié du continent est composée de pays avec un régime politique de type autoritaire. Et il ne s'agit point d'un autoritarisme léger ou relatif, il s'agit de régimes catégoriquement hostiles à tout contre-pouvoir et capables de faire usage des méthodes les plus antidémocratiques que l'on puisse imaginer pour contrer leurs opposants, si déjà ils en tolèrent l'existence. Et pas besoin de souligner que chacun des cinq indicateurs pris en compte par l'étude de l'EIU est réellement en souffrance dans chacun de ces pays. Il suffit de voir qui dirige chacun de ces pays et depuis quand pour se convaincre du caractère autoritaire de leur régime politique. Dix, quinze, vingt, vingt-cinq, trente ans et même plus au pouvoir, cela ne peut se faire sans un autoritarisme de rigueur. Et, quelque part, autoritarisme, c'est très peu dire car les méthodes en usage pour conserver le pouvoir pendant un quart de siècle ou plus sont plus de l'ordre de la tyrannie ou de la dictature que de celui d'un simple exercice de l'autorité politique. Pas besoin de faire le portrait psychologique de ces tyrans indéboulonnables de toute cette vingtaine de pays pour se convaincre du fait qu'ils finissent tout naturellement par croire que le pays leur appartient et qu'il n'y réside personne pouvant leur tenir tête. Ils y font la pluie et le beau temps, ils enjambent toutes les élections, quitte à transformer la constitution du pays en un cahier de brouillon et ne quittent le pouvoir qu'une fois mis au pied du mur par un peuple qui n'en peut plus de vivre éternellement dans l'enfer de la tyrannie.

Les très rares alternances du pouvoir politique pouvant survenir dans des pays avec un régime politique autoritaire ne peuvent venir que d'une insurrection populaire car dans ces pays il demeure un anti-démocratisme de rigueur. En effet, ce sont des pays où il n'y a aucun enjeu autour des élections, car c'est systématiquement bouclé d'avance sans que personne ne puisse changer l'issue du scrutin. Dans certains cas, les élections ne sont même pas organisées à temps ou, pis encore, il n'y existe même pas d'opposant. Et comme la pression internationale n'a plus d'impact réel et direct sur l'évolution politique des pays africains, comme c'était le cas il y a de cela deux ou trois décennies, et que les oppositions politiques, à force d'être malmenées par le pouvoir en place, finissent par perdre toutes leurs forces, il ne reste plus que le peuple pour changer la donne. Et dans tous les cas, il faut attendre longtemps, très longtemps même, parfois plus d'un quart de siècle, rien que pour arriver à se débarrasser d'un pouvoir autoritaire solidement installé dans un pays. C'est dire la lenteur de la mobilité de ces pays entre le régime politique de type autoritaire et celui de type considéré comme « hybride ». Les deux plus récents cas enregistrés sont ceux du Burkina Faso et de la Gambie. Deux pays d'Afrique de l'Ouest qui, enfin, trouvent une fenêtre pour respirer un peu en attendant de voir la suite. C'est dire que, quel que soit le pays du continent, dès lors qu'on n'a pas affaire à des monarchies comme celles que l'on connaît dans la plupart des pays arabes et dès lors qu'il existe une constitution aux fondements démocratiques dans tous les vingt-deux pays de régime autoritaire d'Afrique au sud du Sahara, le passage progressif vers un régime « hybride » y reste et y demeurera toujours possible. Mais il ne faut pas se faire d'illusion pour ces pays car il n'y a que deux scenarii possibles à moyen ou long terme : soit le peuple s'organise et se lève pour renverser le pouvoir, soit il laisse à celui-ci toute la latitude de régner éternellement sur le pays en con-servant indéfiniment le pouvoir autour d'un seule personne, qui finit par en être l'incarnation la plus absolue, et en lui trouvant dans ses propres rangs un proche et loyal remplaçant au moment de rendre le tablier. Le passage d'un régime politique autoritaire à un régime politique « hybride » apporte une bouffée d'oxygène au pays qui en vit l'expérience, mais il ne garantit pour autant ni la protection face au risque de voir un jour le pays en question retomber dans l'autoritarisme ni la volonté du pouvoir nouvellement porté aux affaires de défendre fermement les acquis démocratiques obtenus dans le temps et de les promouvoir infiniment. Les régimes dits « hybrides » sont des régimes souvent caractérisés par une stabilité politique très fragile. Ils se présentent comme des régimes en situation de transition, d'où le mot « hybride » ; ils sont tiraillés entre l'autoritarisme du passé et la démocratie dans le sens de laquelle ils doivent tout logiquement tendre à la suite de leur alternance politique. C'est la raison pour laquelle ils doivent être non seulement minutieusement observés dans leur évolution politique mais surtout soutenus dans leur processus de démocratisation.

Le passage d'un régime autoritaire à un régime « hybride » ouvre la porte d'entrée du processus de démocratisation. Cette phase de transition est marquée par le fait que le pays entre dans une étape plus ou moins incertaine de son évolution politique. Celui-ci est ainsi appelé à faire le grand ménage pour rompre définitivement avec toutes les pratiques de l'Ancien régime et se décider formellement à ne reculer démocratiquement. Et tout ce travail de reconstruction démocratique peut se faire en quelques petites années car il ne dépend que de la volonté du pouvoir nouvellement mis aux affaires de se fixer un cap et de travailler à atteindre un à un les objectifs définis en conséquence. C'est à ce niveau précis que l'on peut voir jusqu'où un État est capable de mener une politique démocratique au même titre qu'une politique démographique ou de population ou une politique de modernisation économique et sociale. L'un des grands pièges dans lesquels tombent très souvent les régimes « hybrides » reste le manque de volonté de rupture définitive avec ce penchant, quelque part naturel, du pouvoir pour le présidentialisme. En effet, dès que l'Ancien régime est renversé, les regards sont tournés non pas vers le pays lui-même mais vers le nouvel « homme fort » du pays. Rien que cette appellation contribue à légitimer un certain pouvoirisme que risquerait de développer ce dernier. Et, l'homme étant ce qu'il est et la politique ce qu'elle est, en continuant de jeter des fleurs à quelqu'un qui en a déjà beaucoup et en lui rappelant sans cesse qu'il tient à lui seul entre ses mains la destinée de tout un pays, on cultive chez lui un goût démesuré du pouvoir qui finit tout naturellement par en faire non plus simplement l'« homme fort », celui sur lequel repose tout l'espoir d'une transformation globale du pays, mais l'homme qui par excellence incarne, plus que le simple pouvoir, la puissance. Au pouvoir, on peut associer un contre-pouvoir ; mais à la puissance, on se sou-met. Résultat : on a chassé un grand monstre du pouvoir pour en héberger et en élever un autre. Et si l'« homme fort » du pays en question n'a pas cette volonté de le démocratiser, en commençant par s'appliquer à lui-même cette maxime de Montesquieu si chère à la démocratie, à savoir la *régulation de son propre pouvoir* par un contre-pouvoir formellement établi, alors il risque de passer à côté du travail de reconstruction démocratique à faire une fois accompli le passage obligatoire d'un régime autoritaire à un régime considéré jugé « hybride ». Et très souvent c'est ce qui arrive partout dans le monde. En effet, rarissimes sont les cas où l'on voit des pays passer directement d'un régime autoritaire à une démocratie « imparfaite ». Dans ce cas dernier précis, on peut s'assurer que la phase de transition ou phase « hybride » a été bien courte. Certains pays d'Amérique latine ont vécu ce genre d'expérience. Je pense à l'Uruguay, qui est aujourd'hui le pays le plus démocratiquement avancé d'Amérique latine et qui figure parmi ceux les plus avancés du monde dans ce domaine. Ce qui n'a rien à voir avec les 14 pays d'Afrique subsaharienne présentés par l'EIU comme étant des régimes « hybrides ». Cette hybridité ne peut pas être un cap ou un horizon, elle ne peut consacrer qu'un lieu de passage. Et, comme l'appétit vient en mangeant, l'expérience de la liberté amène toujours à en demander davantage ou à en redemander infiniment plus. Ce qui veut dire que les pays avec un régime politique « hybride » doivent être dès le lendemain du changement de régime entièrement animés par l'ambition de passer à une démocratie « imparfaite ». La même remarque est entièrement valable pour les démocraties dites « imparfaites », dont la préoccupation majeure, du point de vue politique, doit être de se transformer définitivement en une « véritable » démocratie.

Les 7 pays d'Afrique subsaharienne considérés comme des démocraties « imparfaites » par l'EIU se partagent entre deux régions distinctes d'Afrique au sud du Sahara : les quatre sont d'Afrique australe et les trois autres d'Afrique occidentale. Le Sénégal est le dernier pays à avoir rejoint ce groupe. Il y est entré à la suite de l'alternance politique qu'il y a eu en 2012 et qui a sans doute fortement pesé dans sa notation de l'EIU, précisément pour les données se rapportant à quatre des cinq indicateurs pris en considération dans l'étude de cette dernière institution sur l'état de la démocratie dans le monde : le processus électoral et le pluralisme ; les libertés civiles ; la participation politique ; la culture politique. Le volontarisme et la fermeté dont a fait preuve le peuple sénégalais pour contrer les dérives antidémocratiques du régime de l'époque ont été exemplaires. En effet, le peuple sénégalais, notamment sa population jeune, a fait preuve d'une maturité politique, à tout point de vue, hautement admirative pour se libérer d'un régime qui voulait le prendre en otage en faisant passer une série de lois rien que pour conserver indéfiniment le pouvoir entre les mains du président de l'époque, Abdoulaye Wade, et de son propre fils. En modifiant la constitution du pays dans le but de briguer un troisième mandat, après douze ans passés à la tête du pays, et en voulant imposer un binôme ou un ticket plutôt qu'une candidature individuelle, rien que pour faire de son fils son vice-président destiné tout royalement à devenir son successeur, celui-ci a provoqué la colère d'un peuple qui, douze ans auparavant, l'avait élu en fanfare pour tourner la page de 40 ans de règne sans partage du pouvoir d'un seul parti politique. Résultat : la jeunesse sénégalaise, menée par un mouvement citoyen appelé « Y en a marre », s'est fortement mobilisée pour créer une dynamique d'alternance qui, au bout du compte, a abouti à une cuisante défaite du président sortant. Cet événement a été salué dans le monde entier et a, quelque part, inspiré le peuple burkinabé, qui deux ans après réussissait à renverser un président ayant fait 27 ans de règne autoritaire à la tête du pays. Bien que le Sénégal ait mérité de se faire monter d'un palier de démocratisation à la suite de cette expérience qui relevait considérablement son indice démocratique, passant ainsi d'un régime « hybride » à une démocratie considérée comme « imparfaite », il demeure qu'il ne fait depuis lors que reculer démocratiquement. Son cas est très illustratif de l'ordre d'évolution générale des pays africains du point de vue politique, dans la mesure où il nous conduit à étudier et à analyser, au-delà du processus de démocratisation, la dynamique politique à un moment précis de l'histoire d'un pays donné.

Le passage d'un régime autoritaire à un régime « hybride » est très souvent douloureux, car il est presque toujours accompagné de troubles sociopolitiques entraînant des pertes humaines et causant des dégâts matériels non négligeables. Le passage d'un régime dit « hybride » à une démocratie considérée comme « imparfaite » est généralement moins lourd en conséquences négatives, mais il demande de la part du nouveau pouvoir installé une capacité réelle à conserver et à consolider les acquis de l'alternance politique et à travailler à faire progresser formellement la démocratie. Et très souvent, ces événements qui consacrent la réaffirmation politique du peuple et qui affichent ouvertement l'aspiration de celui-ci à plus de démocratie et de bonne gouvernance politique ne tiennent pas leurs bonnes et belles promesses révolutionnaires. Le Bénin, le seul pays d'Afrique à avoir dès le début des années 1990 connu une alternance politique, puis une contre-alternance au milieu de cette même décennie, pour finir en 2006 avec l'élection d'un président totalement inconnu du sérail politique et politicien, avait pris beaucoup d'avance sur tout le reste du continent. Mais aujourd'hui, en dehors du fait qu'il est habitué à organiser des élections libres et démocratiques, il n'y a aucune avancée démocratique notoire à son compte ; en tout cas, pas à la hauteur de tous les acquis que ce pays à pu obtenir dans les années 1990-2000 en termes de culture politique et de participation populaire. Résultat : d'une démocratie « imparfaite », le Bénin est redevenu un simple régime « hybride », comme si le progrès démocratique connu dans la dernière décennie du siècle précédent et dans la première du siècle courant n'était qu'un accident de l'histoire. Le Sénégal est dans la même situation. Je rappelle au passage que ce pays avait dès l'année 2000 connu sa première alternance politique, ce qui lui ouvrait déjà la voie à des avancées démocratiques facilement réalisables, mais très vite la politique politicienne avait réussi à prendre le dessus sur la bonne gouvernance politique et à enfermer le pays dans une orientation évolutive qui le rapprochait plus d'un régime autoritaire que d'une démocratie « imparfaite ». Le Ghana a rompu avec l'autoritarisme politique et le régime militaire en 2000. Depuis lors, il est politiquement stable, avec l'organisation d'élections libres et démocratiques, ce qui lui donne une certaine renommée en la matière et à l'échelle du continent, mais je ne vois pas ce qui justifie son rang ou son statut de démocratie « imparfaite » dans le classement de l'EIU. Quelque part, comparé strictement au reste de l'Afrique, il mérite, peut-être, d'être considéré comme une démocratie « imparfaite » plutôt que comme un régime « hybride », mais la démocratie ne se résume pas au simple fait de pouvoir éloigner l'armée du jeu politique et de pouvoir organiser des élections démocratiques, car ce dernier paramètre de mesure du niveau de démocratisation d'un pays est la composante la plus élémentaire du processus démocratique. A vrai dire, un pays avec une république démocratique sur le papier mais qui ne respecte pas les principes de la démocratie dans la réalité des pratiques politiques qui y sont courantes ne devrait, à mon avis, nullement être considéré comme une démocratie, même pas comme une démocratie « imparfaite », car la démocratie ne peut pas être relativisée dans ses principes et modalités d'application. La démocratie est un type d'organisation politique qui ne peut fonctionner avec des méthodes informelles. Elle est une et indivisible. Elle ne se décompose pas et donc ne peut être pratiquée comme s'il s'agissait d'un simple produit à vendre ou à acheter en détail selon le volume du stock disponible en magasin ou du besoin à satisfaire. La démocratie est un paquet plein, entier et emballé de manière étanche. Dès que l'on touche à l'une de ses composantes, on peut être sûr qu'on est en train de manipuler, dans un sens ou un autre, tout l'ensemble du balluchon. « Toute société dans laquelle la garantie des droits n'est pas assurée ni la séparation des pouvoirs déterminée n'a point de constitution », cette affirmation de Montesquieu est tellement vraie et forte qu'elle a été tout simplement intégralement reprise par l'article XVI de la Déclaration des droits de l'homme et du citoyen. C'est malheureusement cette démocratie au rabais, celle du spectacle électoral qui est de loin la plus répandue dans le monde. Et aucune région ni aucun pays du monde n'échappe à cette grande maladresse qui consiste à considérer autant de la part des gouvernants et des peuples que de celle de l'institution judiciaire qui est chargée de veiller rigoureusement au respect des lois républicaines et des droits civiques et citoyens. En effet, partout dans le monde, on pense que pour qu'un pays soit démocratique, il suffit juste qu'il soit en mesure d'organiser des élections libres et démocratiques et qu'il réalise au moins une fois toutes les décennies une alternance politique. On dirait un exercice de casting politique, un défilé des monstres à la mode, une sorte de montée des marches d'un festival de cinéma. Je n'exagère point. C'est d'ailleurs cette suprématie de l'aspect spectaculaire des élections sur toutes les autres composantes de la pratique démocratique qui pousse les démocrates les plus radicaux, dont je fais partie, à considérer que même les pays occidentaux, ceux qui se disent traditionnellement démocratiques, ne le sont ni assez ni vraiment. Et je suis bien plus proche de Rousseau que de Montesquieu. Je pense que la démocratie ne peut être que directe, sinon elle n'en est pas une de « véritable ».

Justement : « véritable » démocratie (*full democracy*). Naturellement qu'il vaut mieux vivre dans une « véritable » démocratie que dans une démocratie jugée « imparfaite » et mieux dans ce dernier type d'organisation politique que dans un régime « hybride », qui, à son tour, est mille fois préférable à un régime autoritaire. Cela va sans dire. Mais, la démocratisation a ceci de singulier que dans la réalité des faits elle ne fonctionne pas comme un processus évolutionniste. Elle n'est pas un processus linéaire comme l'est le développement économique avec ses stades d'évolution qu'on peut décrire en toute précision depuis Walt Whitman Rostow et ses fameuses « *étapes de la croissance économique* » en 1960. La démocratisation est un processus qui fonctionne à son intérieur ou entre ses différentes étapes ou phases internes par une dynamique. Pour passer d'un régime autoritaire à un régime dit « hybride », de ce dernier type de régime à une démocratie considérée comme « imparfaite », puis à une « véritable » démocratie, il faut que chaque phase intermédiaire ou de transition soit fortement animée ou articulée autour d'une dynamique. C'est cette dynamique qui permet à un pays de pouvoir toujours viser plus loin dans sa marche démocratique. La démocratie est à comprendre comme la relation amoureuse dans un couple. Elle a horreur de la routine. Elle se réinvente en permanence car elle est un vecteur de bonheur. Le bonheur on n'en a jamais assez, c'est comme l'amour, c'est comme la démocratie. C'est pourquoi il ne faut pas trop applaudir un pays qui fait des avancées démocratiques car il pourrait avoir tendance à croire que le boulot est déjà complètement fait et que plus rien ne peut lui arriver qui puisse le conduire à un recul démocratique. C'est une forte illusion que de croire en cela. Une démocratie quelconque peut du jour au lendemain se transformer en un régime autoritaire. Et il n'y a rien d'autre pour expliquer cette régression politique que le sens dans lequel est orientée la dynamique qui y est en cours. On voit des pays qui ont tout pour avancer démocratiquement, mais qui choisissent, le plus souvent pour des raisons idéologiques, de prendre le chemin inverse. C'est le cas de la Turquie de Recep Tayyip Erdogan, de la Hongrie de Viktor Orban ou du Venezuela entre Hugo Chavez et de son successeur Nicolas Maduro. C'est dire à quel point la démocratie est fragile. On dirait un amour passionnée. Un amour d'une intensité telle que le plus petit break risque d'installer l'ennui et le doute dans le couple, ce qui à la longue peut causer une sorte de désamour progressif. C'est la raison pour laquelle je dis et répète souvent et même très souvent que la démocratie est une révolution permanente. Elle n'est jamais finie parce qu'elle est un éternel chantier. Elle est toujours à construire, à déconstruire et à reconstruire. Elle ne peut nullement être « imparfaite » parce qu'elle ne peut point être « parfaite ». Et ne pouvant être ni parfaite ni imparfaite, il devient évident qu'elle ne saurait non plus être « véritable ». Je pense que la démocratie peut à ce niveau précis être comprise à la lumière de la démocratisation elle-même. Elle peut être aussi comprise en profondeur à la lumière de la foi et de la pratique religieuse. C'est le propre de l'idéal, on ne l'atteint jamais car à chaque fois qu'on croit y arriver il s'éloigne un peu plus, non pas pour nous rejeter mais pour nous encourager à persévérer car considérant qu'on est sur la bonne voie. Celle de la divinité. La démocratie, c'est un « peuple des dieux », disait Rousseau. C'est pourquoi il ne faut jamais croire pour un pays qu'on a fini de se démocratiser. Le jour où l'on commence, ne serait-ce qu'une seconde, à y croire ou même à simplement y penser, on peut dès à partir de ce jour considérer qu'on est en train de commettre l'erreur la plus monstrueuse qui soit : celle de vouloir tuer l'idéal démocratique, celle de considérer que trop de démocratie tue la démocratie. Je ne connais pas plus grande bêtise humaine, car il n'y a jamais eu et il n'y aura jamais nulle part dans le monde assez de démocratie. Même la Suisse, pays que j'aime pour sa démocratie directe et son conseillisme gouvernemental, pour Rousseau le Citoyen de Genève, pour ses gens et ses petits douceurs et bonheurs, pour mes anciens amours aussi que j'embrasse tendrement et chaudement au passage, ne saurait prétendre à cette folie de la démocratie achevée. La démocratie, c'est comme la modernité, elle est inachevable. Même ce joyau de pays, qui est la démocratie la plus avancée du monde à l'heure actuelle, a encore du chemin à faire. Et je n'ai jamais entendu pendant les années où j'y ai séjourné quelqu'un dire, ne serait-ce que légèrement ou en blaguant, qu'il n'y avait plus rien à y faire du point de vue démocratique. Au contraire, ça débat toujours intensément et sérieusement de la manière de faire encore et encore progresser la démocratie, car celle-ci n'est pas que politique, elle est aussi économique, sociale et humaine. Elle est l'ordre social ou le type de régime politique qui consacre la politique de la dignité humaine dans toutes ses dimensions.

Si le Cap-Vert et le Botswana sont devant le Ghana et si le Lesotho et la Namibie sont devant le Sénégal dans le groupe des pays d'Afrique subsaharienne considérés par l'EIU comme des démocraties « imparfaites », c'est justement parce que ces pays sont depuis plusieurs années dans une dynamique réelle de démocratisation. Ils ne construisent ou ne reconstruisent pas leur démocratie à coups d'alternances politiques, ils essaient tant bien que mal de la renforcer en permanence. C'est avoir une conception simpliste de la démocratie que de considérer que parce que les élections sont plus ou moins apaisées et fiables démocratiquement et que les élites politiques circulent plus facilement ou couramment dans un pays que la démocratisation y est en cours ou en marche. Il n'y a rien de plus désolant que cela, car c'est un gâchis injustifiable et inexplicable. C'est tout simplement un déni de démocratie : un refus de l'idée que la démocratie obéit à l'idéal démocratique, qui, parce qu'étant un idéal, demeure inatteignable. Et à vrai dire, il y a de ces expériences politiques qu'aucun pays ne devrait vivre sans se préoccuper de saisir les acquis démocratiques qui en dérivent, de les protéger, de les entretenir et de les promouvoir infiniment. L'idée même de dynamique qui permet de passer d'une étape précise à une autre du processus de démocratisation renvoie à cette volonté politique de toujours davantage se démocratiser. Et qu'on ne s'y trompe pas, la volonté de changement est le premier déterminant de toute politique de développement. Il faut vouloir passer à autre chose pour pouvoir au moins prendre le chemin qui y mène. Aucun pays ne peut forcer un autre à se démocratiser. L'importation ou l'exportation de la démocratie, cela n'existe pas et cela n'a jamais existé. Ce n'est qu'une vue de l'esprit qu'un certain nombre d'analystes historicistes du développement voulaient faire croire aux autres dans les années 1990 et 2000, mais aujourd'hui tout le monde sait que ni la transition démographique, ni la modernisation économique et sociale, ni la démocratie et la bonne gouvernance politique, ni le changement social ne s'importent ou ne s'exportent. C'est encore, quelque part, croire en la colonisation que de croire à l'importation ou à l'exportation de ces phénomènes d'un pays vers un autre, à un moment où le monde a fini et bien fini de se mondialiser. Et dans ce contexte universellement mondialisé, les *best practices*, c'est-à-dire les meilleures manières de faire dans chaque domaine de la vie, sont accessibles à tout le monde. Il suffit juste de s'informer. Et qu'on ne me dise point que la démocratie, le développement ou la modernité, c'est l'affaire des autres. Si tel était le cas, on ne serait pas là à en discuter. Et même si toutes ces choses viennent d'ailleurs, il n'est pas interdit de travailler à pouvoir se les appliquer dès lors qu'elles nous améliorent. Je ne vois pas quel mal il peut y avoir à s'inspirer des autres, d'autant plus que depuis toujours on ne rêve que de leur ressembler ou d'arriver au niveau de développement auquel ils sont. Le développement ne s'importe pas, il ne s'exporte pas, et, comme pour toute chose, la moindre des choses à faire pour y arriver, c'est avant tout de le vouloir par-dessus tout. Au-delà de la paix civile, sociale et politique, c'est le pouvoir de la volonté qui explique pourquoi certains pays avancent politiquement, économiquement, socialement et humainement au moment où d'autres ont du mal à bouger ou même reculent quotidiennement. Et volonté pour volonté de développement, l'Afrique australe sort encore une fois du lot des pays d'Afrique subsaharienne en retard ou à la traîne même du point de vue démocratique.

De la même manière que Maurice est le seul pays du continent africain à faire partie des 19 pays que le classement de l'EIU considère comme étant véritablement démocratiques, l'Afrique australe est de loin la région la plus représentative du groupe des pays considérés politiquement comme étant des démocraties « imparfaites ». Je précise au passage que, de mon point de vue, le Sénégal n'a pas ou plus sa place dans ce groupe, car vu les pratiques antidémocratiques qui y sont devenues monnaie courante depuis 2012, il doit tout simplement être relégué dans celui des régimes politiques dits « hybrides ». Ce jugement n'a rien de sévère de ma part. C'est mon pays et je l'aime par-dessus tout. Et ce n'est même pas parce que je l'aime bien que je le châtie bien, car il ne s'agit guère de châtiment ou de procès d'intention.

C'est juste que le constat est clair aux yeux de tous les gens qui observent en toute neutralité ou objectivité ce pays depuis sa dernière alternance politique en 2012 qu'il est en net recul démocratique du fait du choix délibéré du pouvoir actuel de vouloir s'accaparer par tous les moyens possibles de tous les pouvoirs politiques, et cela pour une durée indéfinie. C'est pourtant contre ces mêmes pratiques que ce pouvoir a été élu, et aujourd'hui c'est avec ces mêmes pratiques qu'il veut conserver éternellement tous les pouvoirs politiques reconnus légitimement et légalement dans ce pays. Le Ghana semble se satisfaire de son état démocratique et ne cherche pas trop à progresser à ce niveau. Quant au Cap-Vert, il reste un cas à part en Afrique de l'Ouest. Quelque part, on dirait qu'il est un pays d'Afrique australe plutôt que d'Afrique de l'Ouest car il est dans la même dynamique de développement que les pays du sud du continent. Je pense la même chose de Maurice, qui me semble plus proche du Cap-Vert, du Botswana ou de l'Afrique du Sud que des autres pays d'Afrique équatoriale.

Le fait qu'on retrouve pratiquement les mêmes pays aux premiers rangs de tous les classements en lien avec le développement n'est point un hasard. Dans l'histoire du développement et de ses composantes, il n'y a rien de hasardeux, de miraculeux ou de chanceux. Tout est avant tout question de volonté politique. Cela peut paraître tout banal ou facile à dire, mais je ne vois pas ce que les pays d'Afrique australe ont que les autres n'ont pas, si ce n'est cette volonté inébranlable d'aller de l'avant. Et lorsqu'on creuse plus loin dans cette volonté, on se retrouvera avec le fameux *principe de modernité* dont j'ai déjà parlé et qui est transversal aux différentes thématiques traitées dans les quatre parties du présent ouvrage. Le *principe de modernité* est le principe décisif qui amène un pays à rompre avec tout ce qui peut constituer un obstacle à son développement. C'est avant tout un principe critique. Et lorsqu'un pays se l'applique, il s'adonne avant tout à un exercice d'autocritique qui se poursuit avec un travail appliqué de reconstruction. A y regarder de plus près, on peut considérer, ne serait-ce que sous la forme d'une hypothèse, et sans être culturaliste, que c'est l'Afrique du Sud qui tire le reste de l'Afrique australe, notamment le Botswana et la Namibie. Je précise au passage que l'absence du Swaziland du groupe des pays considérés comme étant des démocraties « imparfaites » et sa position au cœur de celui des régimes autoritaires s'expliquent par le fait qu'il reste une province autonome d'Afrique du Sud encore fortement attachée à ses vieilles traditions monarchiques. En dehors de la démocratie, le Swaziland est dans la même dynamique de développement que le reste de l'Afrique australe. L'Afrique du Sud tire le reste de l'Afrique australe dans le sens de sa modernisation parce qu'elle est le seul pays d'Afrique subsaharienne a véritablement porter en lui le *principe de modernité*. Comme quoi la diffusion régionale ou sous-régionale peut avoir un impact réel sur le processus de développement d'un pays. Mais il ne faut pas croire que le seul fait d'être voisin d'un pays tourné vers la modernité et le développement peut suffire à un pays pour définitivement sortir du sous-développement ou pour se développer. Cette hypothèse de la diffusion ne se confirme pas avec des pays comme Maurice ou le Cap-Vert car ceux-ci, bien qu'appartenant respectivement à l'Afrique équatoriale et à l'Afrique occidentale, sont des îles qui, en plus de leur petitesse géographique et démographique, sont complètement tournées vers l'extérieur du continent. Les Seychelles, qui présentent le meilleur IDH du continent avec Maurice, sont aussi un archipel tourné vers l'extérieur. Le seul bémol que l'on peut faire à ce pays se situe dans le fait qu'il est politiquement un régime autoritaire. Et sachant qu'il est isolé du reste du continent, seule la bonne volonté de sa classe politique pourrait un jour le faire évoluer dans le sens de la démocratie. C'est encore dire à quel point la volonté politique est importante pour faire avancer un pays. C'est la clé de tout. La seule clé de l'affaire. La clé passe-partout. C'est la volonté qui fait bouger toutes les lignes du développement. Si Maurice, le Cap-Vert et les pays d'Afrique australe sont aussi différents que le reste du continent, c'est avant tout parce que chacun de ces pays est tourné vers la modernité et qu'il a fini de comprendre que celle-ci est un phénomène global qui, pour avoir une portée humaine, doit être tout autant économique et social que politique. Autrement dit, ces pays ont bien compris que la démocratie reste la seule garantie de la bonne gouvernance politique et que pour amener un pays à sortir du sous-développement et le mettre dans la dynamique d'un développement de qualité, il y a tout à gagner à y instaurer au moins un minimum de démocratie. Et à vrai dire, il n'y a rien qui puisse expliquer qu'une personne, sa famille et ses amis et alliés politiques prennent en otage un pays pendant des décennies et des décennies en le dépouillant de ses biens et richesses, en laissant l'écrasante majorité de sa population dans une pauvreté ou une précarité massive et en étouffant et même en confisquant tout délibérément les libertés et les droits des citoyens sans que personne ne réagisse en conséquence, si ce n'est d'un côté la lâcheté de sa classe politique et de l'autre la faiblesse de la culture démocratique de sa population. Ce n'est que la volonté politique, associée à une aspiration populaire forte à la démocratie, qui peut amener un pays à faire le choix de la démocratie et de la bonne gouvernance politique, seule garantie d'un développement qualitativement humain ou humainement de qualité.

La démocratie n'est pas une composante facultative du développement car, encore une fois, elle est ce qui lui donne une dimension non pas humaniste mais tout simplement humaine. Un développement sans démocratie n'en est pas authentiquement un. Pour qu'un développement soit accompli, il faut qu'il intègre politiquement la question des droits et libertés. Or, cette dernière question ne peut être prise en compte que par la démocratie. Et pour s'assurer de l'importance de la démocratie dans le développement, il n'y a pas à discuter interminablement de leur lien, comme le font encore beaucoup d'auteurs. Il suffit simplement de s'interroger sur ce que devrait être un modèle de développement au service de l'humain. La réponse à cette dernière question reste encore et encore : un modèle de développement combinant prospérité économique, bien-être social et État de droit. Or, le seul type de régime politique qui garantit cette dernière composante du développement humain, à savoir l'État de droit, reste la démocratie. Mieux, en plus de l'État de droit, la démocratie reste également le seul modèle politique qui permet d'avoir une redistribution des biens et richesses soucieuse de la justice sociale ainsi que du bien-être de chacun et de tous. C'est dire à quel point la démocratie est indispensable à un développement se voulant global, humain, et donc de qualité ou moderne. Et d'ailleurs les trois composantes du modèle de développement humain se tiennent intégralement les uns les autres : l'économique, le social et le politique. Ce serait une erreur énorme de croire que l'économique tout seul peut faire le développement d'un pays. Produire des biens et des richesses est une chose, s'assurer qu'elles profitent à tout le monde en est une autre qui exige d'un pays un sens élevé de l'équilibre social, de la justice sociale et du respect de la dignité humaine. Or, il n'y a, encore une fois, que la démocratie, comme type de régime politique, qui porte en elle les valeurs et principes qui permettent à un pays de pouvoir apporter une réponse conséquente à cette forte exigence. Mieux encore, la démocratie est tellement globale qu'elle se démultiplie dans toutes les dimensions du développement. Elle n'est ainsi pas que politique, elle est aussi économique et sociale. Et un développement qui ne prend pas en considération cette dimension de la démocratie risque de passer à côté de tout ce qui fait son authenticité : sa qualité humaine.

Reconnaître l'importance de la démocratie dans le développement d'un pays est une chose, avoir la volonté de travailler à la promouvoir en est une autre. Mais au-delà de la prise de conscience et de la volonté, il y a la pratique politique de la démocratie. Au-delà ou indépendamment du développement, tout État qui se respecte, qui respecte ses citoyens et qui veut que son pays soit respecté se doit de faire de la démocratie son principe cardinal et de l'idéal démocratique l'horizon indépassable de toute l'orientation de sa politique. Cela consacre la dimension philosophique de la chose. Une fois cette philosophie bien instituée dans la rationalité gouvernementale de l'État, il faut passer à la dimension politique de la chose, celle qui exige de l'État un courage politique sans faille, témoignant de sa volonté à agir dans le sens de cet idéal. Il s'agit de la dimension politique de la chose. Je parle de courage au passage car bien qu'étant une aspiration forte de tous les peuples du monde, la démocratie n'a pas que des amis. Elle a aussi ses ennemis, et il suffit de voir à quel prix les droits et libertés sont conquis pour se convaincre du fait que les acquis démocratiques sont le plus souvent les fruits de luttes très acharnées. A la dimension philosophique et à celle politique s'ajoute la dimension technique de la chose. La chose en question c'est la pratique politique de la démocratie. Or, à ce niveau précis, il semble que les pays africains, pour la plupart, ne savent pas trop comment procéder techniquement ou stratégiquement pour promouvoir la démocratie. Comment mettre en place et en œuvre une politique de démocratie, comme on le fait pour l'économie et comme on devrait le faire pour la démographie ou pour la population ?

Mode d'emploi de la reconstruction démocratique en Afrique

La réponse à cette dernière question peut paraître, *a priori*, simple ou facile à trouver, mais en jetant un regard sur l'évolution politique du monde année après année, on ne peut s'empêcher de se demander si les États et gouvernements sont bien conscients de l'importance de la démocratie dans le processus de développement de leurs pays. Plus largement, on peut même se demander s'ils sont bien préoccupés par leur développement. Et dans le cas échéant, il reste à se poser les questions de savoir comment ils conçoivent le développement, quel modèle de développement voudraient-ils pour leur pays et comment s'y prennent-ils. Si l'on part du postulat selon lequel pour relever le défi de la transition démographique et celui de la modernisation économique et sociale dans la perspective d'un développement global, humain et de qualité, il faudrait un État portant en lui les valeurs et principes de la démocratie et de la bonne gouvernance politique, on se convainc en toute logique de la nécessité pour eux de se doter d'une véritable politique démocratique. Avant de discuter des composantes d'une politique de démocratie, laissez-moi préciser deux ou trois choses au passage.

Premièrement, je ne suis pas en train de mener une réflexion théorique sur la démocratie. C'est tout le contraire, car je réfléchis à la manière dont les pays du monde peuvent politiquement et techniquement progresser du point de vue démocratique sans trop se prendre la tête avec d'innombrables indicateurs qui méthodiquement peuvent être regroupés. Avant d'en arriver à ce mode d'emploi de la démocratie, en tant qu'objet d'administration et de pratique politique, j'ai survolé rapidement plusieurs rapports sur l'état de la démocratie dans le monde en partant de trois postulats. D'une part, tous les peuples humains aspirent naturellement à la démocratie, qui reste le seul type de régime politique à pouvoir leur garantir le respect de leurs droits et libertés. De l'autre, je suis convaincu qu'un développement de qualité ne saurait contourner la démocratie, mieux, il devrait tout logiquement en faire l'axe central de toute sa politique. A ces deux postulats s'ajoute un troisième qui n'a rien d'une hypothèse car fondé sur le fait que tous les rapports sur l'état de la démocratie dans le monde montrent clairement qu'il y a un déficit réel de démocratie dans toutes ses régions, doublé d'un recul dans la plupart des pays qui dans le temps ont pu obtenir des acquis réels dans leur processus de démocratisation. En partant de ces trois prémisses, il devient évident, pour qui se donne encore le soin et le temps de penser le développement humain du monde, que celui-ci a partout besoin davantage de démocratie, et cela même indépendamment de l'idéal démocratique lui-même, juste au service du bien-être de la population mondiale. Aucun de ces trois postulats ne peut être remis en question car les deux premiers sont, quelque part, des évidences fortes, alors que le troisième, lui, s'appuie sur des données claires, précises et bien vérifiables. Que les peuples du monde aspirent naturellement à la démocratie, cela n'a rien de surprenant. C'est juste à comprendre à l'aune du besoin naturel de liberté chez chaque être humain ou même chez chaque être vivant. Que la démocratie, du fait qu'elle reste le seul type de régime politique à véritablement se préoccuper de l'épanouissement humain et de la dignité humaine, se doive d'être foncièrement au cœur de toute politique de développement humain, cela aussi ne se discute point, à moins qu'on veuille s'efforcer de croire ou de faire croire que la croissance économique à elle seule suffirait pour développer un pays. Si c'était aussi simple que cela, ça se saurait. Quant au déficit et au recul de la démocratie dans le monde, les chiffres de l'EIU sont sans commentaire là-dessus : 19 « véritables » démocraties seulement, soit 11,4% des pays du monde et 4,5% de la population mondiale ; 57 pays considérés comme étant des démocraties « imparfaites », soit 34,1% des pays du monde et 44,8% de la population mondiale ; 39 régimes dits « hybrides », soit 23,4% des pays du monde et 16,7% de la population mondiale ; 52 régimes autoritaires, soit 31,1% des pays du monde et 34% de la population mondiale.

Deuxièmement, parmi les quatre types de modèle politique définis par les experts de l'EIU, il y en a un sur lequel je ne m'attarderai pas car il n'intègre en lui aucune des valeurs et aucun des principes de la démocratie. Il s'agit bien évidemment du régime autoritaire. Il ne sert à rien de chercher à appliquer à ce dernier type de modèle politique un mode d'emploi de la démocratie car c'est à tout point de vue sans objet. Dans ce régime, tout est antidémocratique. Le pouvoir y est entre les mains d'une seule personne ou d'un groupe très réduit et fermé de personnes qui incarne (cette personne ou ce groupe) le Souverain en lieu et place du peuple. On ne peut pas penser la démocratisation d'un pays qui évolue sous le joug d'un régime politique autoritaire, car ce genre de contexte national consacre ce que Michel Foucault appelle un « état de domination », c'est-à-dire une situation où le pouvoir est concentré entre les mains d'une seule unité active et qui l'exerce sur des unités dont la liberté d'action est formellement limitée par celle-ci.

Il y a un préalable à la démocratisation de la cinquantaine de pays identifiés à travers le monde qui évoluent avec un régime autoritaire. Ce préalable, c'est le renversement de tous ces régimes car l'autoritarisme est antagonique à la démocratie. Il n'y a pas de processus évolutif qui va de l'autoritarisme à la meilleure des démocraties, car l'autoritarisme ne s'inscrit pas dans l'ordre de cheminement de l'idéal démocratique. L'autoritarisme consacre un type de régime fondamentalement antidémocratique. Raison pour laquelle il est à la fois impossible et inutile de penser la démocratisation d'un pays avec un régime politique autoritaire sans concevoir au préalable une rupture totale ou même une révolution pour renverser l'ordre sociopolitique qui y est en vigueur. Les exemples de la Turquie et du Venezuela suffisent pour comprendre qu'une fois la dynamique autoritaire du pouvoir en marche dans un pays, il n'y a pas de place pour un retour en arrière sans une rupture totale avec le pouvoir qui y est en place. La Turquie avait tout un boulevard à elle pour se démocratiser encore et encore, mais pour des raisons idéologiques et à cause de l'envie démesurée de son président, Tayyip Erdogan, de demeurer éternellement au pouvoir, elle a fini de mettre en péril tout l'éventail des bons acquis démocratiques qu'elle avait à son compte. Et plutôt que de se rapprocher de ses voisins d'Europe occidentale dans l'optique de se démocratiser et de se moderniser davantage, elle a préféré s'allier avec le grand « monstre » de l'Est, la Russie. Le Venezuela pouvait profiter de la disparition de Chavez pour corriger les dérives antidémocratiques de ce dernier et renforcer ses acquis démocratiques plutôt que de revenir au vieux temps des démons idéologiques qui a marqué toute l'histoire de l'Amérique latine. Mais, il a préféré tout absurdement la continuité, au risque d'un grand recul démocratique, plutôt que la rupture, en prétextant que c'est la seule manière de résister à l'hégémonie américaine sur les pays d'Amérique latine. Après, il ne faut pas s'étonner que la droite ou les libéraux de ce pays se réveillent et se révoltent pour entreprendre un bras de fer avec le pouvoir gauchiste en place. Entre la gauche et la droite, le socialisme et le libéralisme, il n'y a que la démocratie qui soit véritablement en mesure de trancher. C'est pourquoi je récuse catégoriquement les formules, à mes yeux, loufoques que sont la social-démocratie et la démocratie libérale. La démocratie n'est à rapprocher avec aucune de ces doctrines politiques totalitaires, elle leur est supérieure et extérieure. Le mode d'emploi que je présente dans ce chapitre ne concerne donc pas les vingt-deux pays d'Afrique subsaharienne considérés par l'EIU, et à juste titre d'ailleurs, comme étant des régimes politiques de type autoritaire.

Troisièmement, au-delà des valeurs et principes de la démocratie, je considère que l'approche la plus appropriée pour penser la démocratisation d'un pays consiste à porter un regard critique sur les trois grands acteurs sociopolitiques du contexte national en question et à voir ce qu'ils peuvent apporter au processus démocratique, entre le minimum démocratique et l'idéal démocratique. En adoptant cette approche, on ne se perd pas dans la galaxie d'indicateurs que les institutions ou autres organisations se proposant d'étudier en temps réel l'évolution de la démocratie dans le monde utilisent pour établir les classements annuels dont raffolent leurs « bons » et « talentueux » experts ou spécialistes. Je ne critique ici ni ces institutions, ni leurs experts ou autres spécialistes, ni leurs rapports et autres publications sur la démocratie dans le monde. Au contraire, je trouve leur travail, plus qu'intéressant et nécessaire, indispensable, mais je considère seulement que leur approche est foncièrement descriptive plutôt que profondément critique ou analytique. Pour aller davantage dans le fond des choses, il faudrait, au-delà des indicateurs, certes techniquement intéressants mais analytiquement insuffisants, qui amènent les experts à classer les pays dans l'un ou l'autre des types de régime politique définis, s'intéresser à la dynamique démocratique dans le pays considéré, entre son échelle d'évolution et le niveau d'implication des trois acteurs sociopolitiques de la démocratisation.

Qu'est-ce que la dynamique démocratique ?

La démocratisation, comme son nom l'indique, et à l'instar de la modernisation ou du développement, consacre un processus évolutif qui tend vers un idéal, celui démocratique. Mais le grand problème que rencontrent tous les pays du monde dans leur processus de démocratisation reste la difficulté à conserver et à consolider leurs acquis démocratiques obtenus dans le temps. En effet, indépendamment du stade auquel se trouve un pays dans son processus de démocratisation, celui-ci a toujours tendance à se relâcher ou à dormir sur les bons lauriers qui témoignent d'une avancée démocratique à un moment donné de son histoire. Et plus l'avancée en question est forte, moins on cherche à savoir comment s'opère le travail de suivi qui doit être fait en conséquence pour ne plus reculer sur la composante précise de la démocratie à laquelle elle est associée. En exemple, un pays, ayant vécu pendant de longues décennies ou pendant plusieurs années sous un régime politique autoritaire et qui, à un moment donné de son histoire, arrive par un concours de circonstances à tourner la page de cette période sombre de son évolution politique en renversant le pouvoir totalitaire en place et en organisant par la suite des élections libres et démocratiques, ne devrait en aucune façon être confronté postérieurement à un problème de fiabilité démocratique des élections qui y sont organisées. Malheureusement, c'est généralement le cas de la plupart des quatorze pays d'Afrique subsaharienne classés par l'EIU dans la catégorie des pays ayant un régime politique « hybride ». Et l'Afrique n'est pas la seule région du monde à être confronté à ce genre de problème. Et la catégorie les régimes politiques dits « hybrides » non plus. En effet, la plupart des pays du monde considérés comme des démocraties « imparfaites » connaissent ce genre de problème. Certes, on retrouve ce type de problème bien plus en Afrique et dans un certain nombre de pays d'Asie que dans d'autres régions du monde, mais le constat est général qui montre la grande difficulté des pays classés dans les catégories indiquées « régime hybride » et « démocratie imparfaite », peu importe l'entité géographique à laquelle ils appartiennent, à conserver puis à consolider leurs acquis démocratiques obtenus dans le temps. Ce qui représente 57,5% des pays du monde. Et sachant que les 31,1% sont des régimes autoritaires, donc potentiellement sans acquis démocratique à consolider ni à conserver, on peut dire que le monde, dans son intégralité, a un problème structurel pour s'orienter formellement dans le sens de l'idéal démocratique. Les 11,4% de pays que l'EIU considère comme étant les seules « véritables » démocraties du monde sont les seuls pays à réussir à sanctuariser leurs acquis démocratiques. Mais cela ne les dispense guère du travail de consolidation qu'ils ont à mener infiniment.

La dynamique démocratique peut ainsi être définie comme étant la tendance générale pour un pays à conserver les acquis démocratiques obtenus dans le temps et à les consolider en permanence dans le sens de l'idéal démocratique. Tous les pays considérés comme étant des régimes « hybrides » et même, quelque part, ceux faisant figure de démocraties « imparfaites » ont en commun le fait qu'ils courent à tout moment le risque de connaître un recul démocratique pour une raison ou pour une autre. La démocratie y fonctionne comme des montagnes russes, avec des hauts et des bas. Mais le plus souvent il s'agit de bas plutôt que de haut car le cas contraire les rapprocherait des pays dits véritablement démocratiques. Ce qui distingue donc les « véritables » démocraties des démocraties jugées « imparfaites », c'est que les premières n'ont pas trop de mal à conserver leurs acquis démocratiques et se doivent de concentrer leurs efforts sur la consolidation de ceux-ci, tandis que les secondes, elles, traînent une difficulté réelle à simplement conserver ceux-ci avant de pouvoir les consolider. Cette même difficulté, ces derniers pays la partagent avec les régimes politiques de type « hybride », mais il y a une nette différence entre ces deux stades de démocratisation. C'est la raison pour laquelle, au-delà de la dynamique démocratique, qui reste, à mon avis, un élément décisif de l'analyse du processus de démocratisation d'un pays, il faudrait non pas introduire un nouveau type de régime politique entre la démocratie « imparfaite » et le régime « hybride », mais élaborer des critères de solidification et de fragilisation entre ces deux stades du processus de démocratisation. Cela permet de prendre le pouls évolutif des pays en temps réel et ainsi d'éviter d'attendre toute une décennie pour faire bouger un pays donné d'un type à un autre de régime politique, comme si tous les actes de régression ou de progrès démocratique n'étaient pas saisissables au moment même où ils étaient posés. Il s'agit d'une phase purement intermédiaire de mesure de la capacité de suivi démocratique dans un pays, entre la conservation et la consolidation des acquis démocratiques obtenus dans le temps.

Le passage du régime autoritaire au régime « hybride » consacre une rupture. Il marque le début du processus démocratique. Les premières élections libres et générales qui suivent un tel changement de régime sont un test d'une importance capitale dans l'évolution politique du pays considéré car de la manière dont elles sont organisées dépend beaucoup la suite du processus démocratique entamé. Dans le cas où celles-ci sont démocratiquement peu fiables, le nouveau pouvoir en place risque fort bien de conserver une bonne partie des pratiques courantes du régime autoritaire et de se détourner de l'aspiration populaire au progrès démocratique, qui pourtant était à la base du renversement du régime ancien. C'est le cas de la Guinée, qui bien qu'ayant tourné la page des régimes militaires, pour faire élire un civil à sa tête en 2010, demeure un régime autoritaire plutôt qu'« hybride », avec des élections très peu crédibles du point de vue démocratique, des institutions républicaines entièrement au service du pouvoir politique en place et une gestion des ressources du pays sans aucune transparence. Le même constat peut être fait pour la Côte d'Ivoire, qui traîne encore de fraîches survivances en rapport avec le problème de manque d'unité nationale qui l'a violemment tenue en haleine pendant toute la première décennie du siècle courant et qui aujourd'hui est loin d'être complètement réglé. Cette question de l'unité nationale est une question politique assez sensible dans plusieurs pays d'Afrique subsaharienne. Cette question se retrouve dans beaucoup de pays parmi ceux ayant un régime autoritaire, et souvent, elle fait partie des éléments d'explication du penchant du parti au pouvoir à vouloir par-dessus tout conserver éternellement tous les pouvoirs. Mais cette envie démesurée de conserver indéfiniment le pouvoir au risque de mettre réellement en péril la démocratie n'est pas propre aux régimes autoritaires, on la retrouve dans la plupart des régimes considérés comme « hybrides », où chaque élection constitue un véritable casse-tête dans la mesure où il n'y a jamais d'avance rien qui garantit sa bonne organisation. Les régimes « hybrides » en Afrique sont comme des pays qui passent toute leur vie à apprendre et à réapprendre la démocratie. Et à les voir comment ils s'y mettent, on dirait qu'ils sont d'éternels redoublants. Pour que le pouvoir passe des mains d'une formation politique et de ses alliés à celles d'une autre, il faut compter plusieurs décennies, et très souvent cette hypothétique alternance ne se fait pas sans heurt. Le cas du Sénégal, qui depuis 2012 est passé d'un régime « hybride » à une démocratie « imparfaite », est l'illustration la plus parfaite de la légèreté avec laquelle on conçoit la démocratie en Afrique, autant du point de vue des gouvernants et des gouvernés que des analystes et de l'opinion publique internationale. En effet, le fait que ce dernier pays soit aujourd'hui considéré comme étant une démocratie « imparfaite » plutôt qu'un régime « hybride » montre bien que les classements sur l'état de la démocratie dans le monde sont établis sur la base d'un pilotage à vue principalement axé sur l'événement que constituent les élections et singulièrement sur les alternances politiques à l'allure démocratique plutôt que sur un examen en profondeur de la manière dont la suite de ce changement d'élites se déroule. Si l'EIU savait bien ce qui se passe au Sénégal depuis le changement de pouvoir en 2012, salué à juste titre à l'échelle mondiale comme une forte avancée démocratique, nul doute qu'elle n'allait pas classer ce pays dans le groupe très sélectif des démocraties « imparfaites », car depuis lors aucune élection transparente n'y a été organisée, la Justice y est entièrement au service du pouvoir politique qui ne se gêne nullement de l'utiliser dans le but de malmener ou d'affaiblir ses potentiels adversaires politiques et la gestion des ressources du pays y est, le moins à dire, très loin d'être transparente. C'est dire que la différence entre ce pays et bon nombre de pays considérés comme des régimes « hybrides » n'est qu'une différence de forme, précisément dans la manière dont se déroulent les alternances politiques, plutôt que de fond, c'est-à-dire dans le mode de direction politique du pays au-delà de la circulation des élites politiques. C'est également dire tout l'intérêt qu'il y a pour l'analyse et même pour les acteurs politiques de tout pays à prendre en considération la dynamique démocratique comme un élément, plus que déterminant, décisif du processus de démocratisation.

De la même manière qu'on peut s'interroger sur le rapport de l'Afrique au développement et sur son « choix » du sous-développement, on peut se demander si elle n'a pas fini de tout simplement choisir la démocratie bananière en lien et place de la vraie démocratie. Et je n'exagère point en disant cela car de la même manière que l'Afrique semble avoir choisi le *laisser-aller, laisser faire* pour la démographie, ce qui explique pourquoi elle a un taux de fécondité encore très élevé et dont rien ne présume qu'il baissera fortement et durablement dans les années à venir ; de la même manière qu'elle tarde à faire de la modernisation économique et sociale un défi entier à relever dans la perspective de son développement ; elle ne semble guère être consciente de la nécessité pour elle de progresser démocratiquement, ce qui, parallèlement à sa modernisation économique et sociale, lui permettrait de se mettre sur la voie d'une sortie effective et définitive du sous-développement et, conséquemment, dans la dynamique d'un développement de qualité, un développement global et humain. Quand j'évoque l'Afrique comme sujet, je parle de ses États et gouvernements mais également de ses peuples et populations, car même s'il revient aux décideurs politiques de donner la direction dans laquelle doivent évoluer les choses, il ne saurait y avoir une transformation sociale d'envergure sans une implication entière et active des populations. On verra cette dimension du développement dans la quatrième et dernière partie de cet ouvrage. Pour bien se convaincre du sens dans lequel évolue un pays, il faudrait, au-delà du processus général dans lequel s'inscrit cet ordre d'évolution, prendre en considération la dynamique interne qui rythme son mouvement. Et cela est valable autant pour la démographie et pour l'économie que pour la politique.

C'est la dynamique démocratique qui permet de voir exactement si un pays dispose ou non d'une politique de démocratie. De la même manière que la réalisation de la transition démographique nécessite d'un pays qu'il se dote d'une véritable politique de population, tout pays aspirant à progresser démocratiquement se doit de se définir une politique de la démocratie. A l'instar de la population et de l'économie, la démocratie se planifie. A ceux qui doutent de la pertinence de cette dernière affirmation et à ceux qui, pour une raison ou une autre, sont allergiques ou intolérants au mot « planification », je rappelle simplement que tout dans le travail gouvernemental consiste à planifier. Et les mots du lexique électoral comme ceux de la gouvernance politique le disent très clairement : *programme*, *mandat*, *agenda*, *feuille de route*, *plan d'action*, ou encore *gouverner c'est prévoir*, *gouverner c'est savoir anticiper*, etc. Saisir la dynamique démocratique dans un pays, cela permet à l'analyste d'avoir une idée de ce que pourrait bien devenir celui-ci, du point de vue politique, dans les années à venir ou plus largement dans le moyen terme ; et au décideur politique de savoir exactement sur quel point précis de quelle composante de la démocratie il faudrait agir pour davantage faire avancer celui-ci dans le sens de l'idéal démocratique. Contrairement à ce que l'on pourrait avoir tendance à croire tout absolument, les pays qui avancent démocratiquement, en dehors des élections, qui ne sont que des formalités élémentaires, ne le font pas de manière aventureuse. Ils prennent le temps et le soin de définir une ligne claire de politique de la démocratie et travaillent à se l'appliquer rigoureusement car ils constituent les rares pays du monde où l'État a une philosophie forte de la nécessité pour un pays d'être démocratique et de renforcer en permanence et de manière illimitée la démocratie sur toute l'étendue de son territoire. Ce qui, en toute conséquence, amène non seulement ce même État à développer en lui une forte volonté d'agir pour instaurer structurellement et politiquement dans le pays les fondements d'un minimum de démocratie, mais également pour amener son gouvernement à mettre en place les dispositifs techniques nécessaires à la conservation et à la consolidation de tout acquis démocratique obtenu dans le temps ; et tout cela, entièrement orienté dans le sens de l'idéal démocratique.

Du minimum démocratique à l'idéal démocratique

Une fois les dispositifs du minimum démocratique installés dans le pays, il devient possible de s'orienter de manière cohérente et progressive dans le sens l'idéal démocratique. A partir de ce moment, ces dispositifs démocratiques se posent comme des balises ou des sentinelles qui empêchent un retour en arrière. Désormais, il ne sera plus question dans ce pays, ayant mis en place de manière effective les conditions d'instauration structurelle d'un minimum démocratique, de tomber dans un régime autoritaire. Et si des pays comme la Turquie ou le Venezuela viennent contredire une telle affirmation, ce n'est simplement que parce que dans ces deux pays le travail de sanctuarisation et de consolidation des acquis démocratiques n'a pas été fait de la meilleure des manières et de façon aboutie. A ce manquement d'envergure, s'ajoute le fait que ces pays sont encore enfermés dans des logiques idéologiques et géopolitiques d'un autre âge et dont ils ont beaucoup de mal à sortir du fait de l'acharnement du pouvoir en place à les y retenir, quitte à mettre le pays à feu et à sang. Le Venezuela et la Turquie devaient être aujourd'hui incontestablement classés parmi les démocraties « imparfaites » ou même les « véritables » démocraties plutôt que parmi les régimes autoritaires du monde. Mais ils semblent avoir fini de mettre en péril tout le dispositif d'instauration du minimum démocratique qu'ils semblaient avoir, tout en leur honneur, bien installé chez eux ; ce qui aujourd'hui rend bien difficile la possibilité pour eux de se projeter dans le sens de l'idéal démocratique. Ces deux pays sont des cas pathologiques de politique. Avec la forte dégringolade démocratique qu'ils ont connue ces dernières années et qui se poursuit de manière spectaculaire, les ayant même amenés à enjamber le régime « hybride » pour se retrouver dans les bas fonds de l'autoritarisme politique, ils rappellent froidement une période, plus que sombre, cauchemardesque de la première moitié du XXe siècle. Les cas de la Turquie et du Venezuela sont très riches en enseignements. Ils nous montrent en même temps à quel point la démocratie peut être fragile même dans ses plus grands appuis ou piliers, à quel point la volonté politique est déterminante pour faire progresser démocratiquement un pays, mais également à quel point la solidification démocratique et la fragilisation démocratique peuvent être intéressantes en tant que modalités du paramètre analytique que représente la dynamique démocratique.

Le minimum démocratique commence théoriquement par ce que l'EIU appelle le régime « hybride ». Dès la rupture avec le régime autoritaire, tout pays est sensé être en mesure et en train de mettre en place un ensemble de dispositifs techniques et stratégiques devant lui permettre de fonctionner dans le sens de l'idéal démocratique. Cette étape qui constitue la première phase du processus démocratique est haute-ment cruciale pour la suite des choses. Elle est à voir à l'aune de ce que représente la fondation pour un édifice quelconque. Il s'agit de mettre en place les pieds qui tiennent la bâtisse. Il s'agit de tout un socle à bâtir, un support d'une très grande solidité et d'une très forte résistance. On est alors au-delà de la philosophie politique qui fait de la démocratie le meilleur des régimes politiques et même au-delà de la volonté qui prouve qu'on a affaire à un démocrate au pouvoir ou à un État démocrate. On est dans la technique politique qui interpelle la capacité du gouvernement à mettre en place ce que mon cher ami Michel Foucault appelle une « technologie politique ». Mettre en place une technologie politique, c'est méthodiquement la première des choses qu'un gouvernement est appelé à faire dans chacun des registres politiques qu'il tient en main. Qu'il s'agisse de la question démographique, de la question économique et sociale, de la question environnementale ou écologique ou de toute autre question globale, un gouvernement responsable et portant en lui la volonté de faire vivre davantage et mieux la société ou de développer le pays se doit avant tout de créer un éventail de dispositifs administratifs et stratégiques devant lui permettre d'agir de manière ordonnée et cohérente dans le sens des objectifs rattachés au domaine en question. Et domaine pour domaine d'action gouvernementale, la politique en est un de central. Le domaine politique est le domaine gouvernemental par excellence. Raison pour laquelle la première des préoccupations de tout État nouvellement élu à la tête d'un pays doit demeurer la reconstruction non pas seulement de l'État lui-même ou des institutions politiques ou républicaines, mais la reconstruction ou même la refondation théorique et pratique du rapport sociétal que le pays lui-même a à la politique au sens large du terme, car l'État ou la classe politique dans son ensemble ne constitue pas le seul acteur politique dans un pays. La technologie gouvernementale destinée à la démocratie est une technologie dont la spécificité réside dans le fait qu'elle doit répondre d'une neutralité réelle car elle doit formellement reposer sur les trois principes fondamentaux de l'État de droit, à savoir les deux principes de la démocratie politique et le principe de la Justice, respectivement la liberté de chacun (principe de liberté), l'égalité de toutes les libertés (principe d'égalité), l'égalité de tous en droits devant la Loi (principe d'équité). Et de la même manière que la Déclaration des droits de l'homme et du citoyen consacre la suprématie du régime démocratique sur tous les autres régimes politiques pouvant exister, un pays qui se veut une république démocratique au sens entier du terme doit commencer par se déclarer ainsi car seul un tel acte peut formaliser et officialiser sa rupture définitive avec toute forme d'autoritarisme pour alors inscrire en lettres fortes au fronton même de son « arche commune » son adhésion à la philosophie de la démocratie (la doctrine du droit) et l'expression de sa volonté inébranlable de se mener infiniment dans le sens de l'idéal démocratique.

Cette dernière exigence peut paraître théorique ou abstraite, mais elle reste, à mon avis, d'une importance capitale. Elle peut à elle seule introduire de manière définitive, sans même avoir besoin de passer par la constitution, le pays dans un processus formel de démocratisation que rien ne pourrait venir ébranler. Il ne s'agit ni de surcharger la constitution en rappelant que l'idéal démocratique est le grand horizon vers lequel se mène politiquement le pays, ni de changer l'hymne national du pays pour y intégrer quelques strophes élogieuses à l'adresse de la démocratie, il s'agit de faire de cette dernière une valeur collective. Hautement collective qu'elle deviendrait la valeur suprême, la valeur des valeurs, celle dont on ne pourra jamais se passer. Une valeur qui se confondrait même avec l'âme existentielle et essentielle de la société. La démocratie deviendrait ainsi comme l'idée de Nation. Si la Nation rassemble les membres d'une collectivité nationale autour du vivre-ensemble, la démocratie, elle, réunira les membres d'une communauté politique autour de la liberté, de l'égalité des libertés et de l'équité dans le traitement des rapports de droit entre ceux-ci. A mon avis, aucune société humaine ne peut être hostile à l'idée de faire de la démocratie une valeur suprême, tellement suprême qu'elle serait extérieure à l'État et à la société elle-même. C'est la grande idée de la « foi commune » de mon cher ami John Archibald Dewey : croire en la démocratie comme on croirait en une divinité sacrée.

C'est justement parce que cette « transmutation des valeurs », pour reprendre une formule de mon cher ami Nietzsche, n'est jamais prise en compte dans le processus de démocratisation que la démocratie fonctionne dans l'écrasante majorité des pays jugés démocratiques du monde comme si elle roulait sur des montagnes russes : un coup elle est une « véritable » démocratie, un coup elle se présente comme une démocratie « imparfaite », un coup une démocratie bananière. La première des choses à faire pour l'État d'un pays ayant tourné la page de l'autoritarisme politique c'est de déclarer ouvertement et officiellement que la démocratie est une valeur collective et en conséquence la liberté une valeur existentielle et donc l'égalité des libertés un principe politique de premier ordre. C'est cela le premier pas qui garantit le non retour à un régime autoritaire mais également le premier acte qui annonce que la bonne gouvernance politique fait désormais figure de maxime gouvernementale. Et à vrai dire, cela ne coûte rien à un État de faire cet acte si cher et noble. Mais, bien que ne coûtant rien en termes budgétaires, cette reconnaissance officielle de la démocratie comme « foi commune » a un prix, celui bien indiqué de la croyance en l'idéal démocratique, entre la conviction philosophique que la démocratie est une nécessité absolue pour tout pays aspirant au développement humain et la volonté de l'État à conserver et à consolider tout acquis démocratique obtenu dans le temps. Je fais remarquer au passage que dans plusieurs pays du monde, notamment ceux présentés politiquement comme des régimes « hybrides » et ceux considérés comme des régimes autoritaires, la liberté, plutôt que d'être considérée comme une valeur forte, représente un vice. C'est ce qui y explique l'absence de contre-pouvoir politique et même l'hostilité formellement affichée à toute forme d'expression des libertés fondamentales. Et dans un pays où les libertés fondamentales ne sont pas reconnues et ne peuvent pas s'exprimer dans toute leur liberté, il n'y a pas à y espérer une forme quelconque de démocratie. Dans tous les pays ayant un régime politique autoritaire et même dans ceux évoluant avec un régime « hybride », ces libertés sont en souffrance. Et il ne sert à rien de les dissocier pour chercher à faire croire qu'il existe dans le pays en question un semblant de liberté ou de démocratie, car qui touche à l'une des quatre libertés fondamentales touche directement ou indirectement aux trois autres. Qui s'en prend à la liberté de conscience s'en prend en même temps à la liberté d'expression, à la liberté d'association ainsi qu'à la liberté de culte. Et liberté pour liberté, il n'y a pas de démocratie et de modernité sans liberté. La liberté est tout autant le principe premier de la démocratie que la matrice fondamentale du *principe de modernité*.

Un pays qui entre dans le processus de démocratisation doit le dire ouvertement et doit avoir, plus que la volonté, le courage de dire que désormais la valeur existentielle cardinale qui régit la société vivante à travers les actes de ses membres reste la liberté. Pas besoin de préciser que toute liberté est en relation avec d'autres libertés, qui ensemble sont encadrées par la Loi. Ce passage sur la liberté en tant que principe fondamental de la démocratie est absolument incontournable car ce qui par-dessus tout singularise un régime autoritaire, c'est qu'en plus de ne pas être reconnue comme une valeur sociale cardinale, la liberté y fait l'objet d'une privation formelle. Une société avec un régime autoritaire est identique à une prison. Et la prison est le lieu par excellence de la privation, tout le contraire de la liberté. La démocratie, en élevant le principe de liberté en valeur existentielle et en se préoccupant de lui donner une portée réelle par le biais d'une politique qui lui est entièrement destinée, la politique de la démocratie, libère l'individu et la société elle-même dans son ensemble. Raison pour laquelle en tournant la page du régime autoritaire et en annonçant l'entrée dans le processus de démocratisation, il faut non seulement préciser que la liberté est la valeur sociale cardinale mais également que la société elle-même se veut désormais libre dans ses valeurs et pratiques collectives. Ce travail de conscientisation sur la démocratie peut paraître théorique, mais il est hautement pédagogique car il fait d'emblée comprendre au citoyen qu'un nouveau type de société est en éclosion et que dans cette société il a les mêmes droits, devoirs et responsabilités que tous les autres et que tout lui est accessible à condition qu'il se conforme aux lois établies, qui elles-mêmes contribuent à lui faciliter l'exercice de sa liberté.

Au-delà de la mise en place d'une technologie politique destinée à la démocratie ainsi que du travail pédagogique à faire pour amener les citoyens à prendre conscience du fait qu'ils ne sont désormais plus des sujets d'une quelconque figure tutélaire et qu'ils forment ensemble le Souverain dans sa grandeur-nature, tout pays qui entre dans le processus de démocratisation ou qui veut progresser dans le sens de l'idéal démocratique se doit de comprendre ce qui, en termes techniques, caractérise ce processus ; d'où l'intérêt de concevoir un minimum démocratique devant faire figure de point de départ du cheminement menant à l'idéal démocratique. Le minimum démocratique ne consacre pas une démocratie au rabais, loin de là, il ne renvoie pas non plus au régime « hybride » défini par l'EIU, car ce dernier régime n'est en vérité que ce que l'on appelle une démocratie bananière. Or, il n'y a pas pire insulte à la démocratie que de la rapprocher à ce qui n'est rien d'autre qu'un autoritarisme *soft* et qui ne dit pas son nom. Pour distinguer ce genre de régime du régime purement autoritaire, on peut le considérer comme un régime pouvoiriste : autoritarisme (régime autoritaire) versus pouvoirisme (régime « hybride »). La démocratie, chers amis, cela ne marche pas avec son contraire. On ne peut pas dire d'un pays où les élections sont régulièrement truquées, où les citoyens ne sont pas équitables devant la loi, où les institutions républicaines sont toutes entièrement au service du pouvoir en place plutôt que de s'occuper en toute indépendance et en toute objectivité de leur mission et fonction et où la corruption et le clientélisme politique sont de mise qu'il a quelque chose de démocratique dans son mode de fonctionnement politique. Or, en regardant bien les rapports annuels de la plupart des organisations qui se donnent pour mission d'observer, d'étudier, d'analyser et de rendre compte de l'évolution politique des pays du monde dans le sens de l'idéal démocratique et suivant les scores de ceux-ci pour un certain nombre d'indicateurs établis, tous naturelle-ment très importants, on se rend bien compte que ce phénomène du pouvoirisme n'est pas pris en compte, alors qu'il est commun à tous les régimes dits « hybrides » et même à bon nombre de pays considérés comme étant des démocraties « imparfaites ». Le cas du Sénégal me revient encore en tête car ce pays est surévalué démocratiquement depuis son alternance politique de 2012. Il est le seul pays d'Afrique subsaharienne dans cette situation car tous les six autres pays de cette région du monde présentés par l'EIU comme des démocraties « imparfaites », à savoir le Cap-Vert, le Ghana ainsi que quatre pays d'Afrique australe intégrés dans cette catégorie (Botswana, Afrique du Sud, Lesotho, Namibie), bien qu'entretenant encore un certain pouvoirisme politique, demeurent bien plus avancés que ce pays en matière d'organisation d'élections libres et démocratiques, d'indépendance politique des institutions républicaines, d'équité des citoyens devant la Loi et de lutte contre la corruption et le clientélisme politique. C'est dire encore une fois l'intérêt analytique de prendre en considération la dynamique démocratique dans tout pays en phase de démocratisation politique et de définir méthodologiquement des indicateurs précis pour y étudier la solidification des acquis démocratiques et la fragilisation de la démocratie. Une telle approche aurait certainement conduit beaucoup d'institutions spécialisées dans les questions politiques et démocratiques à l'échelle du monde à revoir leurs approches et méthodes mais également à reconsidérer la manière dont ils choisissent leurs indicateurs, établissent leur typologie et effectuent leur classement des pays dans leur processus de démocratisation.

Rien qu'en partant de cette distinction entre l'autoritarisme politique et le pouvoirisme politique il est possible de se faire une idée précise de ce que devrait être un minimum démocratique. Une fois sorti du régime autoritaire et ainsi lancé dans un processus de démocratisation, un pays se doit de définir un cap démocratique sur le court terme. Il doit en conséquence définir un certain nombre d'objectifs à atteindre dans les premières années suivant ce changement d'orientation politique. Et ce travail gouvernemental devant conduire à atteindre ces objectifs a deux volets bien distincts mais indissociables : un volet pédagogique et un volet technique et stratégique. Le volet pédagogique, j'en ai déjà brièvement parlé, renvoie à tout ce travail à faire auprès des populations pour les amener à prendre conscience du fait qu'il y a un nouvel ordre politique en construction et qui interpelle singulièrement chaque citoyen dans l'optique de l'amener à se faire acteur à part entière de la reconstruction démocratique du pays. Ce travail pédagogique passera par un rappel instructif des vertus de la démocratie et singulièrement de son impact sur le développement global et humain du pays. Ce travail de conscientisation citoyenne, on a fortement tendance à croire qu'il est du ressort exclusif de la société civile, ce qui est tout faux. En effet, comme je l'ai déjà indiqué, si la mission de l'État consiste à permettre à la société de vivre davantage et mieux et au pays de se développer à tout point de vue et si l'on se convainc de la place centrale que doit occuper la démocratie dans le processus de développement d'un pays, on doit tout logiquement considérer que l'État a, plus qu'un rôle, un devoir absolu, celui de faire progresser démocratiquement le pays. Je parlerai davantage de ce volet pédagogique dans les passages qui vont suivre celui-ci, précisément dans celui traitant des différents acteurs de la démocratisation à l'échelle d'un pays considéré. Si le volet pédagogique vise à conscientiser et même à mobiliser les citoyens dans le but de relever de manière optimale le niveau non pas simplement de participation mais d'engagement politique au service de la démocratie et du progrès global du pays, le volet technique et stratégique, lui, au-delà de la protection et de la promotion des libertés fondamentales, met l'accent sur trois points précis : la démocratie électorale ; l'indépendance des institutions républicaines, plus particulièrement la Justice, vis-à-vis de l'Exécutif et plus largement du pouvoir en place ; la transparence dans la gestion des ressources du pays. Au-delà de la question des libertés fondamentales, qui est la question première qui interpelle politiquement l'État de tout pays se voulant démocratique, c'est à ces trois points généraux que souffre le plus le processus de démocratisation dans les pays évoluant avec un régime politique dit « hybride ». En effet, dans ces pays, le pouvoirisme est de rigueur. Il consiste pour le pouvoir en place à vouloir s'accaparer de tous les pouvoirs politiques dans le pays, et cela, pour une durée indéterminée. Et pour arriver à cet objectif du tout-puissant tout-éternel, il faut déjà s'assurer d'avoir la main mise sur la Justice, car une fois la complicité de l'institution judiciaire acquise, tout est permis : truquer ou voler les élections pour demeurer éternellement au pouvoir et s'enrichir de manière illimitée sans être inquiété. Voilà toute la réalité politique dans les régimes dits tout éloquemment « hybrides » : demeurer éternellement au pouvoir pour pouvoir s'enrichir infiniment comme des Dieux. Et ce n'est nullement une caricature car le même constat peut être fait dans tous les régimes « hybrides » du monde. Et la formule de l'ancien président du Congo, Pascal Lissouba, disant qu'*on n'organise pas des élections pour les perdre* suffit pour résumer le péril démocratique dans les régimes dits « hybrides », ces régimes pouvoiristes, qui, je le rappelle, ne sont quelque part que des régimes autoritaires *soft* ou *light*. Le dispositif technique et stratégique du minimum démocratique doit ainsi permettre au pays lancé dans son processus de démocratisation de combattre le pouvoirisme, qui en perdurant mène toujours, et cela en toute logique d'ailleurs, à l'autoritarisme politique. Et ce n'est qu'en rendant véritablement indépendante l'institution républicaine la plus sensible et la plus importante dans une démocratie, en l'occurrence la Justice, que l'on peut arriver à renverser cette dynamique du pouvoirisme visant à conserver le pouvoir éternellement et à tout prix (élections) pour pouvoir s'enrichir infiniment et illicitement sans être inquiété (corruption, dilapidation des biens et ressources).

La démocratie comme minimum doit être vue sous un angle global plutôt que parcellaire. On ne peut pas, par exemple, se suffire de la fréquence des alternances politiques ou de la régularité de quelques scrutins électoraux pour mesurer la démocratie à l'échelle d'un pays. La circulation des élites comme le vote libre et transparent des citoyens sont des paramètres édifiants mais ils ne donnent qu'une image politicienne et non exclusivement politique d'un pays. Autrement dit, la démocratie n'est pas une simple question de souveraineté ou de légitimité et la mission du politique n'est point d'arriver à pouvoir se faire réélire infiniment. Dès lors qu'il s'agit de droits à protéger, à entretenir et à promouvoir, la seule légitimité provenant d'une élection ne saurait suffire, car l'on peut bien être élu démocratiquement sans être soi-même démocrate. Des élections libres et transparentes ne garantissent en rien le respect de l'État de droit de la part du pouvoir nouvellement élu, mais des droits politiques découlent généralement tous les autres droits. Ce qui signifie que l'organisation d'élections libres et démocratiques est une condition minimale ou élémentaire du minimum démocratique. On sait très bien qu'une indépendance parfaite de la Justice est presque impossible et qu'un pays avec zéro corruption, cela n'existe pas, mais des élections entièrement libres et transparentes, cela n'a rien de compliqué pour tout État qui voudrait bien les organiser. C'est dire toute l'importance de la volonté dans le processus démocratique dans son ensemble, du plus grand au plus petit acte à poser dans ce sens.

Ce que j'appelle minimum démocratique, c'est une démocratie qui, au-delà de la garantie et de la protection des libertés fondamentales, assure à la fois la tenue régulière d'élections libres et transparentes, un niveau assez élevé d'indépendance de la Justice et plus largement de toutes les institutions républicaines ainsi qu'une grande transparence dans la gestion des ressources du pays. Pour qu'un pays quelconque puisse être jugé démocratique, il faudrait bien qu'il réunisse ces quatre conditions. Et à bien regarder les pays du monde, seuls ceux qui sont considérés par l'EIU comme étant de « véritables » démocraties auxquels s'ajoute une partie de ceux classés dans le type de régime politique « démocratie imparfaite » sont dans les standards du minimum démocratique. Ce qui signifie, par ailleurs, que tous les pays ayant un régime politique jugé « hybride » auxquels s'ajoute un certain nombre de pays considérés comme étant des démocraties « imparfaites » sont en dehors des standards du minimum démocratique, bien qu'évoluant déjà, théoriquement, dans les contours du processus démocratique. Pour un minimum, cela peut paraître trop exigeant, mais je ne pense point exagérer en considérant qu'il faut une réunion des quatre exigences pour qu'un pays puisse être considéré comme étant en conformité avec les standards du minimum démocratique. Certes, je suis radicalement démocrate, mais ce n'est pas moi, en personne, qui cherche à élever la barre trop haut pour priver certains pays de ce très cher statut de pays démocratique. Je pars juste de la logique de fond de la démocratie qui veut que toutes ses composantes se tiennent les unes les autres sans jamais pouvoir être entièrement dissociées. Et il suffit simplement d'enlever une des composantes de l'ensemble formant le package du minimum démocratique pour se rendre compte alors que sans l'une ou l'autre de ces exigences, aucun pays ne devrait pouvoir se voir objectivement accorder le statut de pays démocratique, même pas celui de « démocratie imparfaite ». D'ailleurs je ne sais même pas ce qu'est singulièrement une démocratie « imparfaite », car, du fait qu'elle poursuit interminablement l'idéal démocratique, aucune démocratie ne peut être parfaite. Il y a donc un réel problème sémantique ou de choix des notions dans la grille analytique de l'EIU, mais je ne m'attarderai pas là-dessus car on voit bien où devrait bien en être chaque pays dans son processus de démocratisation. Ces notions et énoncés techniques ne biaisent aucunement l'analyse contenue dans les rapports annuels de cette dernière institution, car ceux-ci sont très clairs dans la manière dont ils exposent ou présentent les données qui ressortent de leurs investigations. Il suffit ainsi juste de prendre en considération la dynamique démocratique dans chaque pays et de savoir lire entre les lignes de ces rapports pour pouvoir faire la part des choses ou situer les nuances. La démocratie est un ensemble organique, elle ne se fractionne pas en morceaux, elle se prend en entier car elle se fonde sur des principes bien clairs et établis : la liberté de chacun et l'égalité de toutes les libertés. C'est la raison pour laquelle je soutiens que le minimum démocratique réunit en entier les quatre exigences considérées. Et pour se convaincre de la pertinence d'un tel argument, il n'y a rien de plus simple que de voir l'impact que pourrait avoir le manquement à l'une ou l'autre des quatre exigences sur la démocratie dans un pays donné. Peut-on dire d'un pays où les quatre libertés fondamentales ne sont ni respectées, ni garanties, ni même formellement reconnues qu'il est démocratique ? Je pense que non. Peut-on dire d'un pays où les élections politiques sont toujours fortement entachées de fraudes ou de magouilles qu'il est démocratique ? Je pense que non. Peut-on dire d'un pays où les institutions républicaines, notamment la Justice, cautionnent de manière systématique les dérives antidémocratiques de l'Exécutif gouvernemental ou du pouvoir politique en place qu'il est démocratique ? Je pense que non. Peut-on dire d'un pays où l'État ne fait preuve d'aucune transparence dans sa manière de gouverner et de gérer les ressources et biens publics qu'il est démocratique ? Je pense que non. Voilà les quatre conditions suprêmes du minimum démocratique. Et tout pays qui faillit à l'une ou à l'autre de ces quatre exigences ne mérite point d'être jugé démocratique, peu importe l'adjectif qu'on accolerait à la démocratie. Et le grand déficit démocratique du monde réside dans le fait que non seulement il y a trop de régimes autoritaires et foncièrement conçus et acceptés comme tels, mais également que les régimes dits « hybrides » comme la plupart des pays dits traditionnellement ou généralement démocratiques manquent au moins à l'une de ces exigences si ce n'est aux quatre prises ensemble. A mon avis, si l'on appliquait à la lettre ou rigoureusement ces exigences aux différents pays du monde, seuls les 19 pays du groupe des « véritables » démocraties ainsi que quelques pays considérés comme étant des démocraties « imparfaites » par l'EIU seraient en conformité réelle avec celles-ci. Dans le meilleur des cas, on n'aurait qu'une trentaine de pays méritant d'être dits démocratiques dans le monde entier ; soit environ 20% de la totalité des pays qui le composent. Tout le reste serait composé de pays avec des régimes politiques autoritaires (57) et de pays sensés être formellement engagés dans leur processus de démocratisation mais qui n'arrivent même pas à satisfaire aux exigences du minimum démocratique (plus ou moins 75 pays). Ces derniers pays ne peuvent certes pas tous être logés à la même enseigne du point de vue de leur processus de démocratisation, mais ils ont en commun deux choses, un déficit structurel de démocratie et un pouvoirisme encore bien en vigueur, car le fait de manquer rien qu'à l'une des quatre exigences fortes et générales du minimum démocratique témoignent à l'évidence d'un déficit démocratique et d'un pouvoirisme gouvernemental ou plus largement étatique en marche dans le pays considéré.

A y regarder de plus près, la trentaine de pays satisfaisant aux exigences du minimum démocratique n'est composée que des pays occidentaux (Europe occidentale, Amérique du nord, Australie et Nouvelle Zélande) auxquels s'ajoutent une poignée de pays asiatiques et latino-américains ainsi qu'une toute petite pincée de pays africains, si ce n'est qu'un seul pays d'Afrique, à savoir Maurice. Pour tout le reste, le minimum est loin d'être atteint. Cela peut paraître curieux de voir que même des pays considérés comme étant traditionnellement démocratiques et même présentés comme étant les plus grandes démocraties du monde n'en soient qu'au stade du strict minimum démocratique, mais pour qui est conscient de la grandeur de la démocratie et de son idéal, il n'y a rien d'exagéré dans ce jugement. Souvenons-nous encore et encore et toujours de Jean-Jacques Rousseau, notre cher ami genevois : *la démocratie, c'est un peuple des dieux*. Si on va jusqu'à s'autoriser à désigner ici bas certains de nos ordres sociaux ou politiques comme démocratiques, alors garantissons-nous avant tout que dans de tels contextes la démocratie garde une forme suffisamment structurelle, c'est-à-dire une capacité réelle et forte à se reproduire et à se réformer de manière autonome dans le sens de l'idéal démocratique. Ce n'est point à un jeu critique auquel je m'adonne lorsque je me propose ici de filtrer aussi rigoureusement les pays du monde pour dire qui parmi eux est démocratique ou pas, c'est simplement parce que la démocratie est un grand *Idéal* que son *Minimum* ne peut en être aussi que grand. C'est parce que la démocratie est éternelle et inachevable qu'elle restera toujours à être refaite, revalorisée, réformée, reconstruite. Le monde ne sera jamais assez démocratique. Il aura toujours et partout besoin de se démocratiser davantage car la démocratie est la plus grande, forte, belle et importante invention humaine de tous les temps. Raison pour laquelle, rien que son minimum le plus strict exige de chaque pays une capacité réelle à satisfaire à un certain nombre d'obligations structurelles ou générales qui ne peuvent être ni remises en question ni même relativisées. Raison pour laquelle aussi il faudrait éviter de distribuer à tour de bras ou d'associer tout légèrement ou tout gratuitement le très cher et noble attribut de « démocratie » ou encore de « démocratique » à n'importe qui et pour n'importe quoi. Réaliser une petite ou une grande avancée démocratique, cela mérite bien évidemment des encouragements, mais ce n'est point une raison pour d'un seul coup hisser un pays au statut de démocratie. De grâce, la démocratie est le bien le plus précieux de l'humanité, alors plutôt que de la brader au rabais, nous ferons mieux de bien la protéger, l'entretenir et la pro-mouvoir en permanence et infiniment.

Promouvoir en permanence et infiniment la démocratie, cela nous conduit analytiquement à l'idéal démocratique. L'idéal démocratique est le plus grand des grands idéaux que puisse avoir ou inventer l'humanité. Ici, il n'est plus question que des 20% des pays de la planète que je considère comme étant démocratiques ou qui, à mes yeux, méritent d'être considérés comme tels. Ce que ces pays ont de singulier vis-à-vis du reste du monde, c'est qu'ils satisfont aux quatre exigences du minimum démocratique et qu'ils sont bien en mesure de conserver les acquis démocratiques obtenus dans le temps dans chacun de ces quatre domaines. Entre cette trentaine de pays démocratiques et le reste du monde, composé de pays avec des régimes politiques pouvoiristes et de pays avec des régimes politiques autoritaristes, le décalage est tellement grand qu'on a l'impression qu'ils n'évoluent pas sur la même planète. La même sensation d'avoir changé de monde qu'on a lorsqu'on passe d'un pays développé à un pays sous-développé, d'un pays moderne à un pays qui ne l'est pas, ou inversement, se retrouve lorsqu'on passe d'un pays démocratique à un pays qui ne l'est pas, ou inversement. C'est dire l'ampleur du retard des régimes pouvoiristes et des régimes autoritaires sur les pays démocratiques. C'est aussi dire tout le travail de rattrapage à mener par 75 pays du monde pour se conformer aux standards généraux du minimum démocratique et tout le chemin à parcourir par les 57 régimes autoritaires du monde, à commencer par leur sortie effective et définitive de l'autoritarisme politique. Les 75 pays du monde qui ne sont politiquement ni des régimes autoritaires ni des régimes véritablement démocratiques constituent, à mes yeux, des régimes pouvoiristes plutôt que des régimes politiques « hybrides » ou des démocraties « imparfaites ». De la même manière que je ne sais pas ce que veut véritablement dire démocratie « imparfaite », j'ai du mal à me faire une idée bien précise de ce qu'est un régime « hybride ». Au-delà des appellations et autres catégories établies, le repère à la fois global et général qui, à mon avis, permet de clarifier l'analyse et même la typologie des régimes reste le minimum démocratique avec ses quatre exigences.

C'est à partir de ce minimum qu'un pays peut commencer à être considéré comme démocratique. En dessous de ce minimum, celui-ci peut bien être dans le processus de démocratisation s'il n'évolue pas avec un régime autoritaire, mais il n'a pas encore atteint le stade évolutif qui fait de lui un pays structurellement démocratique.

Arriver à satisfaire aux quatre exigences généraux du minimum démocratique et réussir à conserver les acquis démocratiques dans ces quatre domaines respectifs est une chose, travailler en permanence à les consolider infiniment en est une autre. Alors que les 57 pays avec un régime autoritaire doivent accomplir une révolution qui les conduira à tourner définitivement la page de l'autoritarisme politique et ainsi à s'ouvrir la porte d'entrée du processus de démocratisation ; alors que les 75 pays ayant déjà intégré le processus de démocratisation sans pour autant avoir atteint le minimum démocratique se doivent justement de satisfaire formellement aux exigences de ce dernier repère central du processus de démocratisation, la trentaine de pays que je considère comme démocratiques, parce que satisfaisant aux exigences du minimum démocratique se doit de rappeler au monde que la démocratie s'inscrit dans l'idéal démocratique en consolidant leurs acquis démocratiques obtenus dans le temps plutôt que de dormir sur les lauriers de ce bon et grand minimum. Les quatre exigences du minimum démocratique constituent les paramètres techniques de base de la démocratie mais ils n'en sont pas les seuls si l'on se préoccupe de consolider les acquis démocratiques obtenus dans le temps au-delà de leur conservation. De la même manière que la satisfaction aux quatre exigences du minimum démocratique passe par l'inculcation d'une philosophie politique convaincue de la nécessité existentielle pour chaque pays de se démocratiser et pour chaque État de faire preuve d'une volonté entière et d'un courage inébranlable pour permettre à son pays d'atteindre ce cap minimal mais central du processus de démocratisation, la consolidation des acquis démocratiques obtenus dans le temps, qui constitue le défi permanent à relever une fois le minimum démocratique atteint, nécessite de la part de l'État du pays en question un approfondissement de cette philosophie politique démocratique ainsi qu'un surplus de volonté et de courage. Se convaincre du fait que chaque pays gagnerait à se démocratiser parce que la démocratie reste le meilleur régime politique de tous les temps est une chose ; aller au-delà de cette conviction en développant une conception élargie de la pratique démocratique en est une autre. Faire preuve d'une réelle et absolue volonté de satisfaire aux exigences du minimum démocratique et de conserver les acquis associés à celles-ci est aussi une chose ; avoir la volonté d'aller au-delà de cette étape de démocratisation pour consolider ceux-ci en est une autre. Dès lors qu'on se convainc de la nécessité d'aller au-delà de la conservation des acquis démocratiques et qu'on est animé d'une volonté infaillible de travailler à leur consolidation, on doit avoir une idée claire de la tâche à mener. D'où la question de savoir comment consolider les acquis démocratiques se rapportant aux quatre exigences du minimum démocratique. Comment, au-delà du minimum démocratique, progresser davantage dans le sens de l'idéal démocratique ?

L'idéal démocratique est né de l'idée de la cité idéale. La question de la cité idéale est la première question générale de la pensée politique et l'une des premières de toute la philosophie. Elle date des tout débuts de la philosophie. On peut ainsi remonter jusqu'à Platon pour en débattre. Pas besoin de se prêter ici à un tel exercice, car cela me conduirait à devoir survoler plus de vingt-cinq siècles de philosophie politique. Pour aller à l'essentiel, je précise juste que la question de la cité idéale est celle du meilleur régime. Cette question a tenu en haleine la philosophie politique de l'Antiquité gréco-romaine au siècle charnière des Lumières, à savoir le XVIIIe. Dès l'Antiquité, la réponse à la question de savoir quel est le meilleur régime politique a été clairement donnée : la démocratie. Mais il aura fallu attendre la Renaissance occidentale et les deux siècles de l'âge classique qui l'ont suivie pour voir émerger et s'installer réellement dans le débat philosophique la grande thématique de la démocratie. A partir de ce moment, la question ne se posait plus de savoir quel était le meilleur régime politique, mais plutôt qu'est-ce qui le caractérise et comment arriver à le mettre réellement en place. C'est Jean-Jacques Rousseau qui, sans conteste, reste celui qui a apporté les meilleurs développements ou arguments dans ce débat. *Du contrat social*, ce tout petit ouvrage est le chef-d'œuvre qui a donné à la démocratie ses lettres de noblesse. Ce livre ne fait pas que confirmer à la démocratie son statut de meilleur régime politique, il la rattache entièrement et formellement à l'idéal démocratique. Rousseau nous y fait comprendre que la démocratie, du fait qu'elle répond de l'idéal démocratique, reste une révolution permanente. Par conséquent, le minimum démocratique, comme son nom l'indique, ne doit représenter qu'un minimum. « Représenter », le mot n'est pas si anonyme que cela car le minimum démocratique ne peut être qu'une démocratie représentative dans laquelle les quatre exigences déjà évoquées, à savoir celles autour des libertés fondamentales, des élections, des institutions ainsi que de la gestion des ressources du pays, sont entièrement satisfaites. Pour avoir une idée précise de ce qu'est le minimum démocratique en termes de type de société politique, il suffit simplement de jeter un regard sur les démocraties occidentales de notre époque contemporaine. Et si les pays qui font figure de référence en matière de démocratie n'ont pas plus que le minimum démocratique à faire valoir, alors il n'y a aucune exagération à considérer que le monde accuse un très grand retard ou déficit démocratique. Mais dans ce groupe d'une trentaine de pays considérés, à raison d'ailleurs, comme étant les plus démocratiques du monde, il y a une exception qui confirme la règle. Ce pays qui sort du lot des démocraties modernes et contemporaines est sans aucun doute la meilleure démocratie politique du monde, et cela depuis très longtemps. Les institutions qui rendent annuellement compte de l'évolution démocratique du monde l'intègrent bien évidemment dans le groupe des pays les plus démocratiques du monde, mais elles ne font jamais ressortir ce qui fait tant sa singularité. Mieux, elles considèrent même pour la plupart que les pays du nord de l'Europe sont démocratiquement plus avancés que celui-ci. C'est dire à quel point le monde a une idée arrêtée voire fausse de la démocratie. Je suis désolé, mais la Suisse est de loin le pays le plus démocratique du monde. Non seulement elle satisfait aux quatre exigences générales du minimum démocratique, mais également elle entretient un système politique unique au monde et qui fait qu'elle est de loin la démocratie du monde la plus avancée dans le sens de l'idéal démocratique. Non seulement elle conserve bien les acquis démocratiques associés aux quatre exigences du minimum démocratique, mais également elle les consolide doublement entre la manière dont est organisé son système politique de représentation, c'est-à-dire l'architecture de ses gouvernements, qui vont du niveau confédéral au niveau municipal, en passant par le niveau cantonal, et la manière dont est organisé le mode de participation politique de ses citoyens, entre referendums et initiatives populaires. A vrai dire, je ne connais pas un pays de ce monde qui allie conseillisme gouvernemental et démocratie directe. Le conseillisme gouvernemental donne formellement les garanties de la bonne gouvernance politique et la participation directe des citoyens à la fabrique et au vote des lois une garantie de la bonne marche de l'ensemble du système démocratique. Je n'ai pas besoin de m'attarder davantage sur le cas helvétique, mais pour un pays ayant déjà atteint le minimum démocratique et dont le système politique est intégralement orienté dans le sens de l'idéal démocratique, entre la représentation et la participation, la Suisse n'a pas son deux dans ce monde. La trentaine de pays démocratiques du monde gagnerait bien à s'inspirer de son exemple. Ces pays sont encore dans l'apprentissage de la démocratie directe, ils veulent plus de participation mais ont du mal à franchir le pas entre le système représentatif et le système direct, ils veulent plus d'efficacité et d'objectivité dans le mode de fonctionnement de leur système gouvernemental, mais ont aussi du mal à imaginer une formule propre qui pourrait bien leur convenir. Même les pays nordiques d'Europe sont encore en retard à ces deux niveaux de l'organisation démocratique sur la Suisse. Ce sont des pays dont la démocratie représentative fonctionne très bien, mais une telle démocratie, quel que soit le niveau de transparence dont elle fait preuve, ne saurait en aucun cas être meilleure qu'une démocratie directe.

Il y a un idéal dans l'idéal démocratique. Cet idéal dans l'idéal, c'est la démocratie directe. La démocratie est le meilleur régime politique pouvant exister, la démocratie directe est la forme la plus aboutie de démocratie pouvant exister, à moins qu'on invente dans le futur une forme encore plus avancée de démocratie dans le sens de l'idéal démocratique. A l'échelle du monde, il n'y a qu'un et un seul pays qui s'applique de manière formelle la démocratie directe. Toutes les autres démocraties du monde sont de type représentatif. Et, au-delà de leur singularité, elles ont toutes un problème pour passer du représentatif au direct. Et c'est parce qu'elles ne progressent plus démocratiquement qu'il leur devient de plus en plus difficile de conserver les acquis démocratiques relatifs aux quatre exigences du minimum démocratique. Quand on voit que de « grands » pays comme la France, qui se dit le « pays des droits de l'homme », ou les États-Unis, qui, à juste titre d'ailleurs, se présentent comme la société par excellence de la liberté, sont en réel déclassement démocratique pour des raisons diverses, le premier à cause d'un système politique trop présidentialiste et très peu décentralisé, le second à cause d'un retour en force des idéologies politiques qui ont fortement tendance à relativiser la démocratie, on ne devrait pas être étonné que ces deux grandes figures traditionnelles de la démocratie politique soient classées par la plupart des institutions qui observent, étudient, analysent et rendent compte annuellement de l'évolution démocratique du monde dans le groupe des démocraties dites « imparfaites ». Les pays ayant atteint le stade déterminant du minimum démocratique dans leur processus de démocratisation gagneraient ainsi à travailler à pouvoir se remobiliser dans le but de pouvoir passer de la simple démocratie représentative à la démocratie directe. Ils n'ont plus à mener des révolutions d'envergure dès lors qu'ils satisfont déjà aux exigences du minimum démocratique. Mais pour encore progresser dans le sens de l'idéal démocratique, ils se doivent de réformer de fond en comble leur architecture gouvernemental et d'introduire formellement dans leur système politique le principe de participation. Il ne s'agit pas d'organiser des referendums une fois tous les cinq ans, il s'agit de faire des votations populaires une composante réelle, vivante et à part entière de leur mode de fonctionnement démocratique. Et je n'ai pas besoin d'apporter des détails pour leur expliquer la manière dont fonctionne une démocratie directe, entre le conseillisme gouvernemental et la formalisation de la participation du peuple à la fabrique et au vote des lois, il leur suffit de tourner le regard vers ce petit pays de huit millions d'habitants, sis au cœur de l'Europe occidentale mais qui ne veut point intégrer l'Union Européenne, ce qui se comprend d'ailleurs, et d'observer attentivement ce qui s'y fait en matière de démocratie et de bonne gouvernance politique : la Suisse.

Au-delà du minimum démocratique, le progrès dans le sens de l'idéal démocratique passe par des actions à mener dans les deux grands piliers systémiques de la démocratie politique, à savoir la représentation et la participation ou respectivement le gouvernement et le peuple. C'est à ce niveau précis que l'on voit clairement jusqu'à quel point un État est volontairement et courageusement disposé à faire progresser démocratiquement son pays. Ce passage de la démocratie représentative à la démocratie directe n'a rien de compliqué. Il suffit simplement de le vouloir, car une fois le stade déterminant voire décisif du minimum démocratique atteint, c'est tout un boulevard qui s'ouvre pour le pays en question. Et tout le reste du travail à faire pour avancer en permanence dans le sens de l'idéal démocratique dépend de la volonté politique du pouvoir en place. La trentaine de pays du monde qui, à mon avis, méritent d'être jugés démocratiques, parce qu'ayant atteint le stade du minimum démocratique, peuvent tout naturellement et facilement passer de cet état minimal de démocratie à un état bien plus avancé dans leur processus de démocratisation. Il suffit que leurs États le veuillent et ouvrent un débat à l'échelle nationale pour trouver la meilleure formule pour réformer à la fois le mode de représentation gouvernementale et le mode de participation citoyenne. Et au bout de ce processus de concertation, il ressortira en toute logique des propositions intéressantes qui amèneront le pays en question à franchir une nouvelle étape importante dans son processus de démocratisation plutôt que de se satisfaire des simples acquis du minimum démocratique.

Et l'Afrique dans tout cela ? Les vingt-deux régimes autoritaires identifiés en Afrique subsaharienne doivent être renversés pour permettre enfin à ces pays de franchir la porte d'entrée du processus de démocratisation. Les quatorze pays d'Afrique au sud du Sahara considérés comme des régimes politiques « hybrides » doivent avoir pour cap ou horizon dans leur processus de démocratisation la satisfaction des quatre exigences du minimum démocratique. Les sept pays d'Afrique subsaharienne classés par l'EIU parmi les démocraties « imparfaites » du monde doivent avoir pour objectif immédiat d'atteindre de cap décisif du minimum démocratique. Quant au seul pays du continent considéré par tous les observateurs de l'évolution politique du monde comme étant véritablement démocratique, en l'occurrence Maurice, celui-ci doit d'abord s'assurer de la solidité de la manière dont il travaille à pouvoir conserver ses acquis se rapportant au minimum démocratique avant de travailler à les consolider un à un. Le type de travail à faire par Maurice est le même que celui de la trentaine de pays démocratiques du monde. D'ailleurs, il fait partie de ce dernier groupe très sélectif de pays. Il s'agit précisément de poursuivre sa démocratisation en améliorant son système de représentation, autant dans son architecture institutionnelle que dans son mode de fonctionnement, et en se dotant d'un système formel de participation qui amènera ses citoyens à participer activement et directement à l'élaboration et au vote des lois. Entre la représentation et la participation, la reconstruction démocratique d'un pays doit, au-delà des exigences du minimum démocratique à satisfaire, mettre l'accent sur le rôle de chacun des grands acteurs du processus de démocratisation. Mettre l'accent sur les grands acteurs du processus de démocratisation, cela peut paraître élémentaire ou facultatif à quelqu'un qui a une idée arrêtée de la démocratie, mais cela reste, mine de rien, une composante très importante de toute politique de la démocratie. La démocratisation d'un pays ne peut pas être conçue de manière hasardeuse ou aventureuse, elle nécessite une véritable politique. C'est la raison pour laquelle j'insiste et je ne cesserai jamais d'insister sur la volonté comme déterminant central de tout travail politique. Et volonté pour volonté, pour faire avancer démocratiquement un pays, il faut bien le vouloir en tant que puissance publique. Et il n'y a pas plus forte preuve d'attachement à la démocratie pour un État que de mettre en place une politique de la démocratie. Or, une telle politique ne se fait pas qu'avec des lois et des réformes ou autres mesures de ce genre, elle se fait avec de la stratégie car la démocratie n'est pas seulement un mode de gouvernement, c'est un mode de vie, c'est une « croyance commune », comme disait John Dewey. La démocratie comme objet de politique gouvernementale, ce n'est point un domaine dans lequel l'État pourrait agir à coup de décisions et de directives car il s'agit de la capacité de la société vivante elle-même à s'organiser et à créer en son sein les conditions réelles qui la mettront dans une dynamique de démocratisation permanente et infinie. Et on ne peut imaginer ou concevoir une telle politique sans identifier les principaux acteurs de ce processus infini et leur rôle dans l'ensemble des tâches à mener.

Les trois grands acteurs du processus de démocratisation

Ce passage s'inscrit pleinement dans la phase post-minimum démocratique du processus de démocratisation. Cela ne veut point dire qu'il ne concerne ou n'interpelle strictement que la trentaine de pays démocratiques pouvant être identifiés aujourd'hui dans le monde. Au contraire, il devrait intéresser tous les pays du monde lancés dans leur processus de démocratisation, qu'ils satisfassent déjà aux exigences du minimum démocratique ou pas encore. Mais il y a une différence réelle entre la phase pré-minimum démocratique et la phase post-minimum démocratique. Dans la première phase c'est l'État qui reste le maître presque absolu du jeu. C'est lui qui fait et défait le système politique dans son intégralité. Il suffit de voir le rôle décisif de l'État pour chacune des quatre exigences du minimum démocratique pour s'en convaincre. Le respect des libertés fondamentales, il n'y a que l'État qui puisse le garantir car il reste l'institution républicaine dont dépendent directement et globalement toutes les autres. La Justice, qui est l'institution républicaine chargée de veiller au respect des droits et des libertés et donc des valeurs et principes de la démocratie, ne peut fonctionner en conformité aux dispositions légales prescrites pour lui permettre de remplir convenablement sa noble et belle mission que si l'État, ou précisément l'Exécutif, lui permet de le faire. Il en est de même pour les trois autres exigences du minimum démocratique. Les élections, il n'y a rien de plus facile à organiser pour un État qui tient au respect des valeurs et principes de la démocratie. Vous ne pouvez même pas imaginer à quel point je deviens triste et révolté lorsque je tombe par hasard en suivant l'actualité internationale sur un pays où les élections sont contestées ou peu ou pas du tout fiables du point de vue démocratique. Cela me fend le cœur à chaque fois qu'on malmène la démocratie quelque part dans le monde car je suis un démocrate radical. Je pense comme John Dewey qu'en matière de démocratie ou de liberté, il n'y a pas de « zone neutre » ; autrement dit, il n'y a rien qui se négocie. Même chose, quand je vois que l'institution la plus importante et sensible de toute république démocratique, en l'occurrence la Justice, souffre d'un manque réel d'indépendance, de surcroît vis-à-vis du pouvoir politique. Et malheureusement, c'est très souvent le cas dans l'écrasante majorité des pays du monde. C'est encore dire à quel point le monde est en décalage avec les principes de la pratique démocratique. Idem pour la gestion des ressources d'un pays. En effet, il n'y a rien de plus révoltant que de voir un régime politique qui pratique et cautionne la gabegie. Malheureusement encore, c'est très sou-vent le cas dans une bonne partie des pays du monde. Le vol des deniers, ressources ou biens publics est même devenu la norme de la pratique politique dans une bonne partie des pays du monde. Et pas besoin de dire que le responsable, le seul, de ce brigandage courant dans l'écrasante majorité des pays de la planète demeure l'État. Les quatre libertés fondamentales, c'est à l'État de les garantir et de les protéger. Des élections libres et démocratiques, l'État le doit absolument à ses citoyens et à son pays. L'indépendance et le bon fonctionnement de la Justice, précisément le respect du principe d'équité, c'est aussi à l'État qu'il incombe d'y veiller avant même l'institution judiciaire elle-même, qui peut avoir tendance à ne jamais vouloir se remettre en question. Quant à la gestion des ressources du pays, les tâches et responsabilités ne sont guère partagées car c'est entièrement du ressort de l'État. Leur bonne gestion comme leur mauvaise gestion revient à l'État car lui et lui seul dispose de la légitimité qui lui donne entièrement accès à celles-ci. C'est dire que toutes les composantes du minimum démocratique se présentent à l'État comme des fonctions régaliennes, car pour chacune des quatre exigences considérées, il est la principale voire la seule institution pleinement impliquée.

L'État est le principal responsable du processus de démocratisation, mais il n'en est pas le seul acteur. *A priori* ou théoriquement, chaque phase du processus de démocratisation implique l'ensemble de la société vivante. Mais il faut bien faire la part des choses en ce qui concerne la construction d'une démocratie. Certes la société civile et les citoyens, pris dans leur caractère ordinaire, ont un rôle à jouer dans le processus démocratique, mais c'est sans commune mesure avec celui de l'État. Une fois les exigences rattachées au minimum démocratique satisfaites, le processus de démocratisation entre dans une phase toute nouvelle, il s'agit de celle de la consolidation des acquis liés à ces différentes exigences. Cette phase en question repose sur deux grands défis à relever. Le premier défi renvoie au renforcement des dispositifs de la bonne gouvernance, le second à l'implication de l'ensemble de la société vivante dans le processus de démocratisation. La bonne gouvernance politique est certes du ressort de l'État, mais d'une manière générale elle implique l'ensemble des acteurs du processus de démocratisation. Le premier défi en question est celui de la représentation. Ce défi interpelle singulièrement l'État mais plus largement il s'adresse à la classe politique dans son ensemble. Le second défi, quant à lui, interpelle toujours la classe politique dans son ensemble, mais il s'adresse également mais aussi singulièrement à la société civile ainsi qu'au commun des citoyens, c'est-à-dire collectivement au peuple. D'une manière générale, le processus démocratique ou de démocratisation implique trois grands acteurs : la classe politique, la société civile, le peuple.

La classe politique est une notion politicienne plutôt que politique. Raison pour laquelle elle n'est jamais évoquée directement dans l'analyse politique. Quelque part, cela s'explique par le fait que tous ses membres ne sont pas logés à la même enseigne. Le parti au pouvoir par exemple fait partie de la classe politique, mais il ne peut nullement être confondu ou mis dans le même sac que le reste de celle-ci. La classe politique, c'est l'ensemble composé des acteurs et formations politiques qui sont au pouvoir et ceux qui aspirent à y être. L'État n'en fait pas partie, car il est une institution dont l'essence propre ne dépend nullement de la classe politique. C'est pourquoi il faut toujours prendre le soin de faire la distinction entre l'État et le pouvoir politique. Lorsqu'on évoque la classe politique, on parle du pouvoir politique plutôt que de l'État. Lorsqu'on parle de la gouvernance politique, on fait allusion à l'État plutôt qu'au pouvoir politique. Les deux notions et choses se tiennent l'une l'autre, elles sont indissociables, mais elles sont bien distinctes. La question qui se pose alors, au-delà de la distinction et de l'indissociabilité entre l'État et le pouvoir politique est celle de savoir autour de quoi se structure le rapport entre politique et démocratie. La politique n'est pas la démocratie, mais la démocratie est le seul régime qui donne une pleine cohérence à la politique en tant qu'ordre social permettant à la société de s'organiser pour agir de manière optimale sur elle-même dans le but de faire davantage et mieux vivre chacun de ses membres ou dans le but de développer le pays. Dès lors, la classe politique, pouvoir comme opposition, doit faire de la démocratie sa préoccupation la plus forte. Or, le moins à dire, c'est que l'attachement de la classe politique à la démocratie dans le monde entier, même dans les pays dits démocratiques, semble bien douteux. D'une manière générale, la démocratie n'intéresse véritablement les acteurs politiques que lorsqu'ils sont dans l'opposition. Une fois au pouvoir, les défenseurs de la démocratie se présentent à leurs yeux comme de grands « aigris » ou « frustrés ». Pour le pouvoir politique, la démocratie c'est l'affaire des autres. Elle se limite à la question de l'exercice de la souveraineté populaire qui lui confère la légitimité de faire tout ce qu'il veut du pays. Aucun État dans ce monde, en dehors de la Suisse, n'intègre véritablement en lui le principe institutionnel du pouvoir/contre-pouvoir. La Suisse fait exception parce que son gouvernement est composé de quatre représentants des partis électoralement majoritaires. Ce qui introduit déjà de manière formelle au sein même de l'Exécutif, le lieu par excellence de centralisation du pouvoir, un contre-pouvoir réel et aussi légitime que le pouvoir. C'est la raison pour laquelle je parle de principe institutionnel. Cette cohabitation entre pouvoir et contre-pouvoir est modérée par un principe dans le cas du système politique helvétique, à savoir celui de « collégialité ». Cela permet de protéger l'État de la politique elle-même. Protéger l'État de la politique et de la tentation forte des acteurs politiques et politiciens à vouloir se l'accaparer, cela fait partie des missions les plus fortes et importantes de la démocratie politique. Cette grande mission de la démocratie, le pouvoir politique a fortement tendance à l'oublier. Il a tendance à croire et cherche par tous les moyens de propagande à faire croire à l'opinion publique que l'État lui appartient dès lors que le peuple lui a accordé sa confiance à travers des élections libres et démocratiques. Protéger l'État du pouvoir politique, c'est un devoir absolu de tout État démocrate et voulant démocratiser davantage son pays, car comme le dit si véridiquement le grand historien et homme politique athénien, Thucydide, « *tout homme tend à aller jusqu'au bout de son pouvoir* ». Et ce qui est valable naturellement pour l'homme l'est aussi pour la société. Si l'homme a tendance à aller jusqu'au bout de son pouvoir, le pouvoir politique lui-même, du fait qu'il est exercé par des hommes, a naturellement tendance à se rendre absolu ou tout-puissant. C'est pourquoi Montesquieu a fortement insisté sur l'importance autant du contre-pouvoir que de la séparation des pouvoirs. Non seulement tout pouvoir doit être limité par un contre-pouvoir effectif, mais aussi pour que l'exercice de ce contre-pouvoir soit garanti, il faut qu'il soit indépendant du pouvoir ; d'où le principe cher à la démocratie politique de la séparation des pouvoirs.

Protéger l'État de la politique, c'est faire la distinction et même la dissociation entre le travail politique en tant que travail gouvernemental et l'enjeu politique qui renvoie à la lutte pour le pouvoir. Protéger l'État, c'est le rendre extérieur au jeu politique des partis et autres mouvances partisanes, qui ne consiste qu'à chercher à remporter des élections pour le prestige, le pouvoir et les privilèges qui lui sont associés. Protéger l'État, cela se fait au nom de la démocratie et non au nom de l'État lui-même car ce dernier n'existe que par son essence propre qui est d'être au service de la société dans le sens de lui permettre de vivre davantage et mieux. Cette idée de la protection de l'État, il faut véritablement croire en la démocratie rien que pour pouvoir la concevoir. D'une part, la question du contre-pouvoir et de sa formalisation institutionnelle n'est pratiquement jamais posée dans l'analyse politique traitant de la démocratie. De l'autre, l'idée même de protection de l'État peut rendre sceptique voire être vue comme une idée dangereuse parce que pouvant donner l'air d'être une idée foncièrement de classe. Une idée conservatrice de la classe bourgeoise. Il n'est pour s'en convaincre qu'à voir la manière dont l'idée du « dépérissement de l'État » chez Marx a été interprétée et réinterprétée par une analyse qui a toujours voulu enfermer toute la pensée de ce dernier dans les contours d'une idéologie révolutionnaire qui avait pour ambition suprême de renverser la bourgeoisie. Protéger l'État au nom de la démocratie, c'est une idée tout à fait anarchiste, mais l'anarchisme, comme critique du pouvoir dominateur, c'est le meilleur allié que la démocratie politique puisse trouver dans l'univers des grandes idéologies politiques, car il s'agit de concevoir et d'instaurer un régime politique fondé sur la maxime de l'« ordre sans le pouvoir », de bâtir une « société ordonnée », mais sans un exercice dominateur du pouvoir politique. Or, l'histoire de la politique est, quelque part, l'histoire de la domination, comme elle est également l'histoire de la guerre. Et dans cette guerre acharnée pour la domination des uns par les autres, l'État est l'appareil qui suscite le plus de convoitises. Si cet État n'est pas protégé de la politique et de sa quête folle, permanente et infinie du pouvoir, il passe bien évidemment et largement à côté de sa mission propre, ce qui veut dire à côté de ce pour quoi il existe démocratiquement.

Au-delà du minimum démocratique, qui est la ligne forte de démarcation entre les démocraties et les pays évoluant avec d'autres types de régime politique, tout État animé par la volonté de faire progresser démocratiquement son pays doit avoir le courage ou l'honnêteté de faire en permanence sa propre critique au nom de la démocratie et de la bonne gouvernance politique. En effet, la satisfaction aux exigences générales du minimum démocratique n'est que le premier objectif ou la première phase du processus de démocratisation, dont la suite conséquente met doublement à l'épreuve le pouvoir politique lui-même. Au-delà du minimum démocratique, le processus de démocratisation se poursuit avec deux orientations générales : la représentation, la participation. Le minimum démocratique garantit les fondements de l'État de droit, tandis que la suite du travail à faire dans le sens de l'idéal démocratique, elle, lance deux grands défis politiques au pays en question : l'*optimum gouvernemental* et le *maximum participatif*. L'optimum gouvernemental renvoie à la manière de concevoir et d'architecturer l'État de sorte à lui permettre de répondre de manière optimale aux principes et objectifs généraux comme spécifiques de la bonne gouvernance politique. Le maximum participatif consacre le principe même du « *gouvernement du peuple, par et pour le peuple* », la célébrissime formule du fameux discours prononcé par Abraham Lincoln à Gettysburg le 19 novembre 1863.

L'optimum gouvernemental n'est pas à confondre avec les principes du *Public Choice*, cette théorie ultralibérale du minimum d'État. Il doit être compris comme la manière de concevoir et d'organiser l'État suivant les principes de la démocratie politique de sorte à bien le protéger de la politique, au sens politicien et partisan du terme, et ainsi lui permettre d'être dans les meilleures dispositions pour remplir sa grande mission consistant à faire davantage et mieux vivre la société ou à développer le pays. L'optimum gouvernemental n'est pas non plus à confondre avec l'idée que l'on se fait couramment de la bonne gouvernance politique. Alors que la bonne gouvernance politique est très souvent mesurée à l'aune des réformes prises par un État dans le domaine économique et des résultats qui leur sont conséquents, l'optimum gouvernemental, lui, se réfère à la manière dont un État, en partant simplement des valeurs et principes démocratiques, travaille à développer humainement son pays. Il ne peut ainsi avoir de sens que dans un pays où l'État, conscient des défis à relever dans le domaine politique, met en place une politique de la démocratie avec des objectifs précis. L'optimum gouvernemental, c'est la démocratie politique au service du développement humain. Et démocratie pour démocratie, l'optimum gouvernemental s'applique avant tout à l'État, autant dans son architecture institutionnelle que dans ses actions. Le seul pays du monde où l'État s'applique cet optimum est la Suisse. Cet optimum est systémique, c'est lui qui élève la démocratie à un niveau tellement haut qu'elle s'impose de l'extérieur à l'État. Il est clair que s'il ne dépendait que des grands partis politiques helvétiques, la « formule magique » du 2-2-2-1 n'aurait jamais existé, car toute formation politique, à ses grandes heures de gloire, a fortement tendance à vouloir s'accaparer de tous les pouvoirs pour régner sur la société. Et il n'y a qu'un ordre systémique qui peut empêcher un tel plan de se réaliser. Toute la question est ainsi de savoir comment dans un pays, déjà en toute conformité avec les standards du minimum démocratique, changer le système de représentation politique de sorte à satisfaire aux exigences de l'optimum gouvernemental. Cela peut venir d'un État ayant la volonté inébranlable de faire passer son pays à une étape supérieure de son processus de démocratisation. Mais dans ce cas précis, il faut un vrai démocrate à la tête de l'État. Cas rarissime à notre époque. C'est dire encore à quel point il y a un déficit de démocratie et de démocrates dans le monde actuel. A vrai dire, j'ai du mal à citer ne serait-ce que le nom d'un démocrate, d'un vrai, parmi tous les dirigeants politiques que compte le monde. Et quand je dis un vrai démocrate, je parle d'un démocrate, plus que radical, révolutionnaire. Révolutionnaire est ici à comprendre dans le sens de progressiste, et précisément du progrès politique dans le sens de l'idéal démocratique. Et il ne faut pas se faire d'illusion sur la volonté des politiques de défendre et de promouvoir les valeurs et principes de la démocratie. Un État véritablement démocrate doit avoir une vraie politique démocratique, c'est-à-dire une politique se préoccupant de satisfaire aux exigences du minimum démocratique, de conserver fermement chacun des acquis obtenus dans le temps dans chacune des quatre exigences considérées et de travailler à les consolider en ayant en vue l'optimum gouvernemental et le maximum participatif comme défis globaux à relever pour davantage progresser dans le sens de l'idéal démocratique. Dans le cas où l'État du pays considéré ne se préoccupe ni du minimum démocratique, ni de l'optimum gouvernemental, ni du maximum participatif, c'est à un autre grand acteur du processus de démocratisation de prendre ses responsabilités en rappelant en toute objectivité et fermeté au pouvoir politique qu'il est en train de passer à côté de sa fonction la plus centrale, celle qui répond de son essence propre, à savoir sa mission d'organiser politiquement la société, à commencer par l'État lui-même, de façon à lui permettre d'agir sur elle-même dans le but de vivre davantage et mieux ou de développer le pays. Cet autre acteur en question est la société civile.

La société civile est aujourd'hui un acteur incontournable du processus de démocratisation d'un pays. Elle est incontournable parce qu'elle accompagne de bout en bout ce processus. Si ce n'est pas elle qui amène le déclic qui, à un moment donné, conduit un pays à faire des avancées démocratiques, elle est aux avant-postes de la dynamique de reconstruction ou de revitalisation démocratique à l'échelle nationale. Pas besoin de trop s'attarder sur la définition de la société civile car on peut la définir de différentes manières. Je précise juste au passage qu'elle intègre un ensemble très diversifié d'acteurs se situant en dehors de la sphère gouvernementale ainsi que de la classe politique d'une manière plus large. Je précise aussi qu'il n'y a pas qu'une seule société civile ; en effet, on peut considérer qu'il y a une société civile dans chacun des domaines dont s'occupe le gouvernement d'un pays, en dehors de ceux dits régaliens. La société civile dont il est question ici est la société civile politique. Cette dernière n'a qu'une et une seule mission, celle de veiller activement au respect de la démocratie et de la bonne gouvernance politique. La société civile politique, contrairement à ce que l'on dit souvent de manière très naïve et même aberrante, n'est et n'a pas vocation à être apolitique. Elle s'occupe bel et bien de politique, et avant et après tout. Elle se veut à équidistance des partis et autres mouvances politiques, donc clairement démarquée de la dimension partisane de la politique. D'ailleurs, je ne sais même pas ce que veut dire réellement et véritablement « apolitique ». D'une manière générale, tout est politique, même l'apolitique car dès lors que la politique fait régner un ordre social général et global sur la société, qui ne dit rien consent. Donc, même l'apolitique est une politique, comme le silence est une parole. Et s'il ne devrait y avoir qu'une et une seule institution véridiquement et véritablement apolitique, ce devrait être, par-dessus tout, la Justice. Or, dans une bonne partie des pays du monde, l'institution judiciaire, si elle n'est pas entièrement et ouvertement au service du pouvoir en place, cautionne bon nombre de ses dérives antidémocratiques. En règle générale, tout y passe : les élections, le manque de transparence dans la gestion des biens et ressources du pays, les pratiques politiques de favoritisme, de népotisme, de corruption, etc. La société civile politique répond de deux principes : neutralité partisane et objectivité dans son combat pour la défense et la promotion des valeurs et principes de la démocratie et de la bonne gouvernance politique. Pas besoin de débattre du premier principe car il existe et il existera toujours une passerelle entre la classe politique et la société civile, et rien n'interdit la circulation des personnes entre ces deux entités. Il faut juste mentionner au passage que pour sa propre crédibilité, toute organisation de la société civile politique gagnerait à faire preuve de cohérence et de conséquence entre ces deux principes, le second conditionnant le premier. Autrement dit, quelles que soient les opportunités politiques qui se présentent aux membres ou animateurs d'une organisation de la société civile politique, ceux-ci ne doivent jamais perdre de vue qu'il faut toujours être du côté de la démocratie et de la bonne gouvernance politique. Le plus important et intéressant se situe dans le second principe, il s'agit de la démocratie et de la bonne gouvernance politique. La porosité entre le pouvoir politique et la société civile politique ne devrait nullement conduire à relativiser ni le rôle de protecteur et de promoteur de la démocratie assigné à l'État ni celui de sentinelle démocratique que doit jouer la société civile politique. Et de la même manière qu'un État doit avoir une politique de la démocratie, tout acteur appartenant à la société civile politique se doit de veiller attentivement sur la démocratie et la bonne gouvernance politique. Autrement dit, de la même manière qu'une politique de la démocratie doit avoir des objectifs précis autant pour la satisfaction aux quatre exigences du minimum démocratique que pour l'optimum gouvernemental ainsi que le maximum participatif, toute organisation de la société civile politique doit garder en vue l'évolution politique du pays dans chacune des différentes composantes de cet ensemble qui va du minimum démocratique au progrès infini dans le sens de l'idéal démocratique. Mais, il ne s'agit là que du scenario idéal car dans la réalité courante et vivante des choses ou faits, on est très loin d'une telle situation. Même dans la trentaine de pays du monde que l'on peut considérer comme étant démocratiques, ce scenario n'existe pas. La seule exception, qui confirme la règle, reste encore et toujours la Suisse. C'est le seul pays qui, à la fois, satisfait aux exigences du minimum démocratique et intègre dans son mode systémique de fonctionnement politique autant l'optimum gouvernemental que le maximum participatif. Pour tout le reste, même les pays nordiques que l'on présente comme de grandes démocraties, je ne suis pas sûr qu'il y ait dans la culture gouvernementale de ces pays l'idée qu'un État se doive d'avoir une politique de la démocratie encore moins une conception claire et précise de ce que devrait être celle-ci. D'ailleurs, je n'ai jamais nulle part ailleurs entendu parler ni de minimum démocratique ni d'optimum gouvernemental ni de maximum participatif. Tout humblement, laissez-moi juste vous préciser au passage que tous ces concepts, que vous risquez de ne retrouver nulle part ailleurs dans vos lectures, ni dans les discours des politiques et politiciens ni dans les théories et analyses des politologues, viennent authentiquement de moi. Je n'en fais ni une fierté ni une propriété, c'est juste que comme je suis follement amoureux de la démocratie, je ne voudrais pas ultérieurement qu'il y ait une confusion sur le sens du minimum démocratique, avec ses quatre exigences fortes, de l'optimum gouvernemental, à ne pas confondre avec l'idée que l'on se fait couramment de la bonne gouvernance politique, ainsi que du maximum participatif, qui renvoie à la démocratie directe plutôt qu'à la simple et vague participation populaire.

Dans une démocratie digne de ce nom, le renforcement des capacités de déploiement, d'investigation et d'action constitue un volet spécial de la politique de la démocratie. Spécial mais aussi central. Spécial parce qu'il donne la preuve réelle que l'État en question a la volonté de faire progresser la démocratie. En effet, il n'y a pas meilleure manière de prouver son attachement à la démocratie pour un État que de formaliser le contre-pouvoir et le débat. Montesquieu faisait du contre-pouvoir une composante majeure de la démocratie politique, alors que Rawls considère que la démocratie, ce n'est rien d'autre que « le débat en soi ». Or, d'une manière générale, le pouvoir politique a terriblement horreur aussi bien du contre-pouvoir que du débat. Il cherche toujours à échapper à ces deux composantes critiques et paramétriques de la démocratie. Il confond pouvoir et puissance et pense que derrière le contre-pouvoir, il y a toujours l'ombre de l'opposition qui cherche à le piéger dans le but de le fragiliser pour pouvoir s'accaparer de sa majestueuse et prestigieuse place. Quant au débat, le pouvoir politique le prend pour un jeu autour de la communication et de son spectacle. Ce qui, ainsi, lui semble facultatif. D'une part, le contre-pouvoir est jugé illégitime par le pouvoir en place ; de l'autre, le principe du débat est jugé facultatif. Le pouvoir ne conçoit et n'accepte l'existence d'un contre-pouvoir que dans le cas où celui-ci serait à son service, c'est-à-dire strictement dans l'optique de pouvoir lui donner l'impression ou l'apparence d'être un pouvoir ou un État démocrate. Et dans certains pays considérés comme des démocraties « imparfaites », il n'est pas rare de voir le pouvoir en place aller jusqu'à créer et financer des candidatures faisant figure d'opposants pour simplement contrer la « vraie » opposition ou pour faire croire, dans le cas d'un boycott électoral de cette dernière entité de la classe politique, qu'il a des adversaires libres et que lui-même se plie tout entièrement aux règles du jeu démocratique. Un bluff sans commune mesure. Même chose pour le débat : l'État y va non pas pour apporter des informations ou des éclaircissements aux citoyens, il y va non pas par souci de transparence, il y va s'il est sûr de ne pas y laisser des plumes. C'est dire que même ces deux éléments fondamentaux de la démocratie que sont le contre-pouvoir et le débat ne sont pas acquis d'avance dans les pays que l'on considère pourtant presque naturellement ou en toute évidence comme des démocraties ou des références en la matière. La société civile s'inscrit dans ce registre, celui du contre-pouvoir et du débat. Ce qui fait toute sa valeur critique et donc justifie son statut de grand acteur du processus de démocratisation se situe dans le fait qu'il a pour vocation de systématiser en toute objectivité autant l'existence du contre-pouvoir que le débat. Contrairement à l'opposition politique dont le contre-pouvoir s'inscrit dans un ordre de calcul purement politicien, le contre-pouvoir dont répond la société civile politique, lui, s'inscrit entièrement dans l'ordre du respect des principes de la pratique démocratique. Même chose pour le débat. En effet, alors que l'opposition politique cherche par tous les moyens à débattre avec le pouvoir en place dans le but de gagner des points à ses dépens auprès de l'opinion publique, la société civile politique, elle, se préoccupe, à travers le fait de débattre, de la transparence et du devoir qui lui est conséquent de la part du pouvoir politique d'informer avec clarté et précision le commun des citoyens sur tout ce qui a trait à la cité, à ses affaires ainsi qu'à la manière dont l'État les gère.

La société civile politique évolue naturellement au rythme de la dynamique politique. Elle n'est pas figée, ni dans sa composition ni dans la manière dont elle s'active. Elle est de plus en plus hétérogène, ce qui contribue à son renouveau permanent et à sa revitalisation continue. La société civile évolue avec son temps. En effet, en quelques décennies, on est passé des grands organismes internationaux comme la Ligue des droits de l'homme (LDH), la Rencontre africaine pour la défense des droits de l'homme (RADDHO), etc. à la prolifération d'organismes non gouvernementaux (ONG) ou d'associations se proposant de lutter pour la défense et la promotion des droits politiques, économiques, sociaux et culturels de l'homme. Aujourd'hui où le boom technologique a fini de nous installer dans une ère fortement et foncièrement marquée du sceau de l'information et de la communication, la société civile, entre les médias classiques et les médias et réseaux sociaux, s'est brillamment ajustée ou adaptée à la nouvelle donne. Elle s'y sent complètement à l'aise, entre les outils en usage et les stratégies courantes de déploiement et d'action. Des ONG et autres associations de défense des droits humains, on est passé à une explosion des mouvements citoyens. Ce qui marque un tournant sans précédent dans toute l'histoire de la lutte pour les droits politiques et citoyens à l'échelle mondiale. Pas besoin de trop s'attarder sur ce phénomène nouveau de l'émergence active des mouvements citoyens dans le monde et dans le champ politique. Je souligne juste que l'affirmation de ces mouvements citoyens, portés généralement par une population jeune, courageuse et très entreprenante du point de vue de la mobilisation populaire, doit ouvrir les yeux aux États et gouvernements du monde sur le fait que les peuples tiennent à la démocratie et aspirent encore au progrès démocratique. Pour qui doutait de l'importance de la démocratie, voilà une bonne manière de prouver que celle-ci a non seulement un sens mais surtout une utilité. Après tout, c'est au nom de la démocratie que des peuples se sont mobilisés pour renverser des dictateurs que tout le monde croyait indéboulonnables. On l'a vu en Tunisie, en Égypte, en Libye, au Burkina Faso et au Sénégal. Même si chacun de ces cas est spécifique, ils ont en commun la réaction ferme du peuple aux dérives antidémocratiques du pouvoir politique en place.

Le peuple. Justement. Le peuple est l'acteur central du processus de démocratisation. Pas besoin de le comparer à l'État ou à la société civile pour savoir qui de ces trois entités est véritablement la plus active dans le processus démocratique, car ces trois acteurs ne sont pas de même nature et n'ont singulièrement ni les mêmes rôles à jouer ni les mêmes capacités propres à influer sur l'évolution politique d'un pays. Le peuple est central parce qu'il est en amont et en aval de la chose politique. C'est pourquoi la phrase de Lincoln reste et restera pour toujours celle la plus forte et, donc, logiquement celle la plus utilisée pour définir la démocratie politique. *Du peuple, par le peuple, pour le peuple* : cela résume tout de la place du peuple dans la démocratie. Il est le Souverain, le détenteur absolu de la légitimité qui confère le pouvoir politique à la personne ou à l'institution sensé devoir l'exercer : *du peuple*. L'État, à qui le peuple confie ce pouvoir politique, est sensé l'exercer au nom du peuple, c'est tout le sens de l'idée de la volonté générale dont parle Rousseau dans tous ses écrits politiques : *par le peuple*. L'exercice de ce pouvoir doit avoir pour seul et unique but et horizon l'amélioration de la condition globale et vivante du peuple : *pour le peuple*. Voilà qui est bien dit : dans une démocratie, tout vient du peuple, tout se fait avec lui et doit entièrement lui profiter. Il est inimaginable alors qu'une démocratie puisse fonc-tionner sans un peuple. Pourtant, en dehors, encore une fois, de la Suisse, la trentaine de pays dits démocratiques dans le monde fonctionnent pratiquement sans leur peuple. Je n'exagère point en disant « pratiquement sans leur peuple », car ce dernier est pratiquement inexistant ou insignifiant dans ces « démocraties », comparativement à la place que lui confère la célébrissime citation d'Abraham Lincoln. En effet, même dans les pays faisant figure de grandes références mondiales en matière de démocratie, la démocratie fonctionne à son niveau le plus strictement minimal. Le peuple n'y est appelé au vote qu'une fois tous les quatre ou cinq ans, et cela, juste pour choisir ses gouvernants, ni plus ni moins. C'est encore dire à quel point le monde est déficitaire du point de vue démocratique et à quel point également la conception que l'on se fait de la démocratie est limitée.

Le peuple reste le moteur de toute démocratie. Le cantonner juste dans le petit rituel saisonnier du choix de ses dirigeants, et qui souvent se détournent par la suite de lui, c'est rabaisser la démocratie à son niveau le plus élémentaire. Malheureusement, c'est le cas même dans pratiquement toutes les démocraties du monde. En dehors de la Suisse, la trentaine de pays pouvant être jugés démocratiques dans le monde se sont tous bloqués au strict minimum démocratique. La participation que chantent tous les politiciens lorsqu'ils sont dans l'opposition, je ne vois pas à quoi cela devrait correspondre politiquement si ce n'est pour un pays se disant démocratique d'avoir une échéance précise dans le temps pour se faire une démocratie directe plutôt que de rester éternellement une démocratie représentative. Dans une démocratie représentative, le principe politique de participation n'existe pas, ce qui autorise le pouvoir politique à administrer la cité comme bon lui semble. Et l'expression « administrer la cité comme bon lui semble » n'est ainsi pas à prendre à la légère, car tout ce qui touche au maximum participatif a des répercussions fortes et réelles sur l'optimum gouvernemental. C'est parce que le contrôle citoyen n'est pas exercé que les États et gouvernements se permettent d'étouffer la démocratie, c'est-à-dire qu'ils se contentent tout bonnement du minimum démocratique comme s'il était l'« horizon indépassable » du progrès démocratique et oublient que ce minimum, bien qu'étant déjà si consistant et déterminant, s'inscrit pleinement dans un idéal, qui doit les conduire à le consolider en travaillant en toute cohérence sur l'optimum gouvernemental et le maximum participatif. Et à vrai dire, il n'y a rien, absolument rien, qui justifie le fait que la participation soit le parent pauvre de la démocratie politique et le fait que les démocraties occidentales aient décidé comme systématiquement de se satisfaire du minimum démocratique et de la démocratie représentative plutôt que de progresser en direction de l'idéal démocratique.

Bien évidemment qu'il faut faire la part des choses. L'État, la société civile politique et le peuple ont chacun un rôle à jouer. Dans le meilleur des mondes, ces trois grandes entités actives du processus de démocratisation seraient sur la même longueur d'ondes autant du point de vue de leur attachement à la démocratie que sur la définition d'une politique qui lui serait entièrement destinée. Mais, ce magnifique monde n'est pas celui d'ici-bas. Il va falloir l'inventer. Et la première étape de ce travail de réinvention de la démocratie interpelle chacun des trois grands acteurs du processus de démocratisation et se résume pour chacun d'eux à deux choses : la conviction et la volonté. La conviction renvoie au fait d'être convaincu de la nécessité pour tout pays soucieux de l'épanouissement humain de son peuple, de la dignité humaine d'une manière générale ainsi que du développement humain sur toute l'étendue de son territoire de se démocratiser davantage et infiniment. La volonté, comme le mot l'indique en toute clarté, renvoie, une fois la conviction faite, à l'attitude conséquente à cette prise de conscience ou à cette conviction. Il s'agit alors d'agir. Chaque grand acteur du processus démocratique à un rôle spécifique à jouer dans ce grand chantier collectif de la démocratisation. L'État se doit avant tout d'avoir une politique de la démocratie axée, selon moi, sur les deux ou trois niveaux d'évolution que j'ai définis dans cette partie : le minimum démocratique, l'optimum gouvernemental et/avec le maximum participatif. Le rôle de la société civile politique est de veiller à ce que l'État procède exactement de manière claire et cohérente en travaillant à pouvoir répondre aux quatre exigences du minimum démocratique, en conservant rigoureusement et en consolidant infiniment les acquis de cette première étape cruciale du processus de démocratisation, entre l'optimum gouvernemental et le maximum participatif. Dans le même ordre de mission et d'action, le peuple devrait suivre la société civile politique pour la légitimer et donner ainsi une valeur critique et une force active à son engagement. Sans le peuple, la société civile politique ne peut pas faire pression sur l'État pour exiger de lui la satisfaction aux exigences du minimum démocratique et par la suite le progrès continu dans le sens de l'idéal démocratique. Il ne faut pas trop rêver, aucun pouvoir politique au monde n'aime véritablement la démocratie. Depuis très longtemps, précisément entre

Rousseau, Marx et Nietzsche, entre le XVIIIe et le XIXe siècle, nous savons bien que l'État n'est pas foncièrement au service de la société. On voit bien *l'œil sombre du peuple* que Rousseau a fait planer sur tout le chef-d'œuvre *Du contrat social*. On voit aussi aujourd'hui, avec l'émergence puis l'universalisation du capitalisme politique, que l'on appelle très souvent tout maladroitement le néolibéralisme, que Marx avait bel et bien raison de soupçonner l'État d'être au service de la bourgeoisie aux dépens du reste de la société, contenu dans une condition socialement précaire et avec une très petite marge pour pouvoir agir dans le but de changer la donne. Quant à Nietzsche, il nous a prévenu comme personne n'a eu à le faire sur la nature propre de l'institution étatique au-delà de la théorie du contrat social : l'État est foncièrement fondé sur le mensonge selon lequel il est le peuple et qu'en conséquence il ne travaille que pour celui-ci. L'histoire donne entièrement raison à toutes ces trois grandes figures classiques des Lumières. Tout ce que l'on peut faire pour amoindrir les effets de cette grande fatalité du « mal nécessaire » qu'est l'État, c'est de rationaliser le « mensonge » originel qui le fonde, dont parle le plus grand critique philosophique de tous les temps, notre cher ami de Sils-Maria, Nietzsche en l'occurrence. Et tout ce que l'on peut faire pour rationaliser ce grand mensonge de la politique, c'est d'instaurer dans chaque pays du monde une démocratie déjà bien bâtie sur les quatre exigences du minimum démocratique et d'amener le pays entier, entre son État, sa société civile politique et son peuple, à travailler en permanence à pouvoir conserver et consolider les acquis démocratiques se rapportant à ce cher minimum en progressant infiniment dans le sens de l'idéal démocratique, avec pour orientations générales l'optimum gouvernemental et le maximum participatif.

Avant de conclure ce passage sur la démocratie, il me reste à préciser ce que j'entends par peuple car le sens de cette notion peut sembler ambigu ou insuffisamment précisé au lecteur. Pas besoin pour autant de trop s'attarder sur une définition critique ou approfondie de ce concept. La définition du peuple ne fera jamais l'unanimité dans la pensée politique car il y a plusieurs niveaux à partir desquels s'opère cet exercice de précision sémantique ou conceptuelle. La définition la plus générale et brute de cette notion est, à mon avis, la suivante : le peuple, c'est à la fois chacun et tous. A partir de cette définition générale, on peut faire un usage spécifique de ce concept en tenant compte à chaque fois de sa portée analytique. Cela n'a rien de compliqué, ce n'est juste qu'une question de méthode. L'usage qui est fait ici de la notion de peuple se rapporte à l'idée même du Citoyen comme acteur à la fois atomique et central de la démocratie. Le peuple, c'est à la fois chacun et tous, mais c'est aussi le citoyen pris dans son sens collectif plutôt qu'individuel. Bien évidemment qu'en partant de l'idée que le peuple c'est à la fois chacun et tous, on introduit la question de la totalité ou de l'intégrité cardinale de celui-ci. Mais il ne faut point s'encombrer avec la dimension statistique ou quantitative du peuple, car il ne s'agit guère d'une affaire de nombre ou de majorité et de minorité. Il s'agit de quelque chose de qualitatif et d'organique: la conscience citoyenne en mouvement et en exercice. Au moment où cette partie tire à sa fin, je ne veux pas entrer dans une discussion approfondie autour de la « volonté générale » de mon très cher ami Jean-Jacques Rousseau ou de la « raison publique » d'Amartya Sen (*La démocratie des autres*, 2005). Pour faciliter la compréhension, je précise qu'il y a un indicateur très important pour saisir l'étape ou la phase à laquelle se situe un pays considéré dans son processus de démocratisation et qu'il ne faudrait point négliger dans l'analyse, il s'agit de la « culture politique ». Lorsqu'on évoque le peuple comme acteur central du processus démocratique dans un pays donné, on fait référence à cette culture politique, qui n'a de sens que si elle est démocratique. Il n'y a pas de société politique sans culture politique, mais de la même manière que le régime politique varie d'un pays à un autre, la culture politique diffère d'un régime politique à un autre. Plus le pays est démocratique, plus la culture politique de sa population est structurée et plus son peuple, c'est-à-dire le commun de ses citoyens, est politiquement mature. Et ce n'est que parce qu'il est politiquement mature que le peuple peut jouer ce rôle d'acteur central du processus de démocratisation. Dans les régimes autoritaires, le peuple est sujet du pouvoir en place. Il est forcé à la soumission et même à la vénération du monarque et de sa cour. Il ne joue aucun rôle politique si ce n'est celui d'un troupeau de moutons qui obéit à son maître-berger. Dans les régimes hybrides, le peuple n'est pas entièrement muselé, mais il n'a qu'une petite marge d'action pour peser réellement sur l'ordre et l'évolution des choses. Il lui manque ce caractère organique et mature qui fait de lui un acteur central du processus de démocratisation. Dans les démocraties « imparfaites », le peuple est présent, il a fini de se faire identifier comme grand acteur politique, mais il lui manque cette capacité propre à se structurer et à faire valoir son statut de Souverain en dehors des périodes électorales. Il cherche une voie stratégique pour davantage participer au jeu politique. Dans les « véritables » démocraties, le peuple est partout et toujours en mode éveil et action. Non seulement il ne se laisse pas voler son statut de Souverain par le pouvoir en place en période électorale, mais même en dehors de celle-ci, il a l'œil ouvert sur la vie politique du pays. Il ne se contente pas que de vaguement participer, il exerce un contrôle sur l'État et sur la manière dont il dirige le pays. Mais dans la meilleure des démocraties, c'est-à-dire une démocratie déjà garantissant le minimum démocratique et tendant infiniment, entre l'optimum gouvernemental et le maximum participatif, vers l'idéal démocratique, le peuple ne se limite ni à simplement participer ni à seulement contrôler, il décide de manière souveraine car il fait partie de la grande machine à fabriquer les lois.

S'il y a une et une seule préoccupation devant pouvoir réunir et même rassembler la classe politique, la société civile et le peuple, celle-ci ne peut être que la démocratie. La cause démocratique est la cause politique suprême. Elle s'impose à toutes les autres. D'ailleurs, elle est la seule cause politique qui existe. Il n'y en a ni d'autres ni même une autre, car elle est aussi la cause de la bonne gouvernance politique. En effet, il ne viendrait à aucune formation politique l'idée de rejeter en principe la démocratie. Au contraire. Et il n'est pour s'en convaincre qu'à voir la manière dont sont généralement constitués leurs noms ou appellations, entre la démocratie, la république et la citoyenneté. Mais entre se dire démocrate et en montrer la preuve par les actes, il y a une grande et réelle différence. Même chose pour la société civile politique. Son essence propre se trouve être la démocratie et sa mission est de veiller au respect de ses principes, sans quoi elle n'a point lieu d'exister. Quant au peuple, il aspire naturellement à la démocratie, mais celle-ci ne lui est jamais offerte gratuitement même si l'État est sensé être à son service. Même pour faire valoir ses droits les plus élémentaires, il doit très souvent se battre au risque d'y laisser la vie de certains de ses membres. Ce n'est nullement sa vocation de se battre pour ses propres droits, qui en plus renvoient entièrement à des devoirs de la part de l'État, mais quand un peuple est menacé dans les fondements de son essence propre, c'est-à-dire de ce qui fait de lui un peuple plutôt qu'un simple agrégat d'unités vivantes, il n'a d'autre choix que de se battre. Mieux, il doit dès lors non seulement rester sur le qui-vive pour protéger ses bons droits, mais surtout il se doit d'être conquérant car il doit, lui aussi, être porté par l'idéal démocratique. De la même manière que tout État responsable de sa cité, respectueux de sa population et soucieux de la condition humaine dans les contours du territoire qu'il gouverne se doit d'avoir une politique de la démocratie à la hauteur des défis à relever pour l'atteinte du minimum démocratique, pour la conservation des acquis rattachés aux quatre exigences de ce minimum et pour leur consolidation dans le sens de l'idéal démocratique, entre l'optimum gouvernemental et le maximum participatif ; de la même manière que la société civile politique doit faire preuve de vigilance pour le respect des valeurs et principes de la démocratie et de la bonne gouvernance politique et doit jouer un rôle pédagogique d'éveil des consciences et de mobilisation des énergies citoyennes pour la même cause ; le peuple, chacun et tous à la fois, doit porter l'idéal démocratique comme une composante centrale voire essentielle de son aspiration à s'améliorer en permanence vers un autre idéal, celui que partagent tous les êtres vivants, celui de vivre davantage et mieux. Un État démocrate et ayant une politique claire, lisible et efficace de la démocratie, une société civile forte, active et objective dans ses investigations, ses instructions et ses interventions, un peuple politiquement mature, ayant une bonne culture démocratique et toujours disposé à se mobiliser pour faire respecter les valeurs et principes de la bonne gouvernance politique, voilà les conditions majeures qui permettent à un pays de pouvoir bien se mener dans son processus de démocratisation.

***Conclusion :* La démocratie comme mode de gouvernance politique plutôt que simplement comme mode de légitimation politique. Le contrôle citoyen plutôt que la simple et vague participation citoyenne. Le *minimum démocratique*, l'*optimum gouvernemental* et le *maximum participatif* comme orientations générales d'une démocratisation au service d'un développement global, humain et de qualité**

L'intitulé de la conclusion de cette partie consacrée au dividende politique est composé des différents points du mode d'emploi de la reconstruction démocratique en Afrique subsaharienne. J'ai préféré les mentionner à cet endroit précis plutôt que simplement dans le corps du texte du passage « mode d'emploi... » pour les mettre davantage en exergue, tout en gardant l'argumentation qui leur est associée dans le passage précis qui leur est consacré. Le dividende politique est un dividende dont la double particularité réside dans le fait qu'il concerne tous les pays du monde car il s'inscrit dans la poursuite de l'idéal démocratique et, conséquemment, dans le fait qu'à la différence du dividende démographique, sa durée n'est pas limitée dans le temps. Mais plus tôt le défi de la démocratie et de la bonne gouvernance politique sera relevé plus tôt les pays d'Afrique subsaharienne arriveront à relever les trois autres défis associés aux trois autres dividendes présentés dans le présent ouvrage. Je précise au passage qu'il n'y a pas une suite linéaire ou lexicale entre les défis à relever car les quatre peuvent être relevés en même temps ou précisément le processus pour les relever peut être enclenché au même moment ; seulement, il faut souligner que le défi de la démocratie et de la bonne gouvernance politique est, parmi les quatre dont traite cet ouvrage, celui le plus rapide à relever. En effet, il ne dépend véritablement que de la volonté des États africains de satisfaire aux exigences du minimum démocratique et de travailler sur l'optimum gouvernemental et sur le maximum participatif dans l'optique de progresser davantage et infiniment dans le sens de l'idéal démocratique. Et tout ce travail de démocratisation peut être entamé dans l'immédiat pour être réalisé dans un délai tout bref. A vrai dire, j'ai même du mal à mentionner avec précision une durée quelconque pour relever le défi de la démocratie et de la bonne gouvernance politique car il y a tout un paradoxe en ce qui concerne ce dernier challenge : d'une part, on a affaire à un idéal, donc à un travail inachevable ; de l'autre, le minimum démocratique me semble pouvoir être atteint en moins de deux ans pour tout État qui en toute sincérité et en toute résolution le voudrait.

Je n'ai pas jugé nécessaire de trop m'attarder sur la relation entre la démocratie et le développement, car, pour moi, il n'y a aucunement lieu de débattre de ce qui me paraît être une évidence toute forte. Par développement, je n'entends ni seulement ni même principalement ou prioritairement développement économique et social. Par développement, j'entends l'épanouissement humain, le renforcement ou le relèvement illimité de la dignité humaine, donc, de manière effective et précise, par développement que le développement humain. C'est l'homme en tant qu'être vivant, et non en tant que producteur ou consommateur, que je mets au centre du paradigme du développement. Et cela change tout. Bien évidemment que le développement économique et social est une composante majeure du développement humain, mais le débat est déjà vieillot qui distingue la croissance économique du développement. Je ne suis pas adepte du *Trickkle down effect*, ce que l'on appelle couramment en français ou en France la « théorie du ruissellement », je trouve, par-dessus tout et à tout point de vue, diabolique cette orientation politique et économique, raison pour laquelle, je ne me contente pas de la rejeter, je la combats intellectuelle-ment du mieux que je peux. Il n'y a pas à y croire ou pas, c'est une idéologie politique qui existe bel et bien et qui est à la base du modèle d'économie politique capitaliste qui règne désormais en maître dans le monde depuis au moins deux décennies. Au moment où l'on nous casse les oreilles matin midi et soir avec le développement durable et où la distance entre les plus riches et les plus pauvres ne cesse d'augmenter à une vitesse extraordinaire, venir nous proposer un modèle économique et social aussi inégalitaire, qui produit des richesses à tour de bras tout en demeurant entièrement hostile à toute forme et même tout simplement à toute idée de redistribution de celles-ci à travers les différentes couches sociales de la population des pays du monde, c'est d'une cruauté absolument sans égal. Et malheureusement, c'est cet ordre diabolique qui règne dans notre monde actuel, sans qu'aucun État ne se propose véritablement de le stopper pour remettre de l'ordre dans ce désordre qui semble devenir la norme fondamentale du processus économique. Si le développement c'est juste un peu plus de prospérité économique, une précarité sociale de plus en plus grande, un rapport sauvage à la nature et une négation presque absolue des droits et libertés de l'homme, alors ce n'est pas mon développement. Et je ne le veux ni pour l'Afrique ni pour le monde. Partant du fait que l'homme est au centre du processus de développement, je considère que la première des priorités doit être celle de garantir à celui-ci les conditions réelles d'une vie digne. Et, je suis désolé, un pays a beau battre tous les records en matière de croissance économique, si les droits et libertés des individus qui y résident n'y sont pas respectés, il ne m'intéresse pas vraiment et je ne le considère point comme un pays développé.

Je ne peux ainsi concevoir le développement sans la démocratie. Non pas parce que je minimise la dimension socio-économique du développement ; au contraire, je la considère, au même titre que celles politique, démographique et sociétale ou socioculturelle, comme étant centrale ; mais parce que c'est avec la démocratie que l'ensemble des potentialités d'un pays et de sa population vivante sont mises en valeur. Et à mon avis, tout le problème de la grande pauvreté dans les pays sous-développés comme tout le problème des inégalités sociales dans les pays développés est un problème de démocratie. D'un côté, rien qu'avec le passage à l'ordre politique démocratique, les pays sous-développés s'inscriraient non seulement dans un processus historique de sortie définitive du sous-développement et d'entrée dans la dynamique globale et générale d'un développement de qualité, mais également, ils permettraient à leurs populations, même les plus démunies, de pouvoir par elles-mêmes trouver la manière la plus adéquate de se tirer de leur situation de pauvreté ou de précarité sociale. Il n'y a pas à dire ni à discuter davantage sur la place de la démocratie dans le processus ou la dynamique de développement d'un pays, car son apport ne peut être que positif. Sans la démocratie, le développe-ment se confond essentiellement avec la croissance économique et ses conséquences sociales à l'échelle d'un pays ; avec la démocratie, le développement répond pleinement et fortement de l'idéal moderne et de sa vocation authentique à permettre l'épanouissement humain dans toute sa plénitude. Et ce qui me paraît étonnant dans les alternances politiques qu'on peut relever par-ci par-là dans le monde, au nord comme au sud, à l'est comme à l'ouest, dans les pays développés comme dans ceux sous-développés, c'est la facilité avec laquelle le nouveau pouvoir en place promet dans ses premiers grands discours prononcés de « libérer les énergies autant individuelles que collectives au service du développement » du pays considéré, pour en retour ne rien faire dans le sens du progrès démocratique. Y a-t-il meilleure manière de libérer les énergies individuelles et collectives d'un peuple que celle de créer les conditions d'exercice optimal de sa liberté et de constitution ordonnée d'une société de liberté, une société démocratique ? Absolument pas. D'un autre côté, j'ai du mal à m'expliquer le fait qu'il y ait encore de la pauvreté absolue ainsi qu'un nombre de plus en plus massif ou élevé de « travailleurs pauvres » dans une bonne partie des pays riches et développés si ce n'est par le refus de leurs États et gouvernements d'y faire résolument et formellement progresser la démocratie. Décidément, même dans ces sociétés dites libres et modernes, la démocratie, qui pourtant donne un sens fort, pertinent, objectif et positif à toute idée de communauté politique, reste le parent pauvre de la politique. Ceci est un énorme paradoxe, une contradiction sans égal que ces pays peuvent dépasser sans aucune difficulté. C'est encore dire qu'en matière de démocratie, tout n'est principalement question que de volonté. Quand on veut, on peut ! Mais, à y regarder de plus près, entre la pratique politique courante et l'analyse critique qui lui est consacrée, il y a de quoi se demander si au-delà du manque ou du déficit réel de volonté politique, il n'y a pas une ignorance des vertus de la démocratie ainsi que de sa portée réelle dans l'évolution socio-économique d'un pays. Un pays déjà riche en ressources diverses, avec une économie bien prospère et une structure sociale de base très développée et qui entretient en son sein les conditions réelles d'existence et de reproduction d'une catégorie non négligeable de personnes en situation de pauvreté ou de précarité sociale aiguë, je ne vois rien de plus curieux. Je pense qu'il y a les deux réunis : manque de volonté politique de faire progresser la démocratie dans le sens de l'idéal démocratique ; négation de l'utilité et de la nécessité de faire progresser la démocratie au service du développement humain et ignorance de la manière de mettre en pratique une vraie politique de la démocratie. Alors que le problème de la pauvreté absolue et de masse dans les pays sous-développés est un problème structurel de développement, au sens global du terme ; le problème des inégalités sociales et de la précarité sociale dans les pays développés, lui, reste un problème de limitation de la démocratie à son strict minimum et à sa seule dimension politique, car la fameuse redistribution des fruits de la croissance économique ne peut être conçue et menée sans une combinaison forte et intégrale de la démocratie politique, de la démocratie économique et de la démocratie sociale. C'est encore dire à ceux qui croient qu'en matière de démocratie on a fini de tout faire dans les pays les plus démocratiques du monde, qu'ils se trompent sur toute la ligne, car non seulement rien n'est jamais entièrement et éternellement acquis en la matière mais également, conséquemment à ce défi de devoir conserver solidement les « gains » démocratiques obtenus dans le temps, la vraie démocratie est une révolution permanente. Elle est toujours en marche car elle répond de l'idéal le plus élevé qui soit, celui qui lui est entièrement éponyme : l'idéal démocratique.

A la suite de ma réflexion sur la démocratie dans le monde et plus particulièrement en Afrique subsaharienne, j'en suis arrivé à reconsidérer les typologies généralement utilisées pour classer les pays selon l'étape à laquelle ils se situent à un moment donné dans leur processus de démocratisation. Je considère ainsi que, d'une manière générale, le monde compte trois catégories de pays du point de vue de la démocratie politique. Ces catégories n'ont rien de figé ou de statique, il s'agit d'états dans lesquels peuvent se retrouver un pays au cours de son évolution politique. Ces trois catégories sont le régime autoritaire, le régime pouvoiriste et le régime démocratique. Au bout de mon analyse, j'en conclus qu'au moment précis où j'écris ce passage (fin septembre 2018) le monde compte 57 pays fonctionnant politiquement avec un régime de type autoritaire, 75 avec un régime pouvoiriste et une trentaine de pays pouvant être dits démocratiques. Alors que les 57 autoritaires sont enfermés dans un système politique foncièrement antidémocratique, les 75 sous un régime pouvoiriste, bien qu'ayant franchi la porte d'entrée du processus de démocratisation, ont du mal à atteindre le minimum démocratique à partir duquel un pays peut être dit démocratique ; tandis que la trentaine de pays démocratiques que compte le monde ne semblent guère se préoccuper de se démocratiser davantage dans le sens de l'idéal démocratique. Les 57 autoritaires sont loin de la démocratie. Ils ne sont même pas dans le processus de démocratisation. Il leur faut rompre avec l'autoritarisme politique et arriver à réaliser une alternance politique démocratique pour pouvoir être considérés comme étant en démocratisation. Les 75 régimes pouvoiristes sont dans le processus de démocratisation, mais ils n'ont pas encore satisfait aux quatre exigences du minimum démocratique. C'est justement ce défi du minimum démocratique qu'ils sont appelés à relever dans l'immédiat ou dans le court terme pour pouvoir être considérés comme démocratiques. Il faut préciser au passage que ce groupe de pays est très hétérogène. On peut y trouver tout autant des pays tout proches du minimum démocratique que des pays qui sont à deux pas de retourner à un régime autoritaire, tout autant des pays en progression démocratique que des pays en stagnation ou même en régression démocratique. Quant à la trentaine de pays démocratiques, ils doivent poursuivre leur progression démocratique en conservant et en consolidant solidement les acquis obtenus dans le temps dans chacune des quatre composantes du minimum démocratique, tout en ayant en vue l'optimum gouvernemental et le maximum participatif pour davantage bien se mener dans le sens de l'idéal démocratique. Entrer dans le processus de démocratisation donc pour 57 pays. Atteindre le minimum démocratique pour 75 pays. Au-delà du minimum démocratique, mettre l'accent sur l'optimum gouvernemental et le maximum participatif pour une trentaine de pays. Voilà, à mon avis, les défis de la démocratisation politique à relever dans le monde. Et à y regarder de plus près, entre la cinquantaine de pays sous le joug de l'autoritarisme politique ou de la dictature, les très nombreux pays évoluant sous un régime pouvoiriste, alors qu'ils sont sensés être en phase soutenue de démocratisation pour l'atteinte du minimum démocratique, et la trentaine de pays jugés démocratiques, qui semblent largement se satisfaire de ce minimum plutôt que de progresser davantage et infiniment dans le sens de l'idéal démocratique, il y a à se demander si la notion de démocratisation ou de processus démocratique est bien appropriée pour rendre compte ou évoquer l'évolution politique du monde. A mon avis, pas vraiment, mais vu qu'on n'a aucun autre concept de substitution, on n'a d'autre choix que de maintenir la notion de démocratisation ou de processus démocratique dans l'analyse, mais en prenant à chaque fois le soin d'apporter des précisions sur chaque cas ou contexte sociopolitique considéré.

Qu'en est-il alors de l'Afrique subsaharienne ? Est-elle véritablement lancée dans une dynamique générale et globale de démocratisation ? A cette question, ma réponse est toute claire : non ! La moitié des pays d'Afrique subsaharienne pris en compte par l'étude de l'EIU, soit vingt-deux pays, est composée de pays en dehors du processus démocratique parce qu'évoluant sous des régimes autoritaires. Cette vingtaine de pays n'est donc pas concernée par cette dernière question. Le processus de démocratisation ne concernerait ainsi ou *a priori* que l'autre moitié des quarante-quatre pays considérés. Vingt-deux pays donc en dehors du processus démocratique contre vingt-deux autres supposés être en phase de démocratisation. Parmi ces derniers, on peut considérer que plus de quinze pays sont politiquement des régi-mes pouvoiristes ; ce qui voudrait dire qu'*a priori* seuls cinq pays, au maximum, seraient véritablement en démocratisation. Les pays pouvoiristes sont dans le processus démocratique, mais ils ne progressent pas de manière cohérente et soutenue dans le sens de l'idéal démocratique. Les rares avancées démocratiques qu'ils ont connues dans un passé récent ou lointain sont presque dans tous les cas soit mal entretenues soit déjà mises en péril plutôt que consolidées. Les pays dont je considère le régime politique y étant en vigueur comme pouvoiriste ne se limitent pas seulement aux pays que l'EIU intègre dans sa catégorie « régime hybride ». Les régimes pouvoiristes d'Afrique subsaharienne intègrent non seulement les quatorze pays associés politiquement à un régime de type « hybride » mais également les trois ou quatre derniers pays parmi les sept que l'EIU considèrent comme étant des démocraties « imparfaites » (tableau 13). Ces pays en question sont le Ghana, le Lesotho, la Namibie et le Sénégal. Ces quatre derniers pays ont connu des avancées démocratiques plus ou moins récentes, mais ils ne se préoccupent guère de les consolider. Si ce n'est de la stagnation démocratique, comme dans le cas du Ghana, c'est de la régression démocratique, exactement comme dans le cas du Sénégal depuis 2000. Ces pays ne méritent nullement d'être pris pour des démocraties « imparfaites », car ils sont aussi pouvoiristes que les pays que l'EIU juge politiquement « hybrides ». S'il y a alors des pays d'Afrique subsaharienne en phase réelle et avancée de démocratisation, ceux-ci ne dépassent pas en nombre cinq : Maurice, Cap-Vert, Botswana, Afrique du Sud. Même pas cinq, quatre seulement, car le Ghana qui suit ces derniers pays dans le classement de l'EIU dort depuis longtemps sur ses lauriers, notamment en matière d'organisation d'élections libres et démocratiques, alors qu'il était déjà, il y a de cela plusieurs années, démocratiquement bien plus avancé que le Cap-Vert ou le Botswana. Maurice est le seul pays véritablement démocratique du continent parce que c'est le seul pays ayant atteint le minimum démocratique. Et au-delà de ce cap hautement déterminant du minimum démocratique, la nécessité de progresser davantage dans le sens de l'idéal démocratique, précisément en direction du maximum participatif, fait de plus en plus débat dans l'île. Le Cap-Vert et le Botswana ont fait de très fortes avancées ces dernières années et devraient pouvoir retrouver Maurice dans ce lot très réduit des pays démocratiques du continent africain, mais tout dépend de leur volonté à poursuivre leurs efforts en matière de démocratisation. Quant à l'Afrique du Sud, elle n'est pas loin d'atteindre le minimum démocratique, mais elle est encore gan-grenée par la corruption de sa classe politique. Ce qui fait qu'elle tarde à réellement et à véritablement satisfaire à deux des quatre exigences fortes de ce minimum, à savoir la gestion transparente des ressources du pays et l'indépendance de la Justice vis-à-vis du pouvoir politique en place. A mon avis, ce grand problème de la corruption des hauts dignitaires de l'État sud-africain ne pourra commencer à être résolu de manière effective qu'une fois accomplie une alternance politique d'envergure qui mettra définitivement un terme au règne hégémonique de l'ANC (African National Congress) depuis 1994 avec l'élection de Nelson Mandela à la tête du pays à la suite de l'abolition de l'Apartheid en 1991.

Dans la perspective d'une sortie définitive du sous-développement pour, conséquemment, une orientation forte, ferme et directe dans le sens d'un développement humain ou de qualité, l'Afrique ne pourra pas contourner le défi de la démocratie et de la bonne gouvernance politique. En plus d'être le continent le plus pauvre de la planète, il est également celui le moins démocratique du monde. Par conséquent, l'encourager à se développer juste économiquement, et sans aucunement se soucier de son évolution démocratique, c'est lui faire aussi courir le risque de devenir la région du monde qui concentre le plus d'inégalités et d'injustices sociales, si ce n'est déjà le cas. Pour un développement humain, un développement à la hauteur des défis sociaux à relever, notamment celui de la pauvreté de masse, qui demeure la caractéristique la plus générale, la plus forte et la plus manifeste du sous-développement, le passage du continent africain par une révolution démocratique est incontournable. Il ne s'agit pas d'une révolution au sens insurrectionnel du terme, mais d'une révolution à entendre dans le sens d'un grand bond démocratique en avant. Il y a bel et bien de la marge pour y arriver le plus rapidement possible pour tout pays du continent qui le voudrait. Il ne dépend que de la volonté des dirigeants politiques de se décider à faire faire à leur pays ce sursaut démocratique. Toutes les dispositions ou conditions sont réunies pour y arriver sauf celle décisive de la volonté des États à amener leur pays dans ce sens. Entre les quatre exigences du minimum démocratique, l'optimum gouvernemental et le maximum participatif, le mode d'emploi pour mener une politique de la démocratie me paraît très clair et précis. En tout cas, à mon avis, en deux ans tout pays du continent qui le veut bien, peut atteindre le minimum démocratique ou alors être en voie de l'atteindre de manière effective. Une politique de la démocratie, non seulement, cela n'a rien de compliqué, mais également cela ne demande aucune ressource en dehors des ressources humaines, de quelques dispositifs infrastructurels ou logistiques à mettre en place et de la volonté politique. Dans la perspective de leur sortie effective du sous-développement et de leur évolution progressive dans le sens d'un développement global et humainement de qualité, tous les pays d'Afrique gagneraient à faire de l'atteinte du minimum démocratique et de la satisfaction aux quatre exigences qui lui sont associées une préoccupation de premier ordre, mieux un objectif à court terme. A mon avis, je le répète encore et encore, pour un pays qui le veut bien, deux années, cela suffit largement pour être dans les standards du minimum démocratique. Et une fois ce cap déterminant voire décisif atteint, le reste du travail à mener se fait de lui-même si l'État, au-delà de sa volonté politique à faire progresser démocratiquement le pays, travaille de manière sérieuse, désintéressée et objective avec la société civile politique et plus largement avec l'ensemble des citoyens, c'est-à-dire le peuple. C'est-à-dire aussi l'ensemble de la société vivante car au-delà de la volonté politique de l'État ainsi que des réformes et autres mesures de son gouvernement, la démocratie ne peut véritablement marcher, entre ses valeurs fortes et ses principes généraux et dans la durée, que lorsqu'elle implique un peuple libre dans le contexte d'une société de liberté. Justement, la société comme acteur de développement, voilà qui m'amène à la quatrième et dernière partie du présent ouvrage.

Le dividende sociétal :

Le défi du changement social

La société est le facteur X du développement. Le facteur X d'une chose quelconque considérée est le facteur qui porte le mouvement global de celle-ci. On ne peut pas penser la sortie effective et définitive d'un pays du sous-développement ou le développement d'un pays sans s'attarder sur sa société, entre sa structure de base et l'ordre des croyances et pratiques qui y sont collectivement en vigueur. C'est la raison pour laquelle je poursuis ma réflexion avec la société. La grande variable. La société est non seulement la variable la plus globale des études du développement mais également tout autant le sujet majeur que l'acteur central du développement. Le développement est une question bien évidemment politique parce que c'est à l'État de définir les grandes lignes de l'orientation à prendre, les objectifs généraux et spécifiques à poursuivre, de déterminer les stratégies actives à mettre en application, de mobiliser les ressources financières et logistiques nécessaires à la réussite des programmes et projets en œuvre, mais le développement est aussi social, sociétal et socioculturel. Il est de ce point de vue à comprendre à l'aune de la très célèbre définition, déjà mentionnée dans la partie précédente, qu'Abraham Lincoln donne de la démocratie : *le gouvernement du peuple, par et pour le peuple.* Partant de cette définition populaire de la démocratie, je considère que le développement est *l'action progressiste de la société, par et pour la société.*

De la même manière qu'il n'y a pas de démocratie sans peuple, il n'y a pas de développement sans société. L'État et la société sont les deux acteurs généraux autant de la démocratie que du développement. Dans le meilleur des scenarii pouvant conduire un pays à une transformation générale, rapide et en profondeur, ces deux acteurs sont sur la même longueur d'ondes. Ils ont la même conception de la chose en question, sont portés par la même dynamique évolutive et, en conséquence, agissent de manière entièrement synchronisée et cohérente. Ce genre de scenario historique est, selon moi, la plus belle des choses que la vie peut nous donner l'occasion de voir dans le cours passage qui nous y est réservé. Il n'y a en effet rien de plus joli à voir et même simplement à concevoir qu'un pays tout entier, dans la grande diversité de son peuple et dans toute l'étendue de son territoire, qui se lève, comme une seule personne, pour aller à la conquête de son destin. C'est la plus merveilleuse chose qui puisse arriver à un pays ou au monde humain, comme l'amour est la plus belle des choses qu'un être vivant puisse vivre. Mais alors toute la question est de savoir comment faire en sorte que l'État et la société soient exactement animés par la même volonté de changement et arrivent à « parfaitement » coordonner leurs actions dans le sens du développement du pays. Cette question, d'une densité sans égal, est l'interrogation suprême de toutes les sciences humaines et sociales. Elle est en amont, en aval et au centre de toutes les grandes questions que se posent les sciences de l'homme et de la société qui traitent du développement. Or, les sciences humaines et sociales qui traitent du développement ou d'une dimension globale du développement, il n'y en a pas mille. Il y en a quelque chose comme quatre ou cinq, si l'on considère l'histoire et la géographie comme des disciplines « spéciales » ou « paramétriques » des sciences humaines et sociales.

Ces quatre ou cinq disciplines de la famille académique des sciences de l'homme et de la société sont la sociologie, l'économie, la politique et la démographie. Avec ces quatre disciplines, je pense qu'il est possible, du point de vue de l'analyse critique comme de l'étude scientifique, de faire le tour des grandes questions de développement dans n'importe quel pays donné du monde. On peut rajouter à ce quatuor une cinquième discipline comme on peut aussi intégrer cette dernière dans la sociologie ou alors l'associer à celle-ci. Cette cinquième discipline en question, c'est l'anthropologie. Ce sont, à mon avis, ces cinq disciplines qui forment ensemble le « cinq majeur » des études du développement. L'intérêt de fusionner la sociologie et l'anthropologie réside dans le fait qu'une telle démarche permettrait de laisser une place à la question écologique, qui est devenue une question incontournable de développement. Mais dans cet ouvrage, j'ai choisi tout délibérément de ne pas traiter de la question écologique. Peut-être dans dix ans, quand les Africains comprendront les grands enjeux autour de cette question et décideront de l'aborder de manière rigoureuse et objective, je m'y pencherais comme j'ai fait ici avec la question de la population et du peuplement, celle de la modernisation économique et sociale et celle de la démocratie et de la bonne gouvernance politique. Par ailleurs, je précise que je ne cherche dans cette quatrième partie ni à intégrer l'anthropologie dans la sociologie, ni à fusionner la sociologie et l'anthropologie, comme dans une sorte d'anthropo-sociologie ou de socio-anthropologie. Il est clair qu'une étude des sociétés africaines ne saurait contourner l'anthropologie, mais dans le cadre du présent travail intellectuel que rend compte le présent ouvrage, j'évite du mieux que je peux de m'enfermer dans des disciplines, d'autant plus que les sciences humaines et sociales sont toutes liées les unes aux autres par le fait qu'elles partagent du point de vue de leurs objets singuliers et respectifs un même tronc commun : homme/société. Et comme l'homme est par essence un être social et la société un ensemble organique d'hommes, toute discipline qui se propose d'étudier l'homme ou une caractéristique quelconque de l'homme étudie aussi, directement ou indirectement, la société ou une composante globale de la société.

Les sciences de l'homme et de la société ont beau rivaliser les unes avec les autres, elles ont même beau se détester, elles resteront liées les unes aux autres. On sait que la sociologie est allergique à la psychologie et qu'elle sous-estime l'anthropologie ; mais on sait aussi que la science économique snobe le reste des sciences humaines et sociales et se considère comme une science pas comme les autres dans cette dernière famille académique. Je pense que c'est l'économiste américain Paul Samuelson qui disait tout hautainement de l'économie qu'elle était la « reine des sciences sociales ». On sait aussi que la science politique contemporaine se prend pour une science bien plus proche des sciences juridiques et des sciences de l'administration que de la sociologie par exemple. Pourtant, toutes ces belles disciplines classiques (science économique, science politique, sciences juridiques, etc.) et nouvelles (sciences de l'administration, sciences de l'éducation, etc.), si elles ne sont pas nées de l'antre de la sociologie ou de la théorie sociale, doivent beaucoup à cette dernière discipline. C'est la raison pour laquelle je considère la sociologie comme la science sociale par excellence. Et cela, non pas parce que ma première formation universitaire me rattache à cette discipline, mais simplement parce qu'aucune discipline des sciences humaines et sociales ne peut passer outre la dimension sociologique de son objet. Tout dans la vie et dans l'action de l'homme est, quelque part, social. Je n'irais pas jusqu'à soutenir, comme mon cher ami Émile Durkheim, que tout est social ou que le social explique tout, mais je pense que dans la vie humaine comme dans celle des sociétés humaines, il n'y a rien qui puisse être expliqué de manière explicite ou approfondie sans la sociologie ou sans faire directement ou indirectement référence à la sociologie. Et il n'y a, d'ailleurs, pour s'en convaincre qu'à voir le nombre de sociologies qu'il y a dans l'enseignement supérieur et la recherche. Tout y passe. Sociologie de la famille, de la culture, du sport, du tourisme, urbaine, rurale, de l'environnement, de l'éducation, de la santé, de la mode, de la communication, des organisations, etc. Et conséquemment à ce caractère tentaculaire de la sociologie, les sociologues se retrouvent presque dans tous les domaines de la vie active. Dans l'enseignement scolaire ou universitaire. Dans la recherche en sciences sociales. Dans les administrations d'organisations diverses. A l'usine. Dans la politique ou dans la sphère gouvernementale. Dans les organisations non gouvernementales. Dans l'économique, le social, naturellement, le communautaire, le religieux. Bref, partout. Pour autant, la réflexion que je mène dans cette quatrième et dernière partie ne consacre ni une analyse sociologique de l'évolution des pays d'Afrique subsaharienne, ni une discussion autour des grandes questions que soulève la sociologie du développement. De la même manière que la saisie et l'exploitation optimale du dividende démographique, la modernisation économique et sociale et le progrès démocratique contribueront, à n'en pas douter, massivement au développement de l'Afrique, le changement social reste la condition générale qui permet de réaliser de manière effective toutes ces transformations structurelles.

A côté du dividende démographique, du dividende socio-économique et du dividende politique, je considère un quatrième et dernier dividende. Il s'agit du dividende sociétal. A l'instar des trois dividendes évoqués précédemment, le dividende sociétal est associé à un défi, celui du changement social. Le défi du changement social a ceci de particulier qu'il n'est pris en compte par aucune politique, ni en théorie ni en pratique. C'est comme si l'on considérait que le changement social irait naturellement de soi dès lors que le processus de développement économique est en marche dans un pays considéré. Cette vision évolutionniste de l'évolution sociale, du fait qu'elle repose sur un déterminisme presque absolu, est contre-productive pour le développement ou la sortie du sous-développement. Elle est même dangereuse car elle encourage la passivité et n'amène pas les hommes et les sociétés humaines à prendre les devants des grandes questions pour pouvoir saisir les enjeux du temps et situer les défis à relever dans l'immédiat ou dans le court terme. Et quelque part, à y regarder de plus près, le même problème peut être relevé en ce qui concerne les trois autres dividendes. En effet, comme les spécialistes des questions de population semblent aujourd'hui unanimes sur le fait que le pic démographique mondial a été atteint en 2012, et qu'à partir de cette dernière année, la fécondité tendrait presque systématiquement partout dans le monde à baisser réellement et durablement, les gouvernements des pays africains ne se pressent nullement pour réaliser la transition démographique, dont la contribution au développement économique et social des pays d'Afrique subsaharienne devrait être potentiellement considérable. Je n'invente rien. C'est vrai. Il y a une sorte de fatalité du même genre que celle qui a conduit à croire et à vouloir faire croire tout absurdement que le XXIe siècle serait celui de l'Afrique. S'il ne suffisait que d'y croire ! Malheureusement, c'est encore le cas en Afrique. Le pouvoir de l'espoir. Tant qu'il y a vie, il y a espoir. Seigneur ! Si cela pouvait bien suffire ! On se croirait dans l'au-delà ! Rien à faire, les choses se feront d'elles-mêmes. C'est écrit. Il suffit de se le dire tout le temps pour que ça arrive. Ben ouais, sûrement que les choses changeront, mais certainement pas dans le sens voulu ou souhaité, car soit on ne fait rien pour que cela arrive soit on fait tout le contraire de ce qu'il faudrait faire pour que le changement tant espéré se réalise. C'est le cas presque dans tous les pays africains en ce qui concerne les différents défis en question dans cet ouvrage : rien ou pis.

Ce qui, par-dessus tout, me paraît hallucinant, c'est l'usage à la fois maladroit et malhonnête qui est fait des mots dans le discours non pas sur l'Afrique mais sur les vrais défis à relever par celle-ci dans la perspective de son développement ou simplement de sa sortie du sous-développement. En effet, de la même manière que le changement social semble être absolument ignoré de toutes les politiques de développement conçues et mises en œuvre dans les pays du continent, les mots utilisés pour parler des défis de la transition démographique, de la modernisation économique et sociale et de la démocratie et de la bonne gouvernance politique sont pour la plupart mensongers ou complètement décalés de la réalité des choses. Je donne un exemple précis pour chacun des trois dividendes précédents et des défis respectifs qui leur sont associés pour montrer le décalage entre les *mots et les choses*, pour reprendre la fameuse formule de mon plus grand ami intellectuel, en l'occurrence Michel Foucault.

Premier exemple de ce décalage : la démographie. On parle souvent d'« accélérer » la transition démographique dans les pays africains. C'est drôle. Avant d'accélérer un véhicule quelconque, n'est-ce pas qu'il faut d'abord l'allumer, le faire démarrer et rouler un peu ? Et en Afrique subsaharienne, il n'y a véritablement qu'une poignée de pays sur les quarante-neuf que compte ce sous-continent dans le continent qui sont en phase réelle de transition démographique. J'en ai déjà longuement parlé dans la première partie de ce livre. En effet, en dehors de l'Afrique australe, de Maurice, du Cap-Vert et des Seychelles, les pays d'Afrique au sud du Sahara dont on peut dire qu'ils sont véritablement en phase de transition démographique se comptent avec les doigts de la main. Je ne comprends pas pourquoi, malgré tout, on nous casse les oreilles en leur demandant à l'occasion des innombrables, onéreuses et inutiles rencontres internationales organisées régulièrement rien que pour de la palabre entre soi-disant experts et décideurs nationaux d'« accélérer » le processus de transition démographique. Comment accélérer un véhicule qui est éteint ?

Deuxième décalage entre les mots et les choses : l'économie du développement. Au lieu de parler réellement d'une rupture forte et effective avec les pratiques courantes et informelles de management entrepreneurial, de production économique et de consommation économique et sociale, on nous vend l'« émergence », qui ne veut rien dire, sinon une croissance économique désordonnée et malsaine. Le problème n'est pas la croissance économique car le contexte mondial est très favorable au continent africain à ce niveau précis, vu le niveau dérisoire de ses économies nationales. La marge de manœuvre ou de développement économique et social qu'offre la mondialisation libérale de l'économie aux pays d'Afrique subsaharienne est considérable car ceux-ci partent économiquement de rien et absolument rien du tout. Le défi qu'ils ont à relever du point de vue économique et social est celui de la qualité plutôt que celui d'une croissance très difficile voire, quelque part, impossible à mesurer à cause de la structure de base informelle des économies nationales. C'est avec ce modèle informel d'économie qu'il faut rompre, plutôt que de reprendre des slogans venus d'ailleurs qui non seulement ne s'appliquent pas vraiment au contexte mais qui, surtout, ont fini de montrer en quelques années seulement leurs limites objectives dans les pays dont on croyait qu'ils pouvaient les porter et les incarner à la perfection. Je préfère de loin que l'on dise aux Africains, à leurs gouvernements comme à leurs populations, que pour profiter au maximum de la mondialisation économique dans la perspective de leur développement, il ferait mieux de rompre de manière effective avec l'informel comme modèle économique en se modernisant économiquement et socialement plutôt que de se raconter des histoires avec leur machin à la fois vide, caricatural et loufoque d'« émergence ».

Troisième décalage entre les mots et les choses : la question démocratique. Je crois avoir bien réussi à faire la part des choses dans la troisième partie en ce qui concerne la démocratie et la bonne gouvernance politique. En effet, on n'insiste jamais assez sur le retard démocratique du continent africain par rapport au reste du monde. On semble se satisfaire de l'affirmation selon laquelle les choses seraient en train de bouger dans le bon sens du point de vue du développement comme de la démocratie. On nous dit, comme cela, vaguement qu'il y a encore du travail à faire mais que, d'une manière générale, l'Afrique serait bel et bien en train de se démocratiser. Faux. Archi-faux. Soit on ne sait pas ce que veut dire démocratisation au sens technique du terme, soit on se fiche des Africains, comme c'est souvent le cas, concernant leur développement. En vérité, comme pour la transition démographique, sur les quarante-neuf pays que compte l'Afrique subsaharienne, seule une poignée de pays est véritablement en démocratisation. Pas plus de cinq. Tout le reste est constitué d'une vingtaine de pays évoluant politiquement sous un régime autoritaire et d'une autre vingtaine de pays avec un régime politique pouvoiriste. Comme pour l'économie où les pays africains au sud du Sahara semblent avoir déjà choisi le désordre de l'« émergence » plutôt que la modernisation ; pour la politique, ils semblent avoir clairement et largement fini de faire le choix de l'autoritarisme et du pouvoirisme plutôt que de la démocratie et de la bonne gouvernance. Les exceptions que l'on peut relever par-ci par-là ne font que confirmer la règle de l'état structurel de sous-développement qui caractérise la quasi-totalité des pays du continent. Et ce sont presque systématiquement les mêmes pays qui reviennent, à savoir ceux d'Afrique australe auxquels s'ajoutent Maurice, le Cap-Vert et les Seychelles (sauf en ce qui concerne la démocratie). Tout le reste est encore loin d'une véritable dynamique de transition démographique, loin aussi d'une rupture forte et effective avec le modèle informel d'économie et d'une dynamique générale de modernisation économique et sociale, loin également de la dynamique de démocratisation au sens vrai du terme, c'est-à-dire avec pour objectif immédiat ou à court terme le minimum démocratique et pour horizon lointain l'idéal démocratique et ses deux piliers politiques, à savoir l'optimum gouvernemental et le maximum participatif.

Ce qui ressort des trois exemples qui précèdent, c'est l'impression qu'il y a une conception proprement africaine du développement. Le développement *à l'africaine* n'est ni une invention ni une exagération de ma part, c'est une réalité. Et il suffit de s'aventurer dans deux ou trois pays d'Afrique subsaharienne pour s'en persuader. Ce n'est pas un modèle de développement en tant que tel. C'est plutôt un rapport philosophique, culturel et historique au développement, dans le sens moderne ou occidental du terme. Je me pencherai davantage sur ce rapport en question juste après ce passage introductif de la partie consacrée au dividende sociétal ainsi qu'au défi du changement social qui lui est associé. Le dividende sociétal est un dividende assez particulier. Sa plus forte particularité lui vient du fait qu'il est d'ordre purement qualitatif. Il n'y a pas d'outils techniques ou d'indicateurs quantitatifs pour mesurer avec précision ni même de manière approximative ce potentiel. A la différence du dividende démographique et du dividende socio-économique, que l'on peut mesurer statistiquement, et même du dividende politique, qui peut être analytiquement saisi avec des indicateurs techniques, le dividende sociétal, lui, procède de l'*esprit* de la société, c'est-à-dire de l'ensemble constitué par les manières d'être, de penser et d'agir. Cela ne signifie point qu'il est insaisissable ; au contraire, il peut être saisi, mais pas avec les mêmes outils ou instruments méthodologiques que les trois autres dividendes en question dans le présent ouvrage. Mais cette singularité ne l'isole pas, du point de vue de sa nature propre, des autres dividendes. Il est purement qualitatif, mais il partage avec les trois autres dividendes considérés le fait que le défi qui lui est associé se relève essentiellement non pas par le simple fait d'agir sur des variables ou des indicateurs techniques ou quantitatifs, mais par le fait d'être en mesure d'impulser une dynamique globale et générale de changement social et sociétal à l'échelle de la société.

Alors que le dividende démographique s'inscrit dans une durée précise et limitée dans le temps, alors que le dividende socio-économique ne peut être appréhendé sans une prise en compte de la conjoncture économique à l'échelle régionale, continentale et mondiale, alors que le dividende politique évolue au rythme de la vie politique du pays en question, le dividende sociétal, lui, ne s'inscrit ni dans une durée précise, ni foncièrement dans la dynamique sociétale du monde, ce qui n'existe pas parce que le monde n'est pas une totalité socioculturelle universelle, ni dans l'évolution politique du pays en question. Mais il est fondamentalement et entièrement en lien avec chacun des trois dividendes considérés. En effet, le processus menant à la transition démographique, celui de la modernisation économique et sociale comme celui de la démocratisation ont un impact direct sur les manières d'être, de penser et d'agir, donc sur la structure sociale et sociétale de base, sur le mode de vie collectif et sur l'ordre des croyances et pratiques courantes à l'échelle de la société. Il est bien évident qu'une baisse réelle et durable de la fécondité et du taux de natalité ne peut manquer d'avoir un impact réel et bien perceptible sur le rapport de la population du pays considéré au peuplement, à la procréation, à la constitution et à la taille des familles, à la santé reproductive, à la condition des femmes ainsi qu'à l'enfance ou à la situation sociale globale des enfants. De la même manière, en se modernisant économiquement et socialement, un pays voit la structure de base de sa société elle-même se modifier progressivement. L'ordre des priorités, des pratiques et des usages change graduellement dans le sens de la modernité. Les valeurs et les croyances collectives ne changent certes pas d'un seul coup, mais en évoluant au rythme des changements qu'entraîne la modernisation économique et sociale, les pratiques, qui témoignent de leur existence réelle et vivante ainsi que de leur caractère organique, font qu'elles finissent au moins par être reconsidérées dans leurs fondements. Ce qui ne veut pas dire que les croyances collectives et les valeurs sociétales ou socioculturelles vont disparaître ni même qu'elles vont être dépréciées ou dévalorisées, cela veut tout simplement dire que la société est en train de changer non pas seulement à la surface des pratiques courantes mais dans la pro-fondeur même des croyances et valeurs qui fondent celles-ci. A l'instar du processus de transition démographique et de la modernisation économique et sociale, le processus de démocratisation affecte la société dans le rapport de sa population à la politique, à la citoyenneté, dans sa représentation sociale du patriotisme, de la démocratie, de la bonne gouvernance politique ainsi que de l'État. C'est dire que tout changement d'envergure a un impact ou un effet réel sur la société. Mais entre avoir un effet réel sur la société et contribuer au changement social, il y a bien évidemment une différence de taille.

De la même manière que le temps passe au fil des secondes, des minutes, des heures, des jours, des semaines, et ainsi de suite, il est considéré en sociologie que toute société est en perpétuel mouvement. Mais mouvement n'est pas changement. Ici, il est question de changement au sens révolutionnaire du terme car ce qui est recherché dans le mouvement en question, c'est le passage d'un état social global à un autre, d'un modèle social et sociétal de vie collective à un autre. Le changement social est une des thématiques centrales de la sociologie. Cette thématique se retrouve autant au cœur de la sociologie classique que de la sociologie contemporaine, de la sociologie générale que de la sociologie du développement. Pour autant, il ne s'agit point ici de chercher à faire le tour des théories générales du changement social dans la sociologie générale ou dans la sociologie du développement. L'approche adoptée dans le cadre du présent travail de réflexion est la même que celle des trois parties précédentes. Elle ne fait aucunement référence aux théories et travaux déjà publiés ou diffusés sur la thématique. Elle consiste à mener une réflexion de fond sur le postulat de l'existence d'un dividende de type sociétal et surtout sur le défi du changement social qui lui est associé.

L'existence d'un dividende sociétal en Afrique subsaharienne, c'est-à-dire d'une marge active réellement favorable au changement social, ne se discute pas, selon moi. Elle s'inscrit pleinement dans le contexte historique de notre époque, celle de la mondialisation. Ce dernier phénomène est sans doute le plus grand massif historique de la fin du XXe et du début du XXIe siècle. Il consacre à lui seul l'émergence d'une ère nouvelle. Une ère sans précédent dans toute l'histoire de l'humanité, celle de l'affirmation épistémique du monde. Au-delà du fait qu'elle consacre l'universalisation du modèle capitaliste, plutôt que simplement libéral, d'économie politique, la mondialisation, comme l'indique si clairement son nom, reste fondamentalement caractérisée par le fait qu'elle fait du monde un « village planétaire », dans la mesure où elle met en interconnexion dynamique et permanente l'ensemble des localités ou contrées du monde. Cette interconnexion, dont les débuts remontent au lendemain de la deuxième guerre mondiale, n'a cessé depuis les années 1990 de s'intensifier avec le boom technologique en cours. Avec la mondialisation, toutes les sociétés du monde sont désormais en mode ouverture. Elles gardent bien évidemment leur singularité organique et authentique, mais elles sont de plus en plus réceptives à ce qui vient d'ailleurs. Or, qu'est-ce qui le plus peut affecter de l'extérieur les sociétés humaines, si ce n'est ce qui peut avoir un impact direct et massif sur la manière dont elles sont structurellement ou globalement structurées ? Cette chose qui, plus que tout, affecte de l'extérieur la structure sociale des pays du monde reste la modernité. Au-delà de sa capacité à produire le changement social dans le cadre d'une société humaine bien identifiée, la modernité est non seulement la plus grande aspiration collective des peuples humains de l'époque contemporaine, mais elle est également le seul phénomène d'envergure qui, tel un universalisme, se diffuse aujourd'hui à l'échelle du monde. La modernité ne s'exporte plus, elle ne s'importe plus, comme par le passé, lorsque le monde était divisé en blocs de pays colonisateurs et colonisés, nord et sud, ouest et est, développés et sous-développés, etc. La modernité est devenue la norme universelle d'ajustement des sociétés humaines. Elle est devenue et elle restera pour toujours l'horizon indépassable de l'humanité. La postmodernité n'est qu'une critique de la modernité, elle ne la dépasse point ni ne remet point en question ses fondements. L'universalisation de l'aspiration des peuples à la modernité consacre le stade suprême de l'historicisme. Elle montre que le monde, dans la totalité et dans la diversité de ses peuples, aspire dans ses plus petites et reculées contrées à la modernité, au sens de l'épanouissement humain, du développement de la cité commune et du bien-être individuel et collectif. Sous cet angle, la mondialisation ne fait que réaliser ce que l'historicisme classique prévoyait déjà avec force et clarté au XIXe siècle, à savoir que toutes les sociétés humaines aspiraient naturellement à devenir comme les sociétés occidentales, des sociétés modernes. Notre époque mondialisée ne fait que confirmer ce qui déjà à l'époque de Hegel faisait plus figure d'une thèse que d'une hypothèse théorique. Si le courant diffusionniste de l'anthropologie classique était encore en « activité », du point de vue intellectuel, il aurait bien évidemment du grain à moudre avec la mondialisation et l'universalisation de la modernité occidentale.

La modernité est non seulement ce qui, le plus, peut produire du changement social dans une société humaine considérée, mais elle est surtout la voie même du changement social. Entre la modernité et son contraire ou ce qui lui est antérieur, c'est comme entre un régime politique de type autoritaire ou pouvoiriste et un régime démocratique. En effet, lorsqu'on étudie l'évolution politique du monde, on se place naturellement, et à juste titre d'ailleurs, ou logiquement dans la perspective de sa démocratisation, car la démocratie est en toute légitimité, en toute pertinence et en toute cohérence la voie que doit suivre tout pays respectueux des droits humains, soucieux de la dignité humaine et préoccupé par l'épanouissement individuel et collectif de sa population. De la même manière, lorsqu'on étudie le changement social dans un pays donné, on se place systématiquement dans la perspective de sa modernisation plutôt que dans toute autre optique. D'ailleurs, je ne sais même pas quelle autre perspective ou horizon peut bien exister ou même être imaginé en dehors de celui de la modernité lorsqu'il est question du changement social. C'est pourquoi je m'interroge à chaque fois que j'entends parler du changement social « positif ». Bien évidemment qu'un pays peut évoluer négativement, par exemple lorsqu'il connaît une régression démocratique, une récession économique ou une dégradation des conditions sociales de vie de ses populations, mais dans ce cas précis, on ne parle pas de changement social au sens propre du terme. Le changement social s'inscrit dans l'idée du développement. Il est un paradigme fondamentalement historiciste, raison pour laquelle il me paraît très maladroit de lui accoler un attribut du genre « positif » ou « négatif ».

Du fait que le changement social s'inscrit dans l'historicisme développementaliste de l'idéal moderniste, le dividende sociétal qui lui est associé est, comme le dividende politique, inépuisable dans le temps. En effet, de la même manière qu'il est appelé à se démocratiser infiniment, tout pays doit inscrire l'évolution générale et globale de sa société dans le sens de la modernité. L'idéal démocratique fait partie de l'idéal moderniste et forme avec celui-ci les deux idéaux les plus importants qui puissent exister pour une société humaine. C'est pourquoi, d'une part, il n'est jamais trop tard pour un pays de se démocratiser et de se moderniser comme, d'autre part, aucun pays ne peut jamais être ni assez démocratique ni assez moderne. Pour autant, il ne faudrait pas croire que parce que le dividende politique et le dividende sociétal sont inépuisables, un pays pourrait tout tranquillement rester éternellement sans rien faire. Ni se démocratiser, ni se moderniser, en se disant tout assurément qu'avec le temps et la mondialisation en cours, tout se fera de lui-même sans qu'on n'ait besoin de chercher à provoquer les choses et l'histoire, cela ne marche pas. Il n'y a jamais eu et il n'y aura jamais de miracle en ce qui concerne le développement ou le progrès des sociétés humaines. Et de la même manière qu'un pays se doit d'avoir une politique de la démocratie, tout pays pas encore structurellement moderne ou, pour faire simple, tout pays pré-moderne gagnerait, dans la perspective de son développement, à se doter d'une politique de changement social. Après avoir discuté du développement *à l'africaine*, je traiterai dans cette partie de ce que devrait ou pourrait être, d'après moi, une politique de changement social.

Le défi du changement social, associé au dividende sociétal, est un défi de modernisation sociétale. La modernisation sociétale n'est pas à confondre avec la modernisation économique et sociale. Les deux types de modernisation sont indissociables, mais ils sont différents et bien distincts. Le social en question, bien qu'étant lié au sociétal, est fondamentalement une notion d'économie politique, alors que le sociétal est une notion de sociologie. D'un côté, on a la modernisation économique et sociale, qui consacre un changement social de type économique et social, précisément avec en vue une rupture forte et effective avec le modèle informel d'économie. De l'autre, on a le changement social de type sociétal, qui est une rupture avec tout un ensemble de choses qui forment la structure sociale en question. Dans la perspective d'une sortie effective du sous-développement pour une évolution structurelle et globale dans le sens d'un développement de qualité, le défi de la modernisation économique et sociale et celui du changement social vont entièrement ensemble ; l'un ne peut aller sans l'autre. C'est la raison pour laquelle tout État, conscient de la nécessité de moderniser son pays dans la perspective de son développement, se doit parallèlement de mettre en œuvre tout autant une politique de modernisation économique et sociale qu'une politique de changement social.

Comme le dividende politique, le dividende sociétal est inépuisable car il y aura toujours quelque chose à améliorer dans la société et il y aura aussi toujours une petite marge d'action pour pouvoir y arriver. Comme il y aura toujours des progrès à faire dans le sens de l'idéal démocratique, il y aura aussi toujours des changements à apporter dans la société. Pour autant, tous les pays ne sont pas logés à la même enseigne. En effet, de la même manière qu'il y a des pays plus démocratiques que d'autres, il y a des sociétés plus modernes que d'autres. Mais à la différence de la démocratie, le changement social ne peut pas être mesuré de manière aussi précise qu'on peut établir des indicateurs opérationnels pour chacune des quatre exigences du minimum démocratique ou pour l'optimum gouvernemental et le maximum participatif. Pour le changement social, il n'y aura donc pas une phase décisive à la lumière de ce que représente le minimum démocratique dans le processus de démocratisation. La démarche analytique à adopter, dès lors qu'il s'agit de penser le changement social dans la perspective d'une sortie du sous-développement, doit nécessairement partir d'une série de ruptures à accomplir pour se poursuivre avec un certain nombre de valeurs et de pratiques collectives à promouvoir. Ce n'est qu'après un tel exercice intellectuel qu'il me sera possible de composer une politique de changement social, comme je suis arrivé dans la troisième partie à faire ressortir les grandes lignes de ce que devrait être, à mes yeux, une politique de la démocratie. Mais avant de pouvoir identifier les ruptures, les valeurs et les pratiques en question, il faudrait réfléchir au rapport général, culturel, historique et critique de l'Afrique au développement.

Le développement *à l'africaine* : un développement sous-développé, un développement de survie, un développement sans modernité

Dans l'ouvrage intitulé *Pour refaire l'Afrique ... par où commencer ?*, que j'ai publié il y a de cela dix ans, et que cherche, quelque part, à approfondir le présent livre, il y a un chapitre de la première partie qui porte sur le rapport de l'Afrique au développement (*Le développement et l'Afrique*, pp.86-120). Ce passage en question peut être approfondi en allant au-delà de l'analyse du rapport philosophique et historique de l'Afrique au développement. Ce qui veut dire, aller à l'analyse de la manière dont le développement se pratique en Afrique.

Dans ce passage du livre en question, il était question de la représentation sociale des Africains du développement et de la relation historique de l'Afrique au développement, précisément depuis la décennie des indépendances nationales, 1960. Je précise au passage que la « représentation sociale » est une des notions centrales de l'analyse sociologique ; elle renvoie au rapport singulier qu'on a à une chose plutôt qu'à la perception qu'on a de celle-ci. Dans le présent ouvrage, il n'est question ni de philosophie collective ou sociale ni de rapport historique au développement, il y est question de pratique du développement. C'est pourquoi, du point de vue de l'intitulé, on passe de « *Le développement et l'Afrique* » à « *Le développement* à l'africaine ». Le but du présent chapitre est de permettre de voir à quel point les pays africains se trompent de voie au moment même où ils décident tout librement de mettre en œuvre leurs propres programmes de développement. Dans *Pour refaire l'Afrique...*, j'avais fait remarquer que l'idée que les Africains, les gouvernements comme les peuples d'Afrique subsaharienne, se faisaient du développement était que celui-ci venait foncièrement d'ailleurs ; raison pour laquelle, ils considéraient que pour un projet importé, ils n'avaient nullement besoin de viser l'original, la simplette technique bureautique du copier-coller devant, à leurs yeux, pouvoir bien suffire. Par ailleurs, j'avais aussi, dans ce même ouvrage publié en 2008, précisé que le premier contact de l'Afrique avec la modernité et donc avec l'idée même du développement remontait au début de la colonisation. Ce qui ne faisait que renforcer chez eux la croyance selon laquelle le développement ne pouvait être qu'un emprunt, une copie de ce qui déjà avait été réalisé en Occident. Certes, le développement répond de l'idéal moderne et donc tient l'Occident pour sa référence ou son repère unique et suprême, mais dès lors qu'un pays se décide de se mettre sur sa voie, il lui revient de se l'approprier en faisant siens ses principes fondamentaux et ses caractéristiques générales avant de pouvoir se l'appliquer en tenant compte des spécificités de sa propre société.

Importer une chose est une chose, savoir l'utiliser à bon escient en est une autre. Entre les années 1960-1970, qui marquent la fin définitive ou officielle de la colonisation, et les années 1990, qui marquent véritablement l'entrée dans l'ère universelle de la mondialisation, l'idée que le développement était inaccessible par soi-même parce que venant d'ailleurs et celle selon laquelle il ne pouvait, en conséquence, se réaliser qu'avec l'aide ou sous la tutelle de l'Occident, précisément de l'ancien pays colonisateur, ne pouvaient plus tenir longtemps. D'une part, le néocolonialisme avait fini de conduire à la démystification du colon et même dans certains cas à une haine du pays colonisateur. Le cas de la France en Afrique de l'Ouest en est celui le plus illustratif à l'échelle du continent. De l'autre, la reconfiguration géopolitique et géostratégique du dernier quart du siècle précédent avait fini de faire émerger de nouvelles puissances en dehors du bloc occidental, et pas des petites et fragiles, des grandes et fortes, des superpuissances. Ce qui conduisait les pays africains et d'une manière générale tous les pays du sud à avoir de moins en moins tendance à idéaliser l'Occident. Aux yeux des Africains, le développement était désormais devenu bel et bien possible, d'autant plus que des pays d'Asie et d'Amérique latine venaient d'en donner la preuve ; mieux, il était devenu possible en dehors de l'Occident et même de son modèle caractériellement moderne.

Pas besoin pour autant de discuter de l'existence ou non d'un modèle de développement autre que celui de l'Occident, le développement au sens moderne du terme, c'est-à-dire un modèle alliant prospérité économique, bien-être social et démocratie politique. Ce modèle est le seul qui existe et qui puisse exister, si l'on considère que le développement doit être avant et après tout au service de l'humain. Il n'y a ni à en imaginer ni à en inventer un autre. Son origine n'a aucune forme d'importance. Qu'il vienne d'Occident, d'Orient ou d'ailleurs, un modèle de développement doit permettre au pays auquel il s'applique de faire prospérer de manière saine et durable son économie ; de pouvoir mettre en place un ensemble de dispositifs institutionnels, administratifs et stratégiques de régulation sociale pour éviter que les plus fragiles ne tombent dans la pauvreté ou dans la grande précarité ; de faire de la démocratie son régime politique et de protéger et de promouvoir en permanence et infiniment ses valeurs et principes. Ce modèle de développement est le vrai, celui qui est tout entièrement au service de l'humain et de l'humanité. C'est ce modèle que porte authentiquement l'Occident. La critique du développement ne doit en aucun cas confondre le modèle en tant que tel, dans son authenticité, et la manière dont il est appliqué dans un pays donné. D'une part, ce modèle s'inscrit dans un idéal, raison pour laquelle il faudrait toujours se référer à lui plutôt qu'à un quelconque pays considéré *a priori* comme étant celui qui le porte ou l'incarne. Aucun pays au monde ne peut incarner à la perfection ce modèle de développement car, encore une fois, il s'inscrit dans un idéal. C'est cet idéal qui doit servir de référence ou de repère, plutôt qu'un pays, puisse-t-il être celui le plus développé du monde.

Une fois qu'on a dit qu'il n'existe qu'un et un seul modèle de développement, à savoir celui combinant prospérité économique, bien-être social et démocratie politique au service de l'humain, il reste à voir dans quelles conditions il pourrait être appliqué partout dans le monde. Partout ? Oui, car partout dans le monde il n'y a que des hommes, et ceux-ci n'aspirent naturellement qu'à la même chose, à savoir l'épanouissement humain. Je ne parle pas des autres vivants. Et comme ce modèle de développement est le seul à répondre pleinement de l'idéal d'épanouissement humain, il n'y a pas besoin de trop s'interroger sur son universalité. Il est bel et bien universel parce qu'il s'inscrit dans l'idéal moderne. Ce que les pays développés ont fait de ce modèle ne doit nullement conduire à le remettre en question ni même à le relativiser. Et d'ailleurs, il y a autant de pays que de manières d'utiliser ce modèle. Tous les pays occidentaux ont fondamentalement le même modèle de développement, même si d'un pays à un autre, le niveau de développement varie. Cette variation ne s'explique que par des choix spécifiques aux pays et non par l'inapplicabilité du modèle de développement. Le fait, par exemple, qu'il y ait plus d'inégalités sociales aux États-Unis que dans les pays nordiques s'explique par le fait que la fédération nord-américaine se veut une société capitaliste, et donc très peu voire pas du tout sensible aux inégalités sociales, une société de compétition et de concurrence, alors que les pays scandinaves d'Europe, eux, cherchent à répondre exactement du sens même du modèle moderne de développement en combinant prospérité économique, bien-être social et démocratie politique. Il s'agit ainsi d'un choix plutôt que d'autre chose. Certes, les dispositions historiques, socioculturelles et traditionnelles peuvent être favorables ou défavorables à l'application du modèle, mais une fois qu'un pays décide de mettre en application le modèle moderne de développement, il ne doit ni le relativiser ni se l'appliquer à moitié. Il doit prendre entièrement en considération les trois composantes de la triade et travailler dans chacune d'elles à pouvoir progresser en permanence et infiniment dans le sens de l'idéal de l'épanouissement humain. C'est dire que le développement, ce n'est pas juste une économie qui prospère. C'est tout un ensemble de choses qui se transforment ; ensemble dont fait partie l'économie.

Aujourd'hui où l'universalité de l'aspiration au développement ne se discute plus, il serait intéressant du point de vue analytique de voir comment chaque pays ou région du monde se l'approprie. Un des apports de la mondialisation, au-delà de l'affirmation épistémique et historique du monde, réside dans le fait qu'elle permet de voir à la loupe ce qui se passe dans chaque pays et dans chaque région du monde en temps réel. Autant elle consacre un ensemble planétaire où tous les pays sont en relation les uns avec les autres, autant elle permet la singularisation de chaque unité de cette totalité. Dès lors, le macro et le micro ne sont plus dissociés ou dissociables car tout procède d'un même ordre de choses. Tout le défi de l'analyse réside alors dans sa capacité à distinguer ce qui est de l'ordre du général et ce qui est de l'ordre du particulier. Le général, c'est de mettre par exemple toute l'Afrique dans un même sac et de voir comment elle évolue dans l'ensemble ; le particulier conduira alors à ouvrir ce sac fourre-tout, à sortir un à un les pays et à les étudier isolément en tenant compte de toute leur singularité. C'est en combinant les deux approches, le général et le particulier ou le macro et le micro, que l'on arrive à dépasser la limite forte qu'entretient par nature chacune d'elles. D'un côté, le général n'aide pas à faire la part des choses. De l'autre, le singulier ne permet pas d'aller au-delà du pays ou de la région considérée. D'un côté, le sous-développement structurel de l'Afrique ne se discute pas. Toutes les études le montrent et tous les rapports de recherche le confirment année après année. Non seulement l'Afrique est de loin le continent le plus sous-développé du monde, si l'on s'en tient aux trois facteurs généraux sur la base desquels on peut mesurer le plus clairement et scientifiquement possible le niveau de développement d'un pays, à savoir l'économique, le social et le politique ; mais, mieux, même prise séparément du reste du monde, ce qui par-dessus tout caractérise l'Afrique en dehors de toute forme de comparaison, juste dans sa singularité la plus absolue, c'est son faible niveau de développement ou son sous-développement structurel. De l'autre, en prenant un à un les quarante-neuf pays d'Afrique subsaharienne, on en arrive à tirer du lot un certain nombre de pays. Ce qui, plus qu'une exception servant à confirmer la règle, convainc de la possibilité pour les pays africains de sortir du sous-développement, qui en perdurant dans le temps peut donner l'air d'une fatalité.

Au-delà de son rapport philosophique et historique au développement, l'Afrique a connu depuis les années 1960-1970 deux phases successives mais bien distinctes l'une de l'autre dans son expérience vivante du développement. La première phase est celle bien connue d'un développement portant la marque des grandes institutions économiques et financières internationales, notamment avec leurs fameux Programmes d'ajustement structurel (PAS) dont les résultats ont été jugés généralement catastrophiques partout où ils ont été appliqués. Cette phase peut être chronologiquement située dans le dernier quart du siècle précédent. Elle s'est poursuivie jusqu'au milieu des années 2000, pour ensuite s'enchaîner avec la deuxième phase qui est celle en cours. Cette deuxième phase qui se déroule sous nos yeux est entièrement typique à la mondialisation économique. De la même manière que les prémices ou les dispositifs fondateurs de la première phase peuvent être datés de la période ayant immédiatement suivi la fin définitive de la deuxième guerre mondiale (1945), avec la création par les États-Unis d'Amérique de la Banque mondiale et du Fonds monétaire international, les origines de la deuxième phase remontent aux années 1990, notamment avec la fin du cycle de négociations de l'*Uruguay Round* en 1994, suivi aussitôt après de la création de l'Organisation mondiale du commerce (OMC).

La première phase est celle qui consacre l'affirmation historique du modèle libéral d'économie politique à l'échelle mondiale. Elle vient confirmer le règne hégémonique des États-Unis d'Amérique comme la seule superpuissance du monde de l'après-guerre. La victoire des Alliés et la libération de l'Europe par l'armée américaine donnaient, quelque part, aux États-Unis d'Amérique une certaine légitimité géopolitique, celle du maître du monde, seul « grand pays » debout après cinq longues et cruelles années de guerre mondiale. Légitimité les ayant conduits à créer l'Organisation des Nations Unies (ONU) en 1945, sensée devoir reconstruire pacifiquement le monde et veiller sur la paix mondiale. Conscients du fait que les causes profondes des deux grandes guerres de la première moitié du XXe siècle sont d'ordre économique plus que politique et idéologique, les États-Unis enchaînèrent la création des Nations Unies avec celle du FMI et de la Banque mondiale pour imposer au monde leur propre modèle d'économie politique et limiter ainsi stratégiquement toute possibilité d'expansion du modèle communiste porté par l'Union soviétique, fortement affaiblie par la guerre mais pas complètement anéantie. La *guerre froide*, qui a suivi la deuxième guerre mondiale, n'était véritablement qu'une formalité américaine, un baroud d'honneur pour montrer au monde entier que rien ni personne ne pouvait plus résister à l'hégémonie impériale des États-Unis sur le monde. D'une pierre, trois coups : ONU pour, au nom de la paix, régner politiquement sur le monde ; FMI et Banque mondiale pour imposer au monde entier leur modèle, plus que libéral, capitaliste d'économie politique ; guerre froide pour donner la preuve qu'ils sont la seule superpuissance du monde.

La première phase de l'expérience africaine du développement ne concerne pas que l'Afrique. En vérité, elle concerne le monde entier. En effet, aucune région du monde n'a échappé dans les années 1970-1980 aux pressions du FMI et de la Banque mondiale pour non pas simplement inciter mais obliger ou forcer les pays à adopter le modèle libéral d'économie politique. Ni l'Afrique, très pauvre et complètement en marge de l'économie mondiale ; ni l'Asie, dont certains pays, comme le Japon (de 1945 au milieu des années 1960), bénéficient déjà d'une très consistante aide américaine dans leur processus de développement et de reconstruction économique ; ni l'Amérique latine, alors très fortement enfermée dans les survivances de la révolution bolivarienne et dans l'idéologie politique socialo-communiste ; ni même l'Europe occidentale, qui bénéficiait, avec le fameux Plan Marshall, de l'aide américaine à la reconstruction et au développement économique. N'oublions pas que le premier nom donné à la Banque mondiale était la Banque internationale pour la reconstruction et le développement (BIRD). N'oublions pas aussi que même la France, qui en 1981 venait d'élire à sa tête un socialiste, François Mitterrand, a été obligée de prendre malgré elle un grand tournant libéral pour se mettre à la hauteur des exigences ou conditionnalités des institutions économiques et financières internationales. Sans oublier l'Angleterre, pays anglo-saxon et donc de tradition économique libérale, qui dès les années 1970 subissait déjà les pressions du FMI pour mener des réformes dans le sens d'une forte austérité budgétaire et dans le but d'affaiblir les syndicats qui à l'époque y étaient politiquement très influents et socialement très puissants, en termes de mobilisation. D'ailleurs, l'un des arguments du discours ayant conduit à l'élection de Margaret Thatcher en 1979 reposait sur la critique acerbe de l'attitude passive voire « faiblarde » du gouvernement britannique d'alors face aux pressions du FMI mais également des syndicats. Cela peut paraître paradoxal, mais on ne rappelle jamais assez que Margaret Thatcher était bien plus conservatrice que libérale à son arrivée au pouvoir et qu'elle tenait bien plus à la souveraineté de la Grande-Bretagne et du gouvernement britannique qu'aux principes et recettes de l'ultra-libéralisme ou du capitalisme politique.

La première phase de l'expérience africaine du développement peut être vue comme une phase d'importation du développement, dans la mesure où aucun pays africain ne savait à l'époque ni avec précision ni même vaguement quels étaient les procédés techniques d'une politique de développement. De pays qui considéraient que le développement devait venir d'ailleurs, il n'y avait pas beaucoup à attendre, sinon qu'ils respectassent à la lettre les recommandations de leurs créanciers. Cette importation du développement n'a rien apporté, sinon qu'avec l'austérité budgétaire en application dans des pays où toute l'économie reposait essentiellement sur le secteur public, le privé moderne étant alors presque inexistant et l'économie informelle ne faisant figure que d'économie de survie, les dégâts sociaux furent énormes d'autant plus que l'écrasante majorité de leur population vivait dans l'extrême pauvreté. Cette première phase de l'expérience africaine du développement peut aussi être vue comme une phase d'apprentissage, une phase permettant aux États et gouvernements africains de comprendre la manière dont fonctionne le système économique international. Il importe analytiquement de distinguer cette phase en question du néocolonialisme. La période reste la même, mais il s'agit de deux choses complètement différentes. Le néocolonialisme consacre une poursuite du colonialisme par d'autres méthodes, alors que les programmes d'ajustement structurel, bien que contribuant à rendre les pays du sud dépendants de leurs créanciers par le biais de la dette qui finançait leur soi-disant développement, avait quelque chose bien en lien avec le développement proprement dit. C'est pourquoi il faut toujours prendre le soin de faire la part des choses lorsqu'il s'agit de situer les responsabilités dans l'analyse du sous-développement du continent africain.

Cela me semble bien facile et même très malhonnête de considérer le néocolonialisme et les plans d'ajustement structurel appliqués aux pays du continent comme les seuls responsables du retard de l'Afrique à la suite de l'accession de ses pays à la souveraineté nationale dans les années 1960-1970. D'un côté, c'est l'ancien pays colonisateur qui voulait continuer de profiter des ressources naturelles et de la naïveté des États de ses anciennes colonies ; de l'autre, ce sont les deux plus grandes institutions financières du monde qui, en l'endettement public, venaient de trouver une aubaine taillée sur mesure à leur vocation propre, car il n'y a pas meilleur moyen d'obliger un pays à adopter un modèle économique que de se porter créancier à son égard pour financer son développement. Et ne nous racontons pas d'histoire, de la même manière qu'un pays n'a point d'ami, sinon ses propres intérêts, une banque, quelle qu'elle soit, ne vit que d'intérêt. Du point de vue des responsabilités, le néocolonialisme et les programmes de développement du FMI et de la Banque mondiale ont un dénominateur commun, il s'agit des États et gouvernements africains. Ce sont, à mon avis, non pas simplement les principaux responsables du retard de l'Afrique, mais les seuls. Et vraiment les seuls responsables. Le néocolonialisme, cela s'inscrit pleinement dans la suite de la colonisation. Cela n'a rien de surprenant qu'un ancien colonisateur cherche à manipuler son ex-colonisé pour lui soutirer ce qui peut encore l'être. Il s'agit de la logique élémentaire des relations stratégiques de pouvoir, pour parler comme mon cher ami Michel Foucault. La géopolitique, c'est comme les affaires, il n'y a aucune forme de morale qui puisse y tenir sinon celle du plus fort. Un pays souverain doit être en mesure de situer ses propres intérêts et de se protéger de toute forme de prédation dont il pourrait faire l'objet. C'est une vieille histoire celle du plus fort qui veut dominer le plus faible. C'est une histoire de rapport de force. Partout dans le monde, c'est la même histoire. Il n'y a pas que l'Europe occidentale qui a cherché à dominer l'Afrique. Les États-Unis aussi voulaient dominer tout le continent américain. La Russie croyait jusqu'à une période très récente que tout l'est du continent européen lui appartenait. La Chine et le Japon ne s'aiment pas parce qu'ils voulaient tous les deux dominer le maximum de pays ou de régions du continent asiatique. Mais ce qui protège un pays dans ce système international de prédation, c'est le caractère souverainiste de son État. Sa capacité propre à mettre en avant les intérêts du pays et à dire non face à tout ce qui peut porter atteinte à ceux-ci. Si le néocolonialisme a existé à la suite de la colonisation, c'est parce que les États africains n'avaient aucunement pris la mesure de ce que pouvait bien être le fait d'être souverain après tant d'années de mise sous tutelle. Mieux, ils se moquaient royalement du fait que le pays soit libre, souverain ou indépendant. Tout ce qui les intéressait, c'était leur règne, et rien d'autre. Même chose pour les programmes d'ajustement structurel. On savait bien dès sa création que le système de Bretton Woods était au service d'une idéologie géostratégique plutôt que du développement des pays les plus pauvres du monde. Ce qui m'a le plus étonné dans toute l'histoire des programmes d'ajustement structurel, ce n'est point le rôle joué par le FMI et la Banque mondiale, c'est plutôt le fait que les analystes et autres critiques avérés aient été eux-mêmes étonnés de ce rôle et surpris par l'ampleur de l'échec de ces programmes. A vrai dire, il fallait bien s'y attendre. D'une part, aucune banque au monde, puisse-t-elle être mondiale, n'a pour vocation de développer un pays. De l'autre, la logique de fonctionnement d'une banque est entièrement une logique affairiste. Un pays quel qu'il soit ne peut être pour une banque qu'un client. Ni plus ni moins. Il n'est bien évidemment pas comme n'importe quel client, mais il ne peut point aller au-delà de ce statut. On peut l'appeler partenaire, mais dans le langage banquier ou des affaires, un partenaire est un client. C'est dire à quel point les États africains des premières décennies ayant suivi la période des indépendances nationales étaient irresponsables par rapport à la situation de leurs pays et naïfs vis-à-vis du mode de fonctionnement du système international.

Les pays africains, bien que demeurant alors politiquement fortement influencés voire manipulés par les puissances étrangères et économiquement sous haute surveillance du FMI et de la Banque mondiale, avaient une marge non négligeable de manœuvre. Ils ne manquaient nullement d'atouts même si tout et tout était à construire ou à reconstruire chez eux. Dans le développement international, il faut savoir que rien n'est gratuit. Même la part de don de l'aide internationale est d'une manière ou d'une autre payante. Mais rien dans ce monde ne peut arrêter un pays qui veut avancer. Ni le système de prédation capitaliste ni les tentatives de manipulation des grandes puissances. La souveraineté nationale, cela se porte avec un État qui a du caractère. Le développement, cela se réalise avec un État qui a du courage pour amener son pays à mener les ruptures structurelles à entreprendre, avec de la volonté pour faire comprendre au peuple tout entier que le moment est venu de tourner la page d'une histoire peu glorieuse pour en ouvrir une nouvelle bien plus radieuse, de l'intelligence pour expliquer au pays les enjeux du moment, les défis à relever et ainsi l'entraîner dans le mouvement ou la dynamique de transformation qui conduit au changement voulu.

La première phase de l'expérience vivante africaine du développement se termine, à mon avis, dans les années 1990. Avec l'échec des programmes d'ajustement structurel, les pays africains étaient sensés avoir bien appris du monde, de la manière dont il est géopolitiquement organisé et dont il fonctionne du point de vue économique. D'autant plus qu'à côté des questions du financement du développement, d'autres grandes questions avaient surgi et avaient été froidement abordées par les analystes et pris en compte par les grandes instances de décision à l'échelle mondiale. La pauvreté, les grands problèmes de santé, d'éducation, la question de la démocratie dans le processus de développement, entre autres questions, ne cessaient d'être débattus de fond en comble pour trouver les solutions les plus idoines. On ne peut pas dire que la recherche n'a pas fait son travail. Au contraire, s'il n'y a qu'une et une seule catégorie active qui a bien travaillé dans le but d'aider les pays sous-développés à sortir de leur situation, c'est bien celle des chercheurs ou de la recherche. Dans les années 1990-2000, toutes les grandes questions de développement étaient en haut de l'affiche, aucune question n'était oubliée ou même négligée. Le caractère global et multidimensionnel du développement ne faisait plus débat et chaque dimension de la thématique était abordée avec un sens élevé de la rigueur scientifique et un souci formel d'objectivité. Les domaines d'expertise en matière de développement se sont multipliés à une vitesse telle que même la mondialisation, malgré son ampleur et sa complexité, ne pouvait échapper à la recherche. Le monde se transformait d'une manière extraordinaire mais la recherche scientifique ne se laissait point dépasser par cet objet sans commune mesure avec tout ce qu'elle avait jusqu'alors connu. Pour les pays encore en situation de sous-développement, une opportunité historique nouvelle se présentait, et qui n'avait rien à voir avec l'époque néocoloniale ou celle des grands et vieux bailleurs internationaux aux méthodes très peu orthodoxes. Désormais, la donne mondiale avait changé et chaque pays était appelé à poursuivre son propre chemin indépendamment des autres. Les blocs Nord, Sud, Tiers-monde,

Quart-monde, tout cela était devenu caduc. D'autres acteurs étaient entrés en jeu, d'autres questions avaient surgi, une autre dynamique internationale était en marche et le monde était devenu plus ouvert mais également plus compétitif.

La phase de l'expérience africaine du développement qui a débuté dans les années 1990 avec l'essor de la mondialisation et qui se poursuit jusqu'à nos jours, comme la première, n'est pas propre à l'Afrique. Elle traverse le monde entier. Mais, ce qu'il y a de singulier avec l'Afrique, c'est que, comme pour la première phase qui va des années 1960 aux années 1990, elle semble toujours dans une sorte de redécouverte du monde. Tout semble la surprendre. Le moins à dire, c'est qu'elle n'est pas douée pour anticiper les choses à venir. Avec tout ce qu'a connu le continent depuis la colonisation jusqu'à la mondialisation, les pays africains étaient supposés avoir la maturité pour faire la distinction entre ce qui dans ce monde en perpétuel mouvement pourrait leur convenir et ce qui ne leur conviendrait pas. Leur longue expérience du sous-développement devait *a priori* leur avoir donné une idée bien claire et structurée de ce qu'est le développement et de la manière dont il faudrait travailler à pouvoir l'atteindre. Il n'y a plus d'organisation internationale sensée devoir surveiller comme un intraitable censeur les pays du monde et la manière dont ils se gèrent économiquement ou financièrement. Avec les transformations survenues dans le domaine de la finance internationale durant ces dernières années, il n'y a plus aucun mode de régulation du système économique et financier mondial. Les États-Unis d'Amérique avaient tout délibérément fait sauter le système de Bretton Woods dès les années 1970 pour créer une compétition entre les monnaies les plus puissantes du monde. C'est tout ce que craignait Keynes au moment de la création de la Banque mondiale et du FMI. Dans les années 1990, entre le Consensus de Washington et la création de l'OMC, les maîtres-mots étaient libéralisation, dérégulation et déréglementation. Ce qui allait contribuer massivement à l'essor des multinationales. Tout y est passé et désormais plus personne ne surveille personne. Chacun y va avec ses armes et se défend en cas d'attaque ou attaque dès lors qu'il pense pouvoir en tirer profit. Il suffit de comparer la notoriété et l'influence qu'avait l'OMC à ses débuts à ce qu'elle est devenue aujourd'hui pour se convaincre du fait qu'on a fini de tout *laissez-aller* et de tout *laissez-faire*. A partir des années 1990, le FMI et la Banque mondiale se retiraient tout discrètement du jeu autour du financement du développement pour laisser leur place aux banques privées qui ne cessaient de proliférer et qui, avec le boom technologique, avaient trouvé un moyen extraordinaire de doper l'économie boursière au détriment de l'économie réelle. Désormais, c'est à chaque pays de trouver tout seul sur le marché international les moyens de financer son développement. Le FMI et la Banque mondiale ne sont plus que des observateurs. Ils continuent de produire des rapports et de financer des projets, mais cela bien en deçà de ce qu'ils faisaient jusqu'aux années 1980. Quelque part, ils n'ont régné que le temps des *Trente glorieuses*, les trois décennies ayant suivi la fin de la deuxième guerre mondiale, et qui ont fait la gloire des recettes keynésiennes en matière d'économie politique. Aujourd'hui, avec le capitalisme politique en marche, en lieu et place du keynésianisme politique, tout se fait dans le privé, les États ne dictent plus la règle du jeu. Ils sont soumis au marché, à ses puissants dogmes et mêmes à ses acteurs. La preuve en est que quand une grande banque mord la poussière en s'adonnant trop aux spéculations boursières et risque en conséquence de faire faillite, c'est l'État du pays d'origine de l'institution bancaire qui va aller s'endetter sur le marché des capitaux pour renflouer les caisses de celle-ci. On l'a vu aux États-Unis lorsqu'en septembre 2008 la Réserve fédérale américaine (FED) s'est dépêchée pour sauver *in extremis* plusieurs établissement financiers qui alors entraient pleine-ment en cessation de paiement, à la suite de la crise des *subprimes.* Et les idéologues du capitalisme n'ont eu rien d'autre à dire que : *Too Big to Fail* ! (trop grand pour tomber ou pour faire faillite). C'est le comble du cynisme. On le voit bien en Europe avec la stratégie de relance de l'économie réelle choisie par la BCE (Banque centrale européenne) consistant, par le biais de la méthode du *Quantitative Easing* (planche à billets) mise en pratique depuis janvier 2015, à gaver les banques privées de liquidités, qui, à leur tour, n'ont rien eu d'autre à faire du magot que d'aller le placer en bourse, se détournant ainsi complètement de l'économie réelle et de son sort. Dans ce genre de contexte mondial où les règles du jeu sont faussées d'avance, si l'on peut même encore parler de règles du jeu, il faut pour un pays beaucoup de maturité, un sens élevé de la manière de se procurer de l'argent, de le dépenser et de l'investir dans des domaines et types d'activités rentables. Bref, il faut une manière bien plus intelligente que par le passé de mener une politique de développement.

Alors que la première phase de l'expérience africaine du développement était fortement marquée par la croyance selon laquelle celui-ci devait nécessairement venir d'ailleurs, précisément d'Occident, la deuxième phase, celle qui se poursuit sous nos yeux, repose sur l'idée qu'il pourrait désormais y avoir des raccourcis pour passer du sous-développement au développement. Non seulement, l'Occident ne détient plus le monopole du développement, aux yeux des Africains, mais en plus de cela, le continent africain n'en fait plus la référence la plus directe en la matière. De l'Occident, on passe à l'Orient. Le niveau de développement de l'Europe occidentale et de l'Amérique du nord semble trop élevé pour être atteint ou même rapproché par l'Afrique ; raison pour laquelle, au lieu de faire une fixation sur les pays occidentaux, mieux vaut être réaliste et prendre pour référence les pays dits émergents. Voilà une nette revue en baisse des ambitions africaines en matière de développement. Du développement à l'émergence. Le choix est fait : le développement, c'est trop compliqué et trop exigeant, mieux vaut alors se contenter de l'émergence, qui est plus accessible et moins exigeant en termes de qualité. C'est exactement cela qui se passe dans la tête des gouvernants africains mais également dans celle de leurs populations. A quoi bon vouloir faire compliqué si l'on peut faire simple ? A quoi bon viser loin si l'on peut atteindre la cible la plus proche ? L'émergence, je ne sais pas précisément d'où cela vient, mais à vrai dire elle ne rend guère service aux pays sous-développés car elle leur fait croire qu'il est possible de brûler les étapes qui mènent au développement. Raison pour laquelle, plusieurs pays africains ont sauté sur l'occasion pour en faire, plus que leur nouvel objectif, leur grand et lointain horizon, en lieu et place du développement. Désormais, il n'est plus question dans beaucoup de pays africains que d'émergence. Un fort joli alibi pour à la fois mettre sous le tapis cet encombrant et honteux état global de sous-développement et éviter de parler du développement. L'émergence se présente comme l'occasion rêvée des pays africains pour encore prendre tout leur temps tout en contournant l'essentiel. Ce n'est pas le choix de la facilité, c'est celui de la médiocrité.

Alors que la première phase de l'expérience africaine du développement était marquée par la croyance selon laquelle celui-ci ne pouvait qu'être importé d'Occident, la deuxième phase, elle, repose non pas sur une croyance ou une idée, mais sur un choix clairement affiché de l'émergence en lieu et place du développement. Ce qui me paraît curieux dans cette histoire d'émergence, c'est le fait qu'on ne l'inscrit même pas dans le processus de développement, on en fait une alternative au développement, comme si on voulait faire valoir un autre modèle de développement à côté de celui occidental. Ce qui, à mon avis, serait la plus grande aberration de tous les temps, car non seulement il n'existe pas et ne peut nullement exister un modèle de développement autre que celui occidental ; mais également, même s'il s'agissait de trouver une alternative pour corriger les effets pervers du modèle occidental de développement, ces éléments correctifs ne pourraient venir que de ce modèle occidental lui-même. Si l'émergence est considérée comme une étape du processus de développement, le plus cohérent du point de vue analytique serait de préciser combien de temps il devrait rester aux pays dits émergents pour devenir des pays développés au même titre que ceux d'Europe occidentale, d'Amérique du nord, d'Océanie ou que le Japon et la Corée du Sud? Après tout, si les BRICS s'inscrivent dans le processus du modèle occidental de développement, ils devraient tout de même avoir déjà atteint au moins l'étape du « décollage », ce qui voudrait dire qu'il devrait bien être possible de savoir le temps, ne serait-ce qu'approximativement, qu'il leur reste pour être véritablement ou structurellement « développés ». Or, curieusement, nulle part dans les travaux que j'ai parcourus, il n'est fait mention ni théoriquement ni en termes pratiques de cette distance qu'il reste à parcourir aux pays dits émergents pour devenir des pays développés. J'aimerais bien savoir quand est-ce qu'on va commencer à considérer la Chine, par exemple, comme un pays développé plutôt que comme un pays simplement émergent. Après tout, elle est en phase de devenir la première économie du monde, non ? Pour ma part, vu toute la place qui est accordée au facteur économique dans le processus de développement d'un pays, j'ai du mal à comprendre que la première économie du monde ne soit pas considérée comme un pays développé. Bien sûr que le développement ne se résume pas à la croissance économique, mais non seulement la Chine s'est considérablement transformée du point de vue du mode de vie, de la qualité de vie ainsi que du niveau de vie de sa population, mais surtout, mine de rien, on parle de la première ou deuxième économie du monde. Si l'on n'arrive pas à préciser le temps qu'il reste à parcourir ou le travail qu'il reste à faire à la Chine pour devenir de manière effective un pays développé, alors il y a un sérieux problème dans la définition de l'émergence et du développement et dans la distinction à faire entre ces deux concepts et phénomènes. Pour ma part, un pays qui ne porte pas en lui le *principe de modernité* ne mérite pas d'être considéré comme un pays développé. Il aura beau battre tous les records en matière de performances économiques, s'il n'inscrit pas son évolution globale dans l'optique de sa modernisation, il est dans une dynamique autre que celle du développement. Le développement sans la modernité, pour moi, ce n'est pas un vrai développement. La modernité sans le respect des libertés et des droits individuels et collectifs, c'est tout simplement inimaginable et inqualifiable. Inqualifiable, voilà le mot que je cherchais.

La voie choisie par l'Afrique est tout simplement inqualifiable. L'Afrique est sous-développée. Cela ne se discute pas. Avant toute chose, elle devrait penser à sortir de manière effective et définitive de ce sous-développement qui lui colle à la peau, comme s'il se confondait tout autant avec son ADN qu'avec son destin. Mais au lieu de travailler à pouvoir se tirer de ce cercle sombre et vicieux du sous-développement, elle cherche une sorte de subterfuge ou de dérobade en jouant sur les mots. Et mot pour mot, les gouvernements africains ne veulent plus qu'on leur parle ni de sous-développement ni même de développement. Le sous-développement, c'est la honte. Le développement, c'est trop compliqué et trop difficile à atteindre. D'une part, ils ne veulent plus qu'on les considère comme des pays sous-développés, alors qu'ils le sont ; de l'autre, ils ne veulent plus faire du développement ni une ambition ni un objectif, ils veulent remplacer ce dernier mot par celui tout farfelu d'émergence. Mais, alors, que doit-on désormais exactement dire des pays africains ? Qu'ils sont des ex-pays-sous-développés ? Des pays pré-émergents ? Des pays en voie d'émergence ? J'avoue que je n'y pige plus rien. C'est pourquoi je dis que toute cette confusion autour des mots, rien que pour qualifier l'état global d'un pays ou d'un groupe de pays, me paraît elle-même inqualifiable. Pour ma part, l'Afrique est encore sous-développée. Un point, c'est tout. Elle devra, avant tout, commencer par travailler à pouvoir sortir du sous-développement avant de penser à « émerger », ce qui ne veut rien dire.

La voie que l'Afrique à choisie est inqualifiable car elle n'est ni en train de se développer ni en train d'émerger. Elle bouge certes, mais toujours dans le confort de son sous-développement plutôt que dans le sens de son développement ; c'est-à-dire pas dans le bon sens. C'est comme si les pays africains, ou en tout cas la plupart d'entre eux, avaient fini de mettre une croix sur leur développement et avaient décidé de se rabattre sur ce mot burlesque mais curieusement tout en vogue de l'« émergence ». Bref, rien qu'un exercice de communication, des plus élémentaires et maladroits qui soient. C'est trop peu pour créer dans un pays une dynamique de changement. L'histoire ne se fait pas avec de simples mots, slogans ou discours. Elle se fait avec des actes forts et fortement orientés dans un sens clairement déterminé pour d'objectifs exactement définis. Ni le développement ni l'« émergence » ne se décrète. Tout se travaille méthodiquement et rigoureusement, c'est-à-dire en commençant par le commencement plutôt qu'en cherchant à contourner les grands défis à relever. Même l'émergence, que les pays africains croient facilement réalisable, exige d'un gouvernement une aptitude réelle à conduire son pays dans le sens des ruptures à entreprendre ainsi qu'une forte capacité à entraîner sa population dans une dynamique de changement social formellement alignée sur les objectifs généraux visés. L'émergence vise globalement la croissance économique à tout prix et avec en toile de fond l'idée ou la croyance que celle-ci pourrait à elle seule suffire pour développer un pays. Pas besoin de répéter qu'une telle croyance est plus qu'erronée, elle est tout simplement diabolique. Si tel était le cas, aucun pays ne resterait pas plus d'une décennie « en émergence ». Après tout, on ne peut pas passer tout un siècle à ce stade du développement, qui logiquement ne devrait être que provisoire ou transitoire. De la même manière que je m'interroge sur le temps qu'il reste à la Chine pour devenir un pays développé au même titre que ceux d'Europe occidentale ou d'Amérique du nord, je m'interroge sur ce que l'Afrique du Sud, l'Inde, le Brésil et la Russie ont en commun pour qu'on les mette maintenant systématiquement dans la même catégorie du point de vue de leur niveau de développement, en allant même jusqu'à leur trouver un sigle taillé entièrement sur mesure (BRICS). A vrai dire, ces pays n'ont rien, absolument rien, en commun. Ni historiquement, ni géographiquement, ni politiquement, ni culturellement, ni démographiquement, ni même économiquement et socialement. Chacun de ces cinq pays est un cas particulier. Si c'est en raison de leurs performances économiques de ces dernières années qu'on les rassemble dans un même cadre typologique, franchement, c'est d'une très grande maladresse analytique. A vrai dire, au regard de la manière dont s'est construite la croissance économique dans ces pays dits émergents depuis les années 1990, il n'y a pas de quoi fouetter un chat, car logiquement l'universalisation de l'économie de marché dans cette ère de forte mondialisation économique et commerciale ne peut avoir pour impact sur des pays comme ceux-ci que de faire considérablement croître leur Produit Intérieur Brut (PIB). Rien d'extraordinaire. Même chose pour la croissance économique des pays d'Afrique subsaharienne.

D'un côté, l'ouverture à l'économie de marché pour des pays géographiquement aussi grands que les BRICS (l'Inde faisant exception à ce niveau), ayant un marché intérieur aussi très grand et au départ une économie plus ou moins fermée, cela stimule naturellement la croissance économique. Je ne vois absolument pas ce qu'il y a d'extraordinaire dans la croissance à deux chiffres tenue pendant presque trois décennies par la Chine dès lors que ce dernier pays avait résolument et ouvertement pris vers la fin des années 1970 la décision d'en finir avec la monstrueuse idéologie communiste pour se moderniser et adopter le modèle libéral d'économie politique. Il n'y a rien de sorcier à cela. C'est la logique la plus élémentaire des choses en matière d'économie politique. Et pourquoi alors la croissance économique des BRICS s'essouffle-t-elle déjà, alors que dans chacun de ces cinq pays il demeure encore des problèmes structurels de sous-développement ou de développement ? Certainement parce qu'on a commis l'erreur d'avoir fait le choix de l'émergence plutôt que celui du développement proprement dit, c'est-à-dire du modèle de développement combinant prospérité économique, bien-être social et démocratie politique. D'un côté, donc, les BRICS avec leur croissance « malsaine », parce que très peu soucieuse de l'Humain et de la Nature, et leur développement au rabais ; de l'autre, l'Afrique, qui n'a rien de mieux à viser que la même chose. Et qu'on ne se trompe pas d'arguments explicatifs : de la même manière que le passage à l'économie de marché pour des pays ayant au départ des économies fermées relève en toute logique le taux de croissance du PIB, la mondialisation libérale dope l'économie des pays partis de pratiquement rien, comme les pays africains. Je suis tout étonné de voir qu'on n'arrête plus de nous casser les oreilles avec la croissance économique des pays africains. Franchement. De quoi parle-t-on ? Des miettes de la mondialisation à se partager entre cinquante pays ! Seigneur ! Les pays africains, s'ils étaient clairement tournés vers le développement au sens propre, véridique et qualitatif du terme, devraient aujourd'hui être pour la plupart dans une dynamique économique leur permettant d'aligner sur plus d'une décennie entre 15 et 20% de PIB. Je le pense. Mieux, je pense même que plusieurs pays peuvent arriver à réaliser plus de 25% de croissance économique sur plusieurs années successives s'ils optent pour le développement plutôt que pour l'émergence. La différence est de taille entre les deux car le développement allie politique de croissance économique et politique de modernisation économique et sociale, alors que l'« émergence », elle, considère que la croissance soutenue du PIB modernise naturellement, comme dans une sorte de déterminisme, toute l'économie. En matière de développement, rien ne procède du néant, tout a une cause et une conséquence, c'est pourquoi tout est question de choix, de volonté et de courage politique. Oui de courage politique.

Oui, de courage politique. Le choix de développer un pays ou de le sortir de manière effective et définitive du sous-développement est un choix qui vient du cœur. Il demande, au-delà de la prise de conscience des enjeux du présent et du futur ainsi que de l'identification des défis généraux à relever dans des domaines jugés hautement prioritaires, un courage sans faille et une capacité réelle de la part de l'État à convaincre sa population dans le sens de l'entraîner dans la dynamique du changement voulu. Ce que j'appelle courage comme élément déterminant de toute politique, c'est le fait de viser absolument la pertinence dans tous les choix à faire et la qualité dans toutes les actions à mener. Entre le développement et l'émergence, la différence se situe exactement dans le fait que le premier fait le choix de la qualité et développe chez son acteur le courage de s'attaquer au fond de tous les problèmes, des simples comme des compliqués, alors que le second se contente de faire agir à la surface. Agir à la surface plutôt qu'en profondeur, s'occuper de la façade plutôt que de l'intérieur, se préoccuper du superficiel plutôt que de l'essentiel, voilà ce que font les pays africains depuis plus d'un demi-siècle. Quand je parle des pays africains d'une manière générale, je parle avant tout de leurs États et gouvernements, puis de leurs sociétés, entre leur mentalité collective et l'ordre des valeurs et pratiques collectives qui y sont en vigueur. Cela a toujours été le cas depuis les indépendances. L'Afrique n'a jamais pris son destin en main. Même indépendants et souverains, les pays africains ont du mal à voler de leurs propres ailes. Dans les trois premières décennies qui ont suivi la vague des indépendances, des années 1960 aux années 1990, les pays africains se sont pliés entièrement aux Programmes d'ajustement structurel, croyant fermement que le salut leur viendrait de l'extérieur. Ce qui, pour des pays ayant fraîchement accédé à la souveraineté nationale, me semble, pour le moins, curieux. Des années 1990 à nos jours, environ trois décennies aussi, les voilà qui se ruent massivement vers ce qui, par-dessus tout, devait les rendre sceptiques plutôt que de les séduire. On peut résumer le changement d'option de l'Afrique en ces termes qui suivent en italique. *De l'Occident, on a attendu pendant plusieurs décennies le développement, il n'est jamais venu. Aujourd'hui, nous n'attendons plus rien ni de l'Occident, ni du FMI, ni de la Banque mondiale, et nous ne voulons plus ni des PAS, ni même du développement. En lieu et place de l'Occident, nous avons choisi l'Orient. Au lieu des prêts des institutions de Bretton Woods, nous avons choisi d'emprunter librement sur le marché financier international pour financer notre « Plan National d'émergence » (PNE) en lieu et place des Programme d'ajustement structurel. Ce qui clairement affiche notre choix assumé de l'émergence en lieu et place du modèle occidental et moderne de développement.* Pour un choix, en voilà un de très clair. Ce choix de l'émergence est pleinement assumé car il correspond intégralement à la conception que les Africains et leurs gouvernements ont du développement : un développement au rabais, un développement désordonné, un développement tout simplement sous-développé, un développement de survie, un développement sans modernité.

Le développement *à l'africaine* consacre une peur du développement doublée d'une ignorance ou d'un manque de connaissance et de maîtrise des procédés techniques sur la base desquels doit travailler un État pour permettre à son pays d'y arriver. La peur du développement est à comprendre à partir de l'idée selon laquelle, au-delà de la volonté, la mise en œuvre d'une politique de développement exige de la part de l'État un courage inébranlable. C'est ce courage qui conduit un État à tenir à son peuple un langage de vérité sur la nécessité de rompre avec un certain nombre de choses qui constituent des rigidités réelles au développement. Si on considère le développement comme *l'action de la société, par et pour la société*, alors cela va sans dire qu'*a priori* chaque membre de la société est acteur à part entière du processus de développement de son pays. Or, ce qui justifie la place centrale du changement social dans la grande thématique du développement, c'est justement cette action de la société sur elle-même, cette *politique de la société*, comme j'ai l'habitude de le dire. Cette faculté qu'a la société d'agir sur elle-même est une caractéristique intrinsèque à toute société politique, c'est pourquoi je pense qu'aucune société n'est véritablement hostile au changement social. C'est la manière dont on lui explique les enjeux et l'importance de relever les défis identifiés qui peut soit la convaincre soit la laisser indifférente. Dans le cas où elle est convaincue du changement social à entreprendre, une société ne se fait pas attendre, elle peut aller très vite lorsqu'elle est appelée à travailler sur elle-même. Tellement vite que ses transformations peuvent prendre de l'avance sur les réformes de l'État. Ce qui veut dire que le courage en question est un courage intelligent car il ne cherche pas à imposer un ordre, une philosophie ou une doctrine quelconque ; c'est un courage pédagogique, un courage qui veut inciter la société à agir stratégiquement sur elle-même dans le but de créer en son sein cette dynamique tant recherchée du changement social, sans quoi le processus de développement ne sera que technocratique plutôt que pleinement social, au sens « total » et actionnaliste du terme.

La volonté est une chose. Le courage, une autre. L'intelligence, une tout autre chose. Le courage pédagogique est ce courage qui permet d'amener la société, dans son action sur elle-même, à effectuer des ruptures fortes. Ruptures fortes, mais surtout indispensables dans la perspective d'une sortie définitive du sous-développement et d'une entrée effective dans la dynamique d'un développement de qualité. Je préciserai dans le passage qui suit celui-ci de quelles ruptures il est exactement question. C'est précisément pour ces ruptures que je parle de courage et que je ne cesse depuis le début de cet ouvrage d'insister sur ce mot. Au-delà de la volonté du développement et du courage de rompre avec tout ce qui peut l'empêcher ou ralentir la marche générale du pays considéré dans ce sens, il y a toute l'intelligence stratégique de l'État qui est en question. En effet, de la même manière qu'il doit faire preuve d'un grand savoir-faire politique et gouvernemental pour permettre la réalisation de la transition démographique, la modernisation économique et sociale du pays et le progrès politique de celui-ci dans le sens de l'idéal démocratique, l'État est aussi appelé à conduire la société à mener de bout en bout les ruptures nécessaires au développement du pays. Ces ruptures en question, pour être en parfaite cohérence avec l'ambition générale et globale du développement, doivent s'inscrire dans une politique du changement social. Oui, pour passer du sous-développement au développement, il faut nécessairement une politique du changement social, à moins qu'on ne veuille se contenter que d'une petite politique du développement, une politique répondant de l'ambition de l'« émergence » plutôt que d'un développement humain et de qualité. Après avoir clairement exposé les trois ou quatre points précis où devraient, à mon avis, être effectuées les ruptures en question, il restera, au-delà de celles-ci et sans perdre de vue le postulat de l'existence d'un dividende sociétal, au même titre que celui démographique, socio-économique et politique, à bien présenter ce que devrait être, de mon point de vue, une poli-tique de changement social entièrement inscrite dans la perspective d'un développement de qualité.

Une série de quatre ruptures sociétales, structurelles et fondamentales à accomplir

Ce chapitre pouvait être intégré dans celui qui vient juste avant la conclusion de cette quatrième et dernière partie et l'épilogue du présent ouvrage. Il s'agit précisément du passage intitulé « *Qu'est-ce qu'une politique de changement social ?* ». J'ai préféré extraire et isoler le présent passage de ce dernier pour mettre en exergue l'importance des ruptures sociétales à entreprendre dans les pays africains dans l'optique de leur développement. D'une manière générale, une politique de changement social intègre nécessairement des ruptures car il s'agit de passer d'un système social donné à un autre de bien différent. Dans la perspective d'un changement social, tout pays est appelé à mener des ruptures du point de vue sociétal ou socioculturel. Mais il y a rupture et rupture. D'une part, il y a des ruptures d'ordre structurel ; de l'autre, il y a des ruptures que l'on peut considérer comme étant complémentaires plutôt qu'obligatoires ou fondamentales. Les ruptures structurelles sont des ruptures qui s'attaquent aux fondements du système social et aux pratiques collectives qui leur sont conséquentes dans la vie quotidienne de la société, alors que les ruptures complémentaires ou subsidiaires, elles, plutôt que de remettre en question le système social et sa manière de fonctionner, ont pour but de corriger un certain nombre de croyances et de pratiques collectives pouvant se présenter comme des rigidités ou des obstacles au processus de développement d'un pays. Rupture structurelle ou rupture complémentaire, tout dépend de l'état social global de départ du pays en question.

La notion de « rupture », comme celle de « révolution », fait généralement peur aux peuples et aux sociétés. D'une manière générale, les sociétés humaines sont très conservatrices. Qu'on ait affaire à un pays moderne et développé ou non, toute société humaine a tendance à vouloir conserver un certain nombre de choses parce que jugeant que celles-ci constituent les fondements du caractère organique de son système social. Dans la perspective du développement global et humain d'un pays donné, la rupture sociétale dont il est question ne renvoie pas nécessairement à une transmutation des us, des coutumes et des traditions de la société. C'est pourquoi traiter du changement social comme problématique centrale de la grande thématique du développement exige de la part de l'analyse la précision de ce qui est entendu à travers la notion de « rupture » ; précision sans laquelle la notion de « changement social », elle-même, risque de se retrouver floue dans sa définition ; ce qui, en conséquence, pourrait desservir l'argumentation plutôt que de lui apporter de la clarté et de la cohérence. Malheureusement, c'est l'une des remarques générales qui le plus souvent ressortent de la lecture des travaux consacrés au changement social en tant que question globale et majeure de développement. Que l'on parle d'ouvrages, d'articles, de travaux académiques ou de rapports des organisations internationales onusiennes ou du FMI ou de la Banque mondiale sur le développement, la remarque reste la même : dans les cas où le changement social est pris en compte dans l'analyse du développement, celui-ci est appréhendé de manière tellement abstraite qu'on a l'impression d'une caricature plus que d'une recherche ou même d'une simple réflexion analytique sérieuse et bien articulée.

A ce niveau précis, l'analyse entretient depuis toujours, c'est-à-dire depuis la naissance de la sociologie du développement ou depuis l'émergence des études du développement dans les sciences humaines et sociales dans le dernier quart du siècle précédent, un très grand défaut : celui de l'abstraction. Jusqu'ici, la question du changement social comme question forte et globale de la grande thématique du développement n'est pas véritablement sortie de cette abstraction. En effet, ce sont les mêmes vieilles théories générales des systèmes sociaux formulées par la sociologie classique qui sont reprises à l'unisson lorsqu'il est question du changement social, avec en toile de fond l'argument tout simpliste selon lequel celui-ci se résume au pas-sage de la tradition à la modernité. Drôle de théorie. Bien évidemment que le type de société visé dans le processus de développement est celui moderne, mais formuler la chose de manière aussi caricaturale, c'est passer à côté de l'essentiel. L'essentiel, c'est la double précision suivante : que faut-il changer et par où commencer ? Autant dire que jusqu'ici l'analyse se limite à développer une théorie générale du changement social plutôt que d'essayer de voir comment se pratique ou comment pourrait se pratiquer de manière concrète le changement social dans la perspective du développement. Si la présente partie apporte quelque chose de nouveau à la réflexion ou à l'analyse du changement social, c'est sans doute à ce niveau précis. D'une part, je ne me limite pas à reprendre l'évidence générale du passage de la tradition à la modernité et à tourner en rond autour de cette considération, somme toute, analytiquement élémentaire. De l'autre, en prenant en compte la « rupture », je vais au-delà du processus linéairement conçu dans la théorie du changement social pour porter mon regard sur ce qui pourrait constituer une dynamique de transformation sociale. Avec la notion de rupture, la question de savoir avec quoi rompre ou quoi changer et celle de savoir par où commencer cette rupture sociétale ou ce changement social peuvent trouver des pistes bien indiquées de réponse. Mais, même dans cette rupture sociétale en question, il faut faire la distinction, comme je l'ai déjà brièvement souligné, entre ce qui est de l'ordre du structurel et ce qui est de l'ordre du complémentaire.

J'entends par rupture structurelle une rupture à l'allure d'une révolution car c'est l'ordre des valeurs et pratiques qui lui-même est à renverser. Le changement recherché ne se fait pas à la marge car il est question d'agir sur le cœur du système social, dans ce que le socle systémique de la société a de plus solidement bâti et établi. Plus que le changement social, c'est vers un changement de société que mène toute rupture structurelle inscrite dans l'optique du développement global d'un pays. Le passage d'un pays sous-développé à un pays développé ne se fait pas sans au moins une rupture structurelle de type sociétal. D'une part, la distance est tellement grande qui sépare ces deux états sociaux globaux et généraux que le passage de l'un à l'autre ne saurait réellement se faire sans un changement de société. De l'autre, le système social qui constitue le support ou le cadre contextuel général de l'état social global sous-développé est tellement différent de celui de l'état social global développé qu'il faudrait là aussi un changement de société pour passer d'un niveau de développement à un autre. Je pense avoir déjà mentionné qu'entre un pays développé et un pays sous-développé, il y a une différence telle qu'on peut considérer qu'on change non pas simplement de pays, ni de continent, ni même de planète, mais de monde. C'est comme entre notre monde d'ici-bas et celui inconnu de l'au-delà. Un ami me disait une fois qu'entre un pays développé et un pays sous-développé, la différence est réellement tellement grande qu'on a l'impression de n'avoir affaire ni au même ciel ni à la même terre, ni au même soleil ni à la même lune. Pour dire que je n'invente rien en disant qu'il s'agit de deux mondes totalement différents et éloignés l'un de l'autre. Tellement différents et éloignés l'un de l'autre que s'il faudrait se contenter de suivre le déterminisme de l'historicisme sans aucunement envisager une rupture sèche et forte à un moment donné de l'histoire, on risquerait de passer toute l'éternité à attendre le passage des pays d'Afrique subsaharienne du sous-développement au développement. Et pour s'en convaincre, il suffit juste de se demander si l'état de sous-développement de l'Afrique actuelle correspond réellement et véritablement à une étape antérieure de l'évolution historique de l'Europe occidentale ou de l'Occident d'une manière générale. Non et non. Aucune comparaison possible. Ni l'Antiquité, ni le Moyen Âge, ni la Renaissance, ni l'âge classique, encore moins l'ère structurelle de la modernité. Un autre monde. Voilà qui dit tout. On ne passe pas d'un monde à un autre avec des petites réformes, ni même avec de simples réformes ou de petites ruptures, mais avec des ruptures fortes et révolutionnaires. Tous les pays qui sont sortis du sous-développement en quelques années et qui sont sur la voie du développement ou qui structurellement ont même atteint l'état social global de développement sont passés par des ruptures structurelles du point de vue sociétal ou par un changement de société ou de système social pour être plus clair. Et à qui chercherait à faire valoir une objection à une telle affirmation, je préciserais simplement que tout dépend de l'état social global de départ. C'est ce dernier paramètre qui donne un sens et une envergure à la rupture menant au changement social.

Alors que la rupture sociétale structurelle déconstruit le système social global et général pour le reconstruire sur de nouvelles bases, la rupture complémentaire ou subsidiaire, elle, agit, comme son nom l'indique, en guise d'accompagnement. Elle ne remet pas en question les fondements du système social, elle corrige ce qui dans celui-ci peut constituer un obstacle au processus de développement. Dans ce cas précis de scenario, le pays en question n'est pas nécessairement un pays sous-développé. La rupture sociétale qu'il est appelé à accomplir n'est pas d'ordre structurel et n'a pas l'ampleur ou l'envergure d'une révolution. Elle ne vise pas à renverser l'ordre des choses, elle veut corriger les composantes de celui-ci qui vont à l'encontre des valeurs et principes rationnels de la modernité. Dans ce genre de contexte, les dispositifs pour une modernisation structurelle de la vie politique, économique et sociale sont déjà bien établis et bien opérationnels, il reste à les faire fonctionner pleinement et dans le sens précis des objectifs du développement visé. La distance qui sépare ce genre de pays du développement est évidemment bien plus courte que celle qu'il y a entre l'état social global sous-développé et l'état social global développé. C'est à ce niveau précis que l'on voit clairement que l'analyse théorique du développement a perdu depuis très longtemps le fil de la démarche qu'elle avait adoptée au départ, c'est-à-dire depuis les années 1960-1970. En effet, c'est maintenant qu'on se rend véritablement compte de la pertinence du terme « pays en voie de développement » qui était couramment utilisé dans le dernier quart du siècle précédent pour désigner les pays alors sous-développés mais réellement engagés dans une dynamique menant au développement ou à la sortie du sous-développement. Jusqu'à la fin des années 1980, la distinction était relativement faite entre les pays développés, les pays sous-développés et les pays dits alors en voie de développement. Mais très vite on passa de trois à deux catégories de pays. C'est comme entre les termes « tiers-monde » et « quart-monde ». De la même manière que le terme « quart-monde » n'a pas analytiquement fait long feu car jugé trop extrémiste, rabaissant ou marginalisant pour les pays les plus pauvres de la planète, le terme « pays sous-développé » allait être de moins en moins utilisé à partir des années 1990 pour désigner les pays qui pourtant demeuraient alors et encore caractériellement et structurellement dans un état social global de sous-développement. Au lieu d'appeler ces pays comme ils sont exactement et réellement, c'est-à-dire des pays sous-développés, on les désigne aujourd'hui par la formule *soft* de « pays en voie de développement », qui sied bien évidemment à d'autres pays qu'il ne faudrait justement pas confondre avec ceux qui sont à la queue du peloton du sous-développement et qui ne font pratiquement rien pour le quitter. Ce n'est même pas du politiquement correct car si l'analyse commence elle-même à s'adonner à ce jeu mensonger que pratique le discours démagogique politicien, alors mieux vaut ne plus perdre de temps à penser le développement du monde ou de ses pays. Quand la science commence à se mentir à elle-même, alors là, on peut être sûr d'avoir touché le fond de la comédie humaine, dans ce qu'elle a de plus cynique, ignoble et diabolique. Malheureuse-ment, c'est le cas aujourd'hui. Bientôt, on ne parlera plus de pays sous-développé ou de sous-développement. En lieu et place de ces formules courantes, on retrouvera tout rondement celles de « pays émergent », « pays en émergence », « pays en pré-émergence », etc. Quoi de plus aberrant qu'un tel exercice sémantique sans aucune forme de pertinence ni aucune consistance par rapport à la réalité vivante et à l'évolution des pays. Il y a bel et bien des pays développés, ils sont connus : les pays d'Europe occidentale, les deux grands pays d'Amérique du nord et d'Océanie auxquels s'ajoutent quelques pays du continent asiatique. Il y a bel et bien des pays en voie de développement, plutôt qu'émergents, car ce dernier qualificatif ne veut rien dire. Il s'agit de quelques pays d'Europe de l'Est, d'Asie et d'Amérique latine. L'évolution à court et moyen terme de ces pays mérite beaucoup d'attention car dans ceux-ci doivent être entreprises les ruptures sociétales complémentaires qui permettent de rendre complètement libre la voie menant au développement. La plupart des pays d'Amérique latine par exemple n'ont pas besoin de mener des ruptures sociétales structurelles car ils portent déjà en eux ce qu'on pourrait appeler « la fibre moderne » autant qu'un certain nombre de pays développés et modernes. Il ne leur reste que quelques ruptures complémentaires à mener. Ce qui est loin d'être le cas pour les pays d'Afrique subsaharienne dans leur totalité ainsi que pour la plupart des pays d'Asie, qui, je le souligne au passage, reste le continent le moins homogène du monde. Avant de revenir à l'Afrique subsaharienne, je fais remarquer au passage aussi qu'entre les ruptures sociétales structurelles et les ruptures complémentaires à mener dans la perspective du développement, le terme d'émergence affiche toutes ses limites ou toute son inopérationnalité. Vous serez d'accord avec moi que logiquement un pays considéré comme émergent est sensé avoir bien fini d'accomplir ses ruptures structurelles du point de vue sociétal car il est supposé être tout proche de l'état global de développement ; n'est-ce pas ? Or, en jetant un regard critique sur les pays qui à l'échelle mondiale incarnent l'« émergence », en l'occurrence les BRICS, on se rend compte qu'il n'y a pas un seul parmi ces cinq qui ait fini d'accomplir les ruptures sociétales structurelles nécessaires à son développement. C'est justement parce qu'ils cherchent à contourner ces ruptures qu'ils ne vont jamais se développer. Quelque part ou précisément sous cet angle, l'émergence peut être définie comme étant une conception du développement sans rupture complète et effective avec le sous-développement. Or, pour qu'un pays puisse être considéré comme développé, il lui faut rompre de manière effective et définitive avec le sous-développement. Il ne s'agit pas simplement de l'antagonisme entre la richesse et la pauvreté, c'est bien plus profond que cela. Il s'agit de tout un rapport épistémique avec le développement mais également avec la modernité. C'est la raison pour laquelle je parle de développement sous-développé pour caractériser la conception que l'Afrique se fait du développement.

Passer du sous-développement au développement sans effectuer des ruptures fondamentales ou structurelles, cela est tout simplement impossible ; du moins, cela ne conduit pas au développement dans le sens où je l'entends et à la lumière des pays modernes d'Occident. Je précise au passage que les ruptures structurelles en question qui accompagnent ou même, quelque part, conditionnent le passage du sous-développement au développement ne sont pas à comprendre à partir de l'opposition qui est couramment faite entre la tradition et la modernité. Entre le sous-développement et le développement, ce n'est pas comme entre la tradition et la modernité ou entre le passé et le présent, entre hier et aujourd'hui ou entre le vieux et le nouveau. Le changement social qui est véritablement recherché dans le passage du sous-développement au développement est un changement de qualité, un changement qui s'inscrit dans l'idéal moderne. Or, ce dernier idéal ne date pas d'aujourd'hui, il nous vient du XVIIIe siècle et du rationalisme critique des Lumières qui lui est essentiellement caractériel.

C'est dire qu'il ne s'agit point d'une histoire de passé et de présent, de vieux et de nouveau, ce qui est recherché dans le changement social menant au développement c'est un changement d'ordre, un changement de la manière de concevoir, d'être et d'agir par rapport à un certain nombre de choses. Ce nouvel ordre social en question est l'ordre social moderne. La question qui se pose alors, une fois cet ordre social systémique déterminé, reste celle de savoir précisément de quelles « choses » il s'agit, ou dans quels domaines précis le changement social recherché doit-il être effectué. Du fait du caractère fortement abstrait de la théorie du changement social, la réponse à cette dernière question n'a jamais été apportée avec précision par l'analyse. Or, évoquer ou prôner le changement social sans préciser les domaines dans lesquels il devrait fondamentalement y avoir des ruptures structurelles c'est juste introduire un sujet d'une grande importance dans la thématique du développement sans pour autant prendre le temps de discuter en profondeur des questions qu'il soulève concrètement. C'est tout ce que je veux éviter dans la présente partie ; raison pour laquelle, après avoir bien précisé qu'il est question de passer du sous-développement au développement, et non à l'émergence, et insisté sur le fait que ce passage, appelé théoriquement ou analytiquement changement social, ne peut se faire dans un pays sans une série de ruptures sociétales structurelles, il me reste à préciser ces dernières dans le cas de l'Afrique subsaharienne.

Il est rarissime de voir un travail intellectuel bien précis sur le changement social en Afrique subsaharienne. Du moins, je n'en ai pas retrouvé qui traite avec précision du changement social dans le cas précis d'un pays du continent, d'une de ses différentes régions ou de l'Afrique au sud du Sahara dans son ensemble. Les publications que j'ai pu consulter ne consacrent, dans leur totalité, que des analyses théoriques du même genre que celles qui comparent tradition et modernité en partant des dichotomies formulées depuis déjà bien longtemps par la sociologie classique. Or, de tels exercices théoriques n'apportent pratiquement rien de bien nouveau à l'analyse du changement social en Afrique dans la perspective du développement ou de la sortie du sous-développement des pays africains. Dire que le changement social est une nécessité absolue pour faire passer un pays de l'état social global de sous-développement à l'état social global de développement est une chose ; considérer que dans la perspective de leur développement ou de leur sortie du sous-développement, les pays africains ne sauraient contourner cette question centrale du changement social en est une autre ; mais une tout autre chose, bien plus importante, est de préciser exactement dans quels domaines ou à quels niveaux précis ce changement devrait être accompli dans chaque pays. Après tout ce qui a été dit et redit jusqu'ici sur l'Afrique subsaharienne, il n'y a pas trop besoin de se pencher sur la situation sociétale ni de chaque pays du continent, ni même de chacune des quatre régions d'Afrique noire. En effet, le même groupe restreint de pays qui faisait exception pour les défis à relever de la transition démographique, de la modernisation économique et sociale ainsi que de la démocratie et de la bonne gouvernance politique est encore celui le plus en avance dans le changement social en vue d'un développement global, humain et de qualité. Ce sont les mêmes : les pays d'Afrique australe situés autour de l'Afrique du Sud auxquels s'ajoutent Maurice, le Cap-Vert et Seychelles. Au total, il s'agit au maximum de six pays, à savoir ces trois dernières petites îles auxquelles s'ajoutent l'Afrique du Sud, le Botswana et la Namibie. Ce sont les pays les plus modernes d'Afrique subsaharienne, du moins ceux qui, dans cette région la moins moderne du monde, semblent le plus être structurellement tournés vers la modernité. Il est bien évident que ces pays entretiennent à tout point de vue des singularités fortes et qui contribuent naturellement au fait qu'ils se distinguent du reste du continent. Mais cela ne saurait suffire pour expliquer pourquoi même du point de vue sociétal ils sont « en avance » sur les autres. La préposition simple ou préposition adverbiale « en avance » n'est pas à comprendre comme un jugement de valeurs de ma part, elle fait entièrement référence au changement social et aux ruptures structurelles à accomplir pour ne pas bloquer ou ralentir le processus de développement. Je ne dis pas pour autant que ces pays ont fini d'accomplir leurs ruptures en vue de leur développement, mais le moins à dire concernant le cas précis de chacun de ces six pays considérés, c'est qu'ils ont clairement fini de faire le choix d'une rupture définitive avec, si on peut le dire ainsi, la « culture du sous-développement » pour se tourner absolument vers la « culture du développement » ou la civilisation moderne. Certes, la position géographique et la constitution physique de Maurice, du Cap-Vert et des Seychelles contribuent massivement à cet état de fait, comme la proximité du Botswana et de la Namibie avec l'Afrique du Sud, qui est un cas tout particulier du point de vue de son rapport historique et même existentiel à la modernité, peut avoir un impact positif sur les dispositions sociétales ou socioculturelles de ces deux pays d'Afrique australe à accomplir les ruptures fondamentales devant accompagner leur passage du sous-développement au développement, mais, comme pour les autres dividendes et défis, le hasard géo-historique ne peut pas tout expliquer de l'itinéraire d'un pays et de son évolution dans le temps. Comme pour les trois autres dividendes en question dans cet ouvrage, le dividende sociétal ne peut véritablement être exploité qu'avec de la volonté politique. Et volonté pour volonté, la meilleure manière pour un État de faire montre de sa volonté de conduire son pays au change-ment dans un domaine précis, c'est de mettre en place une politique qui lui est entièrement consacrée. Raison pour laquelle, après avoir précisé les ruptures à entreprendre en série dans les pays d'Afrique subsaharienne en vue de leur sortie définitive du sous-développement et de leur entrée effective dans une dynamique de développement de qualité, je traiterai brièvement du dividende sociétal proprement dit avant de boucler la partie en précisant ce que devrait être, selon moi, une politique de changement social.

Les pays d'Afrique subsaharienne doivent sans plus tarder travailler à rompre de manière effective et définitive avec le sous-développement. Le sous-développement et le développement intègrent bien évidemment un même processus évolutif. En termes logiques, tout progrès dans le sens du développement contribue naturellement à la réduction du sous-développement et inversement et logiquement tout facteur de sous-développement constitue un obstacle entier au développement. Tout État résolument tourné vers le développement au sens moderne du terme se doit ainsi tout autant de combattre le sous-développement que de renforcer les dispositifs et dispositions favorables au développement politique, économique et social dans son pays. Les ruptures structurelles à mener au niveau sociétal intègrent entièrement le volet du combat contre le sous-développement alors que les différentes stratégies évoquées dans les trois parties précédentes pour relever les défis respectifs de la transition démographique, de la modernisation économique et sociale ainsi que de la démocratie et de la bonne gouvernance politique sont à classer dans le volet de la politique de développement du pays considéré. Et comme il faut combiner parallèlement politique de développement et politique de lutte contre le sous-développement, c'est précisément dans les quatre domaines précis des quatre dividendes évoqués dans ce livre et des défis généraux qui leur sont associés qu'il faut mener les ruptures structurelles en question. Je rajoute à ces quatre types de rupture une rupture qui n'est associée ni à aucun des dividendes évoqués ici ni à aucun des défis qui leur sont rattachés, mais comme ce domaine en question est tout aussi voire davantage global que les quatre dont traite cet ouvrage, aucune réflexion aboutie ou générale sur le développement ne saurait le contourner ou ne pas l'aborder, ne serait-ce que succinctement. Il s'agit du domaine écologique. J'en parlerai brièvement à la toute fin de ce passage consacré aux ruptures structurelles que les pays africains sont appelés à accomplir dans la perspective de leur sortie définitive du sous-développement.

Le dividende démographique a ceci de particulier que le défi qui lui est associé évoque en toute clarté une rupture nette dans le domaine en question. Il est avec le dividende sociétal les deux parmi les quatre dividendes évoqués dans cet ouvrage à avoir un défi qui évoque clairement la nécessité d'une rupture : respectivement, la transition démographique et le changement social. Dans l'un comme dans l'autre de ces deux domaines considérés, il est clairement question de passer d'une structure globale à une autre. D'une structure démographique marquée par un taux de mortalité infantile et un taux de fécondité élevés à un taux de mortalité infantile et à un taux de fécondité faibles. D'un système social très éloigné du rationalisme moderne à un système social faisant de ce rationalisme moderne son fondement de base. J'évoquerai un peu plus loin le changement social associé au dividende sociétal. La transition démographique est un défi qu'aucun pays d'Afrique subsaharienne ne peut sous aucun prétexte contourner. Dividende ou pas, on sait que depuis Malthus, vers la fin du XVIIIe siècle, et sa fameuse théorie de la population comme objet d'économie politique, très longuement et largement commentée et débattue, aucune étude sérieuse du développement d'un pays ne saurait faire fi de la question démographique. Pour autant, les travaux du célèbre pasteur britannique, malgré leur retentissement dans plusieurs disciplines des sciences humaines et sociales, n'étaient pas arrivés jusqu'à faire de la population un objet central de la grande thématique du développement. Bien qu'ayant été traité par l'auteur du célèbre « *principe de population* » sous un angle exclusivement économique, la question démographique était restée après Malthus une question plus ou moins secondaire de la problématique du développement. Cette question, bien que demeurant importante et très liée à celle économique, n'était que très rarement évoquée lorsqu'il s'agissait de traiter du développement d'un pays donné. C'est véritablement le milliard de Chinois qui le plus a attiré l'attention sur la démographie depuis que Robert Malthus a produit sa fameuse théorie anti-populationniste. Depuis lors, la question démographique était repassée dans l'ombre ou sous le tapis pour ne réapparaître que tout récemment avec l'Afrique subsaharienne. Même le milliard d'habitants de l'Inde est passé inaperçu alors que ce dernier pays est déjà passé devant la Chine et devrait demeurer jusqu'à la fin du siècle courant le pays le plus peuplé du monde, avec plusieurs centaines de millions d'habitants sur ce dernier pays connu, plus que tout, pour son volume ou son poids démographique. Avec l'Afrique, donc, la question démographique resurgit, mais à la différence de la Chine qui n'est qu'un seul pays et qui a très vite pris à bras-le-corps le problème de la surpopulation comme un sérieux handicap pour son développement, la question du peuplement dans le continent africain concerne une cinquantaine de pays et n'en est qu'à ses débuts car les prévisions des démographes sont unanimes sur le fait qu'au rythme où vont les choses, l'explosion démographique du continent pourrait rendre vains tous les efforts en cours dans le domaine économique pour relever le niveau de développement du continent. Cela va sans dire qu'avec un niveau de sous-développement aussi élevé et massif, toute nouvelle naissance risque d'être potentiellement une charge plutôt qu'un quelconque atout, un facteur d'appauvrissement plutôt que d'enrichissement, un déchet humain plutôt qu'une ressource humaine.

Parmi les différentes ruptures sociétales à entreprendre en Afrique subsaharienne, la rupture structurelle démographique est sans doute celle qui nécessite de la part des gouvernements comme des populations elles-mêmes le plus de courage et de fermeté. La baisse de la fécondité ne se réalise pas avec des actions à la marge, cela exige de la part de la société un travail en profondeur sur tout un ensemble de croyances, de valeurs, de principes et de pratiques. C'est un grand coup d'arrêt qu'il faut donner à ce qui ne peut plus prévaloir, à savoir ce laxisme démographique, cette disposition forte à faire des enfants sans perspective et sans arrêt. La rupture en question est d'ordre culturel car il y a une croyance très fortement partagée par presque tous les pays africains, en dehors des quelques rares jugés en avance dans leur processus de transition démographique, selon laquelle tout enfant qui vient au monde est non seulement une richesse naturelle mais surtout l'œuvre de Dieu le Tout-puissant. Rompre avec cette sacralisation de la naissance est un défi sans commune mesure avec tous les autres évoqués dans cet ouvrage, car en s'attaquant à ce dogme si fortement ancré dans les mentalités et croyances collectives, on s'attaque à ce qu'il y a de plus sensible dans la constitution même des sociétés d'Afrique subsaharienne : Dieu, la famille, la sexualité. C'est tout un socle de tabous et de conservatismes qu'il faudra faire sauter. Et il faudra le faire sans avoir peur des réactions hostiles car qui a peur de la confrontation ne prône pas une révolution aussi forte. Quelque part, en tournant mon regard vers la Chine et sa décision forte et ferme de passer à la politique de l'enfant unique, je me demande bien si ce ne sont pas les régimes autoritaires du continent qui sont les plus disposés à passer à l'acte. Mais en regardant du côté du Maghreb aussi je trouve des raisons fortes qui me font croire qu'on n'a pas besoin d'aller jusqu'à l'utilisation du bâton pour contraindre les gens à faire moins d'enfants. Les sociétés d'Afrique du nord sont aussi conservatrices sinon plus que la plupart des sociétés d'Afrique subsaharienne, pourtant elles ont réussi à limiter leurs naissances sans passer par des conflits ou des tensions. Tout se joue ainsi dans la pédagogie et dans la stratégie. La meilleure manière d'amener les populations à porter en elles la rupture sociétale à accomplir en vue de la transition démographique si nécessaire à la sortie du sous-développement, c'est de leur expliquer les enjeux en question et de leur faire comprendre qu'un enfant, c'est avant tout un projet humain plutôt qu'un désir divin. C'est tout un débat qu'il faut préparer et soulever avec intelligence et éloquence car la question est tellement sensible, et la moindre erreur pourrait entraîner une levée forte des boucliers. Et pour qui connaît l'Afrique et la passion de ses populations pour ce genre de question sociétale, il faudrait se préparer à toute éventualité en prenant les devants pour éviter que les réactions hostiles à la reconsidération du rapport collectif de la société à la procréation ne fasse d'emblée échouer le travail pédagogique et stratégique à mener.

Rien qu'arriver à poser le débat sans provoquer de vives tensions serait déjà une première victoire car de là viendrait la chose la plus importante qui soit, à savoir l'appropriation du débat par la société elle-même. Introduire la question et installer le débat au sein de la société vivante, cela constitue le premier pas vers un éveil des consciences. Naturellement que les lobbys religieux et traditionalistes ne manqueront pas de réagir, ce qui, pour le moins, est normal. Mais il n'y a pas un pays du monde où une telle question puisse faire l'unanimité. Seulement, dans le cas précis de l'Afrique, les arguments ne manquent point pour faire comprendre aux populations les enjeux en question ainsi que les défis à relever. Et pour cela, il faut encore une fois du courage, le courage de la vérité. Celle qui reconnaît que la question est forte, sensible et même bouleversante, mais qu'elle est également incontournable parce que la transition démographique qui est visée au bout du processus est capitale pour le développement du pays. Tous les gouvernements africains sont conscients ou suffisamment conscientisés sur les enjeux démographiques du moment et du futur. Ils sont toujours prompts à envoyer de fortes délégations de décideurs et d'experts locaux ou nationaux dans les innombrables rencontres organisées en boucle au niveau international sur les questions de population, mais il leur reste à faire bouger leurs populations et leurs sociétés. Et c'est à ce niveau précis que tout bloque, car ils ont peur d'affronter l'opinion publique sur des questions aussi sensibles. Il suffit pour s'en convaincre de voir comment ils procèdent depuis le temps que les agences onusiennes et leurs partenaires internationaux en matière de questions démographiques ou de population ont commencé ou recommencé à tirer la sonnette d'alarme pour convaincre les gouvernements des pays africains de passer à l'acte sans plus tarder. Cela fait, mine de rien, plus de dix ans que l'on essaie de relancer les programmes de planification familiale, mais en dehors de quelques pays faisant figure d'exception confirmant la règle, comme le Rwanda, aucun gouvernement n'est activement à la hauteur des recommandations et conventions signées et ratifiées au plan international et pour lesquelles ils reçoivent beaucoup de soutien financier et logistique. Au moment où l'on entend partout parler de la nécessité d'accélérer la transition démographique, la plupart des pays en sont encore à faire passer dans les médias des spots publicitaires pour le moins trop vagues dans les messages et trop burlesques dans le montage, alors que l'heure n'est plus aux petites et creuses allusions. Pour une rupture, ce ne sont pas ces méthodes ou approches qui vont créer un déclic quelconque dans la conscience des gens. Il faut oser la question du peuplement et faire clairement comprendre aux populations que le contrôle des naissances pour une baisse forte et durable de la fécondité dans l'optique d'une transition démographique, cela est une nécessité absolue du moment et que personne ne le fera à la place de la société elle-même et de ses membres. Ce défi pédagogique hautement sensible en cache un autre car éveiller les consciences est déjà une chose pas du tout acquise d'avance, mais une fois celles-ci mises en mode éveil, il faut passer aux actes, c'est-à-dire poursuivre le travail pédagogique tout en menant le travail stratégique consistant à mettre en place l'ensemble des dispositifs de santé et d'éducation pour satisfaire tous les besoins en matière de santé reproductive. C'est toute une formation pédagogique et pratique de santé reproductive qu'il faut donner à la société entière, et ceci sans avoir peur de faire comprendre aux popupulations que la seule alternative pour arriver aux résultats escomptés reste la planification familiale. Celle-ci n'a certes pas bonne presse en Afrique subsaharienne, mais de la même manière qu'il faut se donner les moyens de convaincre les populations de la nécessité de réduire drastiquement les naissances et de faire baisser fortement et durablement la fécondité, il faut aussi avoir le courage de leur expliquer que seules les méthodes modernes de contraception peuvent conduire à renverser la tendance et permettre d'impulser une dynamique forte et générale de transition démographique à l'échelle du pays. C'est une rupture sociétale démographique ayant l'allure d'une double révolution qu'il faudra sans plus tarder accomplir en Afrique subsaharienne : révolution des consciences, croyances et pratiques de procréation et de peuplement, révolution contraceptive et plus largement pédagogique sur les questions de santé reproductive.

La rupture sociétale démographique est la rupture des ruptures. Un pays qui arrive à la réaliser ne devrait avoir aucune difficulté forte à accomplir les autres ruptures générales de société évoquées dans le présent ouvrage. Comme pour la démographie, l'économie aussi, pour passer de son état structurel de sous-développement à un état global de développement, a besoin d'une rupture d'envergure de la part de la société. En effet, les seules réformes et mesures macroéconomiques et sectorielles provenant des gouvernements ne peuvent conduire à changer la structure de base des économies nationales des pays d'Afrique subsaharienne. Et de la même manière que les États travaillent à pouvoir disposer des ressources nécessaires au développement des différents secteurs d'activité de l'économie, ils doivent parallèlement se préoccuper d'éliminer tout ce qui structurellement peut empêcher la modernisation des différentes unités actives de l'économie. Et dans cette optique, c'est le modèle informel d'économie qui est visé. Les premières recherches sur l'économie des pays africains fraîchement post-indépendance dans les années 1960 présentaient l'informel comme une économie en marge de l'économie proprement dite et ayant pour fonction non pas de contribuer réellement ou de manière effective au développement du secteur marchand, mais de permettre à une part largement majoritaire des populations des pays d'Afrique subsaharienne de pouvoir vivre ou survivre. On présentait ainsi l'économie informelle comme une économie de survie, une sorte de palliatif à la pauvreté de masse que l'on rencontrait partout en Afrique, dans les zones urbaines comme dans les zones rurales. De cette époque, pas si lointaine, à nos jours, beaucoup de choses ont évolué, mais la structure des économies d'Afrique au sud du Sahara n'a pratiquement pas changé, si ce n'est qu'une toute petite portion de secteur privé moderne est apparue pour occuper la place vague et vacante qui demeurait entre l'économie publique et le dit secteur informel. Cette économie privée moderne est encore très fragile et très faiblement représentée dans plusieurs pays. Ce qui donne dans tous les pays d'Afrique subsaharienne une configuration générale encore très éloignée de ce que devrait être une économie lancée dans une dynamique globale de développement.

Le développement économique ne peut pas seulement être mesuré à l'aune de la croissance économique. La croissance n'est qu'une dimension de la chose. Elle est certes essentielle, mais elle ne garantit en rien le développement économique, entendue comme la capacité d'une économie nationale à non seulement satisfaire l'essentiel de sa demande intérieure, mais également à créer les conditions de son autonomie vis-à-vis de l'extérieur, de sa reproduction, en termes autant de quantité que de qualité, ainsi que de son expansion. Autonomie, capacité à se développer indépendamment de l'extérieur et à se déployer pour conquérir de nouveaux marchés : voilà les trois paramètres généraux qui permettent de voir si une économie nationale se développe ou pas, et jusqu'où. Bien évidemment que la croissance du PIB donne une idée générale du dynamisme économique, mais pour se développer, une économie a besoin tout autant d'être dynamique du point de vue productif ou commercial que d'être bien organisée du point de vue de sa configuration générale et sectorielle. Le problème des économies d'Afrique subsaharienne n'est pas véritablement dans leur dynamisme. D'ailleurs, je pense que dans le contexte économique mondial, aucune économie ne devrait avoir de problème du point de vue de son dynamisme, c'est-à-dire de sa capacité à se créer des marges réelles pour s'assurer régulièrement un certain niveau de croissance. Dans le cas des économies déjà développées ou dites post-industrielles, tout se joue sur les capacités réelles à innover et à se trouver de nouveaux marchés, alors que dans le cas des économies sous-développées, la priorité doit être la modernisation de la structure de base de l'économie, car, à n'en pas douter, avant de penser à innover et à conquérir de nouveaux marchés, il faut au moins avoir atteint un certain niveau de modernité qui permet d'être compétitif sur le plan international. Et même, rien que l'autonomie, entendue comme la capacité d'un pays à satisfaire sa demande intérieure, ne peut être atteinte sans que la structure de base de l'économie ne soit elle-même moderne. Les États auront beau prendre des mesures protectionnistes et encourager leurs populations à acheter local, au-delà du besoin, ce sera toujours le rapport qualité/prix qui forgera la décision du client à acheter tel produit plutôt qu'un autre. Pour pouvoir protéger son économie de l'extérieur, il faut être autonome et pour pouvoir être économiquement autonome, il faut être moderne. Même chose, si l'on prend la question dans l'autre sens : pour pouvoir conquérir de nouveaux marchés et donc permettre l'expansion de son économie, il faudra être compétitif, et pour être compétitif dans ce contexte de grande mondialisation économique, il faudra aussi être moderne. On peut prendre tous les scenarii que l'on veut ou que l'on peut imaginer, il demeurera qu'il n'y a pas de développement économique sans modernisation économique et sociale. C'est pour cela que j'ai insisté sur la qualité d'une manière générale et sur la qualité de l'investissement en général et du capital humain en particulier. Et, à vrai dire, en cette ère de grande mobilité économique, aucune économie ne devrait avoir de la difficulté à se moderniser. Le libre échange ne fonctionne pas que pour le commerce des biens, il marche aussi pour les services, et des experts pour permettre à un pays de se doter d'un plan bien conçu de modernisation économique et sociale, ce n'est point ce qui manque dans ce monde. Après, tout n'est qu'une question de choix à faire, de priorités à situer et d'objectifs à définir. Les pays d'Asie de l'Est ont déjà montré que pour se moderniser économique-ment et socialement, il suffit de le vouloir, d'avoir une politique claire et de bien la mettre en œuvre. Certains pays du Golfe persique et arabe producteurs de pétrole n'ont pas hésité à faire appel à l'expertise internationale pour moderniser de bout en bout tous les pans de leur économie. C'est dire qu'il n'y a rien à inventer ou à réinventer, tout le savoir-faire existe déjà au niveau international. Pour autant, il ne faut guère sous-estimer l'expertise locale dans les pays d'Afrique subsaharienne, ni celle des diasporas africaines présentes dans tous les pays modernes et développés du monde. Mais le travail de modernisation économique et sociale ne se limite pas à une modélisation de l'architecture générale de l'économie, il demande également de s'attaquer à cette grande nébuleuse qu'est l'informel.

De la même manière que pour relever le défi de la transition démographique, il faut effectuer une rupture forte et ferme dans le rapport que la société a à la procréation ainsi qu'au peuplement, pour relever le défi de la modernisation économique et sociale, il faut travailler à une absorption progressive de la petite économie informelle par l'économie moderne. D'un côté, l'économie moderne doit être placée dans une dynamique forte d'expansion ; de l'autre, l'économie informelle doit être préparée à rompre progressivement avec les logiques et pratiques informelles autant de production, de commercialisation ou d'échanges que de consommation. L'absorption de l'économie informelle par l'économie moderne est une chose, la rupture complète et définitive avec le modèle informel d'économie en est une autre. L'informel est tout à la fois un état économique et un modèle économique. L'état économique renvoie à ce que l'on appelle le secteur informel et qui n'en est véritablement pas un. Je préfère parler de l'économie informelle ou de la petite économie informelle plutôt que du secteur informel. Le modèle informel d'économie, c'est le modèle économique en vigueur dans cette petite économie informelle. Il s'agit d'un modèle qui se démarque de toutes les pratiques rationnelles standardisées de l'économie moderne. C'est un modèle qui, comme je l'ai déjà indiqué, repose sur la relativisation de tout. Autrement dit, tout se négocie ; rien n'est déterminé d'avance et de manière absolue, tout est sujet à négociation entre le vendeur et l'acheteur ou entre clients ou partenaires. Si ce n'était qu'une simple frange de l'économie à devoir progressivement moderniser, il n'y aurait certainement aucun problème avec l'informel. Cela veut dire que l'informel comme état économique ne pose pas trop problème car, *a priori*, une unité économique qui se développe aura naturellement tendance avec le temps à vouloir se moderniser. Le problème que pose l'informel réside dans le fait qu'il consacre un modèle économique et surtout le fait que ce modèle en question ne se limite pas à la petite économie informelle. Le modèle informel d'économie se retrouve même dans les pratiques courantes de bon nombre d'unités économiques supposées appartenir au privé moderne ou même au public. C'est pourquoi je parle de nébuleuse. C'est avec cette nébuleuse qu'il faut rompre car elle empêche les unités modernes de l'économie de l'être intégralement et celles qui ne le sont pas encore de pouvoir le devenir.

Rompre avec l'informel ne signifie pas déclarer la guerre à la petite économie informelle. Cela se fait à différents niveaux et avec deux volets bien précis, à savoir, comme pour la question démographique, un volet pédagogique et un volet stratégique. Le volet pédagogique consiste, comme son nom l'indique, à attirer l'attention de la population dans son ensemble, les opérateurs économiques comme les simples consommateurs, sur la nécessité de moderniser le tissu socio-économique dans son ensemble. Convaincre les populations de l'intérêt pour tout le monde et pour l'économie du pays de passer d'un modèle informel d'économie à un modèle moderne d'économie ne devrait aucunement poser problème, en tout cas cela ne devrait point provoquer autant de tensions sociales que la rupture sociétale à mener dans le domaine démographique. D'une part, il ne s'agit pas d'une question aussi sensible et privée que celle de la procréation, de la fécondité et de la constitution ou du peuplement des ménages et des familles ; de l'autre, cela peut avoir des avantages réels pour tout un ensemble d'unités et même de secteurs et de sous-secteurs de l'économie, car non seulement cela apportera de la clarté dans la gestion des entreprises mais également cela rendra celles-ci plus crédibles et fiables dans la perspective pour elles de nouer des partenariats et de mobiliser des ressources en vue de leur développement ou de leur expansion. Il faudrait ainsi non seulement mener toute une campagne non pas de dénigrement de l'informel mais de promotion de la modernité économique et sociale. En laissant les opérateurs économiques eux-mêmes s'organiser secteur par secteur, sous-secteur par sous-secteur et dans chaque localité du territoire national, la stratégie d'enrôlement des unités économiques dans le circuit du modèle moderne d'économie devrait pouvoir très rapidement porter ses fruits. Stratégiquement, il faudrait combiner participation et proximité, établir un indice de formalisation ou de modernisation et définir avec clarté les différentes étapes du processus. Par ailleurs, un grand ménage devrait pouvoir être fait dans le domaine public et parapublic de l'économie comme dans le secteur privé moderne pour en finir définitivement avec toute pratique informelle courante ou marginale y étant en vigueur ou pouvant y être relevée. Pour aller plus loin dans la stratégie, il faudrait se fixer des objectifs précis autant au niveau macroéconomique qu'au niveau microéconomique et accompagner les mesures de formalisation ou de modernisation par des facilités d'accès à des ateliers de formation, à du financement public comme privé ainsi qu'à un service de suivi qui ne se limitera pas simplement à sortir les petites et moyennes entreprises de l'informel, mais qui travaillera à pouvoir les aider à élargir le champ des opportunités pouvant se présenter à elles dans la perspective de leur développement. La qualité de l'investissement et la formation d'un capital humain de qualité ne peuvent point être ignorées par une telle stratégie car de la même manière qu'il faut moderniser le tissu économique, il faut veiller à ce que les travailleurs soient davantage qualifiés. Et l'économie informelle a ce grand défaut qu'elle aspire très tôt une bonne partie de la population jeune des pays africains, en les détournant de l'école dès le bas âge ou en tout cas avant qu'ils aient atteint l'âge de pouvoir finir le premier cycle du secondaire dans leur parcours scolaire. Ce qui, à tout point de vue, est une perte, un gâchis énorme pour le pays considéré. Il suffit de voir le nombre de jeunes qui très tôt quittent l'école et leur village d'origine pour venir s'adonner dans les grands centres urbains à des activités tournant généralement autour du petit commerce et du travail domestique pour se convaincre de la nécessité d'agir aussi sur l'éducation, la formation et l'insertion professionnelle de la population. L'informel est quoi qu'on dise une économie de survie. Les ressources que génèrent l'économie informelle comme les pratiques courantes du modèle informel d'économie ne peuvent nullement contribuer au développement économique d'un pays, au contraire elles le ralentissent considérablement, raison pour laquelle au même moment où un État prend la décision de mettre en place une politique de modernisation des activités économiques et sociales, il doit parallèlement se doter d'une politique ou alors d'une stratégie forte et formelle pour rompre définitivement avec l'informel autant comme modèle économique que comme état économique.

La rupture sociétale à entreprendre au niveau politique est une rupture de taille. Comparée aux autres types de rupture en question dans ce passage, elle a ceci de singulier qu'elle commence par l'État lui-même. Alors que la rupture démographique et la rupture socio-économique s'adressent à la société vivante ou aux populations, celle politique s'adresse avant tout à l'État. A la différence des autres ruptures sociétales à effectuer, la rupture politique consacre l'État à la fois comme sujet et comme objet. C'est à lui d'amener la société réelle à mener cette rupture, mais en commençant lui-même par l'accomplir à son niveau. C'est le changement social par l'exemple. Ce avec quoi il faut rompre, c'est la conception que l'on se fait de la politique et l'ensemble des pratiques conséquentes à cette manière de voir ou de considérer la chose politique. C'est toute la culture politique dans les pays d'Afrique subsaharienne qui est ainsi appelée à être déconstruite pour être par la suite reconstruite sur de nouvelles bases. De la même manière que le défi de la démocratie et de la bonne gouvernance politique reste le défi le plus facile à relever parmi les quatre défis rattachés aux quatre dividendes généraux dont il est question dans le présent ouvrage, la rupture politique est celle la plus facile à réaliser parmi les quatre ruptures sociétales à mener. Elle est facile parce qu'elle ne dépend que de la volonté de l'État de faire progresser le pays dans le sens de l'idéal démocratique. La volonté, c'est, avec le courage, la chose la plus déterminante en matière de travail gouvernemental. Si l'État le veut, il le peut. L'État ne détient pas pour rien le « monopole de la violence légitime », comme le disait Max Weber. La *puissance législative* qui confie à l'État cette forte légitimité renvoie chez cette dernière institution républicaine ou politique à une *puissance exécutive*. Cette puissance exécutive, c'est ce qui donne à l'État tout ce dont il a besoin pour agir sur la société vivante et pour permettre à celle-ci d'agir sur elle-même. Mais avant de pouvoir agir sur la société et de pouvoir permettre à celle-ci d'agir sur elle-même, l'État se doit de s'appliquer à lui-même les principes et valeurs qu'il cherche à inculquer à la société. Pour transformer la culture politique et les pratiques collectives et courantes qui en découlent à l'échelle de son pays, l'État se doit de donner le bon exemple. Il doit montrer qu'il a lui-même fini de faire siens les principes et valeurs qu'il veut transmettre à la société, sans quoi il serait bien mal placé pour faire figure de pédagogue ou d'éducateur à l'égard de celle-ci. C'est cela que j'appelle *la sagesse d'État*. Le penseur qui le plus tient à cette sagesse de l'État est sans doute mon très cher ami, mon deuxième ami intellectuel, le Citoyen de Genève, en l'occurrence Jean-Jacques Rousseau.

La sagesse d'État est à comprendre comme la fidélité absolue de l'État aux valeurs et principes de la démocratie politique. Il ne s'agit pas d'une question morale, il s'agit plutôt d'une exigence éthique et déontologique à laquelle l'État est appelé à se conformer tout formellement. C'est cette sagesse qui nourrit la volonté politique de l'État à servir le peuple, la société et le pays. En retour, la volonté politique exprimée à travers le travail gouvernemental donne à cette sagesse en question une forme réelle et entière. Or, le domaine politique dans lequel l'État peut le plus apporter la preuve qu'il est *sage* vis-à-vis du peuple et volontaire pour le bien de celui-ci, de la société totale ainsi que du pays, c'est la politique elle-même, entendue au sens de l'idéal démocratique qui lui donne son seul sens véritablement pertinent, intéressant, intelligent et positif. Avant donc d'en appeler à la participation démocratique du peuple et des citoyens, l'État se doit lui-même de montrer qu'il est démocrate. Je m'étonne toujours lorsque je vois les politiques s'étonner eux-mêmes et se plaindre tout gravement de l'abstention ou de la participation des citoyens aux élections. Et à chaque fois, je m'exclame en me demandant de qui se moque-t-on vraiment. Bien évidemment qu'on se moque des citoyens qu'on veut réduire politiquement à de simples électeurs plutôt qu'à des acteurs. Et, le comble de la lâcheté des politiques c'est que tout en se moquant des citoyens, ils veulent faire croire que ce sont ces derniers qui eux-mêmes se moquent de la démocratie. Seigneur ! Un citoyen ayant une conscience politique forte et bien structurée ne se moque jamais de la démocratie. Au contraire, c'est parce qu'il tient tellement à cette belle chose qu'est la démocratie qu'il se moque de la politique qui en fait un usage malsain et malhonnête. La démocratie, ce n'est pas la politique. La démocratie, c'est plus que la politique, c'est la meilleure manière de faire la politique. La démocratie, c'est la politique elle-même par excellence. Je ne connais aucun peuple du monde qui, après avoir goûté aux vertus et délices de la démocratie, pourrait se surprendre à la rejeter ou à arrêter de l'aimer. Même dans les dictatures les plus solidement établie et où la tyrannie est d'une rigueur telle qu'elle finit par aliéner les masses en les convainquant du fait que le pays ne saurait être dirigé autrement que par un tyran et son despotisme systémique, il y a un désir naturel de démocratie, car la démocratie est une aspiration existentielle de tout peuple politique comme la liberté l'est pour chaque être vivant. Pas juste pour les humains, mais pour tout vivant.

Comme les autres ruptures sociétales en question dans cet ouvrage, la rupture sociétale politique se fait avec un volet pédagogique et un volet stratégique. Je ne parle pas des régimes autoritaires qui ont un préalable à accomplir, celui de tourner définitivement la page de l'autoritarisme politique. Une fois cette étape franchie, tout le travail de démocratisation se fait avec de la pédagogie et de la stratégie. Le travail pédagogique en question consiste à fonder ou à refonder la culture politique du pays en question sur la base des valeurs et principes de la démocratie. Ce n'est pas parce qu'ils aspirent tout naturellement à la démocratie qu'il faudrait croire que tous les peuples du monde ont une connaissance claire et précise de la manière dont celle-ci fonctionne. A voir même le rapport de la plupart des États et gouvernements à la démocratie, on se demande bien si les politiques ou les gouvernants de nos chers pays savent bien comment démocratiser un pays et quels sont les procédés techniques qui mènent à la démocratisation de celui-ci. A vrai dire, je pense pour l'écrasante majorité de ceux-ci que la réponse à cette dernière interrogation ne fait aucun doute : non. Non seulement ils ne sont que très peu à être véritablement attaché à la démocratie, mais également ils sont bien moins que ce très peu à avoir une idée claire et aboutie de la manière dont s'organise et dont on doit faire fonctionner une démocratie. C'est dire à quel point la culture démocratique de l'humanité est pauvre.

La culture politique renvoie dans la conscience populaire du monde à la simple connaissance plus ou moins vague de l'histoire politique ou au fait d'être au fait de l'actualité politique du monde. Ni plus ni moins. Ce qui n'a rien à voir avec la culture démocratique, qui demande une connaissance approfondie du sens politique de la démocratie ainsi que des mécanismes généraux de son mode d'organisation et de fonctionnement. La rupture sociétale que doivent accomplir les pays africains du point de vue politique consiste avant tout à une éducation des peuples à la démocratie. Si les États, qui ne sont préoccupés que par l'accès au pouvoir et la manière de le conserver le plus longtemps possible, ne sont pas disposés à mener le travail pédagogique d'éducation populaire à la démocratie, il revient à la société civile de s'organiser à l'échelle d'un pays pour s'adonner convenablement à cette tâche qui ne nécessite rien d'autre que de la volonté citoyenne ainsi qu'une connaissance bien structurée de la démocratie politique. Malheureusement, dans la plupart des cas, pour ne pas dire partout, ni les États ni les sociétés civiles politiques ne sont véritablement préoccupés par cette mission d'une noblesse sans égal. D'un côté, les États ne s'intéressent à la démocratie que si elle leur permet de renforcer leur pouvoir ; de l'autre, les sociétés civiles politiques sont dispersées dans la plupart des pays du monde et leurs différentes composantes ne s'entendent pas toujours ; d'ailleurs, dans la plupart des cas, celles-ci sont en rivalité plutôt que dans la collaboration autour d'une cause qui, somme toute, les dépasse et leur est supérieure. La rupture sociétale en question ne concerne pas que l'Afrique, elle interpelle tous les pays du monde. Il est clair que les pays les plus démocratiques sont en avance sur les autres, mais comme je le dis et le répète souvent, la démocratie est une révolution permanente, c'est un chantier ou un projet inachevable car elle s'inscrit dans un idéal qui lui est propre et éponyme : l'idéal démocratique.

La rupture sociétale politique dans la perspective d'un développement de qualité s'adresse à l'État, bien que la société civile politique ait un rôle majeur à y jouer. Si l'État a la volonté ferme de faire avancer la démocratie dans le pays, c'est à lui d'organiser le travail pédagogique en question en collaboration avec la société civile politique nationale ou locale. Il doit commencer lui-même par montrer ouvertement son attachement à la démocratie et surtout sa résolution à transformer la culture politique ainsi que l'ordre des pratiques politiques dans le sens de l'idéal démocratique. Et la première chose à faire de la part de l'État dans cette optique, bien avant même de se lancer dans une campagne d'éducation populaire aux valeurs et principes de la démocratie, c'est de montrer par des preuves réelles et absolument incontestables, entre la manière dont il est constitué architecturalement, administrativement et politiquement et la manière dont il fonctionne à ses différentes strates de gouvernance, qu'il porte, incarne et pratique pleinement la démocratie. Ce n'est qu'en satisfaisant à ces exigences qu'il peut par la suite travailler en toute crédibilité et en toute cohérence à pouvoir agir sur la société dans le sens d'amener celle-ci à agir sur elle-même pour l'expansion et la promotion d'une culture forte de la démocratie sur toute l'étendue de son territoire. Et aucun peuple ne saurait être hostile à une campagne d'éducation populaire à la démocratie, surtout si une telle initiative vient de son État lui-même et surtout si celui-ci donne par ses actes de gouvernance la preuve qu'il porte, incarne et pratique pleinement la démocratie. Un État démocrate produit inévitablement une société libre et démocratique et entraîne toujours son peuple dans le sens d'un attachement fort et vivant à la démocratie. C'est exactement dans ce cas précis que l'on peut parler d'une « foi commune », pour reprendre l'expression de mon cher ami John Archibald Dewey.

Le volet stratégique de la rupture sociétale en faveur de la démocratie et de la bonne gouvernance politique donne une suite conséquente et cohérente au volet pédagogique. Porter, incarner et pratiquer en soi la démocratie de la part de l'État est une chose ; mener une campagne d'éducation populaire aux valeurs et principes de la démocratie en est une autre ; mettre en place des dispositifs stratégiques pour permettre l'exercice de la démocratie à tous les échelons de la société en est une tout autre. C'est cette dernière dimension du travail de rupture qui permet de perpétuer la culture démocratique en la faisant se transmettre d'une génération à la suivante. Le volet stratégique de la rupture sociétale politique permet d'asseoir la culture démocratique dans les localités territoriales. Il permet à la démocratie de vivre libre-ment et indépendamment de l'agenda politique et même de la politique tout court. La démocratie deviendra ainsi une valeur forte autant de la vie ambiante de la cité que du quotidien des foyers. Elle deviendra la valeur des valeurs, celle qui, par-dessus tout, met les citoyens sur un même pied d'égalité au-delà de toutes les différences pouvant exister entre eux. Et quand les citoyens s'approprieront la démocratie et verront qu'elle est à la fois au carrefour des rues et ruelles de la cité et à l'épicentre de leurs foyers, ils l'aimeront de tout leur cœur et n'attendront plus l'État pour la faire vivre car plus qu'une valeur sociale et sociétale celle-ci deviendra une richesse commune. Le plus grand bien qu'ils puissent détenir. Et alors il ne restera à l'État plus qu'à mettre en place les dispositifs logistiques qui permettent partout dans le pays un exercice libre, serein et bien ordonné de la démocratie.

A la différence de la rupture sociétale à accomplir dans le domaine socio-économique, la rupture à mener dans le domaine politique ne combat pas systématiquement un phénomène donné. Alors que dans le domaine économique, c'est avec le modèle informel d'économie qu'on veut rompre, dans le domaine politique, c'est une culture démocratique que l'on veut faire émerger et promouvoir en lieu et place d'une culture politique jusqu'alors marquée par l'idée vague que l'on se fait de la politique et les connaissances générales qu'on a de la chose politique. Ce type de rupture s'inscrit donc pleinement dans le sens du défi à relever de la démocratie et de la bonne gouvernance politique. Son apport au travail qui se fait à ce niveau se situe dans le fait qu'il formalise le rôle politique du citoyen dans la cité démocratique. Celui-ci n'est plus qu'un électeur ni même qu'un participant, il est l'acteur qui fait vivre la démocratie partout dans la cité, et cela au quotidien et même à chaque instant. La rupture sociétale politique amène le pays à tourner la page du pouvoirisme politique et de la démocratie bananière ou de la démocratie au rabais. C'est, de mon point de vue, la rupture la plus facile à entreprendre car elle ne nécessite rien d'autre qu'une volonté politique forte de la part de l'État et une capacité à mener une campagne pédagogique convaincante et efficace d'éducation à la démocratie ainsi qu'à mobiliser les ressources nécessaires pour permettre à la société elle-même de faire vivre en toute liberté et en toute autonomie la démocratie. C'est la rupture la plus facile mais également la plus belle. Ce qui fait son charme c'est qu'elle installe un climat de confiance dans la cité, une harmonie sans égal qui fait que tout peut être discuté en toute tranquillité et liberté dès lors que chacun a droit à la parole au même titre que les autres et que son opinion pèse autant que celle des autres. A partir de ce moment, toutes les ruptures peuvent être envisagées sans grande crainte de tensions sociales. Qui disait encore que la démocratie, c'est l'exercice du « *débat en soi* » ? John Rawls, je pense. Bien dit ! Nous y voilà.

La rupture sociétale politique, dès lors qu'elle produit une nouvelle culture politique, une culture politique entièrement tournée vers la démocratie, installe au cœur de la société une culture pratique et vivante du débat libre et constructif. La société devient ainsi mature non pas seulement politiquement mais généralement. Elle est prête à aborder toutes les questions qui se posent en son sein, entre la manière dont elle est organisée et celle dont elle fonctionne dans ses différents cadres de vie. Une société démocratiquement mature fait sauter tous les tabous car elle développe en elle une haute culture du débat et conséquemment une certaine hostilité à l'égard des non-dits et autres petits sous-entendus ou insinuations. Elle devient non seule-ment fortement animée par le goût de la discussion mais également par l'intérêt qu'elle a pour la transparence au sens général et entier du terme. La place publique et l'opinion publique y prennent du sens et de la valeur et la crainte des sujets qui fâchent disparaît d'elle-même. Cela ne veut pas dire que toutes les traditions et valeurs anciennes ou que toutes les formes de conservatisme socioculturel disparaissent, loin de là, cela veut dire qu'elles ont tendance à perdre graduellement de leur caractère sacré et impénétrable. Elles ne sont plus complètement couvertes d'un tissu dense et intouchable de dogmes, désormais elles font l'objet d'interrogation. Il se développe ainsi un certain sens de la critique, entendue non pas dans le sens de la contradiction mais dans le sens du questionnement, car en toute chose considérée, on cherche d'abord à saisir la logique de base, puis la cohérence entre les différents éléments qui la composent et enfin la portée ou la place réelle de ceux-ci dans la vie collective de la société. La rupture sociétale politique consacre ainsi une rupture sociétale de la société vis-à-vis d'elle-même.

En instaurant une culture libre et ouverte du débat, la rupture sociétale politique crée une dynamique sociale et sociétale toute nouvelle. Elle fait porter à la société elle-même la mission du changement social. Celle-ci n'attend plus d'être aiguillonnée d'en haut par une quelconque instance politique ou religieuse ou traditionnelle car elle est devenue non seulement mature en âge et en expérience mais également souveraine. Le goût du débat, de la critique et de la transparence qui s'y développe n'empêche aucunement la possibilité de trouver des terrains d'entente sur toutes les questions relatives à la vie de la cité. Au contraire, cela conduit à devoir instituer une forme de principe collégial qui mène au consensus. C'est une sorte de démocratie délibérative qui est en exercice du point de vue sociétal. Les débats à bâtons rompus finissent toujours par trouver un point de convergence pour toutes les opinions et positions. Le consensus en question se construit alors en principe autour de l'intérêt général plutôt que des intérêts particuliers. Les idéologies ne disparaissent pas pour autant, mais elles sont toutes surclassées par celle de l'intérêt général. La question nouvelle qui désormais se pose à tout le monde est de savoir qu'est-ce qui dans un domaine précis donné contribue le plus à faire avancer la société dans le sens du développement humain, du bien-être social, de la prospérité économique ainsi que de la justice sociale et de la démocratie politique. Arrivée à ce niveau de maturité et de souveraineté, la société porte en elle les vecteurs de sa propre transformation sociale, elle n'a plus besoin d'être influencée de l'extérieur pour savoir ce qu'elle doit faire dans tel ou tel autre domaine de la vie collective. C'est elle-même, dans l'interaction dynamique entre le commun de ses membres, qui soulève les bonnes questions, organise en son sein un débat libre pour confronter les opinions et positions, détermine les défis à relever, définit les objectifs à atteindre et ainsi fait agir l'État dans le but de l'amener à mobiliser les ressources de la collectivité pour chaque cause identifiée. La société devient alors plus que mature et souveraine, elle est désormais aussi visionnaire.

Si la rupture sociétale politique est la rupture la plus belle et la plus facile à réaliser parce que ne dépendant que de la volonté de l'État à la mener de bout en bout et en toute fermeté et cohérence, la rupture sociétale de la société sur elle-même est la rupture sociétale par excellence. C'est la rupture du changement social proprement dit car c'est elle qui fait agir la société sur elle-même. Ce n'est que lorsqu'elle sera assez mature et souveraine pour pouvoir agir sur elle-même qu'une société peut en toute objectivité et en toute tranquillité aborder en visionnaire critique et constructif les questions les plus fortes et sensibles qui se posent en son sein, entre la manière dont elle est organisée et la manière dont elle fonctionne. A cette étape précise de son évolution, la société développe en elle une capacité réelle à faire la part des choses. Elle développe une certaine rationalité collective qui s'impose à la mentalité collective d'antan. La distinction entre la rationalité et la mentalité prend ici tout son sens. Alors que la rationalité raisonne, la mentalité, elle, réagit de manière instinctive. La rationalité est ouverte à toutes les questions et travaille avec méthode et lucidité à pouvoir leur apporter des réponses claires et précises, alors que la mentalité, elle, instaure à l'avance des sens interdits, des balises et des dogmes. L'une se veut objective et ouverte dans sa démarche, l'autre est fortement subjective et enfermée dans les contours d'un schéma idéologique qui lui semble indépassable. Le passage de la mentalité collective à la rationalité collective est l'étape finale qui confirme l'accomplissement du changement social sociétal ou du travail sociétal de rupture de la société vis-à-vis d'elle-même.

Une société qui, tour à tour ou progressivement, devient libre, démocratique, mature, souveraine, visionnaire et rationaliste est une société entièrement prête pour relever un à un l'ensemble des défis auxquels elle sera confrontée dans sa marche vers le développement. Elle devient inarrêtable dans son cheminement, elle avance la tête haute, le regard ferme et tourné vers un horizon scintillant de clarté, le pas sûr et l'allure forte et droite. Elle ne recule pas. Elle ne se retourne même pas. Elle a en permanence un but précis à poursuivre, des défis à relever, des objectifs à atteindre, un cap à rejoindre. Voilà une société qui, après avoir puisé au plus profond d'elle-même pour se transformer, va à la conquête de son devenir. Rien ne lui fait plus peur, ni le chemin à parcourir, ni les défis à relever, ni les ruptures à mener. Rien. Tout est à sa portée. Il suffit qu'il le veuille et y aille pour y arriver. Le défi de la transition démographique, bien qu'étant énorme, parce que relevant du grand nombre, et complexe, parce qu'intégrant plusieurs composantes, n'est pour cette société, déjà libre, démocratique, mature, souveraine et rationaliste, qu'un défi parmi tant d'autres à relever. Dès lors qu'elle porte en elle le goût et le sens du débat critique et constructif, la société ne craint nullement cette question forte et hautement sensible du rapport collectif de ses membres à la procréation et au peuplement. Là où par le passé elle fuyait la question, la jugeant d'un très haut niveau de sensibilité sociale, sociétale, culturelle, religieuse et même métaphysique, une fois devenue démocratique, mature et rationaliste, elle l'aborde courageusement en l'investissant pleinement, sans avoir peur de heurter les sensibilités mais sans non plus chercher à créer des tensions déchirantes ou des polémiques inutiles.

La rupture sociétale devant conduire au changement social ne vient pas de nulle part. Elle est conséquente au progrès démocratique. En se démocratisant, toute société change son rapport historique et vivant à elle-même. Elle devient plus ouverte à aborder de manière objective toute question qui la traverse ou qui l'interpelle et donc disposée à agir rationnellement dans le sens de l'intérêt général plutôt que de toute autre finalité. La démocratie est sans doute la voie idéale pour impulser le changement social dans un pays, mais elle n'est pas la seule voie possible. Seulement, sans elle, le changement social n'est pas abouti, il cache des zones d'ombre qui peuvent constituer de réels obstacles au processus général et global de développement. C'est exactement le cas de l'autre voie de rupture qui mène au changement social, celle du développement économique. Cette autre voie en question est celle choisie par les pays dits émergents. Leur conception du changement social est purement inspirée du déterminisme historiciste. Cette conception peut aussi être rattachée au matérialisme historique qui considère que tout dans l'éventail des croyances et pratiques culturelles dans une société découle des conditions socio-économiques. Certes, l'évolution de la situation socio-économique des populations a un impact direct sur le mode de vie, la philosophie de vie, la manière individuelle et collective d'être, de penser et d'agir des individus, mais s'il faut attendre que les fruits de la croissance économique descendent jusqu'aux couches sociales les plus pauvres pour que le changement social se réalise, alors un pays peut mettre tout un siècle rien que pour accomplir une transformation qui peut se faire en quelques années. Non seulement le changement social par la voie du développement économique ne peut être qu'une hypothèse, mais aussi, hypothèse pour hypothèse, plusieurs exemples à travers le monde montrent que celle-ci est très peu pertinente. Et d'ailleurs, il n'y a pas besoin de faire des études de cas pour confirmer ou infirmer cette hypothèse. Rien qu'en partant de la logique de fond du changement social, qui est purement sociétale, on se convainc de l'impertinence ou des limites objectives de l'idée selon laquelle une croissance économique forte et soutenue dans le temps peut conduire au changement des mentalités et de l'ordre des valeurs, des croyances et des pratiques. Même si tous les exemples considérés dans ce cas précis arrivaient à confirmer une telle hypothèse, il resterait à savoir dans quelle direction va ce changement social conséquent au développement économique. Certainement pas dans le sens de la modernité comme culture et civilisation fondée sur la liberté comme valeur sociale suprême et existentielle et de l'État de droit comme mode d'organisation sociopolitique. Or, tout ce qui est visé dans le changement social que je prône pour l'Afrique va dans le sens de l'élévation des valeurs de la démocratie. Et qu'on ne s'y trompe pas, les valeurs de la démocratie forment le corpus de base des valeurs de la modernité. Par conséquent, les pays qui cherchent à copier le mode de vie occidental juste du point de vue matériel et socio-économique passent naturellement à côté de la plaque de la modernité. Ils n'y sont pas. Ils resteront certes « émergents » mais ne seront jamais véritablement développés et modernes car il leur restera toujours quelque chose de fondamental, cette chose si forte et si chère à la modernité et au développement dans le sens moderne du terme que leur changement social apparaîtra comme une composante secondaire de leur processus de développement alors qu'il devrait en être un élément central.

La vraie rupture sociétale qui conduit au changement social recherché lorsqu'on poursuit un développement global, humain et de qualité dérive de la rupture sociétale politique. La transformation de la culture politique en culture démocratique entraîne tout l'ensemble des valeurs et pratiques sociétales. Et valeurs pour valeurs, je n'en connais pas meilleures que celles de la démocratie. Je suis tellement attaché à celle-ci que je dis très souvent, et sans démagogie et sans blague, que je n'ai qu'une et une seule culture : la démocratie. Tout le reste me paraît relatif. Même chose pour la politique. Je suis centriste de conviction car je pense que chacune des grandes idéologies politiques peut apporter des solutions à un certain nombre de problèmes que traversent ou que connaissent les sociétés humaines, mais ma doctrine politique à moi, celle qui est au-dessus de toutes les autres et qui ne saurait ni se négocier ni être relativisée, reste la démocratie. C'est dire encore une fois à quel point la démocratie est, de mon point de vue, importante pour le développement et surtout ou particulièrement pour le développement du continent africain. En effet, pour entrer dans une dynamique générale pouvant les conduire à relever à la fois le défi de la transition démographique et celui de la modernisation économique et sociale, les pays d'Afrique subsaharienne devront nécessairement et de manière effective passer par un changement social d'envergure. Ce serait une erreur monumentale de croire, d'une part, que l'Afrique pourrait sortir du sous-développement ou se développer sans passer par un changement social en profondeur et, d'autre part, que rien que les maigres performances économiques réalisées ces dernières années par les pays d'Afrique subsaharienne pourraient avoir un impact sociétal qui conduirait à ce changement social tant attendu parce que si nécessaire au développement du continent. A vrai dire, vu le retard qu'accuse le continent en matière de transition démographique, en matière de modernisation économique et sociale et en matière de démocratisation, je ne vois pas comment les pays africains pourraient relever les défis généraux et globaux qui se rapportent à chacun de ces trois grands et vastes domaines sans que leurs sociétés ne soient elles-mêmes disposées à effectuer les ruptures sociétales devant permettre de mener le travail à accomplir sans se heurter à des obstacles structurels qui risquent de bloquer la route menant au développement ou à la sortie du sous-développement. Au-delà de la responsabilité de l'État et de l'action de son gouvernement, il n'y a véritablement qu'une société démocratique, libre, mature, souveraine, visionnaire et rationaliste qui puisse être à la hauteur de ces trois défis d'envergure combinés à relever. Les qualificatifs ou adjectifs pour caractériser cette société « révolutionnaire » qui doit relever les grands défis en question dans cet ouvrage peuvent paraître à la fois nombreux et exigeants, mais au fond le premier épithète est la clé de tout cet ensemble. Il s'agit de la démocratie. Si le changement social en question est dirigé vers l'idéal démocratique, il n'y a aucun doute qu'avec un État sérieux, volontaire et efficace dans son action, ces grands défis rattachés aux quatre dividendes respectifs dont traitent les quatre parties de cet ouvrage peuvent être relevés en quelques petites années dans la plupart des pays d'Afrique au sud du Sahara.

Du fait qu'elle est démocratique, libre, mature, souveraine, visionnaire et rationaliste, la société révolutionnaire en question ne se limitera ni aux ruptures ni aux défis ni aux dividendes dont traite le présent ouvrage. Elle ira naturellement au-delà de ces questions qui déjà sont toutes globales. Et au-delà des quatre grandes questions en question dans ce livre, à savoir la question démographique, la question économique et sociale, la question politique et la question sociétale ou socioculturelle, l'autre grande question globale sur laquelle devrait dès maintenant se pencher les États du continent reste la question écologique. Mais, je n'ouvrirai pas ici ce débat autour de l'écologie car cela nécessiterait une partie supplémentaire dans la mesure où la question est aussi forte et grande que les quatre autres dont il est question dans ce livre. J'ai pris le soin de mentionner l'écologie dans le dernier paragraphe de ce chapitre sur les ruptures à entreprendre en vue d'un changement social qui s'inscrirait pleinement dans la perspective d'une sortie définitive du sous-développement juste parce que cette question écologique est aujourd'hui incontournable pour le monde. Et si les pays africains, avec particulièrement le boom démographique qui y est en cours depuis longtemps et qui a encore de beaux jours devant lui, croient, encore une fois ou comme d'habitude, qu'ils ne sont pas concernés par cette énorme question écologique et par les enjeux immédiats et ultérieurs autour de ses multiples composantes, ils se trompent royalement. Ils ont tout intérêt à agir dès maintenant autant voire davantage que les autres car là aussi, l'Afrique, fidèle à sa honteuse réputation, est largement en retard sur les autres. Mais ne nous y trompons pas, comme pour les autres dividendes, seule une société démocratique, libre, mature, souveraine, visionnaire et rationaliste, une société révolutionnaire avec un État sérieux, responsable et efficace dans son action, peut être à la hauteur des défis à relever dans le domaine écologique. Pour l'instant, la question ne semble pas être trop d'actualité pour l'Afrique, mais peut-être que, comme pour la démographie, il faudrait parler de dividende écologique, même s'il n'y en a pas un, juste pour commencer à susciter l'intérêt des États et des populations du continent pour cette question. Tiens ! Qui parle de dividende ! Un petit passage pour prolonger un peu la réflexion sur la nature du dividende sociétal.

Le dividende sociétal est aussi un dividende générationnel

Le dividende sociétal est un dividende qui s'inscrit pleinement dans le temps. Les sociétés humaines ne sont pas une donnée figée dans le temps. Selon un postulat général de l'analyse sociologique, les sociétés humaines sont en perpétuel mouvement. Seulement, mouvement ne veut pas dire changement. Par ailleurs, il est bien évident que tout ce qui est vivant est en perpétuel mouvement. Ce qui nous intéresse ici, ce n'est pas le mouvement en lui-même comme événement ou fait, mais la direction du mouvement. Une société peut être en mouvement sans être dans une dynamique de changement. Le mouvement perpétuel d'une société est à comprendre à la lumière de celui de l'être humain. Il y a le quotidien à gérer, le temps plus ou moins moyen à mener, le temps long à planifier. Cela est valable autant pour l'individu que pour la société. Gérer le quotidien d'une société, cela renvoie à la gestion des affaires courantes. Mener le temps moyen, c'est gérer par ordre de priorité les dossiers qui s'inscrivent dans le court ou le moyen terme. Planifier le temps long, c'est savoir situer les grands enjeux du futur et travailler en conséquence pour pouvoir relever les défis qui leur sont liés. Au-delà du temps, le mouvement d'une société peut être influencé à la fois par des facteurs internes et par des facteurs externes.

Les facteurs internes qui agissent sur le mouvement de la société sont les différentes composantes de la dynamique quotidienne courante. Il s'agit de l'ensemble composite des pratiques, normes et codes sociaux qui articulent le quotidien vivant de la société. Tout ce qui peut influencer ces éléments peut aussi influencer le mouvement général de la société. D'une manière générale, le mouvement perpétuel de la société est un mouvement de reproduction sociale car la société a vocation à devoir se conserver, entre ses traditions, ses valeurs, ses croyances, ses normes, ses codes et ses pratiques spécifiques. Le changement social interne est alors un phénomène rare voire rarissime car toute société cherche à se perpétuer dans le temps. Même si les différents éléments constitutifs de l'ensemble organique qu'est la société peuvent évoluer dans le temps et au rythme des événements qui animent la vie sociale, ceux-ci ne peuvent véritablement être transformés que dans le cas où la société elle-même est dans une dynamique effective et générale de changement social. Pour qu'une société puisse changer de l'intérieur, il faut que le socle sur lequel repose sa fondation organique change. Or, ce socle en question ne change ni par décret ni par le coup d'un événement quelconque. Je précise que ce socle n'est ni un agrégat ni une combinaison de choses. Il est un système dont les éléments généraux sont structuralement reliés les uns aux autres. C'est le lien organique et authentique qui lie les traditions, les valeurs, les croyances, les normes, les codes et les pratiques collectives qui constitue ce socle en question. Lorsque ce lien se détériore ou se dégrade, ce sont les fondements même de la totalité que constitue la société qui risquent d'être remis en question. En revanche, lorsque ce lien sociétal se renforce, la société devient plus forte dans son caractère organique et totalitaire et, donc, naturellement plus conservatrice. Je précise aussi au passage que le lien social ne doit pas être confondu avec le lien sociétal. Le lien social est le lien organique qui unit les membres de la société, tandis que le lien sociétal est le lien structural qui relie les différentes composantes générales de la société indépendamment de ses membres et des relations entre ceux-ci. Je ferme la parenthèse de la précision.

Le socle social et sociétal d'une société change lorsque le rapport vivant des individus aux différents éléments qui le composent change. Toute la question est ainsi de savoir qu'est-ce qui pourrait modifier ce rapport individuel et collectif aux traditions, aux valeurs, aux croyances, aux normes, aux codes ainsi qu'aux pratiques collectives. L'évolution de ce rapport ne peut s'inscrire que dans la longue durée. Elle ne se fait pas du jour au lendemain, à moins qu'il y ait un bouleversement révolutionnaire qui vient changer de fond en comble toute la structure de base de la société. L'histoire et la sociologie classique nous apprennent que les grandes révolutions économiques ont toutes un impact global et général sur la structure de base de la société. La révolution industrielle a créé un bouleversement sans précédent et sans égal dans la société occidentale. Elle est la révolution de toutes les révolutions car c'est la machine qui est à la base de tout l'équipement des sociétés de l'ère moderne et de l'époque contemporaine. Elle est à l'origine de toutes les révolutions qui sont venues après elle. La révolution agricole proprement dite vient de la révolution industrielle car elle a pour déterminant la mécanisation de l'agriculture. L'émergence de la société de consommation vers la fin du XIXe et surtout dans le premier quart du XXe siècle consacre aussi une révolution sociale et sociétale conséquente à la révolution industrielle. Et toute cette série de révolutions est accompagnée par des mouvements successifs de reconstitution ou de reconstruction de la division du travail social. La révolution technologique, qui est la dernière des grandes révolutions contemporaines et qui cache en son sein plusieurs révolutions et sous-révolutions dans un nombre inestimable de domaines de la vie active et sociale, modifie elle aussi le socle social et sociétal des sociétés de notre époque. A la différence de la révolution industrielle qui ne concerne qu'un certain nombre de sociétés, dites sociétés industrielles, la révolution technologique, elle, est universelle. Elle a fini de faire le tour du monde pour créer ce que l'on pourrait appeler une société mondiale. Il y a des sociétés industrielles qu'on peut clairement identifier et même énumérer au complet, mais il n'y a pas de société technologique, sinon celle-ci ne devrait être autre que le monde dans sa globalité. La différence est de taille entre le rapport des sociétés humaines à l'industrie et celui qu'elles ont à la technologie. C'est une différence d'accès. Je ne parle pas de la technologie de pointe comme je ne parle pas de l'industrie lourde qui n'ont pas grand-chose à voir avec la question du changement social. Je parle de la manière dont des révolutions d'envergure mondiale et universelle peuvent constituer dans le temps des facteurs internes plutôt qu'exclusivement externes de changement social. C'est juste dire que les sociétés humaines ont fini de s'approprier la technologie et d'en faire un élément central de leur vie quotidienne et collective. La révolution technologique entraîne une refonte totale des déterminants du lien social dans le cadre d'une société et, par le même mouvement, du lien sociétal qui met en relation les différentes composantes qui structurent le caractère organique de la totalité sociale. Il serait bien difficile de considérer analytiquement le facteur technologique comme un facteur externe de changement social car il est entré en force et d'un seul et unique coup dans toutes les sociétés du monde. Et vu le degré de nouveauté et d'innovation qui le caractérise et l'ampleur de son impact partout dans le monde, le facteur technologique est aujourd'hui le facteur interne le plus puissant de changement social. Et en poursuivant la réflexion autour du facteur technologique, on se rend compte qu'en tant que facteur interne de changement social, celui-ci a un facteur externe qui lui correspond et qui, à l'instar du technologique, a fini de se mondialiser ou de se rendre universel. Ce facteur est le monde lui-même. Non pas la mondialisation ou le mondialisme, mais le mondial, c'est-à-dire le rapport historique et épistémique de chaque société contemporaine au monde.

La découverte épistémique du monde ne date que de la seconde moitié du XXe siècle. Elle n'est donc vieille que de plus ou moins un demi-siècle. Mais, déjà, elle a fini de prouver qu'elle consacrait à tout point de vue un événement méta-historique sans précédent et sans égal dans toute l'histoire de l'humanité. Désormais, le mouvement du monde est devenu un facteur de transformation sociale sans commune mesure avec tous les facteurs jusqu'ici connus et considérés de changement social. En s'affirmant de manière aussi forte à l'échelle plané-taire, le monde a fini en quelques petites décennies de devenir un vecteur à la fois puissant et unique de changement social. Il est passé du dehors au dedans, de l'extérieur à l'intérieur des sociétés humaines. Jadis, il y avait le centre du monde et ses périphéries. Il y avait l'Occident, d'abord avec l'Europe occidentale, puis à la suite de la deuxième guerre mondiale les États-Unis, et le reste du monde. Aujourd'hui, la configuration planétaire a complètement changé car le monde est partout. Jadis, il était ailleurs, pour toutes les sociétés non occidentales, aujourd'hui il est partout. En chaque société. Chaque société de l'époque contemporaine a ainsi un rapport singulièrement épistémique et historique au monde. Ce rapport est en lui-même un facteur singulier mais surtout un facteur interne de changement social. Ainsi, en quelques petites décennies, le monde est passé d'un facteur externe à un facteur interne de changement social. Et cette nouvelle donne est sociologiquement et historiquement révolutionnaire. L'analyse sociologique de la mondialisation ne s'arrête généralement qu'aux manifestations visibles de l'émergence épistémique du monde dans les sociétés contemporaines, elle ne va pas suffisamment dans la profondeur des transformations structurelles que produit ce grand événement méta-historique dans les sociétés actuelles. Si le monde ou le rapport historique et épistémique de chaque société au monde est pour celle-ci un facteur interne de changement social, le mouvement du monde est en lui-même un facteur externe de changement social. S'approprier le monde est alors une chose différente du fait de subir ou d'être influencé par le mouvement du monde.

Le monde en tant que facteur interne de changement social, cela veut dire avant tout que toutes les sociétés contemporaines sont d'une manière ou d'une autre ou à des degrés différents en connexion avec le monde. Elles sont ouvertes au monde non pas dans l'ordre du schéma classique du diffusionnisme où elles emprunteraient ou recevraient au sein de leur corps organique des éléments venus d'ailleurs et qui contribueraient à les transformer, mais dans le sens où elles inscrivent leur relation au monde dans une dynamique participative. Elles ne subissent plus le monde, elles participent au mouvement d'ensemble du monde au même titre que tous les autres. Elles sont pleinement actrices du monde. Si la société est elle-même un mouvement social, comme le pense et le soutient en toute simplicité une certaine pensée sociologique, alors le monde est lui-même un mouvement social dans le mouvement social total qu'est la société. Or, une des propriétés générales d'un mouvement social réside dans le fait qu'il porte en lui une vocation ou une ambition révolutionnaire. C'est-à-dire un désir fort et ouvertement assumé de transformer la société. Toute la question est alors de savoir dans quelle direction va ce mouvement de transformation. Cela va sans dire qu'il va dans le sens de la chose la plus universellement désirée de tous les temps, à savoir l'aspiration de toutes les sociétés humaines à la modernité, de tous les peuples humains à la liberté et à l'épanouissement, au sens global et entier des deux termes, et de tous les pays du monde au développement. Or, jamais dans toute l'histoire de l'humanité ce désir de liberté et d'épanouissement humain des peuples, de modernité des sociétés humaines et de développement des pays ne s'est autant ouvertement manifesté que dans notre époque contemporaine. Jamais, non plus, dans l'histoire de l'humanité ce grand désir de vivre davantage et mieux autant pour les sociétés, les peuples et les pays n'a été aussi accessible qu'à notre époque contemporaine où le monde lui-même est venu s'incruster organiquement dans le corps vivant des sociétés humaines. Rien que ces deux dernières remarques peuvent valider avec force le postulat selon lequel il y aurait un dividende de type sociétal dans toutes les sociétés du monde qui ne sont pas encore structurellement modernes. C'est-à-dire une disposition réelle, forte et collective de ces sociétés à effectuer les ruptures nécessaires à leur changement social dans la perspective du développement global et humain de leurs pays respectifs.

Le dividende sociétal n'est donc ni un petit dividende, ni un sous-dividende, ni un dividende hypothétique. Il est un dividende aussi réel et consistant que celui démographique, celui socio-économique et que celui politique. Seulement, à l'instar de chacun de ces trois derniers dividendes, il entretient une singularité entière. Sa singularité à elle est d'ordre historique, c'est-à-dire qu'il s'inscrit fortement dans l'air du temps ou dans l'ordre d'évolution contemporaine des choses à notre époque. Or, époque pour époque, la nôtre en est une de bel et bien nouvelle ou fraîche. C'est l'époque des sociétés-monde et des individus-monde. Rien que l'expression « citoyen du monde » dont se réclament de plus en plus d'individus nous donne une idée de ce qui singularise notre époque. Se réclamer d'un monde où toutes les sociétés aspirent à la modernité, où tous les individus aspirent à la liberté et à l'épanouissement humain et où tous les pays aspirent au développement, c'est porter en soi l'empreinte révolutionnaire d'un monde qui devrait aller dans le sens de ces fortes aspirations. Et qui porte cette empreinte en lui ne saurait être hostile au changement social dès lors qu'il est orienté dans la direction de ces grandes espérances. Et entre l'affirmation épistémique et historique du monde dans l'enceinte organique des sociétés humaines et l'éclosion d'une génération nouvelle et en renouvellement constant en raison du boom technologique en cours et de la mondialisation ou du mondialisme qui consacre déjà, plus qu'une époque, une ère, la mentalité générationnelle du monde a changé et est en perpétuel changement. Ce serait ainsi une erreur d'analyse de croire que les mêmes traditions, valeurs, croyances, normes, codes et pratiques collectives d'hier sont encore celles qui tout entièrement continuent de régir la vie des sociétés d'aujourd'hui. Pas du tout. Ce serait aussi croire, conséquemment à cette croyance erronée, que la même mentalité d'hier est celle qui guide le mode de pensée, de conception et d'action des individus d'aujourd'hui. Les temps changent, le monde change, avec lui les sociétés humaines mais également les individus. De la même manière que la génération des *baby boomers* porte en elle l'empreinte d'une phase toute singulière de l'histoire contemporaine, notamment dans les sociétés occidentales de l'après deuxième guerre mondiale, la génération jeune de notre époque s'identifie à une période de l'histoire toute particulière et qui lui est très particulière. Cette période est elle-même particulière parce qu'elle consacre doublement une ère nouvelle dans l'histoire de l'humanité : l'ère de la technologie et de la mondialisation. Et naître, grandir et vivre dans cette ère si historiquement révolutionnaire, cela ne peut avoir qu'un effet particulier sur le rap-port qu'on a à tout : la vie, la société, le monde, l'histoire, etc. Il de-vient ainsi évident que les gens nés entre les années 1990 et aujourd'hui ne peuvent pas avoir la même manière d'être, de penser et d'agir que leurs prédécesseurs. Ils ne peuvent avoir ni les mêmes repères historiques, ni les mêmes références traditionnelles, ni la même philosophie de vie, ni même le même mode de vie que ceux qui sont venus avant eux. Il s'est bel et bien passé quelque chose, une rupture fondamentale, un hiatus historique dans la dernière décennie du siècle précédent. Et cet événement n'arrive pas tous les jours. Il est d'ailleurs tellement rare que seule une analyse toute légère et très peu utile ou instructive de l'histoire de l'humanité pourrait passer à côté d'elle sans marquer un arrêt à la fois long et profond. Cet événement est rare parce que non seulement il consacre le début d'une ère dans la marche historique de l'humanité, mais également parce qu'il consacre l'émergence d'un nouvel homme dans la longue chevauchée historique de l'humanité. Cet homme en question n'a rien à voir avec celui ou ceux des époques antérieures. Il ne s'agit pas de lui faire un procès ou de chercher à énumérer ses qualités et ses défauts, ce qui n'aurait aucune utilité ni même aucun sens, mais il serait, tout au moins, analytiquement intéressant de voir ce qui, dans l'époque vivante qui l'a vu ou qui le voit naître, grandir et vivre, pourrait potentiellement ou essentiellement faire sa singularité vis-à-vis de ses prédécesseurs. Et c'est à ce point précis du raisonnement que le dividende sociétal devient intéressant parce qu'il consacre aussi un dividende générationnel.

D'une manière générale, je n'aime pas fonder une hypothèse sur la génération ou sur le temps qui évolue ou qui change. D'une part, cela me paraît trop léger comme argument car cela peut facilement se voir objecter avec la simplette idée selon laquelle il est évident que chaque époque de l'histoire humaine est unique et donc marque en toute évidence l'affirmation d'un type nouveau et unique d'homme. De l'autre, je ne porte en moi ni optimisme ni pessimisme et je ne veux point qu'on me traite d'optimiste ou de pessimiste lorsque je m'adonne à l'exercice de la pensée. L'Afrique m'inquiète et m'a toujours inquiété depuis que j'ai commencé à développer en moi une conscience critique, mais pour autant mon propos sur le continent ne peut être ni catégoriquement ni caricaturalement classé dans l'un ou l'autre de ces deux registres. D'ailleurs, de la même manière que je développe des critiques fortes à l'adresse du continent, entre la manière plus que médiocre dont ses pays sont politiquement gérés et l'archaïsme de la mentalité et des pratiques collectives de ses peuples ou sociétés, je ne cesse, notamment dans le présent ouvrage, de dire et de répéter qu'en quelques petites années la plupart des pays d'Afrique subsaharienne devraient pouvoir sortir ou alors être dans une dynamique réelle, globale et générale de sortie définitive de l'état structurel de sous-développement dans lequel ils se sont tout confortablement installés depuis toujours et qu'ils ne semblent pas pressés de quitter de manière effective et définitive. Et pour un livre sur l'Afrique qui rend aussi optimiste, je n'en connais pas d'autre. Si vous en connaissez ne serait-ce qu'un et un seul, de grâce je vous demande de bien vouloir m'indiquer le titre, je le lirais volontiers et sans en sauter une virgule. Donc pas d'optimisme, pas de pessimiste ; rien que de l'analyse critique et constructive.

L'homme de notre époque, celui des années 1990 à nos jours, entre la révolution technologique et la mondialisation, a ceci d'historiquement particulier qu'il est né, qu'il grandit et qu'il évolue dans une époque marquée par l'accélération du temps. En effet, cette époque est doublement spéciale et unique dans toute l'histoire de l'humanité : d'une part, la révolution technologique et la mondialisation sont deux révolutions sans précédent dans toute l'histoire de l'humanité autant dans leur nature révolutionnaire que dans la vitesse de leur expansion universelle ; de l'autre, jamais dans l'histoire, deux révolutions d'une telle envergure ne se sont déroulées de manière aussi simultanée et forte alors qu'elles n'ont aucun lien ni du point de vue de leur origines ni de celui de leurs orientations respectives. Être historiquement marqué d'un mouvement aussi intensément révolutionnaire, cela crée naturellement chez tout individu les prédispositions réelles à aimer ou, au moins, à ne pas trop craindre la révolution, le changement, la transformation sociale. Étant né ou ayant grandi ou vivant pleinement dans une histoire qui s'accélère, l'homme des générations 1990 à nos jours devrait, *a priori*, avoir horreur de toute forme de conservatisme historique, de traditionalisme, de statisme et, en toute conséquence, devrait pouvoir naturellement développer en lui un amour fou mais maîtrisé et raisonné du mouvement qui fait changer l'ordre des choses dans une direction bien claire et entièrement voulue et recherchée. Cet homme de ces *générations mondialisation-technologies* n'a pas peur du changement car son histoire est originellement marquée par la combinaison de deux bouleversements sans commune mesure. Et il est tellement marqué par cette grande histoire qu'il devient féru de tout ce qui pourrait apporter le changement à un moment où personne ne s'y attend. Il aime ainsi la surprise dans l'histoire à tel point qu'au lieu de voir les temps changer d'eux-mêmes, il veut en être lui-même leur vecteur de changement. Et cet homme, l'historicisme contemporain des idéologues de l'ultralibéralisme ou du capitalisme politique ne l'a pas vu venir. Cet homme est imprévisible parce qu'il vit dans une histoire pleine de ressources et d'énergies nouvelles, du point de vue historique et humain, mais comme l'histoire est elle-même par nature imprévisible, peu de gens ont la faculté d'aller jusqu'au fond des choses pour en détecter les éléments les plus imprévisibles. Et sans me lancer dans des paris quelconques, je formule tout prudemment en hypothèse que la population jeune du continent ou plus largement la population africaine âgée de moins de cinquante ou même soixante ans est dans les dispositions entières pour effectuer toutes les ruptures nécessaires au changement social tant que celui-ci va dans la direction du développement et leur permet d'en finir pour de bon avec ce diable du sous-développement.

Je ne cherche pas à développer de manière systématique ce que l'on pourrait considérer comme une hypothèse-jeune ou une hypothèse *génération.* Je pense juste que de la même manière que les sociétés humaines ne sont pas figées dans le temps, les mentalités humaines ne fonctionnent pas comme des robots programmés d'avance à se laisser guider dans n'importe quel sens et pour effectuer n'importe quel mouvement. Dans l'histoire de l'humanité, il ne faut jamais oublier ni l'histoire elle-même ni l'homme lui-même. Les critiques philosophiques ont tendance maintenant à traiter l'homme de notre époque comme étant celui le plus léger, le plus frivole et le moins structuré et intéressant de tous les siècles depuis la Renaissance occidentale. Peut-être bien que quelque part, entre le capitalisme politique triomphant et le côté aliénant de la révolution technologique, l'homme a perdu ou a préféré, tout délibérément, se débarrasser de quelque chose de fondamental de sa profondeur philosophique, je partage cet avis aussi, mais je crois que jamais dans l'histoire contemporaine depuis le XIXe siècle ou peut-être depuis les années 1960, les hommes n'ont été aussi disposés à vivre un changement d'ordre et d'histoire. Et cela, dans pratiquement tous les pays du monde. Et tous les jours qui passent, depuis plusieurs années, nous montrent que les peuples ne peuvent plus accepter d'être muselés et intimidés éternellement et à tort et à travers et qu'ils montrent de plus en plus ouvertement, et cela dans des pays avec des régimes très hostiles à toute forme de changement politique, social et sociétal, qu'ils sont prêts à donner leur vie pour le respect de leurs droits ou pour l'amélioration de leurs conditions de vie. Et qui est prêt à donner sa vie pour de telles causes est naturellement et conséquemment disposé à rompre avec un certain nombre de choses pouvant constituer un obstacle dans la marche de son pays vers l'état structurel de développement et de modernité qui, seul, pourra justement lui garantir le respect de ses droits et le travail de l'État pour l'amélioration de ses conditions sociales de vie. Qui peut le plus, peut le moins !

Je n'aime poser la question ni sous l'angle de l'optimisme ou du pessimisme, ni sous celui de la génération ou de la jeunesse, mais aujourd'hui, il n'y a pas un seul rapport d'étude ou de recherche sur le développement de l'Afrique qui ne mentionne avec forte insistance, et à juste titre d'ailleurs, le rôle central que doit jouer la population jeune dans la reconstruction générale et globale du continent en vue de son développement. Cela peut paraître léger comme argument parce que pouvant être vu comme une simple évidence, mais entre le caractère populaire des quatre défis généraux à relever dont traite cet ouvrage et la proportion de la population jeune dans la population totale de chacun des quarante-neuf pays d'Afrique subsaharienne, la jeunesse africaine, plus qu'un simple rôle à jouer, a une histoire à faire. Ce n'est donc pas une évidence parce que ce n'est pas acquis d'avance, c'est une exigence historique car rien ni personne ne peut faire cette grande histoire à sa place. L'État a certes un rôle de premier plan à jouer, chaque membre ou compartiment ou composante de la société a aussi sa partition à jouer, mais du fait de son volume démographique, la jeunesse est partout en Afrique la force réelle, massive et active de transformation sociale. En effet, aucun changement social d'envergure ne peut nulle part dans le continent se faire sans une implication forte et vive de la population jeune. Pour créer une dynamique globale devant mener à la transition démographique, il faut non seulement conscientiser les jeunes, mais il faut surtout les impliquer de manière forte et formelle en leur faisant comprendre qu'il est question de choix stratégiques à faire, choix hautement importants parce qu'ayant un impact direct, réel et entier sur leur avenir. Même chose pour la modernisation économique et sociale, car les jeunes constituent la force active de tous les pays d'Afrique subsaharienne. Et vu la place qu'ils occupent dans la petite économie informelle en Afrique au sud du Sahara, et vu la place qu'occupe à son tour ce dernier état économique dans l'économie réelle des pays d'Afrique subsaharienne, la modernisation économique et sociale de ces derniers ne saurait stratégiquement contourner la population jeune du continent car la formation d'un capital humain de qualité, la lutte contre le chômage et la création d'emplois décents comme la productivité de l'économie dans l'ensemble de ses secteurs et sous-secteurs, toutes ces questions et problématiques fortes et globales, au-delà de la responsabilité gouvernementale, s'adressent entièrement et avant tout à la population jeune de chaque pays du continent. De la même manière, la seule force vive de mobilisation politique et sociale qui, à l'échelle d'un pays, peut permettre de réaliser de grands progrès dans le sens de l'idéal démocratique et surtout de conserver et de consolider durablement les acquis démocratiques obtenus dans le temps, qu'importe la volonté de l'État, reste la jeunesse. Et il n'y a pour s'en convaincre qu'à voir toute la fraîcheur qu'apportent ces dernières années les mouvements dits citoyens dans plein de pays d'Afrique et d'ailleurs en termes de revitalisation démocratique, au moment où la société civile politique traverse partout une très forte crise, entre la tentation clientéliste d'entrer dans les délices du pouvoir et son incapacité à mobiliser les populations autour d'une cause aussi forte que celle de la démocratie et de la bonne gouvernance politique. Même chose aussi pour le changement social, entendu comme un changement de société. Seule la population jeune des pays africains peut apporter de manière déterminante et décisive une dynamique de rupture avec un certain nombre de valeurs traditionnelles, de croyances et de pratiques collectives pouvant constituer des obstacles sur la route qui mène au développement ou à la sortie du sous-développement. La seule force qui peut tout légitimement et souverainement faire comprendre aux défenseurs et idéologues d'une certaine morale traditionaliste, d'un certain archaïsme sociétal et d'un certain conservatisme socioculturel que les temps ont changé et que les histoires comme les cultures, les sociétés comme les hommes changent aussi, raison pour laquelle, dans la perspective d'un développement global, humain et de qualité, le moment est venu de tourner la page d'un temps trop ancien et qui a trop duré pour progresser dans le sens de la modernité, cette force révolutionnaire, la seule capable de faire émerger et de porter la société révolutionnaire dont je parle, c'est la jeunesse.

Au bout du compte, toutes les ruptures à mener sont des ruptures constructives. C'est-à-dire qu'il ne s'agit pas de rompre pour rompre, mais de rompre pour reconstruire, rebâtir, refonder et repartir sur de nouvelles bases. On ne peut pas sortir du sous-développement sans ces ruptures de taille que je viens d'évoquer dans les paragraphes précédents. Ces ruptures sont incontournables. Elles sont absolues. Elles ne se négocient pas car on ne peut pas faire l'économie de les mener, toutes et en même temps. Et qu'on ne s'y trompe pas, la méthode qui consiste à superposer le sous-développement et le développement, cela n'a aucun sens et cela ne marche pas. Si les pays africains pensent qu'ils peuvent entrer dans une dynamique de développement sans rompre avec toutes ces rigidités structurelles qui les ont depuis toujours enfermés dans leur état général, global et structurel de sous-développement, ils se trompent encore une fois de voie. Même l'émergence, cette chose qui, selon moi, ne signifie rien d'autre qu'une certaine croissance du PIB sur plusieurs années au service d'un développement désordonné et très peu qualitatif du point de vue humain, même l'émergence, malgré tout son caractère farfelu et tous ses défauts, en tant qu'approche du développement, ne saurait être réalisée en partant du sous-développement sans mener des ruptures fortes dans des domaines bien précis. La politique de l'enfant unique en Chine, par exemple, est sans doute la plus forte décision ou le plus fort choix de rupture en vue d'une sortie du sous-développement jamais réalisée nulle part dans le monde. Ce cas est exceptionnel et je ne suis pas sûr qu'il soit applicable partout ailleurs. D'ailleurs, je ne suis même pas sûr que cela soit nécessaire d'aller jusque-là pour des pays de quelques petits millions d'habitants. Et si ce n'est pas la Chine, d'autres pays d'Asie peuvent servir d'exemples en matière démographique, mais également en matière de modernisation économique et sociale, en matière de politique de santé de la population ou d'éducation, de formation et de constitution d'un capital humain de qualité. Et il n'est même pas besoin d'aller jusqu'en Asie, même si les meilleurs exemples viennent de ce dernier continent. La Tunisie, par exemple, dans le tout proche Maghreb, peut servir d'exemple ou d'inspiration pour un certain nombre de pays d'Afrique subsaharienne, notamment dans la manière dont elle a politiquement et stratégiquement mené tout le travail lui ayant permis de faire baisser son taux de fécondité jusqu'en dessous de la moyenne mondiale ; et cela, rapidement et sans la moindre tension sociale.

Prendre conscience de la nécessité de mener les quatre ruptures sociétales structurelles mentionnées dans ce passage en vue d'un changement social inscrit dans la perspective d'une sortie définitive et effective du sous-développement est une chose. Avoir la ferme volonté politique de le faire en est une autre. Le faire politiquement un tout autre exercice de déploiement politique et stratégique. Même s'il revient à la société entière d'accomplir cette série de grandes et profondes ruptures, c'est aux États et gouvernements de lancer le vaste programme qui doit leur être consacré comme ce sera aussi à eux d'organiser le long processus de transformation globale et générale de la société qui va suivre ce grand exercice d'« assainissement » sociétal et socioculturel en question. C'est un enchaîne-ment cohérent entre la lutte contre le sous-développement et le travail pour le développement que les États sont appelés à organiser et à mener de bout en bout et de concert avec le reste de la société. Dès lors, toute la question qui se pose et dont la réponse peut être présentée comme étant une synthèse finale de toute la présente partie consacrée au dividende sociétal est celle de savoir comment définir et mener ou mettre en œuvre une véritable politique de changement social entièrement inscrite dans la perspective d'une sortie définitive du sous-développement pour une entrée effective dans une dynamique forte et durable de développement au sens moderne du terme, c'est-à-dire d'un développement global, humain et de qualité. Un développement combinant prospérité économique, bien-être social et démocratie poli-tique.

Qu'est-ce qu'une politique de changement social ?

De la même manière que j'ai tenté dans la troisième partie de cet ouvrage consacrée au dividende politique de décliner le mode d'emploi de ce que devrait être, selon moi, la reconstruction démocratique des pays d'Afrique subsaharienne, après avoir longuement débattu de la démocratie dans le monde et du processus de démocratisation en Afrique, je finis la présente partie traitant du dividende sociétal en précisant ce que devrait être, d'après moi encore, une politique de changement social. Si le changement social est une condition centrale du passage d'un pays donné du sous-développement au développement, alors tout État qui inscrit son action dans cette optique devrait en toute logique et conséquence travailler à pouvoir définir en toute clarté une politique en la matière et mobiliser les ressources nécessaires pour sa bonne mise en œuvre. Le défi du changement social n'est pas un défi épisodique ou optionnel, comparé aux trois autres défis discutés dans les trois premières parties de cet ouvrage. En effet, à l'instar des défis de la transition démographique, de la modernisation économique et sociale et de la démocratie et de la bonne gouvernance politique, le défi du changement social est un défi central du processus de développement. Il est à la fois en amont, en aval et au centre de ce processus car c'est le défi qui permet d'enlever tous les obstacles structurels qui peuvent entraver ce processus et donc libérer complètement la voie qui mène au développement. En cela, il est, comme le défi rattaché au dividende politique, transversal à tous les autres défis en question dans cet ouvrage. Il leur est transversal parce que de la même manière qu'aucun de ces défis ne peut être relevé sans que l'État ne soit volontairement et résolument décidé à travailler à pouvoir répondre convenablement de sa vocation existentielle à devoir permettre à la société de vivre davantage et mieux ou au pays de se développer, aucun de ces défis ne peut véritablement être relevé sans que la société entière ne soit elle-même consciente de la nécessité de changer et, en conséquence, disposée à travailler sur elle-même pour se mettre dans les dispositions optimales lui permettant de pouvoir réaliser le développement, une fois avoir fini de mener toutes les ruptures sociétales qui libèrent la voie qui y mène.

Il y a deux conditions générales sans lesquelles aucune politique de changement social n'est possible dans un pays voulant sortir du sous-développement pour entrer dans la dynamique d'un développement de qualité. La première est une condition politique. La seconde est une condition sociologique. La première vise l'État. La seconde vise la société. Je ne vais pas reprendre ici tout l'argumentaire de la troisième partie pour finir par dire que sans la démocratie et la bonne gouvernance politique, donc sans un État respectueux des principes de l'État de droit et attaché au progrès politique dans le sens de l'idéal démocratique, pas besoin de trop débattre de la possibilité d'établir et de mettre en œuvre une politique claire, intelligente et efficace de changement social. Pas besoin non plus de rappeler, comme cela a été dit et redit tout au long de cette quatrième partie, qu'aucune politique de changement social n'est possible sans que la société elle-même n'adhère à l'idée de la nécessité de mener un certain nombre de ruptures sociétales structurelles et, mieux, sans qu'elle ne s'approprie elle-même la politique proprement dite de changement social. Une société ne peut changer que d'elle-même, elle peut subir plusieurs influences extérieures, mais quand viendra le moment de tourner définitivement une page longue et lourde de son histoire, elle sera toute seule face à son destin, ce sera à elle et à elle seule de savoir comment et jusqu'où se transformer. Le changement social, c'est donc une histoire à deux acteurs ou belligérants. Les deux sont distincts et ont des rôles différents, mais pour pouvoir accomplir le changement voulu, ils sont appelés à se compléter entièrement et activement. Pour qu'un changement social puisse être réalisé dans un pays donné, un changement social d'envergure, avec les ruptures sociétales nécessaires et une orientation vers la dynamique d'un développement de qualité, il faut d'abord que l'État commence par agir sur lui-même avant de pouvoir permettre à la société d'agir sur elle-même. Puis, il faut que la société soit disposée à agir de manière libre, souveraine et objective sur elle-même. Enfin, l'action de l'État sur lui-même et celle de la société sur elle-même doivent conduire ces deux grands acteurs de la vie sociale à se mettre sur la même longueur d'ondes pour pouvoir mener ensemble les politiques de développement à mettre en œuvre.

La condition politique du changement social est que l'État soit démocrate, ait la volonté de faire progresser la démocratie dans le pays ainsi que le savoir-faire politique, administratif et social ou stratégique pour y arriver. La condition sociologique du changement social est que la société soit disposée à entreprendre un certain nombre de ruptures sociétales pour pouvoir se transformer dans le sens de la modernité et être ainsi en mesure de conduire le pays dans la direction de son développement. D'une part, on a affaire à un État démocrate ; d'autre part, à une société révolutionnaire. Je rappelle au passage que ce que j'appelle « société révolutionnaire », c'est une société libre, démocratique, mature, visionnaire et rationaliste. Chacun de ces qualificatifs a son pesant dans la constitution de la société révolutionnaire, mais sans une culture collective de liberté et de démocratie, aucune société ne peut être considérée de révolutionnaire, en tout cas pas dans le sens où je la conçois. La démocratie est ainsi, du point de vue de l'État comme du point de vue de la société, une condition absolue du changement social, si l'on inscrit ce changement dans l'optique du développement humain plutôt que du simple développement économique. Autrement, je n'adhère guère au changement social de type matérialiste. A ce niveau précis, je suis absolument culturaliste. Je pense qu'un pays n'a pas besoin d'être riche pour être démocratique. La démocratie est de ce point de vue comme la propreté ou l'hygiène. De la même manière qu'on n'a pas besoin d'être riche ou pauvre pour être propre, on n'a pas besoin d'être riche ou pauvre pour être démocrate ou démocratique. Ceci dit, la démocratie n'est que la condition de base du changement social au sens où je l'entends. D'un côté, il y a la politique de la démocratie que tout État, quel que soit le niveau de développement de son pays, doit se doter, porter, incarner et mettre en application ; de l'autre, il y a la politique de changement social que doit avoir tout État voulant faire passer son pays du sous-développement au développement. Les deux politiques se chevauchent mais dans l'optique d'une complémentarité plutôt que d'une rivalité ou d'une répétition. D'ailleurs, au début de mes réflexions sur la manière de présenter les quatre dividendes en question dans cet ouvrage, j'ai failli m'en limiter juste à deux : un premier de type démographique et socio-économique regroupant les deux premières parties ; un deuxième de type politique et sociétal regroupant les deux dernières parties. Mais en poursuivant mes analyses, je me suis dis que par souci de clarté dans le propos et de précision dans l'argumentation, mieux valait quatre plutôt que deux dividendes, pour faire ressortir tour à tour la singularité de la question démographique, de la question économique et sociale, de la question politique et de la question sociétale ou socioculturelle.

De la même manière que la question démographique et la question économique et sociale s'enchaînent de manière intégralement cohérente comme si elles n'en formaient qu'une seule, la question politique et la question sociétale sont fortement liées l'une à l'autre. En effet, l'aspiration collective à la démocratie et à la bonne gouvernance politique et l'aspiration collective au changement social de qualité forment ensemble le point de rupture qui permet de renverser l'ordre des choses. Le choix d'en faire un seul et même dividende aurait bien pu se justifier, comme le fait d'associer à celui-ci un même défi, à savoir celui combiné de la démocratie, de la bonne gouvernance politique et du changement social. Et l'argument que je viens d'évoquer selon lequel la démocratie est la condition ou la composante de base de tout changement social ne fait que confirmer ce lien très fort et entier entre le dividende politique et le dividende sociétal ainsi qu'entre les différents défis qui leur sont associés. Mais quelle que soit l'étroitesse du lien qui les unit, l'ampleur du défi démocratique et de celui du changement social exige que l'analyse, par souci de précision ou pour éviter toute confusion, les distingue clairement au-delà du fait que l'un ne peut aller sans l'autre. De la même manière qu'une politique de la démocratie passe par des phases déjà bien précisées dans la troisième partie de cet ouvrage, à savoir le minimum démocratique, l'optimum gouvernemental et le maximum participatif, une politique de changement social aussi a ses composantes bien distinctes, et qui, dans la perspective d'un passage du sous-développement au développement, méritent bien, autant que la politique de population pour relever le défi de la transition démographique et la politique de démocratie pour relever le défi de la démocratie et de la bonne gouvernance politique, d'être présentées ou exposées de manière claire et précise. Que devrait donc être une politique de changement social au-delà de la démocratie qui en constitue la condition ou la composante de base ?

Bien que pouvant apparaître comme allant principalement de soi, l'aspiration collective au changement social ne procède pas d'un déterminisme. Une chose est de considérer que le progrès économique et social conduit à la transformation de la conscience collective et de l'ordre des croyances et pratiques qui lui est associé ; une autre est de chercher à agir directement sur la société vivante indépendamment ou au-delà de la condition économique et sociale des populations. L'un n'exclut pas l'autre, mais ce qu'il y a de nouveau à notre époque, comparativement aux décennies passées, c'est qu'on a partout dans le monde affaire à de nouvelles générations avec de nouveaux usages courants et de nouvelles manières d'être, de penser et d'agir. Ce qui met les sociétés humaines dans des dispositions historiques et presque naturelles favorables à l'ouverture au changement social global, c'est-à-dire à une philosophie de vie nouvelle et à un mode de vie nouveau. Cette donne historique favorable au changement social peut, quelque part, être perçue comme un dividende sociétal. A ce dividende, j'ai associé un défi : le changement social. Et comme pour tous les défis généraux considérés dans le présent livre, le défi du changement social a une politique qui lui est spécifique. Relever politiquement le défi du changement social, cela exige d'un État la capacité d'agir à deux niveaux et avec à chaque niveau précis deux volets bien distincts l'un de l'autre mais entièrement complémentaires entre eux. Le premier niveau est celui des ruptures sociétales à mener, le second est celui d'une culture du changement social à impulser et à promouvoir ; quant aux deux volets en question pour la mise en œuvre de la politique de changement social, ce sont, comme pour le défi de la démocratie et de la bonne gouvernance politique, un volet pédagogique et un volet stratégique.

Les ruptures en question dans le cadre d'une politique de changement social destiné aux pays d'Afrique au sud du Sahara ont été déjà longuement évoquées dans le passage intitulé « *une série de quatre ruptures sociétales structurelles et fondamentales à accomplir* ». Je ne les rappelle pas ici pour me répéter, mais pour les formaliser. En effet, ces ruptures en question font entièrement partie de la politique de changement social, elles en forment d'ailleurs la première composante ou le premier niveau d'action. Je leur ai consacré un passage rien qu'à elles juste pour les mettre en exergue car elles sont d'une importance capitale si l'on considère que le passage du sous-développement au développement ne peut se faire sans un changement social entièrement orienté vers la modernité. Pas besoin ainsi de rappeler point par point les arguments avancés dans le passage consacré aux ruptures sociétales en question. Le fait de les reprendre ici se justifie par le fait qu'elles sont incontournables pour toute politique de changement social. Ces ruptures sociétales structurelles et fondamentales ne peuvent pas se faire d'elles-mêmes. Même si la société est prête à les entreprendre, il faut bien qu'il y ait un cadre politique mis en place uniquement pour permettre à ce que ces ruptures soient menées de manière ordonnée. Une première chose est que la société soit disposée à mener ces ruptures sociétales, une deuxième chose est que l'État soit conscient du fait qu'il doit mettre en place une politique pour déclencher et accompagner ce processus de ruptures, une troisième chose est de savoir organiser chacune des quatre ruptures et de les mener de manière simultanée. Mener quatre ruptures aussi fortes en un temps record dans des sociétés aussi attachées à leurs traditions, valeurs, croyances et pratiques collectives que les sociétés africaines, cela ne peut nullement se faire à la légère ou de manière hasardeuse. Cela se fait avec une phase de préparation qui prendra le temps qu'il faudra mais qui ne saurait être contournée. Il s'agit de la phase ou du volet pédagogique. Je rappelle au passage, si ce n'est déjà fait quelque part dans les passages précédents, que chacune des politiques évoquées dans cet ouvrage pour relever l'un ou l'autre des défis généraux mentionnés intègre à la fois un volet pédagogique et un volet stratégique. Le volet pédagogique est indispensable pour mener à bien les ruptures à entreprendre car si c'est à l'État de définir la direction à prendre, c'est aux populations ou à la société vivante de les accomplir. De la même manière qu'il faut conscientiser les populations sur les enjeux démographiques du moment et les préparer psychologiquement et socialement à relever le défi de la transition démographique ; de la même manière aussi qu'il faut préparer les acteurs de l'économie comme les consommateurs, c'est-à-dire la société entière, au changement des pratiques de gestion, de production, de commercialisation et de consommation dans le sens de la modernisation économique et sociale ; et de la même manière que pour progresser dans le sens de l'idéal démocratique il faut éduquer les populations à la démocratie, à ses valeurs, ses principes et ses vertus ou avantages ainsi qu'à l'exercice démocratique de la citoyenneté ; pour amener les populations à mener collectivement les ruptures sociétales nécessaires au changement social qui lui-même est incontournable pour passer de manière effective du sous-développement au développement, l'État ne saurait faire l'économie de devoir pédagogiquement travailler à pouvoir les convaincre de s'approprier elles-mêmes le changement social et d'agir en conséquence pour sa réalisation. Autant la rupture sociétale politique et la rupture sociétale d'ordre socio-économique ne devraient point se heurter à des rigidités ou à des blocages de la part de la société, autant celles relatives à la démographie et à la culture ou au sociétal propre-ment dit, du fait de leur grande sensibilité, nécessitent de la part de l'État un sens hautement élevé de la pédagogie sociale. Pour réussir ces différentes ruptures, il va falloir introduire la question du changement social avec beaucoup de tact, la poser comme objet de débat avec beaucoup de sens de la répartie, c'est-à-dire en mettant l'accent sur l'essentiel ou précisément sur le pourquoi d'un tel changement dans chacun des domaines en question, et expliquer avec clarté le rôle et les responsabilités de chacun des acteurs et membres de la société, à commencer par l'État lui-même. Ce n'est qu'ainsi qu'il est possible d'amener chaque membre de la société à prendre conscience qu'il a non pas juste un rôle à jouer mais une responsabilité entière à assumer, une histoire à porter vis-à-vis de lui-même et vis-à-vis de la société. Pour réussir ce travail pédagogique, il ne faut aucunement avoir peur ni des notions de « changement social » ou de « rupture » ni des notions qui se rapportent à chacun des quatre domaines dans lesquels doivent être menées les ruptures. La confusion ne règle rien du tout dans un exercice de pédagogie populaire. Plus le discours est clair, plus les résultats sont au rendez-vous car, bien évidemment, pour une question aussi forte et sensible que celle consistant à demander aux populations de changer en profondeur la société, il va falloir s'attendre à des réticences ou à des réactions hostiles ; et rajouter de la confusion à l'hostilité de principe, cela risque de porter un coup d'arrêt à toute la politique de changement social dans son ensemble. Si la phase pédagogique ne passe pas, il est clair qu'il n'y aura pas de phase stratégique car il ne sert à rien de mettre en place des dispositifs logistiques, de lancer des projets, grands ou petits, si les populations rejettent dès le départ toute la vision qui est au fondement même de ceux-ci. La rupture, c'est à la société de se l'approprier et de la mener et non à l'État. Et il n'y a au départ ni loi à promulguer ni décret à émettre car c'est en toute liberté de conscience et en toute souveraineté que la société doit agir sur elle-même. Tout le défi pédagogique à relever à cette étape du travail de transformation sociale se situe dans la capacité de l'État à toucher le bon sens collectif. Une fois cette cible spécifique atteinte, il ne restera plus qu'à travailler à pouvoir entraîner activement la société dans le sens de la rupture proprement dite, c'est-à-dire dans le sens de l'abandon immédiat ou progressif d'un certain nombre de pratiques avec lesquelles il faut effectivement rompre parce que pouvant réellement empêcher le changement social voulu et donc le développement visé.

Alors que le volet pédagogique de la politique de ruptures sociétales cherche à introduire la question du changement social, à poser le débat autour des ruptures à entreprendre et à l'orienter non pas dans le sens du pour ou contre, mais dans une direction où il déboucherait sur des idées et propositions stratégiques pertinentes et appropriées aux objectifs poursuivis dans chaque domaine où devra s'opérer une rupture sociétale structurelle, le volet stratégique, lui, vise à organiser la société de manière à ce qu'il y ait une mobilisation générale de la population pour faire partout émerger une dynamique de rupture dans les différents domaines considérés. C'est cette mobilisation générale qui permet de passer de l'État en tant qu'acteur déclencheur à la société en tant qu'acteur opérateur du changement social. Au-delà du travail pédagogique, le travail stratégique de l'État consiste à créer un cadre ou un réseau à l'échelle du territoire national mais également dans les localités régionales ou départementales pour aboutir à une convergence ou à une synchronisation des actions et initiatives. Une chose est de conscientiser pédagogiquement la société vivante, une autre est de la préparer à agir sur elle-même. C'est au point précis où s'arrête le débat que commence la mobilisation proprement dite. Les ruptures sociétales ne peuvent être effectives sans cette mobilisation générale de la société. Il faudrait ainsi passer par les forces vives et influentes du pays pour arriver à créer un déclic dans les mentalités, les comportements et les pratiques. Le volet stratégique de la politique de ruptures sociétales exige de l'État la mise en place des dispositifs administratifs et logistiques nécessaires à la mobilisation générale de la société. Au-delà du plaidoyer en faveur du changement social, il faudrait un maillage stratégique du territoire pour que dans chaque localité du pays on puisse sentir que la société est, plus qu'en mouvement, dans une dynamique réelle, forte et surtout globale et générale de changement. De la même manière qu'on prône le changement dans la manière de gouverner à chaque campagne électorale, il faudrait dans la perspective d'une sortie effective et définitive du sous-développement soutenir non pas seulement l'idée mais la nécessité de changer la société. La politique de ruptures sociétales a pour but d'ouvrir le chemin qui mène au changement social, qui lui-même libère la voie menant au développement. Cela n'a rien de si nouveau dans l'histoire des pays sous-développés. Il suffit de voir la manière dont procèdent les ONG et leurs partenaires dans leurs projets pour éradiquer un certain nombre de phénomènes sociaux et culturels pour s'en convaincre. Ce sont les mêmes approches stratégiques adoptées pour lutter contre des phénomènes comme par exemple l'excision des filles, le travail des enfants, la faiblesse de la scolarisation ou même l'hostilité formelle à la scolarisation des filles dans certains pays ou territoires qu'il faudrait reprendre, mais en les systématisant politiquement. Je ne peux pas m'expliquer par exemple l'échec massif de tous ces programmes et projets destinés à éradiquer ce type de phénomènes malgré le nombre d'experts, de chercheurs et d'intervenants divers mobilisés, le volume des moyens financiers et logistiques déployés ainsi que la paperasse de textes législatifs promulgués, sans compter les innombrables conventions internationales que signent à tour de bras les gouvernements des pays sous-développés sans jamais appliquer leurs recommandations. Si par exemple des phénomènes comme le travail des enfants, la mendicité des enfants ou les enfants de la rue continuent à occuper quotidiennement l'univers ambiant des grands centres urbains des pays d'Afrique au sud du Sahara, alors qu'il existe dans la quasi-totalité de ces pays des lois sur les droits des enfants et surtout singulièrement une loi rendant l'école obligatoire jusqu'à seize ans, ce n'est rien d'autre que parce qu'il manque en même temps dans le travail gouvernemental de tous ces pays de la volonté, du courage et du sérieux, au sens absolu et entier de ces trois derniers termes. A mon avis, tous ces phénomènes, qui sont des phénomènes entièrement et singulièrement caractériels du sous-développement, peuvent disparaître d'un seul et même coup et en quelques petites années de l'univers social de plusieurs pays d'Afrique subsaharienne, et cela de manière définitive. Mais ce genre de phénomènes, devenus, mine de rien, plus que courants, structurels, ne peut être éradiqué sans une politique gouvernementale de rupture avec un certain nombre de croyances, valeurs et pratiques sociales. L'État n'a pas à faire des câlins à la société, il n'a pas à la caresser dans le sens du poil et il n'a pas à avoir peur de celle-ci car sa mission reste et restera toujours de la faire vivre davantage et mieux. Vous imaginez un médecin qui cache à un patient gravement malade la vérité profonde de son état de santé et qui, au lieu de l'inciter à changer de comportement pour se donner une chance de vivre ou de mieux aller, lui dit que tout va bien et qu'il n'y a pas lieu de s'inquiéter. C'est exactement le cas des États africains vis-à-vis de leurs sociétés. Non seulement, ils sont corrompus et ne font que dépouiller leurs pauvres pays de leurs maigres biens et ressources, mais en plus de cela, ils sont même incapables de tenir à leurs sociétés un langage de vérité, un langage à la fois critique et constructif, rien que pour le bien du pays. Doublement lâches, les États africains ! Pour répondre de sa mission pastorale vis-à-vis de la société, c'est-à-dire celle de faire vivre davantage et mieux celle-ci, l'État se doit d'être, plus que courageux, audacieux... AU-DA-CIEUX.

La volonté. Le courage. L'audace. Ce sont de grandes vertus politiques. Un état qui n'a pas ces vertus en lui est un État sans couilles. Il ne sera point capable ni de transformer la société ni d'entraîner celle-ci dans le sens de l'amener à se transformer elle-même. La volonté, c'est ce qui donne le courage d'agir pour créer une dynamique de changement social. Le courage c'est ce qui fait réellement agir et réagir. Mais sachant qu'il faut rompre avec tout un ensemble de choses tellement implantées dans le socle du système social qu'on pourrait dire qu'elles sont socialement et culturellement sacrées, il faut à la fois du courage et de l'audace. Le courage c'est ce qui permet d'affronter la chose, l'audace c'est ce qui permet de la renverser en un mouvement expéditif pour imposer à la place une nouvelle chose qui ne soit pas en contradiction avec la direction que veut prendre le pays dans son processus de développement. L'État doit être conquérant pour mener une politique aboutie de changement social. Il doit combattre, et avec lui la société entière, tout ce qui peut empêcher le développement du pays. Et ce qui structurellement empêche le développement du pays, c'est avant tout ce qui retient celui-ci dans le sous-développement. La pauvreté retient bien sûr le pays dans le sous-développement, mais elle n'en est pas la cause la plus forte, elle constitue plutôt la conséquence la plus globale de ce phénomène. On ne combat pas la pauvreté qu'avec de la richesse, on doit la combattre en partant du fait qu'elle est une conséquence du sous-développement. C'est toute l'erreur que font encore et encore les programmes de la Banque mondiale destinés à éradiquer la pauvreté dans les pays sous-développés. On ne s'attaque jamais au fond du problème, on tourne en rond à la surface et lorsqu'il s'agit d'aller en profondeur, on considère que cela n'est plus du ressort de l'économie politique. Bien évidemment que le changement social n'est pas du ressort de l'économie politique, mais une politique de développement ne peut pas se limiter aux seuls paramètres ou variables macroéconomiques, ce qui la voue-rait logiquement et naturellement à l'échec. C'est, hélas, ce qui a toujours été fait et c'est ce qui se fait encore. Vers la fin des années 1990, les programmes de développement de la Banque mondiale et des organisations spécialisées des Nations Unies ont commencé à insister sur la nécessité de promouvoir la bonne gouvernance dans les pays sous-développés pour permettre la réussite des projets mis en œuvre dans le cadre de ces programmes. Bonne gouvernance ! Tu parles ! Cela ne se décrète point. Cela ne s'exporte pas non plus. Cela procède de la volonté et de l'instauration d'une culture solide de l'État de droit. Il n'y a plus aucun rapport de la Banque mondiale, du FMI et des organisations onusiennes sur le développement des pays sous-développés qui ne consacre pas un de ses passages à la bonne gouvernance. Ce qui veut dire que ces institutions internationales sont bien conscientes du fait que dans des pays gangrenés par la corruption et marqués politiquement par un déficit réel de démocratie et de bonne gouvernance politique, les efforts en faveur du développement ne produisent que très peu de résultats, pour ne pas dire qu'ils sont presque entièrement vains ou stériles. A côté de cette mal gouvernance politique, il y a un autre obstacle tout aussi grand mais que les décideurs nationaux et leurs partenaires internationaux comme les analystes du développement semblent complètement ignorer. Il s'agit de la difficulté qu'ont tous les pays sous-développés, pas seulement d'Afrique subsaharienne, certains pays d'Asie aussi ont le même problème, à mener les ruptures nécessaires au changement social qui leur ouvriraient grandement la voie menant à un développement global, humain et de qualité. Tant qu'on continuera encore et toujours de prendre à la légère cette question de l'instauration effective de l'État de droit et d'ignorer la question du changement social et de la série de ruptures sociétales, structurelles et fondamentales qui vont avec ce dernier mouvement de transformation, on ne vaincra pas le sous-développement. De la même manière qu'il y a un problème avec les États et précisément avec le rapport de ceux-ci à l'État de droit, il y a un problème tout aussi important avec les sociétés des pays sous-développés, il s'agit du rapport collectif et historique de celles-ci à la modernité. Entre le volet pédagogique et celui stratégique, la composante de la politique de changement social associée aux ruptures sociétales, structurelles et fondamentales cherche à amener la société elle-même à faire de manière libre, souveraine et consciencieuse le choix de la construction d'un système social nouveau, un système social moderne, le seul pouvant véritablement correspondre à un pays aspirant à un développement de qualité.

Les ruptures sociétales qui ouvrent la voie au changement social sont des ruptures constructives parce qu'elles veulent changer la société dans le but de la rendre plus appropriée au modèle de développement visé. Ce modèle en question, je le rappelle, est celui que portent tous les pays développés du monde, c'est le seul modèle de développement qui existe et c'est le seul qui existera toujours. Il peut être critiqué dans tous les sens, mais je défie quiconque de me trouver un modèle de développement plus pertinent, humain et abouti que celui combinant prospérité économique, bien-être social et démocratie politique. Je n'en connais pas parce qu'il n'en existe point. Et ce modèle, comme d'ailleurs tout modèle de développement pouvant, par nature, être considéré dans son caractère singulier, est entier. Il ne peut être découpé en morceaux. Or, tout le tort des pays dits émergents comme toute la maladresse de la plupart des analyses du développement se situe dans le fait qu'effectivement le modèle universel de développement qui a permis aux pays occidentaux ainsi qu'à un certain nombre de pays d'Asie de se développer est aujourd'hui vendu en détail au monde entier. A l'heure du développement international, il n'est plus exigé des pays sous-développés de prendre tout le paquet du modèle occidental de développement. Selon une certaine conception toute nouvelle du développement, qui me paraît diaboliquement dangereuse et qui est à la base de la sotte idée qu'est celle de l'émergence, si les pays sous-développés arrivent à s'assurer une certaine prospérité économique, c'est déjà « génial ». Le bien-être social, cela se fera naturellement avec le procédé automatique du ruissellement. Quant à la démocratie politique, c'est un « luxe ». C'est plus que le développement, c'est la civilisation. On ne leur en demande pas tant. Et le changement social dans tout cela ? Pas besoin. Dans le calcul de ces experts et donneurs de leçon en matière de développement, le changement social, ce n'est rien d'autre qu'une invention loufoque et fantasmagorique de la sociologie dite du développement. Déjà que l'existence et le sens de la société elle-même sont à discuter selon les grands idéologues du capitalisme politique, penser à l'idée que la société pourrait avoir un rôle quelconque à jouer dans le développement d'un pays, voilà qui, pour ces théoriciens d'un développement au rabais ou d'un développement sous-développé, n'est rien d'autre qu'une foutaise absolue. Je n'exagère rien du tout. C'est exactement ce qui se passe dans la tête de tous ces experts si intelligents et soi-disant spécialistes du développement qui peuples tous ces monstres d'institutions internationales si importantes qui se donnent pour mission de développer le monde. Et le malheur est qu'ils ne sont pas seuls dans leur dangereuse bêtise, ils ont fini de convaincre les États les plus naïfs et médiocres du monde que la bonne affaire du temps, c'est ce machin d'émergence. Et, plus bêtes que les États encore, les peuples eux-mêmes, qui, bien que ne voyant rien leur revenir dans toute cette histoire d'émergence, s'accrochent malgré tout au mot comme pour compenser leur rêve brisé du développement. Elle est sale cette histoire. C'est sans doute l'une des arnaques les plus fortes et sordides de ce siècle qui va bientôt boucler sa deuxième décennie. Quel est le pays du monde qui ne mériterait pas de se développer ? Je n'en connais pas. Et aujourd'hui, au moment où la dynamique mondiale rend la réalisation de ce rêve bien possible, on se plaît à lui demander de revoir sa forte aspiration au développement à la baisse, de se contenter d'un semblant de développement, un développement tellement faux qu'il ne mérite même pas d'être appelé développement. Et si l'écrasante majorité des gouvernants africains a accepté cette sale et inqualifiable escroquerie, c'est, d'une part, parce que ce sont des abrutis, des gens tellement bêtes qu'ils ne cherchent même pas à déconstruire tous ces machins de concepts et de notions burlesques et ne voulant rien dire qu'on leur balance et qu'ils prennent benoîtement au sérieux et, d'autre part, parce que non seulement ils n'ont ni la volonté, ni le courage ni l'audace pour faire le travail de rupture qu'il faut obligatoirement faire pour sortir leurs pays respectifs du sous-développement et les mettre sur la voie d'un développement global, humain et de qualité. Le développement, c'est un tout. Et aucun pays africain ne sortira du sous-développement s'il ne relève pas en bloc les quatre défis dont il est question dans cet ouvrage. La transition démographique sans la modernisation économique et sociale ou sans la démocratie et la bonne gouvernance politique ou sans le changement social, cela ne marchera pas. C'est tout ou rien. Et même chose pour les ruptures sociétales, elles ne forment que la première composante de la politique de changement social car le but c'est le changement social lui-même. Raison pour laquelle la deuxième composante est aussi capitale que la première. Après avoir mener une politique de rupture vis-à-vis d'un certain nombre de valeurs, de croyances et de pratiques sociétales et socioculturelles, il faudrait, toujours dans la perspective du changement social, mener une politique de culture de la modernité. Oui : MO-DER-NI-TÉ.

Politique de culture de la modernité ! Oui. L'expression peut paraître lourde, mais elle veut dire ce qu'elle veut dire. Elle n'a rien de grossier et elle est loin d'être maladroite car le changement social en question renvoie au passage d'un système social pas moderne ou pré-moderne à un système social moderne. Et qu'on ne me dise pas que la modernité n'a rien à voir avec le développement. C'est tout le contraire car le développement, ce n'est rien d'autre que la connotation politique de la modernité. C'est pourquoi j'insiste toujours sur l'idée d'un développement moderne pour distinguer le vrai du faux. Tous ceux qui ont tendance à relativiser le développement et à dire tout magistralement qu'il est multiforme ne rendent pas service aux pays sous-développés. Et plus forte bêtise qu'une telle considération, je n'en connais pas. Même chose pour tous ceux qui soutiennent que la démocratie ne saurait être uniforme. Il n'y a qu'une seule démocratie, c'est celle qui s'inscrit dans l'idéal démocratique, comme il n'y a qu'un seul modèle de développement, c'est celui qui s'inscrit dans l'idéal moderne ou moderniste. Il n'y a donc pas à passer des heures et des heures à discuter d'une chose et de sa moitié. Le développement n'est pas un produit dont le prix se marchande. Soit on le prend en entier, soit on le laisse dans son joli emballage et à son luxueux rayon en attendant de trouver un preneur conscient de sa valeur propre et prêt à y mettre le prix. Et ce prix en question n'a rien d'exorbitant, il est accessible à toutes les bourses. Et même s'il y a mille dividendes ou marges de manœuvre qui rendent plus facilement accessible le développement aujourd'hui que par le passé, il ne faudrait pas croire que ce précieux produit pourrait être gratuit ou vendu au rabais. Jamais. Il n'y a pas de période de soldes pour le développement. Il coûte ce qu'il vaut. A prendre ou à laisser. Et qui n'a pas les moyens de se l'approprier n'a pas à inventer un semblant ou un faux. Il n'y a aucune forme possible de falsification. Le développement, cela prend une économie structurellement prospère, un système social assurant de manière optimale le bien-être individuel et collectif et une vraie démocratie politique. Et comme tout cela se réalise avec un État démocrate et portant en lui les valeurs et principes de la bonne gouvernance politique, tout cela s'accomplit aussi avec une société entièrement tournée vers la modernité. Tout est dit dans ces dernières phrases. Qui veut le développement, l'original et le véritable, le seul et l'unique, celui qui est globalement et qualitativement humain, n'a qu'à s'en tenir à ces derniers énoncés.

Le développement, le vrai et l'authentique, cela prend la modernité. La modernité, cela intègre le développement. Un pays ne peut pas être moderne sans être développé. Curieusement, certains considèrent qu'un pays peut être développé sans être moderne. Cela n'engage intellectuellement qu'eux. Moi, non seulement je ne le crois pas ; mais, mieux, je trouve une telle considération, par-dessus tout, absolument débile. Certains me disent souvent dans nos discussions sur l'évolution du monde et plus particulièrement de l'Afrique que j'ai fortement tendance à idéaliser la modernité, l'Occident, le développe-ment, la démocratie. Oui, parce que je crois en l'idéal démocratique, qui donne un sens entier et pertinent à la politique et à l'idée qu'on devrait se faire d'une société politique. Parce qu'aussi je crois en l'idéal démocratique, qui donne un sens entier et pertinent à l'idéal moderne. Quant à l'Occident, je ne l'idéalise point. Il se trouve simplement qu'il est la civilisation humaine jusqu'ici avérée la plus avancée dans le sens de l'idéal démocratique et de l'idéal moderne. Et de la même manière que je ne dissocie point développement et modernité, je ne saurais nullement dissocier modernité et démocratie. Ceux qui arrivent à le faire intellectuellement m'intriguent au plus haut point car je me demande bien ce qu'ils comprennent vraiment de la logique de fond de tous ces grands et magnifiques phénomènes qui portent l'humanité depuis des siècles et des siècles entiers. Pour penser ces concepts et ces phénomènes sans lesquels le monde serait aujourd'hui encore à un âge préhistorique, ces révolutions d'une dimension inégalable, il faut tout de même un peu de volume intellectuel, non ? Je pense que si.

La politique de changement social commence avec une série de ruptures sociétales et finit avec l'émergence d'un système social nouveau et qui n'est autre que le système social moderne. Et il ne peut en être autrement car je ne vois pas de quel type de société on pourrait parler dans la perspective d'un changement social si ce n'est de celui moderne. Et une des choses qui m'étonnent le plus chez les intellectuels africains et généralement chez certains Africains, ou en tout cas chez la plupart d'entre eux que je connais, c'est leur « haine » de cette très jolie mais hautement exigeante notion qu'est celle de modernité. Et je n'invente ni n'exagère rien du tout. J'en ai fait le constat plusieurs fois en discutant avec de « vrais » et intéressants intellectuels. Si ce n'est de la haine, c'est une peur ou alors une distance. Or, de la même manière qu'on ne peut pas dissocier le développement de la modernité, on ne saurait mener un changement social inscrit dans la perspective d'un développement de qualité sans se référer, du point de vue sociétal et socioculturel, à la modernité. D'une part, parce le développement est indissociable de la modernité dans la mesure où il s'inscrit dans l'idéal moderne ; d'autre part, parce que le changement social en question lorsqu'on traite du passage pour un pays du sous-développement au développement n'est autre que celui vers la société moderne. Toute la question est alors de savoir comment amener les sociétés africaines à se transformer en des sociétés modernes. A mon avis, il n'y a pas deux solutions distinctes à ce problème. En effet, la politique des ruptures sociétales ouvre dès l'introduction de la question du changement social, c'est-à-dire dès sa toute première phase de mise en œuvre, le débat sur le type de société vers lequel on veut nous mener. La réponse à cette dernière question que la société devrait tout naturellement et logiquement se poser dès l'introduction dans le débat public de l'idée d'un changement social à devoir accomplir surgit d'elle-même : la société moderne, non pas pour copier la société occidentale, mais tout simplement parce que le développe-ment, au sens vrai et authentique du terme, c'est cela que ça prend. Ni plus, ni moins. C'est comme qui dirait d'une pierre deux coups car en même temps qu'on introduit la question des ruptures sociétales on ouvre déjà le débat sur la société moderne vers laquelle on devrait tendre. Mais stratégiquement, il faudrait éviter de mettre la charrue avant les bœufs. Il faudrait ainsi faire comprendre aux populations que non seulement il ne s'agit pas d'importer un système social venu d'ailleurs, mais aussi que le changement social en vue ne remet pas en question tout le socle du système social et sociétal du pays et qu'en conséquence il n'y a aucunement à s'inquiéter d'une éventuelle perte d'identité ou d'une possible défiguration culturelle, d'autant plus que les ruptures en question ne visent qu'un certain nombre de choses bien précises qui peuvent constituer des obstacles au développement du pays. Dès que le débat sur le changement social sera posé, les choses s'enchaîneront d'elles-mêmes et la réaction de la société ne se fera pas attendre. Le volet pédagogique et le volet stratégique de la deuxième composante de la politique de changement social pourraient ainsi être mis en pratique de manière simultanée. La clé de la réussite est à rechercher dans l'impact réel du travail pédagogique car quelles que soient les appréhensions ou craintes que l'on peut avoir au départ, tout ce qui est recherché, c'est l'adhésion des populations à l'idée qu'il est nécessaire d'en finir avec un certain nombre de valeurs, de croyances et de pratiques collectives et à celle selon laquelle il faudrait passer à une société moderne. Déjà qu'amener la population à mener les ruptures sociétales en question ne saurait être considéré comme acquis d'avance car il s'agit de toucher à quelque chose de très sensible, la conduire à adhérer à l'idée de changer complètement de société risque davantage de la rendre sceptique voire sur la défensive. Mais il n'y a pas trop à spéculer là-dessus car comme je viens de le mentionner, le développement, cela prend cela. Et qui n'essaie rien n'a rien. Soit on provoque le changement social en provoquant la société elle-même, soit on ne provoque rien et donc on ne change rien du tout. Et je ne vois point comment les pays d'Afrique subsaharienne pourraient sortir du sous-développement sans mener les ruptures sociétales, structurelles et fondamentales en question et sans changer en profondeur leur système social et sociétal. S'il faut aller jusqu'à heurter la société dans le confort de ses valeurs fondamentales, il faudra le faire car ce sera le prix à payer pour passer de manière effective du sous-développement au développement.

La politique de la culture moderne ou politique de la modernité n'est pas à confondre avec la politique culturelle proprement dite. Il ne s'agit, en effet, de s'attaquer ni aux créations culturelles du domaine des arts et des lettres, ni aux cultes, ni aux cérémonies et autres composantes sociales et sociétales de ce genre, il s'agit plutôt d'amener les gens à faire la part des choses entre ce qui relève du privé et du public, entre ce qui relève de l'ordre républicain et ce qui procède des normes sociétales. L'État ne s'occupera pas de la vie conjugale des couples ni de la manière dont les gens dépensent leur argent ou font tourner leur commerce, mais il incitera les ménages et familles à limiter les naissances et la population à adopter des pratiques économiques de type moderne plutôt qu'informel. De la même manière il ne cherchera point à contrer l'influence politique des chefs religieux ou traditionnels car cela ne se décrète point et cela ne sert à rien du tout, mais il travaillera à sanctuariser la démocratie ainsi que les institutions républicaines de telle sorte que chaque domaine saura exactement situer ses contours qui lui sont propres sans se mêler de ce qui se passe ailleurs et de ce qui ne le regarde. La séparation du privé et du public, du politique et du religieux, du professionnel et du domestique, tous ces ajustements peuvent déjà créer un déclic dans l'esprit de la population des pays africains qui évoluent depuis toujours dans une véritable confusion où tout se tient, personne n'est responsable de rien et où rien dans la gestion du pays comme dans le mode de fonctionnement du système social n'est assez clair et compréhensible. La société moderne en question, c'est plus une mentalité qu'autre chose, un rapport à soi, à autrui et aux choses qui nous lient et nous entourent. Le rapport à l'environnement, par exemple, nécessite rien qu'à lui seul un véritable changement de société, comme celui à la démocratie ainsi qu'à la politique. Pour chaque rupture sociétale à accomplir, il faut déterminer et définir un ensemble de codes pour permettre l'émergence d'une nouvelle manière spécifique d'être, de penser et d'agir. C'est toute une philosophie de vie, tout un mode de vie voire un art de vivre qui est appelé à émerger et à se développer en lieu et place de l'ancienne manière d'être et de vivre en société. Ce changement en profondeur est plus qu'une rupture, une révolution. Il s'agit de la révolution moderne de l'Afrique qui marquera la fin progressive des sociétés que j'appelle « sociétés informelles ».

Les ruptures sociétales comme le changement social en direction de la société moderne passent par une appropriation collective de l'idée que chacun de ces défis à relever s'inscrit dans la perspective du développement du pays. Mais il ne faut pas se faire d'illusion à ce niveau, quelle que soit la force ou la pertinence des arguments pour convaincre la population de l'intérêt et de la nécessité d'accomplir le changement social, il demeurera toujours de fortes réticences à toute idée de renversement de l'ordre des valeurs sociétales et de transformation en profondeur du système social et sociétal. D'une part, il est impossible de convaincre tout le monde ; de l'autre, il y a des sentinelles moralistes et traditionalistes qui réagiront d'une manière ou d'une autre pour manifester leur opposition au changement social car elles se sentiront touchées dans leur essence propre et dans leur mission singulière. Mais cela ne devrait point détourner l'État de son objectif qui est d'amener la société à agir sur elle-même. Et si l'on commence dès au départ à développer de la crainte vis-à-vis d'éventuelles réactions négatives de certaines composantes de la société à l'idée de changer le système social et sociétal en profondeur, alors on peut être sûr que la politique de changement social est vouée d'avance à l'échec. L'importance du volet pédagogique de cette politique se trouve dans le fait qu'il doit reposer sur un discours qui entraîne la société plutôt que sur un simple exercice de conscientisation populaire à mener. C'est l'effet d'entraînement de ce discours qui donne une force à la mobilisation générale permettant de poursuivre et de mener jusqu'à son terme la politique de changement social. L'État n'a ainsi point le droit de faillir à sa mission d'entraîneur et de mobilisateur social. Il doit, tel un coach qui veut porter son équipe jusqu'à la victoire, montrer qu'il y croit et qu'il a la ferme volonté d'y arriver au bout du match. Par conséquent, il doit lui-même être pleinement animé par cette volonté de changer ou de faire changer la société dans le sens de la modernité avant de pouvoir la transmettre à celle-ci. Et de la même manière qu'on peut s'attendre à une levée des boucliers de la part de certaines composantes conservatrices de la société, on peut compter sur la marge de manœuvre que rend possible le dividende sociétal et générationnel pour permettre à la société de bouger dans le sens du changement social vers la modernité. C'est pourquoi, même si c'est la société totale qui est visée par le changement social, la poli-tique consacrée à ce changement recherché doit avoir pour potentiel cible la catégorie jeune de la population. Et la jeunesse en question n'est pas strictement à situer du point de vue générationnel entre 10 et 24 ans, comme cela se fait techniquement dans les études sociales. Pas besoin de reprendre les statistiques sur la population africaine pour se convaincre du poids démographique de la jeunesse. Je répète encore une fois qu'aucune transformation d'envergure ne peut être accomplie en Afrique sans la mobilisation générale et active de la jeunesse. Et pour le changement social plus que pour tous les autres défis généraux et globaux à relever, c'est la jeunesse qui est appelée à être la force autant de mobilisation que de transformation sociale. Si la jeunesse africaine veut rompre avec un certain nombre de valeurs, croyances et pratiques sociétales et socioculturelles, si elle veut un changement effectif de société dans le sens de la modernité, il n'y a rien qui puisse empêcher sa réalisation. La jeunesse en question est plus sociologique

que démographique. Elle est à comprendre comme une mentalité générationnelle, comme l'*esprit* d'une époque plutôt que comme un simple groupe d'âges. On peut ainsi simplement considérer que ce sont globalement toutes les tranches d'âges qui vont des années 1960-1970 ou alors 1970-1980 à nos jours qui aspirent à ce change-ment social tant attendu, même si la branche active qui peut réelle-ment mobiliser la population est la jeunesse proprement dite en âge, c'est-à-dire moins de 25 ans. Tout l'enjeu du travail pédagogique et stratégique autant pour les ruptures sociétales à entreprendre que pour l'évolution vers une société de type moderne tourne ainsi autour de la capacité de l'État à produire un discours capable d'entraîner et de mobiliser la jeunesse dans le but de réveiller une volonté conquérante de transformation de la société dans le sens de la modernité. Et cela, ce changement social d'envergure, cette révolution des manières d'être, de penser et d'agir, de la philosophie collective de vie, du mode collectif de vie et de l'art collectif de vivre, bien que paraissant grandiose, peut être réalisée en quelques petites années dans la plupart des pays d'Afrique subsaharienne. Après le défi de la démocratie et de la bonne gouvernance politique, le défi du changement social est celui le plus rapide à réaliser parmi les quatre identifiés et évoqués dans cet ouvrage. Mais comme pour tous les trois autres défis en question, c'est l'État qui encore une fois est appelé à faire preuve de volonté, de courage, d'audace et d'intelligence pédagogique et stratégique pour conduire la société à se transformer à son tour en une société libre, démocratique, souveraine, mature, visionnaire et rationaliste, capable d'agir profondément sur elle-même dans le but de relever le défi du changement social en direction de la modernité et dans la même foulée les défis de la transition démographique, de la modernisation économique et sociale ainsi que de la démocratie et de la bonne gouvernance politique : une société révolutionnaire.

Conclusion: Aucun pays d'Afrique subsaharienne ne peut sortir de manière effective et définitive du sous-développement sans accomplir un changement social d'envergure en direction de la modernité. Le changement social est aussi une forte question politique, il exige ainsi de l'État une politique proprement dite de changement social

Cette dernière partie qui se conclut ici est celle qui, parmi les quatre qui composent cet ouvrage, fait le plus ressortir le rôle des acteurs du développement. Alors que les trois parties précédentes, bien qu'insistant sur le rôle de l'État, sont principalement axées sur les facteurs sur lesquels il faudrait agir pour sortir les pays d'Afrique subsaharienne du sous-développement et les mettre dans la dynamique d'un développement global, humain et de qualité, la quatrième et dernière partie du présent livre met l'accent sur la société elle-même en tant que sujet et acteur du développement. Le développement, comme processus dynamique, est ainsi défini sous cet angle comme *l'action de la société par et pour elle-même*. Dès lors, toute la question dont il faut traiter est celle de savoir qui peut organiser et comment mener cette action de la société sur elle-même. A la question de savoir à qui il revient d'organiser l'action de la société sur elle-même, la réponse sonne comme une évidence : l'État. C'est à l'État d'effectuer ce travail parce qu'il est la seule instance dont la mission reste de travailler en permanence et infiniment à faire davantage et mieux vivre la société ou à développer le pays. L'État est donc une constante de tout le processus de développement du pays. A la question de savoir comment faire agir la société sur elle-même, la réponse sonne également comme une évidence : préparer pédagogiquement et stratégiquement la société à se transformer en profondeur pour être dans les dispositions générales lui permettant de faire passer de manière effective le pays d'un état structurel de sous-développement à un état global de développement. Troisième évidence : la direction dans laquelle doit se mener cette transformation sociale ou ce changement social est celle de la modernité. C'est tout cet ensemble qui va du travail d'organisation de l'État à l'action de la société sur elle-même en vue d'un changement social inscrit dans la perspective du développement du pays que j'appelle politique de changement social.

Penser le changement social dans un pays donné dans le but de pouvoir au bout de la réflexion définir une politique proprement dite de changement social, cela revient à devoir prendre analytiquement en considération deux choses bien distinctes et précises : d'une part, le système social et sociétal tel qu'il est constitué dans le pays en question ; de l'autre, le rapport pratique et expérimental de celui-ci au développement ou plus précisément la représentation sociale de ce pays considéré du développement. Le système social et sociétal des pays africains est typiquement traditionnel, c'est exactement le système défini depuis les années 1950 par le sociologue américain Talcott Parsons (*The Social System*, 1951) comme étant caractérisé, entre autres déterminants, par l'étroitesse des liens communautaires, la prédominance du sacré et l'absence de distinction des pouvoirs. Le contact de l'Afrique à la modernité occidentale, à travers la colonisation et aujourd'hui la mondialisation, n'a que très peu modifié ce système. Si quelque chose a véritablement changé dans ce système, ce changement en question ne s'est pas opéré en profondeur, il se serait fait à la surface et surtout pas de manière cohérente et conséquente dans le sens de la modernité. C'est la raison pour laquelle il est encore question de changement social en Afrique subsaharienne. Si les sociétés africaines ne sont plus des sociétés « primitives » ou « traditionnelles » au sens anthropologique du terme, elles ne sont pas non plus devenues des sociétés modernes. Elles ne sont même pas devenues des sociétés dites « intermédiaires » dans la typologie de Parsons, car ce dernier type de société est sensé suivre un ordre d'évolution linéaire partant du type traditionnel au type moderne de société. Entre la colonisation et la mondialisation, les sociétés africaines sont pas-sées du type traditionnel de société au type « informel » de société. C'est ce qui d'ailleurs explique du point de vue sociologique que les pays africains se retrouvent plus dans l'idée d'émergence que dans celle du développement proprement dit. L'émergence serait ainsi une conception informelle du développement. Quant à l'expérience africaine du développement depuis la décennie des indépendances, celle des années 1960, elle repose sur deux phases successives mais distinctes et clairement identifiables. La première phase est marquée par ce que l'on peut appeler l'importation du développement avec les Plans d'ajustement structurel des institutions de Bretton Woods et qui se sont presque partout soldés par des échecs. Cette première expérience, peu reluisante de la pratique du développement, s'est enchaînée avec une deuxième expérience qui aujourd'hui suit son cours. Cette deuxième phase de l'expérience africaine du développement se caractérise par le fait qu'aujourd'hui l'Afrique n'attend plus l'Occident ou les institutions économiques internationales pour se doter d'un plan ou d'un programme de développement, elle a elle-même choisi en toute liberté et en toute souveraineté sa voie de développement. Je préfère parler de voie plutôt que de modèle car, je le répète, il n'existe qu'un seul modèle de développement authentique, c'est celui moderne qu'incarnent et que portent tant bien que mal mais en toute singularité les pays occidentaux. Or, la voie choisie par l'Afrique pour se développer ne s'inscrit ni véritablement ni pleine-ment dans la perspective du développement moderne de l'Occident. Elle se veut une voie pour l'émergence du continent alors que je doute fort que les pays africains soient en toute cohérence en train de suivre les pas des pays dits émergents. Même si l'on mettait de côté la question des droits de l'homme et de la démocratie, les pays africains ne semblent pas être en train d'évoluer dans la droite ligne des pays dits émergents. Et cette confusion, ce chemin sans nom et sans issue que prennent les pays d'Afrique subsaharienne dans leur soi-disant processus de développement est sombre et incompréhensible parce qu'il n'a aucun tracé clair et qui permet d'identifier les différents points de passage qui permettent de situer exactement ou même approximativement l'étape à laquelle se situe chaque pays considéré du continent dans son évolution. Ils ne veulent plus se faire appeler pays sous-développés, ils sont tout sauf développés, ils disent viser l'émergence, mais on ne sait véritablement pas ni ce que cela veut dire ni même de quel type d'émergence ils parlent car apparemment ce n'est pas le même que portent les pays dits émergents. Leur développement me paraît donc tellement atypique et inqualifiable que pour le considérer dans sa singularité, je l'appelle développement *à l'africaine*. Ce n'est point du mépris de ma part, c'est juste parce que je ne comprends absolument rien à la logique de fond qui oriente ce modèle. C'est d'ailleurs tout sauf un modèle de développement, et c'est autre chose que l'émergence telle qu'on nous la présente notamment à travers les BRICS ou plus largement ou généralement avec un certain nombre de pays asiatiques ou latino-américains. Le développement *à l'africaine* est un développement qui n'en est pas un, car il refuse de se débarrasser du sous-développement. Il se superpose à celui-ci plutôt que de chercher à l'éliminer. Et en toute logique, en superposant deux choses contraires, on n'aboutit à rien car celles-ci se neutralisent. Ce développement qui refuse d'en finir avec le sous-développement et qui préfère s'associer à lui plutôt que de le combattre fermement est un développement sous-développé. Je n'ose pas l'appeler développement « hybride » car cela pourrait donner l'impression que les pays africains seraient en train de se développer tout en conservant un certain nombre de caractéristiques culturelles qui leur sont propres. Il ne faut pas se raconter d'histoire, ils ne sont nullement sur la voie du développement, même pas dans les sentiers battus de la grand-route qui mène au développement. L'Afrique subsaharienne, encore une fois, n'est pas au rendez-vous dans ce XXIe siècle dont on disait pourtant à ses débuts qu'il serait celui du continent noir. Le seul domaine dans lequel, à n'en point douter, ce dernier siècle sera véritablement africain, c'est celui de la démographie, et cela de manière négative car le continent, avec sa fécondité explosive, est à ce niveau en train de battre tous les records. Au rythme où vont les choses, avec les 4 milliards d'Africains qu'on nous prévoit avant la fin de ce siècle courant, le XXIe siècle risque, lui, en revanche, d'être à tout point de vue bel et bien africain car le moment venu il ne restera pratiquement plus que des Africains sur terre. J'imagine que le peuplement de la planète Mars aura commencé avec une forte ruée des Occidentaux vers celle-ci car ils se sentiront très petits ou minoritaires dans ce monde. Pour une idée d'un grand film de science-fiction, un film futuriste mais bien en rapport avec la réalité vivante de notre époque, en voilà une de pas mal intéressante, à mon avis. Même les petites performances économiques enregistrées ces dernières années et qui font tout maladroitement dire à certains analystes trop naïfs que le continent bouge et avance, bien que consacrant une certaine embellie car c'est mieux que rien, ne changent pas grand-chose de la situation économique et sociale du continent car la pauvreté n'y baisse pas réellement, vu les proportions encore hallucinantes de la natalité et de la fécondité de la population du continent, notamment chez les couches sociales les plus pauvres. C'est dire que le développement *à l'africaine*, c'est non seulement un développement sous-développé, mais également un développement de survie. Il est sous-développé et de survie non pas parce qu'il est africain, mais simplement parce qu'il n'est pas un vrai développement. Il n'est d'ailleurs rien. C'est du n'importe quoi. On ne sait pas exactement quel type de rationalité gouvernementale est au fondement de cette manière si curieuse d'évoluer dans le temps pour des pays qui disent vouloir se développer. Franchement, qui y comprend quoi dans le développement *à l'africaine* ? Pas moi en tout cas. Un développement sous-développé et de survie, mais également un développement sans modernité. Ce n'est pas seulement que les Africains n'aiment pas le concept de modernité, c'est que celui-ci ne fait partie ni de leur lexique ni de l'horizon de leur pensée. Quand ils pensent au développement du continent, il ne leur vient jamais à l'esprit de penser ni en même temps ni même simplement au passage à la modernité. Pour eux, la modernité est une affaire exclusivement occidentale et d'Occidentaux. C'est un club très *select* de pays qui ont en commun d'être « civilisés ». L'Afrique ne serait ainsi pas concernée, il ne s'agit ni de son monde ou de son univers naturel ni de son horizon. Dans l'esprit même des dirigeants ou gouvernants africains il n'y a aucun lien entre le développement et la modernité. Pour eux, le développement, c'est la prospérité économique, et la modernité, ce n'est rien d'autre qu'un concept fourre-tout de philosophie pour analyser l'évolution historique des sociétés occidentales depuis la Renaissance au début du XVIe ou vers la fin du XVe siècle. Et je n'exagère rien du tout car je n'ai jamais ni vu ni entendu un chef d'État ou de gouvernement africain parler ni chez lui ni ailleurs de la modernité juste pour argumenter sur la vision qu'il a du développement de son pays ou de l'Afrique. C'est dire qu'en plus d'être sous-développé et de survie, le développement *à l'africaine* est aussi un développement sans modernité.

Si l'Afrique subsaharienne bouge ou évolue, comme tiennent à vouloir nous le faire croire un certain nombre d'analystes et de gouvernants politiques du continent, soyons-en sûrs, ce n'est pas et pas du tout dans le bon sens. Le développement *à l'africaine* est caractériellement un sous-développement de confort plutôt qu'une évolution progressive et qualitative dans le sens du développement proprement dit. Avec ce développement sous-développé, de survie et sans modernité, l'Afrique et les Africains gagneraient considérablement à rompre de manière définitive car avec une vision ou une conception aussi archaïque, abrutie et déstructurée du développement, je ne vois pas comment un pays peut véritablement se développer. Ce n'est donc pas que les Africains refusent le développement, c'est tout le contraire, ils veulent, comme tout le monde, se développer, mais tout en voulant faire l'économie de leur sortie du sous-développement. Sacrés Afros !

Bravo ! C'est tout simplement du jamais vu. C'est avec cela qu'il faut rompre. Et pour rompre avec cette vision du développement, ce développement *à l'africaine*, il faut renverser ou, pour faire moins dans la brutalité, transformer le système social et sociétal qui l'entretient entre ses croyances, ses valeurs, ses traditions, ses normes et ses pratiques collectives. En un mot, il faut un changement social d'envergure et de qualité. Tout un défi à relever au même titre, si ce n'est même bien plus important, que la transition démographique pour le dividende démographique, que la modernisation économique et sociale pour le dividende socio-économique et que la démocratie et la bonne gouvernance politique pour le dividende politique. Le défi du changement social est plus qu'important, il est capital. Il est capital car il est le défi qui appelle la société à agir sur elle-même dans le but de se transformer en direction de la modernité. Et il est capital parce qu'aucun des trois autres défis évoqués et longuement discutés dans le présent ouvrage ne peut être relevé sans une action révolutionnaire de la société sur elle-même. Aucun, vraiment aucun : le défi de la transition démographique interpelle les sociétés d'Afrique subsaharienne dans leur rapport à la procréation et au peuplement ; le défi de la modernisation économique et sociale en appelle au sens du management économique dans les sociétés africaines selon les principes de l'économie moderne plutôt que les pratiques courantes et complètement déréglées et dérégulées du modèle informel d'économie ; le défi de la démocratie et de la bonne gouvernance politique met à l'épreuve la culture politique dans les pays africains et la capacité de leurs États comme de leurs peuples à la refonder dans le sens de l'idéal démocratique. Partout, il est fait appel à la société à la fois en tant qu'acteur central et en tant qu'acteur décisif car de sa manière d'être, de penser et d'agir dépend entièrement l'évolution démographique, économique et sociale, politique, sociétale ou socioculturelle du pays. C'est pourquoi je définis, encore une fois, le développement comme *l'action de la société, par et pour elle-même*.

Pour que les sociétés africaines puissent véritablement relever les défis qui se rattachent aux dividendes démographique, socio-économique et politique, il faudrait qu'elles relèvent avant tout ou de manière simultanée celui associé au dividende sociétal, c'est-à-dire qu'elles agissent sur elles-mêmes en vue d'un changement social qui leur libérera complètement la voie de sortie définitive du sous-développement et les orientera vers celle d'un développement global, humain et de qualité ; développement qui n'a rien à voir avec celui sous-développé, de survie et sans modernité qu'est le développement *à l'africaine*. Ce changement social nécessaire au développement du continent est aujourd'hui, plus que jamais par le passé, bien possible et réalisable. Il est réalisable parce qu'à côté des valeurs, croyances, normes et pratiques collectives qui maintiennent les sociétés africaines dans un système social et sociétal foncièrement hostile au changement social dans le sens du type moderne de société, il y a les transformations technologiques courantes et la dynamique historique de la mondialisation que connaît le monde actuel et qui, dans chacun de ses coins et recoins, ont un effet réel et déterminant sur la formation de la manière d'être, de penser et d'agir de toutes les générations jeunes et plus largement de tous les individus. Il s'agit d'un effet non pas seulement sur une catégorie stricte d'âges, mais sur toute une époque. Ces changements d'envergure sont déjà tellement bouleversants, alors qu'ils n'en sont qu'à leurs bons débuts, qu'ils pourraient encore nous réserver des surprises de taille. On a vu avec émerveillement le rôle joué par la technologie et la dynamique de la mondialisation dans les spectaculaires révolutions populaires survenues entre 2010 et 2012 dans un certain nombre de pays arabes, appelées « Printemps arabe » et qui ont conduit à renverser des régimes tellement forts et despotiques qu'on croyait leurs tyrans indéboulonnables. Dans le même ordre d'ampleur ou d'envergure révolutionnaire, rien ne nous dit que les peuples actuels des pays d'Afrique subsaharienne de notre époque vivante ne sont pas disposés à agir pour réaliser un changement de société dans le sens de la modernité dans la perspective du développement de leurs pays. Vu la force, la profondeur et l'ampleur des transformations technologiques et de la mondialisation sur les mentalités collectives et vu la manière dont elles accélèrent l'histoire partout dans le monde, l'idée d'un dividende sociétal qui rendrait les peuples africains, notamment leur population jeune, de plus en plus ouverts sur le monde et disposés à réaliser et à réussir ce changement social tant attendu et si nécessaire à leur développement national me paraît à tout point de vue très pertinente. Toute la question restant alors de savoir comment procéder pour y arriver car au-delà du fait que la société réelle et vivante soit disposée à accomplir le changement social, il faudrait en conséquence avoir une idée précise de la manière dont il faudra déclencher et mener jusqu'à son terme le processus conduisant à cette transformation sociale d'envergure.

De la même manière que tous les défis présentés dans le présent ouvrage interpellent la société à la fois comme sujet et comme acteur, ils sont tous également des défis politiques et donc exigent de l'État une politique en la matière. Il ne faudrait ainsi pas croire que le changement social, du fait qu'elle consacre la manière dont la société est appelée à agir sur elle-même dans le but de se transformer du point de vue systémique en direction de la modernité, ne concerne en rien ou pas vraiment ou que très peu l'État. C'est tout le contraire car l'État, comme pour les trois autres défis généraux en question dans cet ouvrage, a un rôle central à jouer dans cette action de la société sur elle-même. Mieux, de la même manière qu'il est appelé à mettre en place une politique de population pour la réalisation de la transition démographique, une politique de modernisation économique et sociale pour permettre le développement économique et social du pays, une politique de la démocratie pour faire progresser celui-ci dans le sens de l'idéal démocratique et de la bonne gouvernance politique, l'État doit mettre en place une politique de changement social pour permettre à la société vivante d'agir de manière ordonnée et stratégique sur elle-même dans le but de réaliser cette transformation sociale et sociétale en profondeur nécessaire au développement. La politique de changement social, comme son nom l'indique, est une politique qui vise à conduire le pays à changer de système social et sociétal dans la perspective de son développement. Elle consiste donc à faire passer celui-ci d'un type bien déterminé de société à un autre tout aussi précis dans ses caractéristiques et fondements. Or, pour réaliser ce mouvement d'ensemble, il faut effectuer une série de ruptures avant de pouvoir passer à la construction du système social et sociétal nouveau à promouvoir. Il s'agit donc de deux phases bien distinctes mais successives, et la période de transition doit aller très vite car il s'agit d'une période de crise. Plus elle dure dans le temps, plus elle peut amener la société à reculer dans son choix de changer d'orientation. La crise est à comprendre ici comme une étape provisoire pour passer d'un ancien à un nouveau système. La première phase de la politique de changement social est une phase de rupture. La seconde est une phase de culture. Rupture avec un certain nombre de valeurs croyances et pratiques structurelles et fondamentales d'un côté ; culture de la modernité comme déterminant général, central et global du type nouveau de société à construire et à promouvoir. Chacune des deux phases en question intègre un volet pédagogique et un volet stratégique. La série de ruptures sociétales en question renvoie à quatre ruptures bien précises en lien avec les quatre défis dont il est question dans cet ouvrage. Il ne s'agit donc pas de rompre pour rompre ni de rompre catégoriquement avec tout le système social et sociétal de départ. Il s'agit plutôt de l'« assainir », de le débarrasser de toutes les croyances, valeurs et pratiques collectives qui empêchent dans chaque domaine précis de relever les défis en question. Rupture sociétale démographique, rupture sociétale socio-économique, rupture sociétale politique et rupture sociétale proprement dite, voilà, à mon avis, les quatre types de rupture à entreprendre dans les sociétés d'Afrique au sud du Sahara. Une fois ces ruptures menées de manière effective, le changement social proprement dit est en marche, il restera à l'État de promouvoir une culture de la modernité. Cette culture en question ne menace en rien l'ordre culturel ancien, elle veut juste faire émerger un système social et sociétal tourné vers la modernité plutôt qu'accroché à des traditions, valeurs, croyances et pratiques collectives qui enferment et enfoncent le pays dans le sous-développement plutôt que de l'en sortir et de la mettre dans la dynamique d'un développement global, humain et de qualité. Ce avec quoi il faudra rompre, ce n'est juste que ce qui empêche le pays de sortir du sous-développement et de se développer, et ce qu'il faut prendre et adopter de la société moderne, ce n'est rien d'autre que ce qui favorise le développement. Il n'est donc nullement question ni de rabaisser ou de dévaloriser le système social et sociétal d'origine ni d'idéaliser ou de surélever le système social et sociétal de référence. Il faudra ainsi avoir en vue pour les ruptures à entreprendre comme pour le type nouveau de société à promouvoir l'objectif d'en finir structurellement et définitivement avec le développement et d'entrée dans une dynamique forte et durable de développement. Les volets pédagogique et stratégique qui traversent les deux phases de la politique de changement social permettent respectivement, d'une part, d'introduire la question du changement social, d'organiser le débat autour des ruptures à mener et d'inviter la société entière à adopter une nouvelle rationalité dans chacun des domaines où s'effectuent ces ruptures ; de l'autre, de mettre en place les dispositifs logistiques pour faciliter la mobilisation de la population autour du changement social, des ruptures sociétales en question ainsi que de la promotion de la rationalité moderne dans le mode d'organisation et de fonctionnement du système social et sociétal dans chacun des quatre domaines considérés. Changer la société en effectuant des ruptures sociétales aussi fortes et profondes et en prônant l'émergence d'une rationalité systémique nouvelle, cela ne saurait manquer de provoquer une levée des boucliers de la part des composantes conservatrices de la société, mais qui a peur de la révolution n'a pas à espérer le changement et qui craint le changement de société ne réussira pas le passage de l'état structurel de sous-développement à celui aussi global et structuré d'un développement humain et de qualité.

Épilogue

La transition démographique. La modernisation économique et sociale. La démocratie et la bonne gouvernance politique. Le changement social. Voilà les quatre défis généraux à relever pour sortir de manière effective et définitive l'Afrique subsaharienne de l'état global et structurel de sous-développement dans lequel elle se trouve depuis toujours. Ces quatre défis ne me sont pas tombés du ciel ou d'un coup d'illumination intellectuelle. C'est en cherchant à répondre à une de ces questions générales mais fortes et concrètes que j'ai l'habitude de me poser tout seul, dans mon petit coin, que j'en suis arrivé à eux et donc à ce livre. Habituellement, je m'interroge sur tout : le monde, les sociétés humaines, la politique, la démocratie, l'économie, l'écologie, le travail, le chômage, la pauvreté, la richesse, l'éducation, la santé, la sécurité, l'immigration, la famille, l'amour, la culture, le sport... Mais le sujet sur lequel je réfléchis le plus à mes heures perdues intellectuellement, c'est celui de mon cher pays, le Sénégal, et de son cher continent : AFRICA.

Oui, je réfléchis très souvent à la situation générale de l'Afrique ainsi qu'à la manière dont celle-ci évolue globalement, pays par pays, dans le temps. Cet exercice m'est devenu tellement familier ces derniers temps qu'en commençant ce livre, je me suis donné un projet intellectuel personnel, celui de publier tous les dix ans jusqu'à la fin de ma vie ou jusqu'à la limite de mes capacités physiques et intellectuelles un ouvrage sur l'Afrique. Le présent livre est le deuxième de cette série de publications sur le continent africain. Il est précédé d'un autre paru en 2008 et intitulé *Pour refaire l'Afrique... par où commencer ?* Le présent ouvrage approfondit ce dernier livre, non pas en reprenant les discussions qu'il a soulevées ou les arguments qu'il développait mais en poursuivant la réflexion sur l'interrogation du titre de celui-ci. A la question de savoir par où entamer la reconstruction de l'Afrique, posée il y a de cela dix ans, s'est ajouté, à travers ce livre, celle de savoir dans quels domaines précis il faudrait, d'un point de vue général, agir pour sortir le continent africain du sous-développement. Le choix des quatre domaines dont traitent respectivement les quatre parties de ce livre est loin d'être hasardeux. Il s'est fait tout seul comme dans une sorte d'enchaînement entre les quatre dividendes considérés. C'est en réfléchissant en profondeur sur le dividende démographique, cette notion de la thématique *Population et Développement*, analytiquement très à la mode dans les études consacrées à l'évolution démographique et économique de l'Afrique subsaharienne, que j'en suis arrivé à quatre bons dividendes. Le dividende démographique étant une question d'économie politique, l'enchaînement direct avec le dividende socio-économique se fait de manière cohérente. Et sachant que les acteurs centraux qui doivent agir pour relever les défis généraux associés à ces deux dividendes sont l'État et la société elle-même, la réflexion s'est poursuivie presque naturellement avec les questions de savoir dans quelle mesure ces deux acteurs pourraient être dans les conditions optimales pour relever ces deux grands défis démographique et socio-économique. La réponse à cette question s'est imposée d'elle-même : dans la mesure où l'État et la société sont prêts ou disposés à relever au préalable ou simultanément le défi de la démocratie et de la bonne gouvernance politique et le défi du changement social. Et en réfléchissant à la marge de manœuvre qui pourrait permettre de relever ces deux derniers défis, il m'est apparu en toute cohérence deux types de dividende pouvant être de manière cohérente associés à ceux-ci : le dividende politique pour le défi de la démocratie et de la bonne gouvernance politique et le dividende sociétal pour le défi du changement social. Voila comment j'en suis arrivé à quatre dividendes généraux, avec respectivement quatre défis globaux à relever rattachés à chacun d'eux.

Les quatre parties de ce livre, bien que portant sur des questions et problématiques indissociables, peuvent être lues séparément. Quelque part, il s'agit d'un ouvrage composé de quatre petits livres. C'est la raison pour laquelle chaque partie se termine par une conclusion différente de l'épilogue général de l'ouvrage. Ce qui permet de réunir ces quatre livres en un seul ouvrage, au-delà du lien entre les questions et problématiques traitées, c'est l'Afrique subsaharienne et son état structurel de sous-développement. L'Afrique subsaharienne porte en elle deux fortes singularités qui clairement la distinguent du reste du monde. La première est qu'elle est de loin la plus homogène des continents. Je précise au passage que l'Afrique subsaharienne est un continent dans le continent africain. Elle est à tout point de vue distincte de l'Afrique du nord, plus connue d'ailleurs sous le nom de Maghreb ; ce qui, quelque part, marque très fortement sa singularité vis-à-vis du reste du continent. Ce grand reste du continent africain, cette Afrique au sud du désert du Sahara, cette Afrique dont il est question dans cet ouvrage a donc en elle une double singularité : d'une part, elle est homogène malgré toutes les disparités que l'on peut relever entre les différents pays qui la composent ; d'autre part, ce qui fait cette homogénéité se trouve être, à quelques exceptions près confirmant la règle, l'état général et global de sous-développement qui caractérise tous ses pays. A la différence des quatre autres continents du globe, l'Afrique est homogène. Je sais bien que cette dernière affirmation peut paraître simpliste voire erronée pour les grands adeptes du relativisme critique ou analytique, mais en tout cas, l'Afrique reste la plus homogène de tous les continents, si l'on isole le Maghreb ou si l'on ne prend en considération que l'Afrique subsaharienne. Cela ne se discute même pas. L'Océanie, c'est deux pays, à savoir l'Australie et la Nouvelle Zélande, le reste étant constitué de micro États. L'Amérique, c'est presque deux continents : le nord que forment les États-Unis et le Canada, qui est occidental, moderne et développé, et le reste, qui prend aussi l'Amérique centrale et que l'on appelle globalement l'Amérique latine. Cette région continentale va du nord du Mexique jusqu'à l'extrême sud du Chili et de l'Argentine, la queue du continent. C'est sans doute le continent le plus homogène après l'Afrique si l'on distingue bien l'Amérique du nord de l'Amérique latine, comme on peut le faire entre le Maghreb et l'Afrique subsaharienne. Je précise au passage que le Mexique est géographiquement classé au nord de l'équateur planétaire, mais qu'en dehors de cette caractéristique, il est bien plus proche du sud que du nord du continent américain. D'ailleurs, il n'y a que dans les cours de géographie donnés au secondaire que l'on précise que le Mexique fait partie de l'Amérique du nord, autrement, on en parle comme un pays d'Amérique latine au même titre que ceux de l'Amérique centrale et de l'Amérique du sud. L'Europe est très hétérogène. Aucune de ses cinq régions ne ressemble aux autres. Entre L'Europe occidentale, l'Europe de l'est, les pays scandinaves d'Europe du nord, ceux méditerranéens d'Europe du sud, les pays Balkans, sans oublier le lien physique avec l'Asie, l'Eurasie, l'Europe intègre en elle plusieurs micro continents ou régions et sous-régions. L'Asie est aussi dans la même situation géo-historique. Elle est d'une très grande et forte hétérogénéité. En effet, c'est de loin le continent le plus hétérogène du monde. Aucun pays n'y ressemble à un autre. Entre les pays européens d'une même région ou sous-région, on peut relever plein de similitudes générales et structurelles, en Asie c'est moins le cas.

Chaque pays est fondamentalement différent des autres, même de ses voisins les plus directs. Comparée donc à tous ces autres continents, sous-continents, régions et sous-régions du monde, l'Afrique subsaharienne est le continent le plus homogène du monde. Bien qu'il y ait une différence forte entre ses quatre grandes réions, notamment entre l'Afrique australe et les trois autres régions continentales, à savoir l'Afrique occidentale, l'Afrique équatoriale et l'Afrique centrale, l'Afrique reste le morceau continental le plus entier de la planète. Si le caractère homogène de l'Afrique subsaharienne peut être discuté, celui entier, lui, me paraît indiscutable. C'est d'ailleurs cela qui permet de parler de l'Afrique en toute généralité, ce qui n'est ni courant ni même possible pour les autres continents. La facilité avec laquelle on parle de l'Afrique d'une manière générale est unique et très illustrative de la remarque selon laquelle celle-ci est le plus homogène ou alors entier des continents du monde. Et ce qui fait cette homogénéité ou cette entièreté n'est ni dans sa noirceur ou dans la race de sa population ni dans la constitution géographique du continent, qui, je le fais constater au passage, est, à l'instar de l'Amérique et à la différence de l'Europe et de l'Asie, comme un seul morceau de steak ou un seul corps organique. Ce qui distingue l'Afrique du reste du monde, au-delà de la forme et de la formation géo-historique de son continent, c'est, par-dessus tout, son sous-développement structurel.

Le sous-développement de l'Afrique. Voilà un thème qui a tellement été débattu, qu'il en a fini en l'espace d'un petit demi-siècle seulement, entre les années 1960 et aujourd'hui, par devenir complètement vieillot, ringard et oublié, comme si l'Afrique en avait elle-même définitivement fini du sous-développement. En effet, ni les gouvernements africains, ni les grandes institutions du monde ayant vocation à soutenir le développement international, ni même les analystes appelés à devoir faire preuve d'objectivité et de rigueur dans leurs travaux et publications ne parlent maintenant du sous-développement, ni même du sous-développement de l'Afrique qui, je tiens à le rappeler, est une réalité forte, vivante et ambiante. L'Afrique, chers amis, est encore, hier comme aujourd'hui, bel et bien sous-développée. Il ne faut pas l'oublier : SOUS-DÉVELOPPÉE. Ni en voie de développement, ni en émergence ou en voie d'émergence, SOUS-DÉ-VE-LOP-PÉE.

Le sous-développement de l'Afrique n'est plus d'actualité peut-être parce qu'on se dit qu'on a tout essayé avec ce diable de continent. Tout et tout depuis les années 1960-1970 pour aujourd'hui rien du tout. On les a libérés en masse de la colonisation dans les premières années de la décennie 1960. Mais on ne les a pas laissés seuls et sans rien, car non seulement on leur a fourni des plans ou programmes de développement, mais en plus de cela, ils avaient un accès libre au crédit pour financer tous les projets qu'ils voulaient alors mettre en œuvre. Les années 1970 sont ainsi celles de l'explosion de la dette des pays du Sud. Les chocs pétroliers de 1973 et de 1979, causés à chaque fois par une multiplication par 4 du prix du baril, n'arrangèrent rien pour les pays africains, car le ralentissement des économies du Nord se répercuta fortement sur celles des pays du Sud. Résultat : les prix des matières premières, fixés par les acheteurs du Nord, chutèrent inexorablement, et les pays du Sud sont rattrapés par la folie de l'endettement facile. Non seulement l'accès au crédit est rendu plus difficile, mais également les taux d'intérêt atteignent des proportions énormes pour des pays aux économies très pauvres. Les pays du Sud sont sommés de rembourser la dette après avoir passé toute une décennie à emprunter sans aucune retenue. Les programmes de stabilisation à court terme (durée maximale de 5 ans) et les PAS (programmes d'ajustement structurel) lancés vers la toute fin des années 1970 ne changeront rien à la situation économique de l'Afrique subsaharienne. Les autres initiatives lancées dans la décennie 1980 par les institutions de Bretton Woods, comme la FASR (Facilité d'ajustement structurel renforcée), les PAMLT (Programmes d'ajustement à moyen et long terme) ainsi que les politiques sectorielles dans l'agriculture et l'industrie, ne feront que confirmer la déroute entamée par l'Afrique subsaharienne depuis l'accession de la plupart de ses pays à la souveraineté nationale. Pour redonner une chance aux pays du Sud, le G7 décide de leur accorder une réduction forte de la dette en 1988. Ce qui fut une grande première dans l'histoire, mais, entre la proportion des taux d'intérêt et la dépendance déjà très forte des pays pauvres au crédit, rien que pour survivre, ces initiatives seront vaines. Même chose pour les années 1990, le remplacement de la FASR par la FRPC (Facilité pour la réduction de la pauvreté et la croissance), l'initiative PPTE (Pays pauvres très endettés) et les PRSP (Programmes de réduction stratégique de la pauvreté) n'apporteront aucun changement d'envergure. Entre la réduction de la dette, la lutte contre la pauvreté et l'aide au développement, la recherche de solutions pour le Sud et plus particulièrement pour l'Afrique est allée dans tous les sens. Désormais, avec tout ce parcours, ces quarante ans d'apprentissage pratique du développement (1960-2000), l'Afrique est supposée être en mesure de trouver toute seule les voies et moyens pour s'en sortir. Il n'y a plus qu'à lui donner une orientation générale avec des objectifs précis dans le temps et un peu d'accompagnement. Arrive alors pile-poil l'année 2000 avec ses fameux ODM (Objectifs du millénaire). Huit objectifs clairs, précis et atteignables dans leur totalité en 15 ans sont établis et quarante indicateurs quantifiables définis pour amener les pays sous-développés du monde, tout particulièrement ceux d'Afrique subsaharienne, à en finir avec un certain nombre de grands problèmes caractériels du sous-développement. Déjà que les grandes conférences internationales précédentes sur le développement des pays du Sud se concluaient avec des recommandations générales bien plus fortes et relevées que les Objectifs du millénaire, il aura fallu moins de la moitié des quinze ans fixés pour se convaincre de l'échec des ODM. Alors qu'il restait encore huit bonnes années de cheminement avant l'échéance 2015, le Rapport de Suivi du FMI mentionnait déjà clairement en 2007 que les fameux ODM ne seraient pas atteints dans les quinze ans ayant suivi la déclaration. Non contents de ce flop, nous voilà encore depuis 2015 avec des plans et programmes du même genre : ODD, Agenda 2063, Génération 2030, etc. Décidément, il y a bien à se demander quelles leçons les concepteurs de plans et programmes de développement à l'échelle internationale tirent-ils des échecs accumulés depuis les années 1970 dans la tentative internationale de développer l'Afrique. Apparemment, aucune. Rien. Cela ne marche pas, mais recommençons de plus belle. On poursuit les mêmes objectifs bien évidemment, mais on change de slogans, de discours et un peu d'approche. Cela devrait suffire pour la cause, se dit-on. On sait tellement d'avance que cela ne marchera pas qu'entre les ODM et l'Agenda 2063, on est passé de quinze ans (2000-2015) à quarante-cinq ans (2017-2063) comme échéance juste pour atteindre des objectifs atteignables en quelques petites années. C'est drôle. Trente ans, alors qu'à mon avis, croyez-le ou pas, en moins de cinq ans, plein de pays d'Afrique subsaharienne peuvent sortir de manière effective et définitive du sous-développement. Seigneur ! Oui, je me répète : tous ces pays avec deux, trois, cinq, dix, quinze millions d'habitants peuvent en finir pour de bon avec ce diable du sous-développement en quelques petites années. A vrai dire, je m'interroge sur les véritables ambitions pour l'Afrique des gouvernements africains et des experts et autres concepteurs de plans et programmes de développement à l'échelle mondiale ainsi que sur leur conception même du développement. 2063 ! Mon Dieu ! D'ici là, tout le monde sera mort ! A compter des années 1960, la décennie des indépendances en Afrique, 2063, ce sera, un siècle révolu d'apprentissage pratique du développement, pour rien du tout. Rien du tout, sinon davantage de sous-développement. L'échec de tous ces plans de développement destinés à l'Afrique s'explique par le simple fait qu'ils sont passés à côté de l'essentiel. L'objectif de ce livre, c'est justement de permettre à tous ceux qui sont préoccupés par le développement de l'Afrique ou tout simplement par la sortie de l'Afrique du sous-développement d'avoir une idée claire et précise de là où il faut agir et de comment le faire sans plus tarder. A tout Africain attaché au continent africain et préoccupé par son évolution dans le temps, cet ouvrage donne de l'espoir. A tout État et gouvernement africain sérieusement animé de la volonté de faire progresser son pays dans le sens d'une sortie définitive du sous-développement ou en direction d'un développement global, humain et de qualité, je pense tout humblement que ce livre peut constituer, plus qu'une simple source d'inspiration, un mode d'emploi critique, analytique, stratégique et pratique.

Il est vrai qu'on a tout essayé avec l'Afrique sauf la bonne recette, la vraie solution, la solution du changement véritable. Cette solution ne peut être que révolutionnaire car le passage d'un pays d'un état structurel de sous-développement à un état global de développement est en lui-même une révolution. En effet, cette transformation en profondeur et de qualité, entre la série de ruptures sociétales qu'elle implique et les défis généraux à relever dans la perspective du développement du pays considéré, ne peut être portée que par une société elle-même révolutionnaire. Cette société en question est une société libre, démocratique, souveraine, mature, visionnaire et rationaliste. C'est cette société qui est la clé du développement des pays d'Afrique subsaharienne. On aura beau appliquer tous les plans, programmes et projets de développement que l'on veut à n'importe lequel des pays d'Afrique au sud du Sahara, si la société réelle, vivante et totale de celui-ci n'est elle-même pas disposée à se transformer dans le sens de la modernité, ce sera peine perdue. Il n'y a pas besoin alors de trop chercher la cause de l'échec de la pratique du développement en Afrique, c'est le manque de profondeur, le fait que l'on se limite à la surface visible des choses plutôt que d'aller à leur essence propre et à la logique de fond qui les fonde et les fait fonctionner. Malheureusement, c'est ce qui a toujours été fait et ce qui encore se poursuit et se poursuivra toujours si les États ne prennent pas en considération le défi du changement social comme préoccupation politique. C'est de l'État, le mal nécessaire, que doit partir tout et tout dans ce grand chantier de rupture avec le sous-développement et de reconstruction en direction du développement. C'est à la société entière de réaliser le passage du sous-développement au développement, mais c'est à l'État de déclencher et de mettre en marche ce processus. Et de la même manière que seule une société révolutionnaire peut réaliser cette transformation profonde, générale et globale du pays, seul un État démocrate, portant en lui les valeurs et principes de la bonne gouvernance politique peut permettre à cette société de voir le jour. Le développement, cela prend en même temps les deux, et d'une manière générale les deux vont ensemble : un État démocrate et sachant bien gouverner le pays et une société révolutionnaire toujours disposée à agir sur elle-même pour relever les grands défis s'inscrivant dans la perspective du développement de son pays.

Les quatre dividendes et défis dont il est question dans ce livre sont tellement généraux et globaux et sont tellement liés les uns aux autres que l'ordre même des parties de cet ouvrage peut être modifié dans tous les sens, mais il demeure que quel que soit le facteur de développement considéré, c'est la capacité de la société à agir sur elle-même qui, par-dessus tout, reste l'élément décisif. Si les forces conservatrices sont plus puissantes dans une société que celles progressistes, on aura beau essayer toutes les recettes d'économie politique que l'on veut, le pays ne pourra pas aller loin dans son évolution du sous-développement vers le développement. La transition démographique, la modernisation économique et sociale, le progrès démocratique et le changement social, tous ces défis, bien qu'étant fondamentalement politiques, donc interpellant fortement l'État, c'est à la société de les relever. C'est à la société de mener de bout en bout les ruptures sociétales qui libèrent la voie menant au changement social, qui à son tour permet le passage du sous-développement au développement. Tout se tient, mais il y a bel et bien un fil conducteur, un ordre de cohérence sans lequel rien ne peut être accompli de manière ordonnée, effective et qualitative. Les pays d'Afrique subsaharienne qui sortent du lot du sous-développement sont les seuls à avoir apparemment compris que tout se joue entre l'action de l'État et le caractère révolutionnaire de la société. Ce sont les pays d'Afrique australe auxquels s'ajoutent trois micro-pays insulaires, à savoir Maurice, les Seychelles et le Cap-Vert. Tout le reste des pays d'Afrique subsaharienne est, sans exception, appelé à relever les quatre défis globaux rattachés aux quatre dividendes généraux qui peuvent permettre à l'Afrique de sortir de manière effective et définitive du sous-développement. L'avance de l'Afrique australe et des trois mini pays insulaires que je viens de préciser sur le reste du continent ne peut pertinemment s'expliquer que par la volonté de leurs États à conduire leurs pays respectifs au développement dans le sens moderne du terme. Ce n'est rien d'autre qu'un choix politique qui explique cette différence entre cette poignée de pays et le reste de l'Afrique subsaharienne. Ces pays n'ont pas plus de ressources naturelles que les autres, ils ont, certes, une certaine singularité géo-historique, mais s'il ne suffisait que de cela pour être développé ou pour rester sous-développé, plein de pays du monde auraient aujourd'hui connu un sort bien différent de celui qu'ils ont actuellement. Si l'Afrique du Sud, ses voisins directs ainsi que Maurice, le Cap-Vert et les Seychelles sortent du lot dans chacun des quatre domaines considérés dans cet ouvrage, c'est parce que leurs États ont souverainement et de manière lucide et responsable fait le choix de la modernité et du développement qui lui correspond et ont entraîné leurs sociétés respectives dans ce sens. Résultat : ces pays sont loin devant les autres sur tous les tableaux. Ce sont eux qui sont largement les plus avancés dans leur transition démographique. Ce sont eux les plus économiquement et socialement modernes. Ce sont eux qui arrivent en premier lorsque qu'on parle de la démocratie en Afrique, exception faite aux Seychelles. Ce sont eux aussi dont les sociétés sont les plus tournées vers la modernité à l'échelle du continent africain. C'est encore dire que dans cet ensemble multifactoriel qu'est le développement, tout se tient intégralement. Un pays a beau avoir toutes les richesses de la nature, si son État ne travaille pas de manière responsable et en référence aux valeurs et principes de la démocratie et de la bonne gouvernance politique à permettre à sa société d'être en mesure de pouvoir agir de manière optimale sur elle-même dans le but d'écarter tous les obstacles structurels pouvant empêcher sa modernisation et son développement, il n'y a rien de véritablement abouti qui puisse être fait pour le tirer du sous-développement et l'introduire dans une dynamique forte et durable devant conduire à long terme à son développement.

Le développement est donc avant tout un choix de société. Et l'idée que l'Afrique refuse le développement, bien qu'étant forte et, quelque part, pertinente du point de vue critique, ne peut être éternellement et absolument tenue pour valable. Une certaine Afrique, à une certaine époque ou période de l'histoire, refusait peut-être le développement et préférait conserver ses vieilles et occultes traditions, valeurs, croyances et pratiques d'un autre âge plutôt que d'adopter la rationalité progressiste de la modernité occidentale. Aujourd'hui, je doute fort que ce penchant conservateur soit encore très fort dans les pays Africains. Au lieu de spéculer sur le rapport philosophique et critique des peuples africains au développement, il vaudrait mieux, ne serait-ce que pour se convaincre réellement de leur désir ou non de développement et de modernité, les mettre en face de leur destin en leur expliquant les enjeux liés aux quatre domaines ici considérés, à savoir la démographie, l'économie, la politique et la société, et, conséquemment, en leur précisant avec clarté les défis à relever, non pas dans le but de les amener à adhérer coûte que coûte à l'idée qu'il faut nécessairement transformer la société, mais à celle selon laquelle pour sortir du sous-développement et se mettre sur la voie d'un développement global, humain et de qualité, il n'y a pas d'autre choix que de réaliser la transition démographique, la modernisation économique et sociale, le progrès politique dans le sens de l'idéal démocratique et de la bonne gouvernance et le changement social en direction de la modernité.

Ce choix révolutionnaire, il n'y a pas moyen de le contourner si le continent veut prendre le chemin du développement proprement dit et s'il veut en finir avec l'enfer du sous-développement. Et personne ne le fera à la place des Africains. On n'est plus à l'époque du développement à importer ou à exporter, on est dans la mondialisation, où tout pays est sensé être libre, souverain et responsable, où tout le monde est au courant de tout et où tous les services sont disponibles pour tout pays qui voudrait changer d'itinéraire historique. Les dividendes généraux en question sont réels mais ils ne sont point des garanties, les défis globaux sont eux aussi réels et entiers mais il y a un temps pour les relever, et plus on met du temps pour les pays d'Afrique subsaharienne à s'attaquer à eux, plus, le temps passant, l'exercice consistant à les relever sera délicat. Les Africains n'ont jamais entrepris une quelconque rupture dans toute leur histoire. Pas la moindre. Depuis leur accession à la souveraineté nationale dans les années 1960, ils n'ont fait que subir l'histoire, comme si le rôle de l'Afrique dans sa propre histoire ne pouvait se limiter qu'à celui d'un simple figurant. Elle n'est responsable de rien. Même pas d'elle-même. Elle est passée de la position d'attente du développement dans les années 1960-1990 à celle inqualifiable l'ayant conduite aujourd'hui à faire le choix d'un type jamais vu de développement. Ni le développement occidental, ni même le développement d'un certain nombre de pays asiatiques ou latino-américains appelé tout maladroitement émergence. En lieu et place de ces orientations, elle a choisi une voie que l'on ne peut ni déterminer, ni concevoir, ni définir. Une voie non seulement sans issue mais même sans chemin. Un développement sous-développé, qui n'a rien à voir avec l'idéal moderne ou moderniste dont répond le développement proprement dit. Ce développement *à l'africaine* est dangereux parce qu'il conforte les pays africains dans cette attitude absolument contradictoire et qu'ils sont les seuls à pouvoir tenir, à savoir celle consistant à vouloir se développer tout en refusant catégoriquement de rompre avec tout ce qui structurellement les retient et même les enfonce en permanence et davantage dans le sous-développement.

C'est avec cette diabolique et dangereuse conception sous-développée du développement qu'il faut rompre. Cette conception archaïque et sauvage du développement, doublée d'une peur, que je ne peux point ni expliquer ni même comprendre, de la modernité. Il faut sortir l'Afrique de cette conception démodée et primitive du développement et de cette frayeur vis-à-vis de la modernité. Il faut rompre avec ces deux philosophies négatives et contre-productives. La première conduit l'Afrique à persévérer tout aveuglément dans la voie qu'elle a déjà prise et qui, à mon avis, est hautement dangereuse parce que la conduisant inéluctablement dans une impasse, un piège dont elle ne pourra jamais sortir : celui d'aller à la poursuite du développement tout en voulant demeurer éternellement sous-développée. Le piège du développement *à l'africaine*. Quant à la deuxième philosophie avec laquelle doit rompre l'Afrique, à savoir sa peur de la modernité occidentale, elle a le danger d'enfermer celle-ci dans un rapport d'imbécillité vis-à-vis d'elle-même. Cette attitude, plus qu'irresponsable, démente même, consistant à fuir sa propre réalité et à ne jamais se dire à soi-même sa propre vérité, est tout simplement mortelle, car elle cantonnera toujours le continent dans les marges de l'histoire active, vivante et évolutive du monde. C'est cette curieuse attitude personnelle vis-à-vis de sa propre personne qui conduit les gouvernements africains comme les peuples africains à vouloir tout le temps se détourner de la réalité et de la vérité des choses qui concernent le continent. Et il n'est pour s'en convaincre qu'à voir le rapport existentiel et philosophique des Africains à la quantité, la qualité, le droit et la critique. La quantité et la qualité, c'est tout l'enjeu qu'il y a derrière le défi de la transition démographique et celui de la modernisation économique et sociale. Le droit, c'est tout l'enjeu que porte le défi de la démocratie et de la bonne gouvernance politique. La critique et l'autocritique, c'est tout l'enjeu du défi sociétal du change-ment social. La peur de la modernité est donc une peur bleue de la rationalité moderne, qui n'est rien d'autre que la rationalité scientifique. Si l'Afrique a peur de la science, alors, à vrai dire, il n'y a plus moyen de la faire avancer car je ne vois pas quel type de développement dans notre monde actuel peut véritablement se passer de la science. Aucun. Même pour les questions humaines et sociétales, il faut un minimum de rationalisme scientifique, sans quoi on évolue dans le hasard. La rationalité scientifique, elle-même, ce n'est rien d'autre que la logique formelle de base des choses. Et je ne sais pas comment avancer dans un domaine quelconque de la vie si l'on ne prend pas au départ en considération la logique qui fonde l'ordre des pratiques dans le domaine en question. Cette logique formelle des choses, l'Afrique ne peut pas la contourner. Elle ne peut pas faire semblant d'ignorer que le développement, cela prend une certaine rationalité moderne, sans quoi il risque d'être le contraire même de ce qu'il est ou devrait être par essence.

Les Africains, les États et gouvernements comme les peuples, n'ont pas le choix. Ils peuvent bien se raconter des salades entre eux, mais ils doivent commencer à se compter, car au rythme où va cette démographie explosive, que l'on évoque à petits mots et dans la discrétion hypocrite des rencontres internationales qui ne servent pratiquement à rien, le continent risque d'être tout simplement invivable. Et il l'est déjà partout dans la plupart de ses localités. Déjà que savoir gérer le nombre humain et vivant est une des fonctions les plus délicates qu'un gouvernement est appelé à devoir assumer, développer en soi une sorte de culture foncièrement hostile au simple fait de devoir recenser de manière complète et rigoureuse sa propre population, voilà qui est très problématique pour un État dont la population a tendance à exploser exponentiellement. Désolé, mais les pays africains doivent affronter politiquement la question du nombre humain et agir en conséquence pour une baisse forte et durable de leur fécondité et du volume régulier des naissances chez eux dans le but de réaliser sans plus tarder la transition démographique ; sans quoi, point de développement en vue. Désolé, ils doivent savoir aussi que le modèle informel d'économie est un modèle primitif d'économie, qui bon gré mal gré est appelé à disparaître au fil du temps, et que la petite économie informelle de survie n'a jamais conduit un pays au développement. Raison pour laquelle ils n'ont d'autre choix que de devoir rompre catégoriquement avec l'informel autant en tant que modèle économique qu'en tant qu'état économique ; sans quoi point de développement en vue. Désolé aussi, l'État de droit, cela ne se négocie pas, car c'est lui qui garantit la bonne gouvernance et fait de chaque citoyen un acteur potentiel et actif de développement. Le progrès politique dans le sens de l'idéal démocratique et de la bonne gouvernance, cela est ainsi une exigence majeure à satisfaire dans un continent où la politique ne rime qu'avec autoritarisme, pouvoirisme et corruption ; sans quoi, point de développement en vue. Désolé également, le changement social, cela n'a rien d'un fantasme théorique ou d'une abstraction de l'analyse sociologique, cela répond de l'idée que le choix pour un pays de se développer est avant comme après tout un choix de société, en conséquence, les sociétés africaines se doivent de revoir leur système social et sociétal de fond en comble dans le but de se débarrasser de tout ce qui peut entraver leur progrès politique, économique, social et humain ; sans quoi, point de développement.

Me voilà arrivé au bout de ma réflexion critique et constructive sur mon Afrique qui évolue de manière tristement curieuse sous nos yeux. Malgré tout le temps que j'ai consacré et que je consacre encore à observer et à réfléchir sur le continent africain, j'avoue que j'ai du mal à savoir où il va, car je ne comprends rien, et vraiment que dalle, à la politique de développement qui y est en vigueur. C'est sans doute la politique du rien parce que le continent ne veut aller nulle part. Ou alors, si l'Afrique a une destination précise vers laquelle elle évolue en ce moment, moi je ne la vois point se pointer à l'horizon. Son orientation historique me semble bien hasardeuse, car je ne vois rien de politiquement clair et précis dans ce qui se fait dans tous ces pays dont on dit qu'ils bougent ou qu'ils progressent. Avec tout le travail à faire pour réaliser la transition démographique, il n'y a pas en Afrique un seul pays qui ait une politique de population, rien du tout. Incompréhensible ! Avec tout le défi à relever de la modernisation économique et sociale pour en finir avec ce farfelu modèle économique qu'est l'informel et cette toute petite mais très envahissante économie informelle, il n'y a pas un pays qui arrive de manière forte et cohérente à mettre en place une politique claire et efficace d'absorption progressive de l'informel par le système moderne d'économie, qui lui-même entretient en son sein une part non négligeable d'informalité. Inexplicable ! Avec seulement cinq ou six pays sur les quarante-neuf que compte l'Afrique subsaharienne dignes d'être considérés de plus ou moins démocratiques ou comme étant véritablement en démocratisation, le reste étant composé de régimes autoritaires et de régimes pouvoiristes, l'Afrique semble avoir fait son choix pour une démocratie bananière, une démocratie qui n'est rien d'autre qu'une insulte des plus grossières et sournoises à la démocratie proprement dite, entre des États qui n'ont à foutre de la démocratie et de la bonne gouvernance politique et qui, même dans le cas où ils auraient la volonté de faire progresser leur pays dans le sens de l'idéal démocratique, ne semblent pas savoir comment s'y prendre, je ne vois vraiment aucune avancée dans cette direction sinon que chaque jour qui passe apporte la preuve que les peuples, à la différence de leurs États, aspirent et restent fortement attachés à la démocratie. Inqualifiable ! Avec des sociétés encore complètement enfermées dans des systèmes sociaux et sociétaux caractériellement traditionnels et informels et *a priori* très peu disposées à sortir de leur zone de confort pour effectuer les ruptures fondamentales qu'exige le changement social inhérent au passage du sous-développement au développement, j'ai du mal à me persuader du fait que dans l'esprit des Africains, des États comme des peuples, l'on est convaincu que cette grande et forte évolution vers le développement, cela prend une société révolutionnaire, une société capable d'agir sur elle-même dans le sens de la modernité et dans le but de pouvoir écarter de son chemin tout ce qui pourrait du point de vue sociétal ou socioculturel se constituer en obstacle au progrès politique, économique, social et humain du pays. Pitoyable !

Sur le potentiel dont dispose l'Afrique pour sortir de manière effective et définitive du sous-développement, je n'ai aucun doute ; mais sur sa capacité à mobiliser de manière forte et surtout ordonnée les énergies individuelles et collectives pour réellement et structurellement y arriver, je m'interroge. D'où le propos critique de ce livre. Les dividendes dont il est question dans ce livre sont tous réellement plausibles. Le premier, le dividende démographique, est devenu depuis plus ou moins dix ans le paradigme central de toute l'analyse du développement économique et social de l'Afrique. Il entraîne dans sa foulée le deuxième, le dividende socio-économique, et permet ainsi de faire la transition ou le lien entre la question de la quantité vivante et celle de la qualité de sa vie ou entre la question de la population et celle du développement économique et social. Sans doute la plus grande de toutes les questions d'économie politique. Et ce deuxième dividende est aussi pertinent que le premier car nul ne peut nier qu'avec les transformations en cours dans l'économie mondiale, la modernisation progressive des économies nationales est devenue un exercice certes pas totalement simple parce que justement exigeant en termes de qualité, mais réellement à la portée de tout État ou gouvernement qui le veut bien et sait bien comment s'y prendre. Le troisième dividende, celui politique, ne se discute pas. Il est un dividende doublement inépuisable car, d'une part, les peuples humains aspirent naturellement à la démocratie et à la bonne gouvernance politique et, d'autre part, ces phénomènes auxquels ceux-ci aspirent tant s'inscrivent dans l'idéal démocratique qui consacre une progression infinie dans le temps et qui donc interpelle le peuple à chaque époque de l'histoire de sa cité politique. Mon ami Alexis de Tocqueville disait que dans une démocratie, « chaque génération est un nouveau peuple ». Tiens, tiens ! *Nouveau peuple*, le dernier dividende, celui sociétal, va dans ce sens. Si jusqu'ici on doutait de la capacité des sociétés africaines à reconsidérer leurs systèmes sociaux et sociétaux dans l'optique d'un changement social qui s'inscrirait dans la perspective de leur évolution dans le sens du développement, les transformations que connaît le monde depuis deux ou trois décennies, entre la mondialisation et le boom technologique, donnent clairement une pertinence forte à l'hypothèse selon laquelle les générations actuelles, notamment celles les plus jeunes, qui constituent par ailleurs celles les plus fortes en nombre et en énergie en Afrique, sont réellement bien disposées à accomplir les ruptures sociétales structurelles et fondamentales qui libéreront la voie d'une sortie effective et définitive du continent du sous-développement pour lui permettre d'entrée dans la dynamique forte et globale d'un développement de qualité. Entre ces quatre dividendes généraux mais réels et les quatre défis globaux mais entiers qui leur sont respectivement associés, je crois avoir plus ou moins clairement répondu à la question de savoir quels sont les domaines dans lesquels il faudrait, d'un point de vue général, agir pour sortir l'Afrique subsaharienne du sous-développement. Il reste maintenant aux dirigeants politiques de savoir la part du travail qui leur revient et d'agir ainsi en conséquence. Je vous donne rendez-vous dans dix ans. Et si d'ici là j'en arrive à me faire porter à la tête de mon cher pays, le Sénégal, j'en saurais bien davantage pour pouvoir vous présenter un ouvrage bien meilleur ou en tout cas bien plus averti et aguerri sur l'état et l'évolution du continent africain.

Table des matières

L'HARMATTAN ITALIA
Via Degli Artisti 15; 10124 Torino
harmattan.italia@gmail.com

L'HARMATTAN HONGRIE
Könyvesbolt ; Kossuth L. u. 14-16
1053 Budapest

L'HARMATTAN KINSHASA
185, avenue Nyangwe
Commune de Lingwala
Kinshasa, R.D. Congo
(00243) 998697603 ou (00243) 999229662

L'HARMATTAN CONGO
67, av. E. P. Lumumba
Bât. – Congo Pharmacie (Bib. Nat.)
BP2874 Brazzaville
harmattan.congo@yahoo.fr

L'HARMATTAN GUINÉE
Almamya Rue KA 028, en face
du restaurant Le Cèdre
OKB agency BP 3470 Conakry
(00224) 657 20 85 08 / 664 28 91 96
harmattanguinee@yahoo.fr

L'HARMATTAN MALI
Rue 73, Porte 536, Niamakoro,
Cité Unicef, Bamako
Tél. 00 (223) 20205724 / +(223) 76378082
poudiougopaul@yahoo.fr
pp.harmattan@gmail.com

L'HARMATTAN CAMEROUN
TSINGA/FECAFOOT
BP 11486 Yaoundé
699198028/675441949
harmattancam@yahoo.com

L'HARMATTAN CÔTE D'IVOIRE
Résidence Karl / cité des arts
Abidjan-Cocody 03 BP 1588 Abidjan 03
(00225) 05 77 87 31
etien_nda@yahoo.fr

L'HARMATTAN BURKINA
Penou Achille Some
Ouagadougou
(+226) 70 26 88 27

L'HARMATTAN SÉNÉGAL
10 VDN en face Mermoz, après le pont de Fann
BP 45034 Dakar Fann
33 825 98 58 / 33 860 9858
senharmattan@gmail.com / senlibraire@gmail.com
www.harmattansenegal.com

www.ingramcontent.com/pod-product-compliance
Lightning Source LLC
LaVergne TN
LVHW021142061026
849535LV00002B/328
9782343159850